中央宣传部2018年主题出版重点出版物

舒德骑 ◎ 著

大国起航

中国船舶工业战略大转折纪实

人民出版社

研究出版社

出 品 人:赵卜慧

总 策 划:胡孝文

责任编辑:胡亚丽　王世勇

图书在版编目(CIP)数据

大国起航:中国船舶工业战略大转折纪实/舒德骑

著.-- 北京:人民出版社,研究出版社,2018.8

ISBN 978-7-5199-0248-3

Ⅰ.①大… Ⅱ.①舒… Ⅲ.①造船工业—概况—中国

Ⅳ.①F426.474

中国版本图书馆 CIP 数据核字(2017)第 283661 号

大国起航:中国船舶工业战略大转折纪实

DA GUO QI HANG: ZHONG GUO CHUAN BO GONG YE ZHAN LÜE DA ZHUAN ZHE JI SHI

舒德骑　著

人民出版社 研究出版社 出版发行

(100706　北京市东城区隆福寺街 99 号)

北京中科印刷有限公司印刷　新华书店经销

2018 年 8 月第 1 版　2018 年 8 月北京第 1 次印刷

开本:710 毫米×1000 毫米 1/16　印张:21

字数:380 千字　印数:00,001—10,000 册

ISBN 978-7-5199-0248-3　定价:58.00 元

邮购地址 100706　北京市东城区隆福寺街 99 号

人民东方图书销售中心　电话(010)65250042　65289539

序一　中国人的海洋强国梦

王荣生

国庆前夕,突然收到舒德骑同志的来信和《大国起航——中国船舶工业战略大转折纪实》书稿,真是喜出望外。德骑同志原是船舶工业下属单位的一个宣传部长,为船舶工业写过多部作品,记得他曾出版过《深海丰碑——中国核潜艇诞生纪实》《惊涛拍岸——中国船舶工业进军世界纪实》等作品。后来德骑同志调兵器系统工作,此后与他的联系就少了。当年,我曾接受过他多次采访,离别20余年,未想到他对我国造船工业依然一往情深,多年来还在密切地关注着船舶工业的进步和发展,特别是还深刻铭记着老一代船舶人当年的奋斗历程。

看完本书的《前言》,我就被深深吸引,真有些爱不释手。本书是一幅中国船舶工业当年实行战略大转移的历史长卷,集中展现了改革开放之初,经过10年浩劫的中国土地上,在万马齐喑、百业凋零的境况中,以造军船为主的中国船舶工业,在举步维艰、进退维谷的危急关头,在邓小平同志"中国船舶工业要打进国际市场"的英明决策下,以柴树藩部长为代表的船舶战线几十万干部职工,为企业走出困境、浴火重生,破釜沉舟、背水一战,创造出令整个世界震惊的历程。

我作为新中国造船业的亲历者、参与者和组织指挥者,对中国船舶工业有着极其深厚的感情。接到书稿后,尽管我年事已高,眼力不济,但我在中秋、国庆两个长假前后将书稿细细通读了一遍。本书是一部长篇报告文学,书的纪实性很强,涉及的人和事很生动很实在。书中所涉及的大部分事件,都是我亲身经历和参与的,所以阅读本书时欣慰和喜悦的心情难以言表;书中所记叙的大部分人物,都是我非常熟悉的领导和同事,所以读起来倍感亲切。随着本书情节的不断推进,更激起我对新中国船舶工业的发展,特别是改革开放以来的战略大转折,走向世界崛起于世界的无限回忆。

1953年,我从上海交通大学毕业后,就开始了我为之奋斗的造船事业。先后在武昌造船厂、渤海造船厂、六机部和船舶总公司工作。半个多世纪以来,经历了我国从小型舰船到核潜艇,从驱逐舰到航天测量船,特别是亲历了新中国船舶工业打进国际市场，进而成为世界造船大国的光辉历程。回顾这几十年，我能够为中国船舶工业干10个五年计划，实现自己童年和青年时期的梦想，把自己一生的精力献给祖国的造船事业感到十分荣幸和自豪。

以史为鉴，可以知兴替。中国船舶工业战略大转折的历程，是船舶工业进步发展的一笔宝贵财富，是一本宝贵的新中国船舶工业发展的船史资料。感谢德骐同志多年来对我国船舶工业发展进步的写作和贡献！

书中着重记述了老部长柴树藩对我国造船工业走向世界而作出的重大贡献，生动地描述了柴树藩同志的宏才大略、远见卓识、善抓大事、坚韧不拔的真实形象。他坚定不移地贯彻执行小平同志"中国船舶工业要打进国际市场"的战略决策，在船舶工业最危难的关头，力挽狂澜，带领全行业的干部职工，不折不挠，卧薪尝胆，终于使中国船舶工业开始了走向世界的征程，走出"找米下锅"的尴尬困境。应当说，在这个战略大转折过程中，柴树藩同志是功不可没的。

书中浓墨重彩地记录了"长城"号货船建造的过程，写得十分真实感人。这是我国第一艘按照国际规范建造的船舶，也是我国打进国际市场的第一艘大型出口船舶。正如书中所描述的那样，柴部长为此还立下"军令状"，造船厂的干部工人以高度的政治责任感，用他们的聪明和才智、汗水和泪水高标准地建造出了这条船。"长城"号的建造成功，率先叩开了国际市场的大门，开创了中国船舶出口的新纪元。

书中还饱含深情地描写了在船舶工业最艰难的时期，战斗在生产一线的干部和工人英雄群体。这个庞大的英雄群体，在那激情燃烧的岁月中，为建造出口船舶，为工厂走出困境，他们用自己的青春、热血乃至生命，与险恶的处境进行着顽强的抗争。孙文学、侯君柱、陈文松、朱学成、张在勇、郭玲华……是这个群体中突出的代表，他们可亲可敬的形象至今还深深地留在我的记忆里。中国造船史上，将留下他们的英名！

在船舶战线几十万干部工人们的顽强拼搏下，随着香港市场的打开，给困境中的船舶工业带来了历史性的转折。30多年时间，在人类社会发展史上只是短短的一瞬，然而中国造船业在世界船舶市场你死我活、白热化的激烈竞争中，造船产量从世界排名第17位迅速超越了法国、德国、挪威、丹麦、美国、英国、俄罗斯、瑞典、巴西等发达国家。到了新世纪，中国造船产量更是连续多年以40%以上的速度递增，2005年超过日本，2007年赶超韩国，在国际市场上，三大主要指标已连续多年保持世界排名第一，名副其实地成为世界造船大国！

纵观这几十年中国船舶工业发展的历史，不由得不令人心生感慨。它每向前跨越一步，所付出的艰辛都是外行人难以想象的。近代船舶工业在世界各国工业化进程中，都曾起过重要作用。早在18世纪工业革命时期，造船业就已成为各国最重要的工业支柱。新式的舰船,应用了当时最先进的冶炼、蒸汽技术、航海技术等科技成果,被看作是最复杂、最先进的大工业产品。所以,恩格斯说:"现代的军舰不仅是现代大工业的产物,而且还是现代大工业的缩影,是浮在水面上的工厂。大工业最发达的国家差不多掌握了建造这种舰船的垄断权。"是的,船舶工业是一个国家经济强弱、国力盛衰的标志。中国船舶工业能一步步走到今天,实在太不容易,它经历了几代人不屈不挠的艰辛努力!

经过我们几代人的艰苦努力,中国的船舶工业已经在世界崛起。我们建造的商船遍布整个世界;我们的五星红旗、八一军旗不但在东南亚海港飘扬,而且还在太平洋、在美洲圣迭戈飘扬,真叫中国人扬眉吐气! 我本人坚定不移地相信,只要按照当年邓小平同志确定的战略决策走下去,中国的船舶工业在本世纪肯定还有长足的进步,还能大踏步地前进!

使命呼唤担当,使命引领未来。党的十九大确立了习近平新时代中国特色社会主义思想为我们党的指导思想,提出了决胜全面建成小康社会,实现"两个一百年"奋斗目标和中华民族伟大复兴的目标。船舶工业作为民族复兴的一个重要领域,要以"一带一路"建设为重点,坚持"引进来"和"走出去"并重,遵循共商共建共享原则,加强创新能力开放合作,形成陆海内外联动、东西双向互济的开放格局。

21世纪,是海洋的世纪。向海而兴,背海而衰,这已成为全世界的共识。海洋,正成为人类生存发展的第二空间。谁拥有海洋,谁就拥有了未来。党的十九大确立了在本世纪中叶把我国建设成为社会主义的现代化强国的奋斗目标,船舶战线也承担着神圣而庄严的使命。在这个伟大的历史征程中,要开拓、开发和保卫我们广袤的蓝色疆土,就必须拥有一支庞大的商船船队,拥有一支庞大的水产资源船队,拥有一支庞大的海上石油天然气等矿产开发和运输船队,更需要拥有一支强大的能够维护我国海域和平、保卫我国领海的海军舰队,这就需要我们拥有强大的造船工业!

让我们树雄心、立壮志,为把我国建设成为海洋强国、造船强国而奋斗!

是以为序。

（作者系中国船舶工业总公司原党组书记、总经理）

序二　大国起航是几代人奋斗出来的

张嘉国

1977年12月那个寒冷的冬天，刚刚复出的邓小平同志做出了一个石破天惊的战略决策：中国船舶工业要打进国际市场，要竞争过日本。当时，船舶工业的领导同志原想去向邓小平同志要任务、要订单，解决船舶工业无米下锅、数十万职工嗷嗷待哺的问题，没想到邓小平同志来了个推船出海，要求他们到国际市场去经风雨、见世面，找饭吃、求发展。

一石激起千重浪。那时的船舶工业，年造船产量不过几十万吨，在国际上排名第17位，而仿造的主要是从苏联引进的几艘军舰和少量的民船。以弱小之力去与造船大国博弈，其难度可想而知。香港爱国同胞给了一艘2.7万吨散货船的订单。图纸呢？标准呢？规范呢？监理呢？一切都从零开始，对买来的资料进行翻译、消化、编工艺文件。为了建造出口船，中国造船人掀起了一个向国外学造出口船的热潮，各大船厂纷纷派出大批工人、工程技术人员到日本船厂学习。大连造船厂的干部工人破釜沉舟、背水一战，中国第一艘出口船"长城"号终于漂洋过海而去。时任全国政协主席邓颖超亲执香槟再砍缆，可见国家之重视。

随着"长城"号的成功建造，中国船舶工业终于打开了国际船舶市场的大门，开创了中国船舶出口的新纪元。

凡40年，中国已成为世界第一造船大国，"中国造"的船舶已航行于五大洲四大洋。民船建造经验和技术广泛运用于军船设计建造上。航母、新型核潜艇、常规潜艇、新型大型水面舰艇、深潜器"蛟龙"号等一大批国之重器相继问世，壮国威、振军威，势不可挡。

舒德骑同志《大国起航》一书，真实生动地记录了40年来造船人披荆斩棘、艰苦奋斗的壮丽历程，再现了中国造船人在党中央坚强领导下，在与国际高手较量中，一步一步发展壮大的壮丽史诗，表现了舒德骑同志既作为造船人，又作为文艺工作者，对当代船舶工业发展，对当代造船人，对中国特色社会主义充满火一般的热情，用真挚的语调写出了真实的历史。全书气魄宏大，波澜壮阔，跌宕起伏,荡气回肠,令人不忍释手。作为船舶工业改革开放历史的参与者、见证者,向同为战友的舒德骑同志致敬!

站在新的历史起点上回望历史,站在世界第一造船大国的肩上回望历史,"争气"两个字时常在胸中激荡。造核潜艇的时候,为国争气,为国争光;造第一艘出口船的时候,叫"争气船",一个积贫积弱的中国,靠中国共产党领导,靠全国人民一口气,我们创造了历史的奇迹,党的十九大才能理直气壮地宣布:中国特色社会主义建设进入了新时代! 不忘初心,更不能忘故人。谨向为中国船舶工业崛起而奋斗的前辈们、后来者致以深深的敬意!

(作者系中国船舶重工集团公司军民融合与国防动员研究中心总工程师、首席研究员)

目 录

前　言

航母，海洋上的巨无霸。

在人类居住的这个蓝色的星球上，百分之七十一的面积是海洋。作为这个星球上一切生命的摇篮，由于特殊的战略地位和蕴藏的丰富资源，海洋已成为当今世界各国趋之若鹜、不遗余力，意欲争相揽入自己版图的风水宝地。

在中国自行研制的第一艘航空母舰下水当前，我国东海、南海海域与岛屿之争，已成为国内外关注的焦点。中国海军装备实力究竟如何？拥有克敌制胜的海上力量吗？能有效地保卫我们祖先留下的蓝色疆土吗？这些都成为国人急切想了解的问题。

航母战斗群，是一个国家军事战略的重要支柱。和平时期，它可以通过军事演习、访问他国军港等活动开展外交与军事合作；危机时刻，它可以通过快速部署兵力来实施武力威慑；战争时期，它可以对敌海上和陆地纵深目标实施战术或战略攻击——总之，它是显示一个国家力量、支持外交政策、保证国家利益、制止危机和冲突的有效兵力。军事学家称，在未来战争中它还将拥有其他军事手段无法取代的特殊作用。

2017 年 4 月 26 日，新华社受命向全世界发布了一条重大新闻：在外界热切关注和频频揣测中，我国自行研制的第一艘航空母舰，于当天上午在中国船舶重工集团大连造船厂举行下水仪式！按照国际惯例，航母剪彩后进行了"掷瓶礼"。随着一瓶香槟酒在舰艏摔碎，军舰两舷喷射出绚丽的彩带，周边船舶鸣响了欢快的汽笛。航母在拖曳牵引下，缓缓移出巨大的船坞，停靠在造船厂码头，准备进行舾装和系泊试验。

这是世界军事史上的一个重大事件！

这是世界造船史上的一段当代传奇！

今天，中国造船工业以雷霆万钧之势，崛起于世界的东方，雄踞于中国的海岸，吸引着全球惊诧的目光，令整个世界刮目相看。

"中国从 1980 年承接 2.7 万吨散货船的破冰之举，到 1999 年承接 30 万吨超大型油轮（VLCC）的初露锋芒；从在世界近代造船史上名不见经传，到三大主要指标已连续多年保持世界排名第一的优势；从 5 艘航天远洋测量船对'神舟七号'飞船进行海上接力测控，到中国海军舰队从浅海走向深蓝，纵横世界五大洲四大洋，仅仅用了 30 年时间。毋庸置疑，中国已名副其实地成为世界第一造船大国——如果需要，以中国目前的造船能力，1 年之内就可以建造一支海上舰队，可以同时开工建造 4 艘航母！"

2017 年新年伊始，英国《简氏防务》周刊曾载文如此评述中国目前的造船造舰能力——此话虽说有点夸张的意味，但从另一个角度讲，中国今天的造船能力确实不容小觑。

20 世纪 90 年代，笔者曾受中国船舶工业总公司之托，在撰写中国核潜艇、导弹驱逐舰、远洋测量船等诞生历程时，特别采写了中国船舶工业当年面临全军覆没之时，破釜沉舟背水一战，顽强打进国际市场、实行战略大转移的整个过程——抚今追昔，令人感慨万端！

1999 年秋，笔者曾与中央电视台合作，由"世界船王"包玉刚的女儿包陪庆投资，拟将中国船舶工业打进国际市场的历程拍摄为电视连续剧，笔者两赴北京、深圳，后写完剧本分集大纲，但由于种种原因而搁浅，令人遗憾。

而今，当年采访的那些在中国船舶工业危难关头，不屈不挠、卧薪尝胆，为船舶工业走出困境、浴火重生的功臣们，有的已经作古，健在的已是耄耋或古稀老人。这些年来，当年采写的柴树藩、刘放、张有萱、刘清、彭士禄、冯直、胡传治、张寿、王荣生、潘曾锡、张光兴、黄旭华、苏智、陈欣、柴永广、王义库、邓才贤、赵锡初、纽济昌、王久乐、沈也平、甘风岐、顾光顺、张兆奇、梁浩新、朱汝敏、王根生、孙文学、侯君柱、邹志明、马仲德、林彬、李占一、王有为、李少丹、陈文松、于世春、王世来、赵金贵、接贵福、佘启明、纪仁惠、殷明荣、沈闻孙、顾勇建、周振柏、孙松鹤、袁懋平、周良根、戴林、李本度、陈铁林、王道桐、姜世杰、周吉龙、王力、龚金根、何锦余、郭玲华、崔大蔚、崔殿镇、张在勇、薛雅琴、丛菊红、颜锡章、金永前、庄建国、任福炜、赵春耕、刘子昌、张君瑞、叶国泉、周忠贤、陈时宗、刘维新、付克明、刘长平……这些鲜活的人物形象，时时浮现在脑海，让我欲罢不能，食寐难安——随着我国舰船研制内幕的公开，那些鲜为人知的历史资料逐渐解密，尘封 20 多年的本书才应运而生。希望以此告慰那些为中国造船工业复兴而付出青春热血，乃至生命的有名和无名的人们。

忆往昔，峥嵘岁月稠。

让历史永远铭记他们的功勋和英名！

开　篇

一个天方夜谭的故事

人类居住的这个蓝色星球上，在没有发明飞机以前，连接这个世界各大洲的只有一种工具——船。

中国人造船的历史，可以远溯到远古时期。

英国学者李约瑟在研究中国古代科技发展史时，曾拍案惊叹道："在世界古代造船史上，毫无疑问，中国是最优秀的造船国家。在公元 1100 年至 1450 年之间，中国就拥有世界上最强大的海上舰队，没有任何国家能与之匹敌！"

可同样也是一个英国人，在中英鸦片战争时，曾鄙夷地遥指中国南海岸，不屑地宣称："全中国 1000 条船，不堪我 1 艘兵舰一击！"这个英国人就是臭名昭著的传教士郭士立。

是的，我们民族的祖先曾创下令整个世界瞠目结舌、无与伦比的辉煌，但也留下让子孙们仰天长叹、泪流满面的悲哀。

由于近代中国闭关锁国，加上连年的战乱和饥荒，新生的人民共和国只能在旧中国留下的土地上创业，可这块土地上只有贫穷和落后。其时的中国造船业，不要说造轮船和军舰，就是漂移在江河湖海中零星的船只，大多是人拉手摇的小木船。直到 1958 年，当全中国人民载歌载舞、欣喜若狂地庆祝我国第一艘万吨轮"跃进"号下水时，西方某些喜欢对别人指手画脚的人还对中国嘲讽道："现时的中国人，除了能造木壳的渔船和小舢板，根本不具备建造现代船舶的能力——这条船上的东西，全是他们'老大哥'苏联的，他们只不过在别人指教下，焊接了一个空船壳而已！"

有太阳落下去。

有月亮升起来。

时间延续到改革开放之初，经过 10 年浩劫的中国土地上，百业凋零，国民经济已面临崩溃的边缘。以造军船为主的中国船舶工业，犹如漂浮在茫茫大海中的一片枯叶，随时都有倾覆的危险。其整体造船水平比世界落后了三四十年，已被远远甩在了发达国家后面，难以望其项背。全行业 30 多万造船工人，无船可造，无事可做，只能在已经长草的船台上望洋兴叹……

星移斗转，物换星移。

令人大感意外的是，到了 1981 年，这一年仅仅是中国向世界宣布实行改革开放的第三年，世界著名的英国劳埃德船级协会发表的年度报告中便称道："人们正怀着相当大的兴趣注意到，中国的造船能力目前正以值得注意的规模进入世界船舶市场。"

365 天之后，该协会的主席罗伯特·赫斯基森便在西方记者招待会上宣布："中国作为一个船舶出口国，已在太平洋西海岸突现！中国出口的船舶'质量优良，价格合理'。毫无疑问，中国将成为未来世界造船业的一支劲旅，这是不以人们意志为转移的发展趋势！"英国劳埃德船级协会的这份报告，一夜之间传遍了世界五大洲四大洋，引起世界造船界和航运界，乃至各国政界和军界的巨大震动。

与此同时，西德《明镜》周刊载文惊呼道："中国人以迅雷不及掩耳之势，仅仅在一年的时间里，就在西德击败了所有的对手，不仅包括造船王国日本，就连价格低廉的远东国家，也没能接到来自西德高达 3.2 亿马克、20 余艘集装箱船和多用途船的订单——西德掀起了一股订购中国船舶的热潮！"

简直太令人不可思议了！

古老的中国，杂技和魔术在这块土地上源远流长，难道中国人在建造远洋船舶上也会玩杂技和魔术不成？

可令人不可思议的事还在后头呢！

我国自行研制的海军万吨导弹驱逐舰下水时的情形

在 20 世纪 80 年代以前，在世界主要航区，不但难以觅见中国人建造的远洋轮船的影子，更不用说见到中国人建造的军用舰艇。即使到了 80 年代初期，中国的造船产量每年也不过三四十万吨，单船吨位也就一两万吨。可如今，无论在世界的哪一个洋区，还是哪一个国家港口，都能看到中国人建造的远洋船舶的航迹。现在中国人不但可以建造载重量十万八万吨的货船，如果需要，还可以建造三四十万吨的巨轮！船舶的种类，除了散货船、油船之外，还可以造出高端的冷藏船、液化气船、破冰船、气垫船、集装箱船、汽车滚装船、豪华客船、高速客货船等 500 多种船舶。除此之外，在军用舰艇建造方面，不但可以建造登陆舰、护卫舰、补给舰、救护舰，还可建造驱逐舰、核潜艇、航天测量船、航空母舰等！

从 1982 年到 1997 年，仅仅 15 年时间里，中国船舶工业在打进国际船舶市场初期，共造船 1415 余万吨，其中向德国、美国、法国、挪威、瑞典、丹麦、希腊、加拿大、日本等发达国家出口 1100 余万吨，遍布全球 50 多个国家和地区——也就是说，这些年中国船舶工业 80% 造的是出口船，几乎挣的都是外国人的钱！

而在此期间，国家在"七五"期间，对船舶工业投入的资金，只相当于引进 1 条汽车生产线！

30 年，在人类社会发展史上只是短短的一瞬，然而中国造船业在世界船舶市场你死我活白热化的激烈竞争中，造船产量从世界排名第 17 位，迅速超越了法国、德国、挪威、丹麦、美国、英国、俄罗斯、瑞典、巴西等国。到了新世纪，中国造船产量更是连续多年以 40% 以上的速度递增，2005 年超过日本，2007 年赶超韩国，在国际市场上，三大主要指标已连续多年保持世界排名第一！以 2016 年为基准，中国造船的订单量、建造量以及未交付订单量分别占世界市场的 35%、30.7% 和 33.5%——毋庸置疑，中国已名副其实地成为世界第一造船大国！

与此同时，中国海军舰队早已结束了在家门口"打转转"的历史。从 1997 年起，中国海军两支舰队一举航行 2 万余海里，成功出访美洲 4 国和东南亚 3 国后，海军舰队已数十次出访世界几十个国家和地区，连续环航太平洋、大西洋、印度洋等世界各大洋区。2017 年年初，以"辽宁舰"航母群为代表的海军舰队，已突破第二岛链，进入西太平洋，巡航于我国东海、南海洋区！

谜，简直是个谜！

"战后，日本首先超过英国成为世界造船第一，后来韩国又赶上来了。那么，在下一个世纪能赶上日本和韩国的造船国在哪里呢?"早在 20 世纪 90 年代中期，日本经济分析部次长相良隼二便著文惊呼道："毫无疑问，那将是我们的近邻——中国!"

"这些年，中国造船业这一切的所作所为，实在太令人不可思议，简直是《天方夜谭》中描绘的故事!"德国著名的《机动船》杂志载文如此叹道。

那么，这《天方夜谭》中所描绘的故事，它的创作者是谁，是如何进行创作的呢?

在我国第一艘航母下水的日子里，笔者满怀无比欣喜和激动的心情，打开已尘封 20 多年的采访日志，走进那激情燃烧的岁月……

第一章

历史别无选择

伟人一语，石破天惊！

"中国的船舶要出口，要打进国际市场，一定要竞争过日本！"

这是 1977 年 12 月 6 日。

经过 10 年浩劫的土地上，以造军船为主的中国船舶工业正处于进退维谷的绝境之中，中国造船的整体水平，已落后世界三四十年，要打进国际市场，要竞争过日本——这，可能吗？草原上的鬣犬再勇猛，能从狮子口中夺食吗？

从蜀中盆地走来，大半生戎马纵横于高山平原的邓小平，他了解江河海洋吗？他知道我国造船业的历史和现实吗？他研究过世界船舶市场烽烟滚滚、飞沙走石的现状吗？他作出这个决断的根据是什么呢？

他的这个决断真是太奇特太不可思议了！

有人睁大惊愕的眼睛。

有人不屑一顾地冷笑。

有人陷入久久的沉思。

大洋上刻骨铭心的记忆

一艘巨轮，颠簸于茫茫的大海。

这是往来于欧亚美三洲的法国邮轮"鸯特莱蓬"号，它从中国上海起航，90 名中国勤工俭学学生搭乘这艘船前往法国马赛。

这是 1920 年 9 月。

海天初霁，风浪减小。

舷窗中刚露出一线晨光，邓小平就从昏暗的底舱钻了出来。他走上甲板，倚在栏杆上，又似往常一样，忧心忡忡地远眺着晨曦中浩瀚无垠的大海。

自在上海黄浦码头上船，在这茫茫的大海上已经整整漂泊了 30 多天。10 月 10 日，"鸯特莱蓬"号驶入红海。这里，太阳像毒刺一样蜇人，空气干燥得像在燃烧。这几天，轮船航行在大海中，举目望去，只见海天连接之处，火红的阳光映照着海水，整个海面像跳跃着红红的火焰——大概，红海之名就是由此得来的吧！

邓小平从四川广安出来，已经快两年了。

1918 年初秋，他和一个远房叔叔邓绍圣听说重庆开办了留法勤工俭学预备学校，就千里迢迢从华蓥山中赶到重庆，考进留法预备班。这一年，邓小平 15 岁。

对山外世界感到新鲜好奇，对未来抱着美好憧憬的邓小平，到了重庆后无论如何也高兴不起来。

重庆，西南的门户和重镇，是长江上游水陆交通的枢纽。可是，由于多年军阀混战，战祸连绵，一座好端端的城市，早已被弄得千疮百孔、民不聊生。一排排残破的吊脚楼，在江风里摇摇欲坠；街头上，是一群群衣不遮体的苦力人和手捧破碗的乞讨者，仿佛整座城市散发出的只有贫穷、萧条和破落的气息。

青年时代的邓小平

那天，邓小平和一个同学去了向往已久的朝天门码头。可他在码头上所见到的情景，却深深地刺痛了他的心。

　　7月的长江咆哮了，浑黄的江水裹挟着枯枝残藤向东流去。湍急的江面上，一条破朽的木船，鼓着一叶缀满补丁的风帆，逆水行进在江流之中；一根战战兢兢的纤藤，连接着岸边一群赤裸的纤夫，纤夫们挣扎在河滩嶙峋的乱石中，声嘶力竭地爬行着，然而那船只能一寸一寸艰难向前挪动。

　　然而，在那码头上，却还停靠着形形色色的轮船。船桅上，挂着形形色色的旗帜，有米字的、星条的、三星的，还有红得像一摊血似的……但，唯独没有挂中国国旗的！

　　邓小平早就从书上知道，自1890年中英《烟台条约》及1895年中日《马关条约》签订后，重庆已正式辟为对外通商口岸。美、法、英、日等国相继在重庆设立领事馆，并轮流把持重庆海关。这些外国商船频频进入长江上游，兵舰也频频驶进重庆。非但如此，他们还强占中国码头，强设兵营，强划租界。在中国的内河重庆，列强们似乎比在沿海更有恃无恐、肆无忌惮。

　　蓦然，一声粗野的汽笛声响起，一艘挂着米字旗的兵舰从下游驶来。一群英国水兵，站在甲板上对着在河滩上声嘶力竭爬行的纤夫们指手画脚哈哈大笑。那兵舰船舷边，竟然还挂着一块硕大的木牌，上面歪歪斜斜用中文书写着两行大字：此系兵舰，过往木船不得碰坏！

　　高速行驶的兵舰，卷起一排排巨大的浊浪，江面上行驶的木船，顿时像醉汉一样剧烈地摇晃起来。两条渔舟，更是险遭倾覆！兵舰上，传来一阵阵尖利狂笑！

　　一群强盗！满腔的屈辱，满腹的愤懑，邓小平一转身，大步离开了这喧嚣的码头。此后几天，原本沉默的他更加沉默。

　　翻开世界发黄的历史，人们不难发现，当长江和黄河的乳汁已经哺育出灿烂的东方文明时，莱茵河、泰晤士河、密西西比河上的居民，还在黑森森的原始密林中茹毛饮血；当人类的第一缕曙光在东方的海平面上悄然升起时，一个伟大的民族已裹挟着丰硕的文明成果，独立于世界民族之林，让那些原始部落的臣民对他仰而视之。

　　或许，正是由于独享几千年的殊荣，夜郎的气息便逐渐在朝野弥漫起来，在一片升平的歌舞和炕头独酌的浮华和满足之中，他们醉眼蒙眬，步履踉跄。当西方偷偷地吸吮东方的科学奶水成长起来之后，一阵劈头盖脸猛烈炮火和铁甲坚船撞开中国的大门之后，发明罗盘和火药的子孙们才猛然睁开睡眼，那"四万万人黄种贵，两千余岁黑甜浓"的美梦已不复存在，西方人驾驶的文明列车已向前开了几个世纪。

　　落后，只能挨打。

　　面对残破的山河，面对贫弱的民族，一大批热血青年怀着科学救国、实业救国之志，或东渡日本，或远赴法国勤工俭学，寻求救国救民的真理，周恩来、邓小平、聂荣臻、李富春等就是这批青年的代表。

1920 年 8 月 27 日，邓小平与 80 多名赴法勤工俭学学生，搭乘法国吉利洋行"吉庆"号，从重庆顺江而下，经过整整 8 天的航行，才到达上海。9 月 11 日，在如注的大雨之中，这批学生登上了"鸯特莱蓬"号。透过雨幕，整个上海黄浦码头上，泊满了洋船和军舰，悬挂在船桅上的全是花花绿绿形形色色的外国旗帜！

哦，偌大一个中国，你的旗帜悬挂在哪里？

这艘法国邮船，长约 170 米，宽约 20 米，高有 33 米，载重量为 5 万吨，在狭窄的黄浦江中，也算得上是一个庞然大物了。这艘船船舱分为三等，每舱可容数百人。船上没有四等舱，因为中国留学生穷而无钱买票，船主为了多载人，才临时增设了四等舱。

所谓四等舱，其实就是货舱。昏暗的舱底里，没有换气和散热设备，且到处堆放着散发着霉味臭味腥味的货物，空气污浊，热得像蒸笼；加之老鼠横行，臭虫蚊子跳蚤肆虐，简直不是人能待的地方！船上的水手和洋人们，也可随便欺侮这些贫穷的中国学生，张口就骂，伸手就打，把底舱里的学生们称之为"猪猡"。

船过香港，邓小平没有下船。他知道这里曾是中国的土地，可当时已经属于英国人了。这里的华人，多是卖苦力的穷苦人，他们中的多数人，在英人制定的种种对华人苛刻的条例盘剥和压榨下，十分贫穷，从他们褴褛的衣衫和菜青的脸色上，就可知道他们生活的艰辛。

中国人曾被西方列强以"东亚病夫"贬称，留学生们不管到了哪个国家、哪个港口，当地都对他们严加防范，上岸也必须像动物一样接受严格检查，还须到当地警察署排队登记注册。稍有不从，便会招来一顿拳脚和棍棒；还有的港口根本就不准中国人上岸。

"由此看来，中国人其实已经是候补的亡国奴了……"一个与邓小平同赴法国的留学生这样哀伤地对他说道。

忧心忡忡的邓小平站在甲板上，把他忧心忡忡的目光投向遥远的海平线——茫茫大海，何处是中国未来停泊的港湾，何处是中华民族将来的归宿？这浩瀚无垠的大海中，难道就不该有中国的一席之地？那郑和率领的远洋船队七下西洋的宏伟景观，难道只能给后人留下如梦的光环吗？

"鸯特莱蓬"号经香港、西贡、新加坡、非洲奇布特、苏伊士运河、意大利半岛……直到 10 月 19 日早晨，才到达法兰西南部的马赛。

15 岁的邓小平第一次离开家乡，第一次见到了大海，第一次乘坐巨轮远涉重洋，第一次认识了这个世界。乘坐"莺特莱蓬"号长达 40 天的漂泊生涯，给他留下难以磨灭的记忆，就是到了晚年，他还常常提起这段刻骨铭心的往事。

总有一天，中国人一定会站起来！站起来的中国人，一定能够重铸祖先们创下的辉煌！

套句时髦的话说，这与现时习近平提出的"建设海上丝绸之路"的战略构想，不是不谋而合嘛！

古老航船上的辉煌与耻辱

中国人造船的历史，可谓源远流长。

公元 230 年，也就是三国时期的东吴黄龙二年，在太平洋西岸的一个港湾里，停泊着一支庞大的海洋舰队。农历四月初四，这支庞大的舰队，千帆竞发，准备出航到海峡对岸的夷州，也就是现在的台湾岛。

焚香祷告，歃血盟誓。率领这支舰队的是东吴主帅卫温和诸葛直。出征的鼓点擂响，吴王孙权亲自为出征的将士酹酒壮行。这次出航夷州，有战船 500 余艘，装载甲士 10000 余人，他们将跨越百里海涛，直指对岸的夷州。

这些战船，是由三国东吴建安郡侯官（今福建福州）典船校尉监造。几十万造船工匠和刑徒们，花了几年时间来建造这支万人船队。这些战船，有的高达三四层，设有女墙战格、桅杆风帆，船头碰、篙、桨、橹一应俱全。其中有的类似于现代的运兵船，宽敞得可容千余将士。更重要的是，这些战船不仅有了适应海洋季风变化的动力——帆，而且还装备了东汉时期发明的新型船舵，舵帆配合的操纵已经完全应用自如。这些海船以其高大坚固、抗风能力强，船上采用了水密隔舱等新式建造技术而令当时世界各国望尘莫及。

这就是距今 1700 多年前中国人的造船水平。

这支庞大的舰队出航夷州之后，几年间又北上辽东半岛，南巡至现在的海南诸岛。

自古以来，中华民族的祖先们就繁衍生息于黄河、长江流域广袤的土地上，定居于江河湖畔的鱼米之乡。水哺育了人类，为形成人口众多、规模较大的村落创造了条件。或许是在远古时期，我们的祖先从水面漂浮的树木那里得到启示，于是就开始了用石器造船的历史，舟楫也就应运而生。

20 世纪 70 年代初，在河姆渡村意外地发掘出新石器时期的船桨。经考古学家用碳 14 测定，河姆渡船桨产生时期为公元前 5005 年至公元前 4700 年，距今已有 7000 年之久——这是世界上迄今有关船的最早物证。

同上时间，在美国帕拉斯维德半岛的浅海中，发现两件人工的石器制品。考古学家认为，这些海底遗物，是 3000 多年前中国人使用的一种船锚——石锚。如果此说成立，则中国人远航美洲的时间，比哥伦布早了 2000 多年。

舟楫之利，不仅为人类提供了最早的交通工具，而且为古人从事捕捞作业开辟了除采摘野果树种、狩猎动物之外新的食物来源作出了贡献——毫无疑问，舟船是人类认识自然、改造自然、与大自然不屈斗争的产物。我们的祖先，为人类社会的进化和发展作出过不朽的贡献。

纵观世界造船史，无论在船体的设计上，还是在船舶的建造工艺方面，我们的先人造船的智慧和精湛的技艺，在世界上毫无疑问处于领先地位。秦汉时期的楼船建造水平独树一帜，当时是世界最高水准，楼船高达三四层，能漂洋过海去朝鲜、日本，令人叹为观止。东汉时发明的船舵，是船舶技术方面的一项革命。

公元 220 年至 420 年的三国两晋时期，我国水上活动频繁。船帆配合的操船术的进步，促使舵型和风帆都有较大的改进发展，船上已采用水密隔舱技术。我国古代著名科学家、圆周率的发现者祖冲之，曾创造出以机械驱动的日行百里的"千里船"。他在这种船上安装了三国马钧重新发明的指南车，"圆转不变，而司方如一"。在宋代，已出现了将指南针安装在有刻度、方位的圆盘上的罗盘，使海船上的舟师在阴晦的气候或夜黑无月的情况下，也能凭借罗盘辨别方向，安全正确地航行。指南针应用于航海，是中国劳动人民对世界文明的杰出贡献。

唐代的海船，便能远航西洋。古船坞当时可修造 20 丈长的"龙舟"。宋真宗时，仅官营作坊造船年产量就达 2910 艘，令人惊讶。

当时船的载货量也令人惊奇，一种名为"万石船"的内河船，可载钱 20 万贯，米 12000 石；宋徽宗时造了两艘出航高丽（今朝鲜）的大海船，可装载粮食 20000 石以上，约为 1100 吨。

除却商船，中国历代拥有的强大舰队也令人瞠目结舌。单是戚继光在沿海指挥的舰队，就曾一举捣毁倭寇的横屿老巢。郑成功率领的数万人舰队，横渡海峡驱赶荷兰殖民主义者收复台湾的壮举，也可见当时中国强大舰队之一斑。

但令人可叹的是，到了清初，为镇压南方反清力量，清政府一道《禁海令》，活活地扼杀了中国的造船业。清政府规定"寸板不得下海"。南方各港的海船，统统由清朝八旗控制，或被拖曳上岸，或以火炬之，或任其腐朽。

更为可叹的是，清政府还遣散了沿海船厂的造船工匠。世代以造船为业的工匠们离乡背井，四方流散。曾经以造海船巨舶而闻名的刘家港、建安港，被清军一下子就从地图上抹掉了。靠从马背上得天下的清朝贵族们，他们永远也不会意识到，这种愚昧无知的行径，给中国人民带来的是一个历史的、时代的差距！

当 1840 年鸦片战争中，西方列强们的坚船利炮轰开清帝国腐朽的大门，多桅帆挂的战舰遍征东方诸国的时候，中国水师的船只只能在内河招摇过市而已！

潮起潮落。

云卷云飞。

古代多桅风帆战船模型

1895 年 2 月 21 日的甲午之战，大清帝国苦心经营 16 年的北洋水师，在威海卫海域全军覆没。被日本人拆除了舰上所有武器的"康济"号，像一条被敲掉牙齿遍体鳞伤的鲨鱼，载着中国近代海军第一位舰队司令丁汝昌服毒自杀后的尸体，载着中国人的辛酸和屈辱，在凛冽的寒风中黯然驶离已经陷落的刘公岛，没入冰凉而又腥浊的雨雾之中……

满目疮痍的中国，自鸦片战争后的 100 年间，列强们倚仗着坚船利炮，从海上入侵我国沿海地区达 470 次之多，其中规模较大的就有 84 次。从辽东半岛的大孤山到海南岛的三亚港，几乎所有重要的港口和岛屿都遭受过侵略者铁蹄的践踏。从 1930 年到 1939 年间，美、英、日、法、意、德、葡萄牙、西班牙等 9 国军舰肆意进入我国港口达 14697 艘，平均每年就有 1600 余艘外国军舰进入我国港口，从海上掠走了我国大量财富！

一个造船造舰在世界上曾独领风骚的国家，面对别国舰船肆无忌惮的讹诈和掠夺却束手无策，一个发明指南针和船舵纵横西洋的民族，却连海上的门户也保不住——过去了的，是如梦的辉煌；直面惨对的，是伤痕累累和残酷无情的现实！

中国人的坚船利舰在哪里？中国人造船造舰的辉煌难道只能成为历史的烟尘吗？

共和国的蓝色档案

烟波浩渺，海天遥遥。

人民共和国的缔造者们当然清楚舰船在国防和经济建设中的战略地位。所以，当战争的硝烟还没散去，他们就把目光投向了广袤的海洋。那位在天安门城楼上向全世界宣布"中国人民从此站起来了"的人民领袖，还没进入北京前，便伫立在巨幅的中国地图前，对着那 1.8 万公里的海岸线和 300 万平方公里蓝色的海域，沉思起来……

博古通今的毛泽东，在北京香山那间普通的平房里指挥百万雄师过大江的时候，他就多次与身边的工作人员和来访的客人谈到大江和海洋，谈到郑和率领舰队七下西洋，谈到甲午海战中的"致远"号和邓世昌，也谈到古时的战船和百万大军渡江的木船，还谈起中国古代和近代的造船业……

是的，旧中国留给新生的共和国这副摊子，实在太残破太苍白了。中国的造船业，犹如在茫茫大海中漂泊的一条小舢板，在洋人们钢船铁舰掀起的巨浪中，随时都有被吞没的厄运。

近代中国造船业在贫弱的境况、连年的战乱、飘摇的风雨中实在是步履蹒跚、举步艰难！

1866 年，在洋务运动中，安庆军械所破天荒地制造了中国第一艘轮船。可这艘名为"黄鹄"号的轮船，说起来令人感到悲哀，它由蒸汽单缸驱动，载重量只有 25 吨，逆水最大时速为 8 公里。在充当了一阵曾国藩及其家人的座船之后，便锈迹斑斑地闲置在河边，成为一文不名的一堆废铁了。

1865 年，李鸿章出面买下美商在上海虹口的"旗记"铁厂，希冀自己能够造船；1866 年，左宗棠为重拾中国造船业，在福建福州设立了船政局。洋务派用心可谓良苦，可这一切又必须在清朝祖宗们立下的规矩不能变的前提下进行，这就注定了洋务派求富求强的美梦，只能成为一串炫目的肥皂泡。

国内民办的船舶修造业，在殖民者的摧残下和打击下惨淡经营，或在外资的挤压下破产，或在官僚资本鲸吞下倒闭。直至新中国成立前，全国民办的船厂只有 4 家，而且已是朝不保夕、气息奄奄。

　　持续多年的战乱与灾荒，留在共和国土地上的只有伤痕与弹坑；加之国民党逃到台湾孤岛前严重的破坏和搜刮，给中国的造船业带来毁灭性的灾难。

　　白日有光，夜晚有灯。

　　如何在战争的焦土之上创建中国的造船业；如何让中国的舰船驶向大江大海？创立共和国的领袖们都在苦苦地思索着、谋划着、探索着。

　　1953 年 2 月 19 日，雨后初霁，楚天俊朗。一艘护卫舰从汉口起航，驶向南京。毛泽东登上这艘护卫舰，开始了两天三夜的航行。这艘护卫舰原是国民党江防舰队旗舰"长江"号。大江浩渺，极目天舒。毛泽东在舰上视察期间，他的心情很好，他与舰上的官兵进行了长时间的交谈。一路上，他谈古论今，旁征博引，颇有些慷慨激昂。

　　军舰顺江而下。第二天夜晚，毛泽东住舱的灯光一直到凌晨 4 点钟才熄灭。也就是说，他在舰上的这个夜晚，几乎彻夜未眠。早上 8 点，秘书走进他的住舱，眼前豁然一亮！有 3 幅内容相同的题词摆在舱室的办公桌上。那几幅题词，气势磅礴、墨迹酣畅："为了反对帝国主义的侵略，我们一定要建立强大的海军！"

　　是的，新中国要想巩固自己的国防，要想不受列强的侵略和欺凌，就必须要建立一支强大的海军。然而，要想建立一支强大的海军，就必须要有自己的造船造舰基地，必须要有自己造船造舰的能力。所以，同年 5 月毛泽东又指出："为了建设现代化国防，我们陆军、空军和海军都必须有充分的机械化的装备和设备。这一切离不开复杂的专门技术。"

毛泽东主席在"长江"护卫舰上

　　1958 年 6 月 21 日，毛泽东又发出号召："必须大搞造船工业，大量造船，建立海上铁路，以及在今后若干年内建设一支强大的海上战斗力量！"其后，他又多次视察了海军部队和六机部建造舰艇的造船厂。1958 年 9 月 20 日，毛泽东视察了芜湖造船厂，并乘坐该厂建造的快艇在长江上高速航行了 30 分钟。

　　刘少奇、周恩来、朱德、邓小平等党和国家领导人对造船工业的发展也倾注了满腔的热情和心血。特别是邓小平，他生前 4 次到大连，其中有 2 次就视察了大连造船厂。

根据毛泽东同志的指示和中央的决策，在新中国成立初期百废待兴、国民经济极端困难的情况下，毛泽东于 1950 年 5 月 18 日亲自致函苏联政府，提出了请苏联政府允许"输入材料、发动机、辅助机器和武器，在中国船厂建造舰艇"的要求。1953 年 6 月 4 日，中苏在莫斯科正式签订了"六四"协定。到 1959 年，根据协定转让的项目在双方努力下，由各个经过技术改造的船厂先后建成——这为新中国的造船业打下一定基础。

到了 50 年代末期，根据世界科学技术和船舶发展的新情况，经毛泽东批准，中苏两国又签订了造船工业和海军装备二次大规模的技术和装备引进项目合同，可是正在项目执行阶段，苏联政府却单方面撕毁了协议，撤走专家，中断技术援助，加上我国连续三年的人祸天灾，国民经济处于最困难时期，造船业进入十分艰难的岁月。

到了 1963 年下半年，我国经济状况刚刚好转，根据毛泽东同志指示，聂荣臻元帅对造船工业作出了相应部署，到 1965 年，六机部完成了鱼雷快艇、大型导弹快艇、中型鱼雷潜艇仿制任务；还自行研制了甲型巡逻艇、高速护卫艇、反潜护卫艇等装备。同时，内河和远洋船舶也有了相应发展。

可令人扼腕长叹的是，中国船舶工业刚刚得以复苏时，一场铺天盖地的"文化大革命"如骤雨般袭来。再后来，为了准备打"第三次世界大战"，沿海国防工业基地迁至西南"靠山、分散、隐蔽"的群山之中，开始了历时数年、规模巨大的"三线建设"。

从新中国成立初期到"文革"结束的 20 多年中，尽管风急浪大举步维艰，中国这条航船毕竟已经起锚，从一无所有起步，除了能研制常规的潜艇，还按我国 ZC 标准建造出了"跃进""东风""风庆"等万吨级的远洋船；研制出"向阳红"海洋科考船和"远望"航天测量船；研制出具有"大海娇子"之称的核潜艇等一批舰船。

"纵观这几十年中国船舶工业发展的历史，不由得不令人心生感慨。它每向前跨越一步，所付出的艰辛是外行人难以想象的。"当年作者采访时，时任中国船舶工业总公司总经理王荣生先生不无感慨地说道，"近代船舶工业在世界各国工业化进程中，都曾起过重要作用。18 世纪工业革命时期，造船业就已成为各国最重要的工业支柱。新式的舰船，应用了当时最先进的冶炼、蒸汽技术、航海技术等科技成果，被看作是最复杂、最先进的大工业产品。所以恩格斯说：'现代的军舰不仅是现代大工业的产物，而且还是现代大工业的缩影，是浮在水面上的工厂。大工业最发达的国家差不多掌握了建造这种舰船的垄断权。'是的，船舶工业是一个国家经济强弱、国力盛衰的标志。中国船舶工业能一步步走到今天，实在太不容易，它经历了几代人不屈不挠的艰辛努力！"

是的，用任何语言、任何词汇，都不能全面、准确地囊括这段看起来轰轰烈烈，但又残缺不全的历史——让共和国蓝色的档案储存这段史实吧！

一场触目惊心的斗争

"吹牛撒谎是道义上的灭亡，它势必引向政治上的灭亡。"这话针对的是那些在政治上投机取巧，希图在一夜之间就暴发的政客们。

在我国造船史上，这场触目惊心的斗争，与中国船舶工业的发展进程相关，也与后来指引中国船舶工业走出困境、走向世界的邓小平同志相关，确实不能掠过不提。

这就是震惊全国的"风庆"轮事件。

一场惊心动魄的政治斗争由此展开。

1974年，我国自行设计建造的万吨货轮"风庆"号，第一次往返于上海与欧洲之间，总航程有3万余海里，于当年国庆前夕抵达上海吴淞口。这本是一件值得中国人高兴的事，而"四人帮"却借题发挥，演出一场闹剧来。

当时，由于我国造船工业落后，一时满足不了中国远洋运输的需要，向国外买船、租船是必不可少的。一段时间里，甚至不得不主要依靠租船来进行远洋运输。邓小平同志第二次复出后，根据自力更生原则，抓紧整顿和发展自己的造船工业。1974年年初，"风庆"轮组装完毕，开始出海试航。

在"风庆"轮试航验收过程中，用船部门对船提出了一些问题，这本属正常的工作程序和工作原则。可"四人帮"在上海的亲信却小题大做借机发难，无限上纲横加罪名，说上海远洋运输公司"崇洋媚外"，除了大造新闻舆论外，还开大会进行批判，矛头直指交通部领导，并宣称"背后还有中央的人"。醉翁之意不在酒，他们真实的意图，就是想借机搞掉周恩来和邓小平，以抢夺四届人大的组阁权。

"风庆"轮试航之后，船员们在张春桥等人指使下，遍刷大标语，遍贴大字报，提出"我们要革命，'风庆'要远航"。上海远洋运输公司迫于无奈，只得特派"望亭"轮伴航保驾，让"风庆"轮远航。但轮船一路上问题不断，活塞开裂、油管裂纹、增压器漏水，主机停机，险情不断，差点在风浪中倾覆。经无数次抢修，轮船磕磕绊绊驶过好望角后，江青指示，报上登载的消息不引人注目，要在轮船返航时大写特写，登在各大报的头版头条。张春桥也说，要好好地宣传，这是个路线问题，不要光发消息，并下令在"风庆"轮返航时组织盛大的欢迎仪式。

9月30日，"风庆"轮返航，那盛大的欢迎场面和报刊上连篇累牍的宣传狂潮，令国外的人大惑不解：一条万把吨的船在大海上跑了一趟，如何引起他们那么大的狂喜呢？中国人的祖先，在好几百年前就已经驾驶大船遍航了西洋30多个国家和地区呀！

史无前例的大规模宣传报道和评论，把以往进口轮船说成是"卖国主义路线"，说什么"翻一翻中国造船工业发展史，就可以清楚地看到，近代中国尊孔派头子都直接插手造船工业"。还说曾国藩、李鸿章、袁世凯、蒋介石以及刘少奇、林彪"奉行的都是'造船不如买船，买船不如租船'的洋奴哲学，推行一条卖国主义路线！"

项庄舞剑，意在沛公。

10月13日，《国内动态》刊登了一份"关于'风庆'轮问题"的报道。次日，江青就作批语并致信政治局。她煞有介事地质问："看了报道，引起我满腔的无产阶级义愤！试问，交通部是不是毛主席、党中央领导的中华人民共和国的一个部？国务院是无产阶级专政的国家机关，但是交通部却有少数人崇洋媚外，买办资产阶级思想的人专了我们的政。"

张春桥见此批文心领神会，他遥相呼应道："在造船工业上的两条路线斗争已经进行多年了。发生在'风庆'轮上的事是这个斗争的继续。"他要求国务院就此问题在经济部门进行教育。王洪文、姚文元当然也不甘寂寞，也连忙加油添火。

当时，周恩来因病住院，经毛主席提议，由邓小平主持国务院工作。"四人帮"对此十分不满，遂借"风庆"轮问题向他发难。10月17日晚，在中央政治局会议上，江青等有预谋地提出来"风庆"轮事件和"崇洋媚外"问题，对邓小平搞突然袭击，逼邓小平表态。邓小平说："我已经圈阅了，对这个问题还要调查一下呢！"江青进一步逼问道："你对批判'洋奴哲学'是什么态度，是赞成还是反对？"邓小平见江青等人咄咄逼人的架势，立即正色反驳道："这样政治局还能合作？强加于人，一定要写出赞成你的意见吗?!"张春桥见状，立即阴狠地说道："早知道你要跳出来，果然跳出来了！"

邓小平闻言十分愤慨，他针锋相对地将江青和张春桥等人当面顶了回去："才1万吨的船，就到处吹！1万吨有什么可吹的？1920年我到法国去的时候，坐的轮船就有5万吨！"说完，邓小平愤然离去，会议不欢而散。

当晚，江青、张春桥、王洪文和姚文元在钓鱼台密谋，决定让王洪文到毛泽东那里告状。次日，王洪文飞往长沙，向正在那里疗养的毛泽东报告。王向毛报告说："北京现在大有庐山会议的味道。"又说："政治局会议上，为了这件事，江青同邓小平发生了争吵，吵得很厉害。"看来邓还是搞过去"造船不如买船，买船不如租船"那一套。王在谈到邓小平的问题时，还趁机在毛主席面前诬陷周恩来、叶剑英等中央领导人，吹捧江青、张春桥和姚文元。但毛泽东并未轻信王洪文的一面之词，反而告诉他要多找周恩来、叶剑英谈，不要跟江青搞在一起。

江青在让王洪文告状的同时，又托在毛泽东身边当记录和翻译的王海容、唐闻生，就政治局会议上关于"风庆"轮的争论向毛泽东报告，以达到诬陷周恩来、邓小平的目的。可王海容和唐闻生先到医院向周恩来报告了江青与她们谈话的内容。周恩来说："我已知道政治局会议的问题，事情并不是像江青他们所说的那样，是他们四人事先计划好要整邓小平同志。他们已经多次整邓小平同志，小平同志忍了很久。"

10月20日，唐闻生在长沙把周总理的谈话情况向毛泽东作了报告。毛泽东很生气地说："'风庆'轮的问题本是一件小事，而且先念同志已在解决，但江青还这么闹！"

毛泽东指示王海容和唐闻生，回北京转告周恩来和王洪文：总理还是总理，四届人大的筹备工作和人事安排要总理和王洪文一起管。建议邓小平任党的副主席、第一副总理、军委副主席兼总参谋长。

"四人帮"受挫后并不死心，仍然继续在"风庆"轮上大做文章大造舆论，用以影射攻击周恩来和邓小平。

11月上旬，周恩来在医院里约中央政治局成员分三批开会，解决了"风庆"轮问题。"四人帮"借"风庆"轮事件整周恩来、邓小平的阴谋这才未能得逞。

1976年1月周恩来逝世，"四人帮"未能抢得总理的位置，十分恼怒。3月，江青擅自召集12省、自治区会议，仍大谈"风庆"轮问题。咒骂中央领导同志是"洋奴、买办、汉奸"，后又布置拍摄以"风庆"轮为题材的电影，说要敢于触及中央各部委背后的人。"风庆"轮就写中央的两条路线斗争，要写高级走资派，但还未等这个电影出笼，"四人帮"便寿终正寝，被永远钉在历史的耻辱柱上了。

"风庆"轮事件虽然收场了，但它造成的影响太恶劣了，以致在若干年后，中国造船业、航运界的领导和职工在打进国际市场，与外国商人打交道时，还小心翼翼、战战兢兢、如履薄冰——"卖国主义""崇洋媚外""洋奴汉奸""里通外国"的幽灵，还在人们头上徘徊和缠绕了好多年……

邓小平果断 "赶船下海"

1977 年 12 月 6 日。

这一天，邓小平起得很早。经过较长时间的深思熟虑，这一天他要召见即将上任的几个国防工业部部长和国防工办负责人。

其实，邓小平回到北京的这些日子，他每天都起得很早，睡得很晚。面对经过 10 年浩劫后万马齐喑、百业凋零的局面，他是万事忧心，忧心如焚啊！

第三次复出的邓小平这一年已经 73 岁了。虽然屡遭厄运，但仍不改他那几十年养成的雷厉风行的工作作风，不改他那特立独行的思维方式，更不改他那坚定不移的政治信念——他的信念就是要用实事求是的科学态度，集中外古今一切所长，为他的国家设计出一幅全新的发展蓝图，寻找到一条中国特色的发展道路，让中华民族强盛起来，让中国人民富裕起来。

往事历历在目，历史的脚步实在太沉重，历史的教训实在太深刻——中国未来向何处去？这个问题他思考得太多。早在他第二次被打倒后，在江西拖拉机厂劳动时，每天早晨和傍晚，他都不停地抽着烟，循着他住的那个小院坝子不知疲倦地走着。时间长了，那坝子的草丛中竟让他走出一个深凹的圆圈来。

早年，在赴法国勤工俭学时，他怀揣着"科学报国"和"实业救国"的理想，曾考察了欧洲近代工业化的进程；特别是对各国舰船工业在工业化进程中的作用，他更是进行了仔细的调研——舰船工业绝对代表着一个国家的工业水准，一个没有现代化舰船工业的国家，绝不能称为现代化国家。

他知道，近代以来，凡是拥有坚船利舰制造水平的国家，在世界政坛上说话的声音都要比别人洪亮；凡是有舰船在大洋上纵横驰骋的国家，那个国家的人民都觉得要高人一等——如前所述，因为在没有发明飞机以前，连接这个世界各大洲的只有一种工具——船。以英国为代表的列强们，他们就是利用坚船利炮作为手段，建立了遍布全球的殖民地；他们同样也是用坚船利炮，轰开了泱泱中华帝国的大门！

人类每一项最新的发明成果，都必然首先用于军事和战争。

"二战"结束之后，特别是到了 20 世纪 70 年代，微电子技术、宇航技术和新能源、新材料技术的迅猛发展，更使现代的舰船高度集中了一个国家最新最高的科技成果——而今，西方某些国家就是凭着这些坚船利舰，以及舰船上携带的飞机导弹，在世界广袤的海洋以及国际政治舞台上，耀武扬威恣意妄为，他们动不动就将航母战斗群开到别人家门口来进行讹诈和挑衅，肆意践踏别国的主权和尊严，是可忍孰不可忍！

100多年前，一位预言家就曾预言：地中海是昔日的海洋，大西洋是今日的海洋，太平洋是未来的海洋——这个预言家就是美国前国务卿约翰·海棣。当人类即将进入到新的世纪时，世界有识之士更形成这样一个共识：21世纪是海洋的世纪，21世纪更是太平洋的世纪。

向海而兴，背海而衰。

这个论断的依据是：近代以来，世界各国的大都市几乎都是依海而建，如美国的纽约、日本的东京、中国的上海，等等，这表明各国都是呈开放和对外发展的态势，由封闭的内陆而面向开放的海洋，而开发海洋资源，发展水路运输，加快远洋航运发展，这是未来世界发展的必然趋势。

发展中国的造船工业，是邓小平一贯的指导思想。1955年11月和1964年7月，他和刘少奇、李富春、薄一波等先后两次视察大连造船厂，并对船舶工业的发展作过许多具体的指示。1955年，他就曾对这个厂的领导说："要学习国内外的先进技术和经验，向苏联专家学习。"1964年，他又对厂里的领导说："你们人这么多，造船吨位比日本相差许多倍，看来是个协作问题。你们要组织好协作，看哪个厂子行，你们就主动向他们订货。"他还对船的造价、产品定型等发表了许多意见。谈到造船技术的改进，他说："我们的效率不会低于世界平均造船水平，关键是组织问题。尽管某条船是先进工艺，但总体上造船工业还是落后的。你们要研究，要选择定型，要降低成本，要提高质量，要搞先进工艺。"他还说："必要时你们要到国外去考察，可以利用贸易关系到日本、法国、英国去考察！"

几十年过去了，至今想起来令人遗憾的是，他的这些指示没能在当时得到很好的贯彻和落实——在那个政治斗争频繁，以阶级斗争为纲的年代里，要贯彻和落实这些指示，又谈何容易！

沧海桑田，物是人非。

如今，邓小平第三次复出了。这是中国历史上一个重大事件和重要转折点，更是中国船舶工业生存和发展的重要转折和契机。

8点30分左右，即将上任的几个国防工业部部长和国防工办负责人准时来到邓小平的办公室：三机部部长吕东、五机部部长张珍、六机部部长柴树藩、国防工办主任洪学智。

即将到六机部上任的柴树藩，还没走进邓小平的办公室，一眼就看见从办公桌前站起来迎接他们的小平同志——哦，还不到1年的时间没见到小平同志，他鬓边又添了几缕白发，额上又添了几道深刻的皱纹，眉宇间还不时流露出一丝不易察觉的焦灼和忧虑来，但他双目中透出的光，依然犀利敏锐，坚定而自信。

"同志们，你们辛苦了。"邓小平向大家伸出手来。

"不！小平同志，您才辛苦了。"几位部长一听小平同志那饱含深情的话语，都有些激动起来——已经被三次打倒的邓小平，他一生所受的打击和磨难，是常人难以想象的，在中国乃至世界的政治人物中，或许无人能与他相比。特别是在古稀之年，又被横加无数罪名打倒。即使在"四人帮"被打倒1年之后，还有人在阻拦他的复出，在阴暗的角落里，还有人在煽动着"反击右倾翻案"的阴风。

"我荣幸地以中华民族一员的资格，而成为世界公民。我是中国人民的儿子，我深情地爱着我的祖国和人民。"

"过去也好，今天也好，将来也好，中国必须发展自己的高科技，在世界高科技领域里面要有一席之地——现在世界的发展，特别是高科技领域的发展一日千里，中国不能落后，必须始终占有一席之地！"

这就是邓小平！这就是信念坚定、百折不挠的邓小平！这就是在枪林弹雨和艰难困苦的岁月中，发动"百色起义"、千里跃进大别山、挥师过大江、挺进大西南的邓小平！如今，第三次复出的邓小平，首先就把目光投向了世界高科技领域，投向了高科技集中的国防工业，特别是中国的船舶工业。

今天，就在那间宽大而简洁的办公室里，他仔细听取了国防工办主任洪学智关于我国国防工业现状的汇报后，当即作了言简意赅的指示：

"十年'文化大革命'，使我们吃了很大的苦头，造成很大的灾难。现在要横下心来，除了爆发大规模的战争，就要始终如一地坚持四个现代化建设……现阶段，国防工业部门问题成堆，积弊成患，你们要克服一切困难，走军民结合、以民养军的道路。不要辜负党和人民对你们的期望，要把国防建设搞上去！"

在谈到船舶工业问题时，邓小平略微沉思了一下，将目光投向了即将上任的六机部部长柴树藩，提高声音讲道："船舶工业也要和其他几个国防工业部门一样，要遵循'军民结合，以军为主，发展民用，以民养军'的原则，尽快整顿，把生产搞上去！船舶工业要积极引进国外先进技术，中国的船舶要出口，要打进国际市场！"讲到这里，他停了一下，将目光移向了窗外。他那深邃睿智的目光，仿佛穿过历史和现实，凝望着未来。

随即，邓小平用不容置疑的语气接着讲道："造船工业应该打进国际市场。我们造的船比日本便宜，我们的劳动力便宜，一定要竞争过日本！总之，国际市场有出路，要有信心！"

小平一语，简直是石破天惊！

什么？中国的船舶工业要打进国际市场，还要竞争过日本！这是多么奇特的设想，多么宏大的设计，多么磅礴的气势！

这，可能吗？

一时间，整个屋里一片沉寂。小平同志的这个指示，让所有的与会者始料未及，特别是对即将上任的部长柴树藩来讲，在他心中激起的震撼，绝不亚于不久前唐山发生的7.8级地震！

此时的北京，正是冬天。从西伯利亚袭来的寒潮还没过去，天空中还笼罩着阴冷的雾霾；窗外几片迟凋的枯叶，还在光裸的树枝上瑟瑟战栗。在几十年艰苦卓绝的革命生涯中，柴树藩对党交给他的任何任务，从没皱过一回眉头，更没有提过任何条件——今天，他怎么也没想到，小平同志会赋予他这样神圣而庄严的使命！

能完成小平同志的这个重大嘱托吗？

柴树藩陷入久久的沉思。

次年6月28日和29日，邓小平在听取柴树藩和副部长张有萱以及海军领导的汇报时，他又再次明确地指示道："六机部不只是为海军的，更多的是民用。造船工业最大的问题是改造问题，要积极引进先进技术，这样搞起来就快了。"

"技术水平和管理水平是一致的。引进就要全面引进。要彻底革命，不要搞改良主义，多花点钱可以。江南厂改造，要包括船台、船坞、码头等的改造。改造也不要搞改良主义，否则牛不像牛，马不像马。江南厂、大连厂要彻底改造，就是搞成新厂！"

"以民养军，包括出口船，换取外汇。把民用船舶水平提高了，也可以促进军船，方法是要大胆改造现有的造船厂。步子更大一点。要多造内河船，充分利用我们的河流。充分利用水运，比陆运好得多。以军为主，以民养军，改造船舶工业。"

……

一个伟人，他的伟大在于具有敏锐的洞察力和精准的判断力，高屋建瓴地把握事物运行的规律，高瞻远瞩地为迷茫中的人们指明行进的方向——邓小平就是这样的伟人。

如同早春的一声雷鸣，在船舶工业处于生死存亡、何去何从的历史关头，邓小平不但为它指明了前行的方向、奋斗的目标，而且还系统地提出了实现这些目标所要采取的具体步骤和措施。

小平同志对中国船舶工业情有独钟。此后，他又 10 余次对船舶工业的发展作出具体指示。为了中国船舶工业早日打进国际市场，香港的"世界船王"包玉刚以及他的父亲包兆龙等，在短短几年时间里，邓小平接见了不下 20 次。

仰望春天
　　有高飞的纸鸢
俯首低头
　　茸茸嫩绿萌动泛绿的情愫
把零散的春色收集起来
就是一幅色彩绚烂的春光图
　　尤其是那爬进窗口的春阳
　　循着它的引诱走进春色
前面是更加耀眼的
　　姹紫嫣红
……

风吹草低，春风已度玉门。一位诗人，用她清新的笔触，描绘出寒冬过去，初春来临时人们抑制不住的喜悦心境。

第二章

神圣而艰难的使命

有风从海上吹来。

但从大洋上吹来的风,都带着苦涩腥浊的味道,弥漫着悲观失望的气息。"黯淡的云层挡住了灿烂的阳光,今日世界的船台,都笼罩着黑沉沉的阴影;昔日风光无限的造船业,而今除了忧郁还是忧郁。"目前,世界造船业正在经历着"二战"以来最大的危机;船舶市场残酷的竞争,已给许多国家造船业带来致命的打击,以致纷纷落马,一蹶不振。

中国的造船业,性能先进的舰艇造不出,国内的民船不找你造,外国的商船你不能造,想打进国际市场更是步履维艰——难道,整个行业几十万人,就只能仰望着那阴霾的天空,梦想着有一天,天上掉下一个馅饼来?

中国的造船业,已到了一个生死存亡的历史关头!这绝不是危言耸听。柴树藩眼前所见到的一切,就像疯长的藤蔓一样,把他的心越缠越紧——中国造船业希望的曙光在哪里,到底该向何处去?

冬日里的不眠之夜

夜色深深，台灯发出惺忪的光影。

从邓小平那里回来，尽管已是深夜，柴树藩却没有丝毫的睡意。小平同志今天对几个部长的谈话，特别赋予他到六机部后"船舶工业要打进国际市场，要竞争过日本"的使命，更是强烈地撞击着他的心扉。

一阵冷风吹来，吹得窗户簌簌作响。他摘下眼镜，放下手里的资料，慢慢踱到了窗前。推开一扇窗，卷起的窗帘一角从他脸上拂拭而过。对着窗外那星星点点的灯光，他陷入久久的沉思。

柴树藩，曾用名柴述凡，1910 年 10 月 1 日出生在山东烟台一个工人家庭。家里有兄妹 5 人，他排行老三。父亲和叔叔早年都在码头上扛包以苦力谋生。但常年的肩挑背磨，压弯了父亲的腰，摧残了他的身体，最后他父亲只好在街沿上开个烧饼摊维生。母亲则靠手工勾织补贴家用。虽然全家生计艰难，可父母希望儿子将来不再像他们一样做个苦力人，所以千方百计送柴树藩上学读书。

六机部部长柴树藩

柴树藩天资聪颖，学习刻苦，在学校学习成绩优秀，几乎年年都考第一。家里穷点不上电灯，他就在煤油灯和路灯下完成作业。父亲因病早逝后，他的一个哥哥就被迫辍学到码头上扛大包养家。柴树藩则靠奖学金支撑到中学毕业后，进入烟台商业学校学习。肄业后，他在青岛一家报馆和哈尔滨一家银行当小职员。九一八事变后，柴树藩不愿做亡国奴，毅然丢掉来之不易的工作，回到了家乡。

回到家乡后，他四处打短工维持生计，饱尝了人间冷暖和世态炎凉。后来，为谋一份好一点的工作，23 岁的他带着母亲烙的一沓煎饼，只身到北京报考了清华、燕京两所大学。当他以优异的成绩被这两所大学同时录取后，却一筹莫展——昂贵的学费从哪里来呢？无奈之下，他只好含泪忍痛弃学。

思忖再三，他南下上海，报考了上海税务专门学校。因这个学校不收学费，还管食宿，毕业后可以直接成为海关职员。在当年 2000 余名考生中，他以第一名的成绩被这个学校录取。1935 年 2 月，他毕业后被分在天津海关工作。七七事变以后，这个海关被日本人控制。柴树藩不愿为日本人卖命，经反复考虑，他决定奔赴延安投笔从戎，将个人的命运同国家民族的命运联系起来。

晓行夜宿，颠沛流离。

1938 年 3 月，柴树藩抵达延安，考入延北公学。他先后担任旬邑分校政治部秘书、校务部部长，后又进入延安马列学院学习。1940 年前后，他先后在陕甘宁边区统战部和西北局边区研究室工作。抗战胜利后，他随大批干部进入东北，任安东海关副关长、辽东经建处副处长等职，曾几度进驻鞍山，接管鞍钢，在战争的废墟上为恢复这里的生产做了大量工作。1948 年 11 月，他任东北工业部计划处处长，直接在陈云领导下工作。1949 年年底，因他熟悉工业、经济业务，受命随周恩来总理率领的中国政府代表团出访苏联。在苏联，他多年积累的经济、金融经验，在那里派上了大的用场，对争取苏联对中国的经济援助发挥了很大作用。

此后，柴树藩调北京中财委计划局，参加了我国第一个五年计划的起草工作。1952 年 8 月，作为中国代表团的主要成员，他又随周总理二次访苏，直接参加了苏联对华 156 项援建工程的谈判。1952 年年底，他调任国家计委副主任，主持落实苏联援建我国的 156 项工程。这项工作因计划缜密、用钱少而效果好受到周总理的赞扬。1958 年 9 月，他调任国家建委副主任，依然直接在陈云麾下工作。

尽管柴树藩这些年来不辞劳苦、夜以继日地工作，为我国的国民经济恢复和建设作了突出贡献，可当"文革"风雨袭来时，他被下放到河南西华县五七干校劳动。直到 1972 年春天，在周总理亲自过问下，他才离开那里，回到北京。

这年 4 月，当周总理在听取外贸部关于我国引进成套技术装备——史称"四三"方案工作汇报时，他很不满意，立即就想起了对经济、外贸工作有着丰富经验的柴树藩来。

周总理还没听完汇报，当即对外贸部的部长说道："我替你找一个说得清楚的人来。"说完他回头问李先念副总理："柴树藩在哪里？"李先念回答："还在干校。"总理说："马上把他调到外贸部任副部长。"可那位部长却回答总理说："我们回去研究研究。"总理闻言脸色一沉，用犀利的目光盯住他说："你还要跟谁研究？"那位部长见此情形，连忙说道："欢迎欢迎。"

就这样，柴树藩被周总理从干校紧急调了回来，到外贸部参加"四三"

高技术设备的引进工作，并在那里当了 6 年的外贸部副部长，为中国的高新技术设备引进立下汗马功劳。

柴树藩是个帅才。在工作中，他胸怀全局，眼界开阔；他知人善任，原则性强——最难能可贵的，还是他那疾恶如仇、刚正不阿的性格。陈云同志不但对柴树藩非常了解，而且对他的才干和性格十分赞赏。他曾对人说："柴树藩为人耿直，为了工作连我都敢顶，这是个好人。"

在柴树藩的政治生涯中，有一件事确实不能不提。

1975 年，在批判邓小平所谓的"右倾翻案风"时，"四人帮"借机又掀起大批"崇洋媚外、洋奴哲学、卖国主义"的恶浪。柴树藩当时在外贸部工作的艰难可想而知。在一次国务院讨论广交会的会议上，江青、张春桥等人一再指责外贸部的工作报告是"大毒草"，外贸部是"卖国部"。会场上一时剑拔弩张，气氛异常紧张。慑于"四人帮"淫威，会场上没人敢说一句话。在江青等人气势汹汹、咄咄逼人的气氛中，会场上只有一片沉默——谁料想，在江青再次厉声斥责外贸部"卖国"时，柴树藩这个小小的副部长，突然拍案而起，针锋相对地对江青等人大声说道："外贸部工作中的缺点有千条、万条，唯独没有卖国这一条！"

柴树藩突然顶撞江青、张春桥等人，可谓是出其不意，语惊四座，令全场哑然。柴树藩话音一落，会场上的人都把惊愕、疑虑、担心的目光向他投去，不少人都暗暗为他捏了一把汗——要知道，在当时那种情形下，有人敢这样公开顶撞江青、张春桥这些红得发紫的权贵们，轻则会被罢官，重则还会坐牢。而柴树藩顶撞完江青等人后，他的神情却很坦然，只是冷冷注视着他们，似乎在等待他们发落。

江青狠狠地盯了柴树藩一眼，站起身来，气哼哼地走到一位副总理身边问："这是什么人？"这位副总理只好含糊其词地回答："这是外贸部副部长柴树藩。"江青"哼"了一声，又将柴树藩狠狠地盯了一阵，谁也不知道她在打什么主意。

会议刚散，外贸部另一位副部长贾石出于对柴树藩的关心，紧张地给柴树藩的夫人陈欣打电话说："陈欣哪，你把老柴的洗漱用具、换洗衣服准备一下。"陈欣闻言急切地问："他又闯什么祸了？"贾石简单地把柴树藩在会上顶撞江青等人的情形说了一下，最后他说："这事弄不好，老柴要进秦城监狱呀……"

晚上，柴树藩刚进家门，陈欣就冲着他担心地说："你呀，你这脾气，什么时候也改不了。在那种场合中，你顶撞他们干什么呀！"柴树藩此时还余怒未消，他说："我是共产党员，就要敢于讲真话，不讲真话还算共产党员吗？！"

"可你自己不要命,这儿还有全家老小呢!"柴树藩没再说话,他心事重重地上楼去了。

还好,柴树藩竟然躲过了这一劫。

究竟是什么原因没让江青等人对他下手,至今依然是个谜——或许是当时的国务院领导说了公道话,或许是江青等人自己理屈词穷,一时还没编织出对他下手的理由吧。

柴树藩顶撞江青等人这件事,让同志们都由衷地敬佩他的人品和性格。直到他到六机部担任部长

作者在北京采访柴树藩夫人陈欣

后,部里有些在上头有关系、平时不太把领导放在眼里的人,都知道新来的这个部长是个连江青、张春桥都敢顶撞的人,对他都心存敬畏,在行为上都不得不有所收敛。

不久,周恩来走了,毛泽东也走了,"四人帮"篡党夺权的阴谋被粉碎了,三次被打倒的邓小平复出了,党的中心工作就要从"以阶级斗争为纲"转到经济建设上来了——多灾多难的中国,终于从10年"文革"的阴霾中走了出来,这是国家之幸、人民之幸!

夜越来越深了。

天快亮时,柴树藩才揉了揉发涩的眼睛,理了理蓬乱的头发,放下手里那一大堆资料。少顷,他打开日记本,在这天的日记中庄重地写上了这样一段话:

早在3000年前,中国的先哲管仲和古希腊的先哲泰勒斯就曾指出:水是万物的本源。人类披着秀发从海洋中走来,最终还将以新的形式回到海洋中去——海洋,正成为人类生存发展的第二空间。谁拥有海洋,谁就拥有了未来。

我国有960多万平方公里的国土。但我们千万不能忘记,还拥有300多万平方公里广阔的领海,拥有6500多个岛屿、1.8万公里漫长的海岸线。作为伟大的政治家,小平同志高瞻远瞩未雨绸缪,他将战略的眼光投向世界的海洋时,就已意识到:要开拓、开发和保卫我们广袤的蓝色疆土,就必须拥有一支庞大的商船船队,拥有一支庞大的水产资源船队,拥有一支庞大的海上石油、天然气等矿产开发和运输船队,更需要拥有一支强大的能够维护我

国海域和平、保卫我国领海的海军舰队！

这，就需要我们拥有现代强大的造船工业！

这个使命神圣而庄严。

我今年已经 67 岁了，不知上苍还能再给我多少时间，为了完成小平同志的这个嘱托，只要一息尚存，吾当鞠躬尽瘁死而后已！有道是：有志者，事竟成，破釜沉舟，百二秦关终属楚；苦心人，天不负，卧薪尝胆，三千越甲可吞吴——今天重温蒲老先生这两句话，聊以自勉自励。

这是 1977 年 12 月 7 日。

从这一天起，柴树藩和他的战友们，肩负着小平同志的嘱托，驾驭着中国船舶工业这艘巨轮，在世界广袤浩瀚的海洋中开始了从望洋兴叹到望其项背，从拼命超越到独占鳌头的艰难航程……

部长柴树藩走马上任

前面就是大海。

透过车窗向外望去，云帐铅灰，海天寂寥。远处的海面上，只有几只零星的渔船在作业；阴沉的海空中，只有几只零散的水鸟在盘旋。

"小何，把车停一下。"坐在前排的秘书苏智招呼了一下驾驶员，回过头来，"柴部长，前面就是大连造船厂了，您是不是先下来看看？"

"好吧，下去活动活动一下也好。"柴树藩下了车，披上大衣，缓步走到路边一个小山坡上。

时值隆冬，草黄山瘦，风寒露冷。这里居高临下，远处茫茫的大海，坡下偌大的厂区尽收眼底。

苏智走到柴树藩身边，递给他一架望远镜。

望远镜里，整个厂区冷清得像一片无人区，看不见寻常能见的焊光，也听不见平常可闻的锤声，更看不到平日里在半空中来回奔忙的天车。在那一片区域内，烟囱无烟，塔吊孤立，船坞荒芜，船台死寂，只有泊在海边码头上的一艘孤独的货轮，在寒风中瑟瑟战栗。

柴树藩的眉头越皱越紧。

"柴部长，这个厂从去年起，已停产半停产一年多了。"苏智看见柴树藩举着望远镜久久没有放下，在一旁低声说道，"这个厂，比我们这些天看过的几个厂都还困难。"

柴树藩依然没说话，眼睛还是停留在望远镜上。

"大连造船厂是国内最大的造船厂，干部职工有两万多人。先前，国内万吨以上的民船，海军使用的舰艇，大多都由它建造。"苏智停了停，接着说道，"少奇和小平同志，都曾来过这里。'文革'期间，它是毛远新的工作联系点，是船舶行业中受灾最重的一个厂。"

"看来，你对这个厂的情况很了解呀。"柴树藩放下望远镜，但眼睛依然远眺着前方，仿佛还在寻觅着什么。

"我们来之前，办公厅专门送来这个厂的紧急报告。今年他们的开工率大概只有30%左右，只为地方造了几艘驳船和渔船；而明年基本上就无船可造，现在连发工资都很困难了。"

"百闻不如一见，我们还是到现场去吧。"柴树藩转身走下山坡，又回过头来，"不要惊动厂里的领导，我们自己进厂去吧。"

小车驶向工作区。

眼前所见的一切，比柴树藩想象的更加糟糕。当年在东北工作时，他曾来过这里，那时虽说这个厂还处于生产恢复期，但跟现在他所看到的情形差不了多少——"文革"10年，确实给这个曾经闻名遐迩的工厂带来灭顶之灾呀！

说实话，自到六机部上任以来，柴树藩心里就没有平静过，每天的工作日程都是排得满满的，常常从清晨一直忙到深夜。新年一过，他就带着部里几个局长，以及聘请来的日本造船专家古繁贺一，一直都在往沿海的船厂跑。现在他需要的是尽快熟悉情况，掌握第一手资料，摸清整个船舶工业的底数——然而，他了解的情况越多，心里越是沉重。眼前所见的一切，就像疯长的藤蔓一样，把他的心越缠越紧。

车刚到工厂门口，一个嘈杂混乱的场面，突然堵住了去路。

工厂门口，一群人正吵吵嚷嚷从里面涌了出来。领头的一个中年人，腰上挂着一个手枪套，神情严肃地边走边跟几个厂警在吩咐着什么。在推推搡搡着的人群中，一个邋遢猥琐的汉子，手被手铐铐着，胸前吊着几块破铜烂铁，身后挂着一个破麻袋，在厂警的押解下不停地挣扎着。他一边挣扎，一边向那带枪的人不断哀求着："余组长，我错了、错了……再也不敢、再也不敢了呀！……"

"哼，你小子，现在知道错了?!"走在前面那个姓余的组长回过头去，厉声呵斥道，"现在你知道错了，已经晚了！你竟敢在我管的地盘上来作案，那就等着到'笆篱子'里去吃八两吧！"

"余组长，您就饶了我这一回吧……"那被铐着的汉子一听此言，脸上抽搐一下，猛地从厂警手中挣脱出来，一下就跪在了那余组长跟前，可怜兮兮地哀求道，"我再也不敢、再也不敢了呀！……"

"你不要在这里要死皮赖！到了公安那里，你自己去争取坦白从宽！"余组长面皮绷得像一块冰冷的钢板，完全不为此人的哀求所动。

"余组长……呜呜。"那汉子磕着头，身上挂着的那些破铜烂铁，也在不停地叮当作响，他涕泗滂沱地继续哀求道，"余组长，我老婆瘫在床上，孩子也才三四岁，您把我抓走了，她们没人管，会饿死的呀！……"

"哼，抓纲治国，打击经济犯罪，这是当前工作的重中之重。"余组长提高声音训斥道，"早知今日，何必当初。今天你小子既然撞到了我的枪口上，就该你倒霉——走，带走！"

几个厂警听到组长的命令，奋力上前，将那人像抓小鸡一样拧了起来，不由分说就往厂外拖去。一群人使劲往外拖，那个人又哭又叫死不配合，那场面顿时就搅成了一锅涨翻翻的羊杂萝卜汤。

"小苏，你下去看看，是怎么回事？"柴树藩见车被堵，小声对苏智说道。

苏智下车挤进人群，隔了一会儿，返回到了车上来。

"听围观的工人们说，这个人昨天晚上钻进厂里，偷了厂里的废铜烂铁，厂里人保组的人要送他到公安局去。"苏智对柴部长说道，"听工人们说，这个人平时还算老实，他老婆前年干活时，从船台上摔了下来，摔断了脊椎骨，瘫在床上已两年了；他老家在农村，孩子又小，家里揭不开锅了……"

"既然他老婆瘫在床上，小孩还那么小，把他送到公安局去了，那他家里谁来管哪？"柴树藩问。

苏智沉默未语。

"待会儿你见到厂的领导，给他们讲讲，在目前工厂困难的情况下，有些矛盾不能采取激化的方式呀！"柴树藩沉吟了一下，"对一些小偷小摸的行为，主要还是要以行政处罚、教育为主嘛——就是犯了罪，也该按有关法律法规来处理，怎么动不动就把人铐起来挂赃游街，还像'文革'时期那样，搞侮辱人格那一套呀！"

"是。"苏智点点头。

天色依然阴沉着。

柴树藩在厂门口下了车，步履沉重地向厂区走去。

偌大的厂区里冷冷清清，杂草丛生，垃圾成堆，厂房破旧，设备锈蚀。走到一台塔吊前，柴树藩站住了。原来，两只老鸦在塔吊顶上盘旋起来。他抬头一看，原来老鸦已在塔吊上做了个窝，那树枝搭成的窝中竟伸出两个小脑袋来！

正在这时，两个穿工作服的老工人从厂里走了出来，用好奇的目光打量着柴树藩两人。

"喂，师傅，你们是哪个车间的呀？"柴树藩问。

"我们是轮机车间的。"一位工人答道。

"不是说厂里已经没有上班了，你们还到厂里来干什么呀？"柴树藩又问。

"是呀，厂里基本上是停产了。今天是星期一，照道理又该上班了。"那老工人说，"唉，咱哥俩在厂里干了几十年，现在天天闲在家里，心头总是空落落的呀！来厂里转转，心头好像才踏实点……"

"是呀，这厂里好长时间不生产，你们看——"柴树藩指了指那塔吊，"老鸦都在这里安家了呀！"

"嗐，岂止老鸦在厂里安了家，连乌龟都快在船坞边下蛋了呀。照这样下去，要不了几年，这个厂就要荒废了呀！……"两位老工人说完，颇有些伤感地转身离去。

望着两位老工人离去的背影，柴树藩站在塔吊下，举眼望着空旷冷清的厂区——良久，他轻轻地吁了一口气，继续朝厂里走去。

柴树藩越走步履越是沉重。

谁能挽狂澜于既倒

暮色升起。

从海面上吹来的冷风，掀动着披在柴树藩身上的大衣，揉乱了他已经花白的头发，而他依然伫立在船厂的码头上，一动也不动地眺望着波涛汹涌的海面。

又是繁忙的一天。

随同他来到船厂的几个局长和顾问古繁贺一，以及厂里的几个领导，见此情形只能远远地站着，不愿也不敢去打扰心事重重的柴树藩。

是啊，眼前所见到的一切，让人不得不揪心啊！

举目远眺，海天空濛；仰首睃巡，天路遥遥。

是呀，我国除了拥有广阔的海洋和众多的岛屿，内陆还有大大小小 5800 多条河流。可我国船舶工业的发展，确实太缓慢太缓慢了。解放快 30 年了，可我国内河通航的里程，还不到 1/4；已经通航的河流，也因为船舶性能落后，利用率不到 1/10；至于远洋船队的规模，更是可怜得令人同情了。

世界各国的大城市都是沿河或沿海而建。农耕时期，沿河而建的如中国的长安沿渭河，埃及的开罗沿尼罗河，法国的巴黎沿塞纳河。而近代的大都市，几乎都是沿海而建——这表明，世界各国都由封闭的内陆而面向开放的海洋。近代社会的发展趋势表明，一个国家要想实现由自耕自足的农业国向现代工业国家转移，那就必须对外开放，加快水路运输发展，特别是远洋运输的发展。

当我们还在"文革"的血色漩涡中折腾得你死我活时，世界的造船业已经突飞猛进到不能望其踪影；当我们还在为 1 艘万吨散装船"风庆"轮出海而举国欢腾时，日本建造的 48 万吨油轮"宇宙东京"号已经下水；过了不到 3 年，法国又建成 55 万吨的"巴蒂吕斯"号，开始纵横于世界的海洋；而且据媒体报道，西方某些国家已经在琢磨着设计 100 万吨的超级油轮。

当我们的货船每小时最高航速才达到 15 海里时，日本建造的大型高速集装箱船，每小时航速已经超过 25 海里，全浸双体水翼船每小时的航速可达到 40 海里，穿浪型双体船每小时航速高达 50 海里！

同时，国际上各种专业运输船也纷纷问世：集装箱船、滚装船、矿砂船、液化气船、化学品船、豪华游船，等等，如雨后春笋般冒了出来。以今天大家常见的海陆联运的集装箱船为例，自美国 20 世纪 50 年代发展起来以后，各国普遍采用了这种运输方式，而我国到 70 年代末，集装箱总共还不到 2000 箱，还不够人家半个船的装载量！

中国造船业实在是太落后太落后了呀！

中国要实现四个现代化，造船工业是邓小平首选的一个突破口。

而我国造船工业是国内最早最老的一个行业。"早"，只能是一种资历；而"老"，则是奄奄一息缺乏活力的代名词了。就拿中国最大的两个造船厂来说，大连造船厂已经将近 100 岁；上海江南造船厂已经 100 多岁了。多年涉足工业领域的柴树藩心里非常清楚，我国的造船水平，已经远远落在了世界后面。虽然船壳子我们可以造，但造法还很落后；而船上的主机、辅机、导航和通信设备，主要还是依靠进口。在第一个五年计划期间，我们搞的是转让制造，从苏联引进钢板和机器，再由我们装配成船。以后虽然我们仿制了一批舰艇和民船，但大多数都还是四五十年代的水平。

再看我们的装备情况：我国造船的人均装备率，只有韩国的 1/60，日本的 1/100；许多技术指标比国外差了一个数量级，有的指标差 10 倍，甚至 100 倍。比如惯性导航的漂移度，国外目前是 1/10000；我们自报的是 1/100，其实到底是多少谁也说不清楚，因为我们没有测试的手段。

再说我们的海军装备，除了 1970 年下水的核潜艇，几乎没有拿得出手的战斗舰艇。柴树藩和几个领导到东海舰队去转了一趟回来，目睹了舰队那些巡逻值班的舰艇，他的心情沉重得想落泪——毛泽东那"我们要建设一支强大的海军"的号召发出已 20 多年了，可我们强大的海军在哪里呢？

他们刚考察完渤海一个造船厂后，柴树藩聘来的日本造船专家古贺繁一从厂里出来，就径直来到他住的房间，急切地对他说道："哎呀，部长先生，你们如今造船怎么还是这个造法呀！这已经是几十年前的造船方法啦！还有，你们的船型也必须改、赶快改，因为世界上早就没有这种干法和这种船型了！"古繁贺一犹豫了一下，接着对柴树藩说道，"你们的设计、制图，还是铅笔画图，鸭嘴笔描图，这个方法还是我在 35 年前搞设计时用过的——这种方法世界上早就不用了，可你们为什么还辛辛苦苦地干这种效率太低太低的活儿呢！……"

古贺繁一的一番话，深深刺痛了柴树藩。他接着讲的另外两个问题，更令柴树藩简直有点无地自容。

"部长先生，还有一个问题我想来想去不敢讲。但我想了很久，还是讲讲吧！这段时间我到你们工厂去，结果呢，许多人都跑出来看热闹来了，把我围得像一堵墙似的。我到有的地方去，一些人把腿一伸，就躺在那里抽烟，劳动时间也不劳动了，这是怎么回事呀？"古贺繁一抬头看了看柴树藩，欲止又言，"几个工厂，到处是废铁废钢、垃圾成堆，机器和吊车到处都是铁锈；有两个船坞里，野草都有一人高了！部长先生，这又是怎么回事呀？"

柴树藩实在坐不住了，他连晚饭都没吃，独自一个人从招待所里走了出来，来到海边。他想让那冰凉的海风吹吹自己发烫的额头，梳理一下纷乱的思绪。

这段时间以来的奔波，柴树藩和副部长张有萱、刘清、彭世禄等主要领导经过多次研究会商，对目前船舶工业的现状基本统一了认识：

一是生产结构很不合理，生产适应性很差。这些年来，单一的以军品为纲，造成生产任务严重不足。特别是几十年来故作神秘的自我封闭，甚至夜郎自大，造成与世隔绝。而今，别人已经乘坐快艇破浪而去，而我们还在沾沾自喜地做井底之蛙。"四人帮"甚至还把学习人家的先进经验斥之为"洋奴哲学和卖国主义"。目前，随着军品任务锐减，整个行业已面临全面停产的严重局面。

二是科学技术落后，新老产品青黄不接。我国的舰船设计、工艺技术及配套设备性能非常落后。不少企业至今还在沿用 50 年代的工艺技术，加工精度差、工时耗费多、材料损耗大、生产周期长。

三是基建摊子铺得大，重复建设项目多，老厂缺乏技术改造。从 1965

年开始，整个行业的基本建设投资几乎全都投在"三线"，但又形不成生产能力；而沿海老厂这些年来基本没有投资，生产和急需改造的项目又上不去。

四是企业管理落后，经济效益极差，不讲工作效果，不负工作责任，物资积压惊人，浪费损失严重。新中国成立以来，国家在近30年来给六机部的基建、技改等投资总计有60亿元，而整个行业创造的利润只有21亿元。其中积压的材料和设备高达8.5亿元。同时企业管理混乱，劳动纪律松弛，许多工厂又脏又乱，到处是一塌糊涂。

综上所述，整个行业如一个病入膏肓的病人——那么，谁才是悬壶济世、妙手回春的高手，能够使这个危急的病人起死回生呢！

"船舶工业是'文革'中的重灾区，'四人帮'一伙把这个行业搞得遍体鳞伤。他们把大连、江南这两个重要的厂作为反革命的活动基地，作为进行破坏的根据地。所以我认为，船舶行业拨乱反正的任务比哪个行业都重。"柴树藩在部党组扩大会上这样讲道。

风大浪急，前路渺茫，如何才能挽狂澜于既倒呢？

按邓小平的思路，目前中国船舶行业已无路可走，只有到国际市场上去寻找生路，去与外国人一争高下，以此来破解戴在行业身上的枷锁，然而，这在常人看来，简直有些不自量力、痴人说梦。

有人说："柴部长，我们的船舶不早就开始出口了吗？"柴树藩闻言只是苦笑了一下——那是什么样的出口呀！新中国成立近30年来，我国出口的船舶共有16万吨，但多数是无偿援助性质、性能落后的小马力拖轮、渔轮和驳船。有的拖轮还没开到被援助国家的码头，就得停下来修理；有的驳船才经过几个月的海水浸泡和海风的侵蚀，便已锈迹斑斑，早就被人家弃之不用了。

暮色慢慢褪去，夜色渐渐浓了，海面上几只迟归的渔船早已回到港口。一阵猛烈的海风吹来，柴树藩不由得裹了裹披在身上的大衣，转过身来。

"柴部长，您不是说今天晚上要开个小会，碰碰情况吗？"不知什么时候，秘书苏智来到他的身后，轻轻对他说道。

"哦，我叫王局长他们准备的世界船舶和航运市场的资料，他们准备好了吗？"柴树藩推了推眼镜，问道。

"他们都准备好了。"

"那，走吧。"

远处的天幕上，不知什么时候挂上了一弯冰冷的孤月。海天之间，寂寥而空蒙，已没有了一只游弋的海鸟。

西方船台上的忧郁

萧瑟的寒风，裹挟着几片枯叶，呜呜地吹过清冷的船台，仿佛在发出一声声叹息；冰冷的海浪，从海面涌来，汩汩地拍打着船坞，犹如在发出一阵阵哽咽。

中国造船业的境况固然不妙，而西方造船业的情形也不容乐观——笼罩在西方船台上的，除了忧郁，还是忧郁。

据英国劳埃德船舶年鉴统计，1978年是世界造船业10年来最糟糕的一年。日本、韩国、瑞典、西德、法国和西班牙完成的造船吨位，下降得令人惊愕！

纵观现代船舶市场和船舶工业发展的历史，可以说近年来世界船舶工业正在经历着一场史无前例的深刻危机！

近100年来，自世界钢船产量有统计数据以来，和平时期造船产量下降的重大危机共有3次：第一次是20年代的危机，第二次是30年代的危机，第三次是70年代中期开始的危机。以造船产量衡量，第一次危机持续了4年（1921—1924年），即使把1925年低产年份计入，总共也只有6年；第二次危机持续了5年（1931—1935年）；而这第三场造船危机，其来势之凶猛，令人措手不及，而且持续的时间远远超过前两次危机！

这次危机，连上帝都发出了无可奈何的叹息。

从造船产量下降的幅度来看，第一次大危机的谷底年份是1923年，当年的产量为164.3万总吨，比1919年高峰年产量714.4万吨下降78%；第二次大危机的谷底年份是1933年，当年的产量为48.9万吨，比1930年高峰年份产量288.9万吨下降83%；而最近一次危机的造船总产量比高峰年份虽说下降了69%，但如果从绝对数字来看，下降的总吨位数达到2000万吨以上！就如世界各大船级社惊呼的那样，令人感到惊愕！

寒风瑟瑟，枝残叶败。

难怪英国国有造船公司的发言人在记者招待会上悲观地承认：近几年，其他国家造船业所经历的遭遇，像来势汹汹的瘟疫一样，迅速蔓延到了英国。他坦诚地告诉记者们："近两年，我们没有商船的订货，船厂已处于停产歇业状态……我国造船业能否复苏，这要看上帝如何给予我们关照，看他哪一天能够对我们伸出慈爱而关怀的手，来抚爱我们……"

西方造船业当然有过显赫一时的辉煌和繁荣。1975年前后，整个资本主义世界出现了"巨型船热"，建造了大批 10 万至 50 万吨的巨型油船。西方各造船厂竞相采用新材料新技术，从科研设计、生产管理到经营管理，都广泛采用了电子计算机，大大地推进了生产的合理化和自动化，提高了造船质量，缩短了交货周期。

造船业的发展，又推动了钢铁、主辅机等行业的繁荣——但这一黄金时代并没有维持多久。资本主义生产的盲目性使西方造船业生产大量"过剩"，商船建造量大大超过了外贸海运量的增长速度。1974 年的西方经济危机与石油提价，进一步打击了造船业，特别是油船建造"过剩"更为严重。到 1975 年 6 月，闲置的油船猛增到 3299 万吨，相当于 1973 年 12 月的 21 倍！其中 20 万吨以上的大型油船所占的比重更大。英国《经济学家》认为，同需求相比，世界拥有的造船设备已"过剩"30% 到 40%！

世界船舶市场的情形，其实就如同这波诡云谲的海洋，让人感觉诡异而不可捉摸，说不定一排巨浪打来，就会叫你船覆人亡。

造船"过剩"的危机首先袭击了中小船厂。这些船厂资金单薄，技术力量薄弱，加之政府漠视，因而一批批被吞并或宣告破产。

另外，西方的通货膨胀也给造船业带来巨大的灾难。造船用的钢板、油漆、辅机等价格上涨惊人，这又给造船业带来致命打击。就连聪明而自负的日本造船界也无计可施，他们已造好的 20 多艘大型油船，因为没有主顾而无人问津，只好用作水上油库和粮仓。

随着时间的推移，上帝并没有向造船业伸出慈爱而关怀的双手。而世界各国政府为了社会稳定，挽救危机，纷纷采取措施试图来拯救本国的造船业，可这依然收效甚微。按英国劳埃德船级社发言人的说法："目前，西方政府所作的种种努力，乍一看是给了本国造船业一线微光，其实都是挖肉补疮，前景黯然。"

"黯淡的云层挡住了灿烂的阳光，今日世界的船台，都笼罩着黑沉沉的阴影；昔日风光无限的造船业，而今除了忧郁还是忧郁。"日本《造船界》一篇署名文章是这样描述当时世界造船业状况的，"残酷的船舶市场竞争，使各国造船业都受到致命打击，以致纷纷落马一蹶不振——因此，无论是曾在造船业中称雄一时的英国、瑞典、法国、西德也好，还是曾在造船业中风光无限的日本、美国、挪威、荷兰等国也罢，无一不受到这场危机的无情打击，各国船厂因此而一批批被吞并或宣告破产……"

除了日本《造船界》的叫苦之声外，西德的《机动船》是这样描绘当时世界造船业的：

"西德的造船业固然步履踉跄，而日本造船业也不乐观。日本拥有西方最庞大的造船工业体系，造船员工共有 23 万余人。几年以来，他们政府采用了巧妙的方式对这些船厂进行补贴。日本船厂凭借政府的支持以及钢材价格的优势，用比欧洲造船业约低 40% 的价格，从欧洲这只猛虎口中抢夺肉食——但尽管如此，据统计，日本造船工会所属的 23 家船厂，今年开工率依然下降了 47% 以上；到 1978 年，日本 40 家船厂平均开工率也只有 39%。今年上半年，日本就解雇了 2.57 万名造船工人；而西德从 1976 年以来，已解雇了 1.85 万名造船工人！……"

天昏地暗，飞沙走石！

面对世界船舶市场四面楚歌的情形，面对国内市场萧条破败、气息奄奄的处境——那么，在世界造船界中毫不起眼、羸弱落后的中国造船业，它生存的希望在哪里？它发展的道路在何方？怎么才能突出重围，在夹缝当中求得一线生机？

而眼前最最紧迫的是如何解决几十万人的吃饭问题，维护整个行业的稳定。

近乎流产的干部会议

北京的冬天，草木皆枯，灰暗阴沉。柴树藩站在窗台边，举目望去，整座城市似乎都笼罩在萧索和苍凉之中。

让他万万没想到，这次在北京向阳饭店召开的全国船舶工业领导干部会议，会开得如此糟糕，近乎流产！

这是他从事领导工作以来遇到的让他最难堪的情形。

会议第一天，还稍微平静一点，可到了第二天，会场就开始躁动起来。当副部长张有萱代表部党组作完工作报告，话音未落，整个会场就像一瓢冷水猛地倒在了滚烫的油锅里，猝然间就炸了起来！

几十年一贯制的计划经济体制，犹如一列沿着轨道行进的列车，早已形成了固有的轨迹和惯性；几十年沿袭下来的工作模式，企业领导干部们的思维定式早已固化：每年由部里下达生产计划，工厂只要按计划完成了任务，天经地义，国家就得拿钱给工厂购设备、买材料和开工资！至于生产出来的产品是否适用，是否积压，这是你上级机关的事。更何况，军工企业几十年来都是国家娇生惯养的宠儿，工厂的兴衰存败，职工的生老病死，自来都由国家统包统管。

而这次部里召开的工作会议上，却明确地告诉大家目前军品生产任务锐减，民品任务也几乎为零！非但如此，整个行业都要贯彻军民结合、以民养军的方针，各单位要自己去"找米下锅"，自己要养活自己——这岂不是活生生地要把人逼上梁山，让大家上山落草为寇嘛！

如此一来，整个会议简直就开不下去了，会场上只有一片叫苦之声和怨怼之声。与会者就像一个个从来都是依赖着母亲过日子的儿女，可一天早晨起来，却被母亲狠心地抛弃了！至于你被抛弃后，是出门打工也好，是乞讨化缘也罢，母亲都管不着了；而告诉你的只有一句话：母亲现在暂时没有能力再来养活你们了，你们只能自食其力，要自己养活自己了！

"我们为国家干了几十年的军品，为海军造了几十年的舰艇，没有功劳还有苦劳，没有苦劳还有疲劳，怎么国家说不管就不管了呀——天底下恐怕没有这个理儿吧！"

"我们是社会主义国家，工厂是国家投资建设的，工人是国家的主人翁，国家不管谁管！我们生是国家的人，死也是国家的鬼，现在连国家都不管了，叫我们这些人怎么来管呀——算了，我们干脆辞职不干了！"

"而今粉碎了'四人帮'，中央不是要'抓纲治国'，要以经济建设为中心，要早日实现四个现代化吗？怎么反而不造船不造舰了，这无论如何也说不过去呀！"

"这回我们到北京来，是给职工拍了胸脯的，一定要把生产任务带回去，一定要把部里给的资金带回去。一句话，不给任务，不给工资，我们就待在部里不走了——我们回去，无法向职工群众交代呀！……"

参加会议的企业领导干部们，人人都有满腹的委屈、满心的抱怨，甚至满眼的泪水、满腔的愤懑！

"同志们，请大家安静一下。"

柴树藩连续参加了两天的小组讨论会，他一言不发，耐心地倾听了方方面面的牢骚和怨言。而今，他坐在主席台上，用深沉的目光把闹哄哄的会场扫视了一遍，然后尽量用平缓的语调对着麦克风讲道：

"同志们，我这个新上任的部长，虽说对船舶行业的情况了解得不深不透，但大家的心情我完全能够理解。同志们的苦衷、怨气、委屈、焦虑、愤懑，都在情理之中。可我要告诉大家的是，怨天尤人、哭哭啼啼、自暴自弃、骂爹骂娘统统没有用，这不是共产党人和我们造船人的性格！我想说的是，在座的都是共产党员，都是军工企业的领导干部，希望大家要理解和领会中央的精神……

"十年内乱，我们的国民经济已经到了崩溃的边缘，而今是百废待兴、百业待举——过去，大家都很自豪，我们是搞军品的，是国家的宠儿；我们生产来的东西，是皇帝的女儿不愁嫁。可是，大家想过吗，这皇帝的女儿是个什么模样呢？在军用舰艇方面，不错，我们装配出了常规的潜艇和几种型号的中小型水面舰艇；也仿造、设计生产了几种改进型产品，但除了极个别有代表性的产品外，这些年我们生产的产品，大都还是50年代的水平！我可以告诉同志们，这与国外先进水平相差了25到30年！这样的产品，是根本不能打仗的；还有的产品，在仓库里已经积压了一二十年！同志们，这样劳民伤财的蠢事，我们再也不能干了！"

柴树藩一番有理有节、语重心长的话语，使会场暂时安静了下来。他喝了一口水，努力让自己平静了一下，接着讲道：

"再说民船，一是质量性能都很差，二是型号陈旧落后，三是由于我们设计、建造的自动化程度很低，造成建造的周期太长，所以用船部门不喜欢我们造的船。有人说，是国内用船部门太刻薄太挑剔，专挑我们的毛病。这种说法不准确也不客观，你自己有病，还讳病忌医——同志们哪，我们造出的船，是要在茫茫的大海中去航行，是要在大风大浪中去闯荡，一旦出了故障，那就是叫天天不应啊！大家都知道上海厂建造的那条'风庆'轮吧，那可是我们造船行业的一条明星船哪，可它的性能和质量怎么样呢？船还没开到目的地，主机就停了机，连船带人都差点倾覆在大海里！前不久我专门去考察了一下，才见识了它的庐山真面目，像这样的船，我们能责怪别人刻薄挑剔吗？……"

会场彻底安静下来，与会者睁大眼睛，紧盯着台上的讲话者。柴树藩举眼又环视了一遍会场，略微提高了声音：

"同志们，这次会议还有一项重要议程，就是要向大家传达小平同志关于船舶工业生存和发展的最新指示！这个指示，在座的不少同志也许会认为不可想象、不可思议。但我要告诉大家，这是小平同志为我们今后的工作提出的一个全新的思路，作出了船舶工业要进行战略大转移的重大决策——这个决策就是：船舶工业要建造出口船舶，打进国际市场，以此换取外汇，求得自身的生存与发展，更好地支持军品生产！……"

"轰"的一声，会场又炸了起来！

什么，打进国际市场?！有人瞪大惊讶的眼睛，有人不敢相信自己的耳朵——我们连国内市场都还没有打进去呢，还要求我们要打进国际市场！在这举步维艰的境况中，小平同志提出的这个战略转移决策，是画饼给大家充饥，还是让大家望梅止渴？柴树藩话音未落，整个会场响起的"嗡嗡"之声，压过了他讲话的声音。柴树藩一见会场的情形，他稍微停了一下，待会场声音小了一些后，凑近麦克风，提高了声音，以不容置疑的口气继续讲道：

"我想告诉同志们的是，小平同志的这个战略决策，既不是乌托邦似的空想，更不是'大跃进'时期呼喊的口号！他告诉我们，国际市场尽管错综复杂，但一定会有出路！我们的劳动力便宜，只要引进先进技术，完全能够和外国人一争高低！部党组经过认真研究，为贯彻小平同志的这个指示，我们近期的目标是，尽快在国际市场占有一席之地；远期的目标是，一定要竞争过日本，与日本、韩国三分天下！我们共产党人应该有这样的信心和气魄，应该有这样的胸怀和理想！这是党中央交给我们的一项神圣而光荣的使命，不管前面有多少艰难险阻，我们都要坚定不移、毫不动摇地沿着这个路子走下去！……"

柴树藩那坚定的口气和坚决的态度，竟然又使会场安静下来。一时间，与会者都沉浸在惊愕、疑虑、迷茫、焦灼、观望、沉思之中……对小平同志的这个战略构想，在大家心里激起的波澜当然是可想而知的；大家心中尽管有无数的疑问和猜测，甚至有些非议和抵触，但在那样的场合那样的氛围中，谁也不会公开站出来表达这种情绪。

大会之后，在分组讨论会上，最后大家集中的焦点是：对小平同志的这个战略构想，大家自然表示拥护和支持，表示理解不理解都会遵照执行——但再伟大的构想，再宏大的目标，都必须一步步去实现呀！最紧要的是，全行业眼下如何渡过无船可造、无事可做这道难关，几十万造船工人犹如嗷嗷待哺的婴儿，你总得给我们几口奶水，甚至几口米汤，才能使咱们的生命能够延续下去吧！

"同志们，毋庸讳言，现在我们已无路可走，是船就只能下海；狭路相逢，只能是破釜沉舟、背水一战！从现在起，各地区各单位，就要立即做好打进国际市场的物质和思想准备。"柴树藩在大会总结时坚定不移地讲道，"如何渡过眼前的难关呢？大家还记得当年在南泥湾垦荒时的情景吧，这就要求大家要各显其能、各自为战，眼下除了继续争取

柴树藩接待基层来的企业干部

造船以外，我们还要开辟第二产品、第三产品！你是生产自行车、架子车也好，生产包装箱、骨灰盒也罢，只要市场需要，只要能够维持工厂运行，只要能够稳定工厂大局，你都可以尝试——对于今年的生产计划和工人的基本工资，我向大家保证，一定会下发到各个地区各单位，大家回去后，首要的就是做好稳定工作！……"

六机部紧急报告中央

"昨夜寒蛩不住鸣。惊回千里梦，已三更。起来独自绕阶行。人悄悄，帘外月胧明……"

送走了最后一批来自四川"三线"企业的领导，天早已黑了下来。柴树藩给夫人打了个电话，说今晚也不回家了。从沿海各地跑了一段时间回来后，在处理各地上访职工问题时，他让秘书在办公室给他铺了一张行军床，接连好多天他都没回过家——说实话，自到六机部上任以来，面对眼前这杂乱无序、百事缠身的局面，他的心里比谁都要忧心和焦虑，真有点到了食不甘味、夜不能寐的地步。

该如何解决眼前这燃眉之急，渡过目前这道难关呢？

今夜，他签批了一大堆文件后，站起身来在办公室来回地踱着步。不知怎么的，当他抬头看见窗外那星星点点的寒光，突然记起岳飞那首《小重山》词来。此时，他觉得这首词似乎最能表达他此时的心境。

从沿海回来后，在处理上访职工问题那几天，他就亲自起草了给国务院的紧急报告，一是希望能马上解决北方地区职工取暖费问题；二是能解决整个系统职工工资问题；而最最紧迫的，就是落实全行业今年的造船任务问题。

可要把这些事项真正落到实处，谈何容易啊！特别是国内造船计划的落实，更是步步艰难。

在召开企业领导干部会议期间，他又心急火燎地接连以个人的名义给李先念、王震等几个中央领导写了几次紧急报告；在会议空隙时间里，他又连续找到国务院领导当面向他们反映了船舶工业当前面临的紧迫问题。

他的紧急报告引起中央领导的严重关切，以超出想象的速度，迅速得到李先念、王震、谷牧、姚依林、康世恩等领导的批示。但批示只是领导们的态度和愿望，要真正将这些批示落到实处，还有权限、制度、程序、现实困难等若干问题需要协调处理，部门之间种种无法办理的理由也顺理成章、无懈可击。在当时那种体制下，真正要办成一件事，实在太难太难。

窗外已是夜阑人寂。柴树藩慢慢踱到了办公桌前，又拿起那几份报告和领导的批示，认真看了起来。这些批示的字里行间同样也透出领导们对船舶行业目前境况的焦虑和忧心。

其中李先念副总理批示的文字很长，有整整两页纸，他在柴树藩《关于民船建造问题的再次紧急请示报告》上批道："买船还是要买，但立足点必须放在国内。要看到船舶工业部是造船部门。立足点不能靠买，不能买四个现代化……建议交通部大力支援我国自己的造船工业，不然交通部单靠买船的理由是站不住脚的。应该首先支持我国的船舶工业，然后才是向国外买船。当然，船舶部门要千方百计地注意提高质量，使我国造船工业的技术水平有一个大的提高……民族资产阶级还懂得保持民族工业，我们共产党人能不支持社会主义工业吗？……"

但在计划经济体制下，在各部门各自为政的情况下，要真正落实领导的批示，谈何容易！要在国内造船，这牵涉到外贸、银行、计划、基建、生产等一系列部门，不是哪位领导作一个批示，开一两次协调会议就可以解决的。六机部造船、交通部买船之间的具体事宜，犹如一场马拉松长跑，一时半会儿根本落实不下来！

全国100多家企业都在踮起脚尖引颈相望，他们望穿秋水，盼着部里能下达部分生产计划，好解决一下工厂眼下的困难；几十万造船工人坐在船台上机床边，正盼着有船可造有事可做，以聊济厂里和家中的无米之炊。

为此，柴树藩真是忧心如焚啊！

柴树藩思忖了一阵，放下手里的报告，他提起笔来，决定直接给计委主任陈云写封信，向他告急求救：

陈云同志：

知道您在百忙之中，不到万不得已，绝不敢打扰您。因为向您报告的这个问题，关系到整个船舶工业的生存和发展问题，关系到30多万职工的生产生活问题——在这火烧眉毛之际，直接给您写信，算是病急乱投医吧。

目前国内关于造船和买船争论的情形您很清楚。当然，我们穷，买点旧货救救急也是正确的、必要的，但如果把买旧船当作一条长远的根本方针，把我国的现代化不是放在壮大自己的造船工业上，而主要放在买旧船上，这是否可以商榷一下呢？

目前国内造船工业的船、机、仪三个行业开工率平均不到20%，明年大部分厂子会完全停工，几十万造船工人大部将会失业。所以我们的意思是，交通部门需要买旧船，何不在国内造新船呢？当然，他们买船或许有多种正当的理由，特别敏感的是国内造船的性能问题。但我们保证，经过严格的质量整顿，我们工厂的面貌会有脱胎换骨的变化，能够按照他们的要求造出好船，除个别需要进口的辅机外，所造的船绝不会低于国外标准……

另外，在我们仓库里还积压了大量的材料，以及"四人帮"横行时生产的不少配套产品，这些东西我们建议除个别的修复加以利用外，如果用船部门一定要坚持高标准，不肯将就，那我们将报告国家全部报废！

总之，一句话，我们要求交通部把今年要买的250万吨船的单子开出来（包括技术要求及船期），同时将明年的造船计划也提早通告我们，我们在落实计划的情况下，一定为国家造出与以前不一样的好船来！

……

夜更深了，远处星星点点的灯光渐次熄灭了，整个北京城已沉浸在万籁俱寂之中，柴树藩站了起来，慢慢踱到窗边，望着夜色中的这座城市，长久地思索着——哦，不知什么时候，窗外已飘起纷飞的雪花。纷飞的雪花，将这个世界涂抹得一片银白。柴树藩突然想起"瑞雪兆丰年"这句民谚来——可是，对我国的造船工业来说，预兆着的是什么呢？

是船就只能下海

一行大雁，正列队从南方飞了回来。转眼，春天就要到来了。可北京的早春，依然乍暖还寒；从北方吹来的风，还带着深深的寒意。

正如柴树藩在领导干部会上所讲的：无路可走，只能是卧薪尝胆、励精图治；狭路相逢，只能是破釜沉舟、背水一战！

这些日子来，六机部党组会议的灯光几乎彻夜通明。

今年国内交通部的造船订单，经中央和国务院领导的干涉和协调，最终总算拿到了手，但柴树藩明白：这只能暂时缓解眼前的燃眉之急。能够争取到这批订单，无疑是行政干预的结果，而非经济规律的必然。所以，六机部造船要靠年年打报告，年年由中央和国务院领导来干预协调，这是最靠不住的，是建在沙滩上的金字塔，一有风吹草动，就会轰然坍塌的。

"同志们，这些日子来我总在想，我们是不是有点像端着一只破碗，求人家施舍的一个乞丐呀？"党组会上，柴树藩晃了晃中央领导关于交通部造船的最后批示，神色凝重地给与会的同志们说道，"这种滋味不好受，这种日子不好过，有点叫人无地自容呀！"

与会的同志们当然知道柴部长此时的心情，大家没有插言，都陷入久久的沉思。

是呀，与会的同志此时心里都清楚，中国的船舶工业靠人家的同情和施舍，这样的日子不但过得窝囊，而且是不能持久的。正如柴树藩所讲的，如果不尽快地进行战略大转移，尽快地占领战略的制高点，整个行业不但还将陷入更大的困境，再说严重点，不出三五年，就有全军覆没的危险！

如前所述，这绝非是危言耸听。

中国造船业，已经到了一个生死存亡的历史关头。进则存，退则亡，这同样也不是危言耸听——以后几十年的遭遇，已经完全证明了这一点。

这场战略大转移的方向和目标，别无他途，是船就只能下海——那只能是按照邓小平同志所指引的：打进国际市场，与西方造船界一决高下！

柴树藩的几个副手都非等闲之辈！他们在战争年代都经历过炮火的考验；在和平建设时期几乎都经历过政治的磨难。他们不但有相当的资历，而且都具有相当的智慧和工作的魄力。副部长张有萱，早在50年代就担任了国家科委副主任，并兼任国家技术引进小组组长，主抓国家技术引进工作，1974年任六机部副部长，抓经济工作是个不打折扣的内行。

副部长刘清，自1973年就开始担任外贸部中国机械进出口总公司总经理，抓过多年的机电产品进出口工作，他对机电产品进出口是有着丰富经验的。柴树藩到六机部后，专门约请他到六机部工作，自国务院批准各部委可以直接出口、实行工贸结合，六机部组建中国船舶工业公司后，就由刘清担任总经理。

副部长兼总工程师彭世禄，更是一个传奇的人物。他是赫赫有名的"农民运动大王"澎湃烈士的儿子，本人则是留苏学生、著名的核物理和机电方面的专家，还担任过中国核潜艇的第一任总设计师，属于学者型领导。

自柴树藩和几位副部长分别到沿海各大造船厂完成调研后，这段时间，六机部党组会议室经常是灯火通明，烟雾缭绕，为研究船舶工业如何打进国际市场，党组成员们常常是彻夜不眠。

尽管打进国际市场的外部和内部条件困难重重，似乎面临的是一个针插不透、水泼不进的局面，但以柴树藩为书记的部党组成员，经过痛苦的思索和决策，经过反复的讨论和争论，达成了一个坚定的共识：箭在弦上，不得不发；千钧一发，容不得半点的犹豫和懈怠！

事关重大，当然在党组会上，对此也有不同意见的争论，这种争论有时甚至还很激烈。但在严酷的现实面前，大家终于统一了思想，坚定了信念——中国人的智商绝不低下，中国人吃苦耐劳的精神举世称道；中国造船业的领导、知识分子和工

作者采访六机部副部长刘清

人们，历来就有一种"拼命三郎"的精神，有着敢打硬仗和与强手对决的风格。在过去一穷二白的条件下，我们造出了中国的第一艘核潜艇、第一条航天测量船、第一台万吨水压机……现在我们也可以大言不惭地向世界宣称：我们同样可以造出具有世界先进水平的商船和军船！

面对错综复杂的国际形势，党组成员们也列举和分析了一些有利的因素和条件。特别是从世界造船大国瑞典、法国、英国等国的衰落和日本、韩国等国造船业的崛起中得到莫大的启示：世界造船业并非是铁板一块，中国跻身于国际市场还是存在着巨大潜力和希望的！

以韩国为例：

韩国的造船业在70年代以前并不发达，只能处于世界造船业的中下水平。可从70年代初韩国政府把造船列入战略发展重点行业之后，大规模投资建厂，仅用9年时间，韩国造船产量就跃居世界第二位。近几年，在造船、修船和平台制造等方面，已成为日本强有力的竞争对手。

特别值得注意的是，韩国的造船工业是在国际市场处于萎缩危机状态下成长起来的，它快速的发展与发达国家的衰落形成鲜明的对比。柴树藩与同志们分析了韩国成功崛起的几点原因：一是政府的积极扶持，将船舶工业定为"国家基干工业"和"战略出口行业"，在财政上支持出口，在法规上限制船舶和船用设备进口等。二是造船成本低，竞争力强。尽管韩国造船效率也不算高，但凭其工资水平低廉的优势，使造船劳务费低于日本和欧洲国家，同时他们采取低利甚至亏本推销的办法，使其船价比日本还低5%—10%。三是积极大胆的经营思想，在船舶市场萧条的情况下，他们大胆引进了国外造船先进技术和配套设备制造技术，同时建立了广泛的销售网和商情网，在推

销方面十分成功。

"中国与韩国的情况有许多共同之点，他们的一些成功经验完全可以为我所用。"柴树藩对同志们说，"我们有邓小平同志和国家政策强有力的支持，我们有集中统一的社会制度，我们有全国协同配合的传统——更何况，我们的劳动力价格比欧洲和日本有优势；就是韩国，也没办法与我们相比。"

当然，最大的矛盾是我们造船的标准、质量、周期等问题。

过去我们造的船型狭长、舱容小、柴油机经济性能差、机电设备与世界上所有的设备不能互换；按中国规范设计制造，在世界上所有的港口都难以寻到维修配件。所以，很多船东都对此望而却步。

在建造出口船方面，最典型的是由上海中华船厂为马来西亚人郭鹤年建造的 3700 吨 "友花" 号货船，为香港船东司徒坤建造的 1.75 万吨 "海上建筑师" 号货船。当时中国机械进出口公司费了九牛二虎之力，动用外贸渠道和客户关系，才取得这两条船的订单。

当时，正处于 "文革" 末期，谈判合同难，执行合同更难。谈判人员按国际贸易惯例采用了英文合同文本，被 "四人帮" 一伙指责为 "修正主义沉渣泛起"；船上使用外文操作铭牌，被指责为 "崇洋媚外" "洋奴思想"，搞得外贸部门和工厂左右为难，战战兢兢。

"友花" 号船价为 220 万美元。船用设备基本上采用了国产，进口设备只用了 5 万美元。船交出后此船在东南亚一带运糖用，由于设备维修配件无法解决，船东只好自行将我国产设备拆下，换装外国产品。据说后来又贱价卖给了我国用户。

司徒坤购买的 "海上建筑师" 号，船价为 855 万美元。根据船东要求，船用主机采用了日本产耗油低、可燃重油的恒压增压低速柴油机；船上的吊车、电站、电罗经、电台、污水处理、焚烧炉等 25 项主要设备都采用了进口设备，共值 350 万美元，占船价的 41%。

但这两条船均是按中国 ZC 船级社规范验收，与国际通行的标准和规范还存在很大的差别。有的标准和规范，用夸大一点的话说，那真是有着天壤之别了。

"打进国际市场，无论多难，我们也要坚定不移地走下去！在邓副主席面前，我已明确地表明了我的态度；在党中央和国务院领导面前，我们已经作了庄严的承诺。我们除了向前，别无选择！"柴树藩在党组会结束时，有些动情地讲道。"说到这里，我想起了一个人，一个大家都熟悉的人，这个人就是我们舰船研究院前院长于笑虹同志。于笑虹同志为了海军建设和船舶事业，呕心沥血，殚精竭虑，他和刘华清、戴润生同志一起，在艰难困苦的岁月里，做了许多开创性的工作。可在'文革'中，由于他坚持真理抗拒邪恶，遭到'四人帮'的残酷迫害，不幸英年早逝！……"

柴树藩讲到这里，稍微停了一下，接着讲道：

"1965年春，笑虹同志在院党委扩大会上曾语重心长地号召全院同志，要树雄心、立壮志，为建设我国强大的海军和远洋船队贡献自己的全部精力。他在会上郑重地表示：如果自己生前不能见到我们自己研制的远洋舰船下水；那么在他死后，就把他的骨灰用我们自己研制的远洋舰船运到南太平洋，洒向波涛之中！若能如此，他将含笑九泉、死而无憾！……"讲到这里，柴树藩摘下眼镜，擦了擦上面的水雾，而后语调一转，"逝者已逝，留下遗憾。他生前没有见到我们的远洋舰船驶向南太平洋，但我们一定会满足笑虹同志的这个遗愿！面对眼前这个局面，同志们，我只有一句话，开弓之后，决无回头之箭！"

会散，天边已露出淡淡的鱼肚白。

第三章

巨轮从香港起锚

今夜的月光是柔美的。

港城，这颗璀璨的明珠，她离开祖国母亲的怀抱已经100多年。这里，不但是全球经济交往得天独厚的著名港口，还是世界经济兴衰沉浮的晴雨表。

一幢幢摩天接踵的现代建筑，一条条横跨南北的高速公路，初放的华灯如天上的繁星，和波光粼粼的海面争相辉映。维多利亚港口里，穿行和停泊着几十个国家的船只，每天吞吐着数十万各种肤色的旅客和上百万吨的货物。一切，都显现着这里的忙碌与繁华。

"不久的将来，我们一定要让中国人建造的船舶，泊满那个港口！"柴树藩站在太平山的一幢高楼上，遥指着山下的港湾，一字一句地对身边的同志讲道。

香港是首选的突破口

一辆黑色的上海牌轿车驶出六机部大门，径直驶向国家旅游总局。刚从深圳回来的柴树藩和刘清，准备前去拜访国家旅游总局局长卢绪章。

这是 1980 年 3 月初的一个早晨。

要想让中国船舶打进国际市场，必须选准一个突破口。经过反复调研和商讨，六机部的决策者们一致的意见是：首先突破香港！

其理由是：

其一，香港是国际贸易航运中心之一和重要的港口，与旧金山、里约热内卢齐名，它与世界上 100 多个国家和地区的 460 多个港口有航运往来，形成了一个以香港为枢纽、航线通达五大洲三大洋的海上运输网络。基于此，世界各大船舶公司都在这里设立了分支机构，成为国际航运财团在亚太地区的行政和船舶管理中心。每年，抵达香港的远洋船舶达 3 万至 4 万艘，内河运输船舶达到 20 万至 30 万艘。目前，香港拥有的船队达 6000 万吨，占世界远洋船队的 1/10。

其二，香港有船东 100—200 家，多数是华人和外籍华人。他们中间，爱国的船东不乏其人。我国先前出口到香港的 17500 吨"海上建筑师"号船东司徒坤就是其中之一。

其三，香港距离内地近，有问题好联系好解决，有共同文字和语言好沟通，供应零配件、解决维修问题也比较好办。

柴树藩为细致地了解香港航运情况，一封电报找来了香港华润公司副总经理张先诚先生。张先诚回到北京后，向柴树藩、张有萱和刘清等人介绍了香港的情况，仔细交换了意见。张先诚和柴树藩等人的意见完全一致：中国造船业要打进国际市场，首先就应该依靠香港的船东，从香港突破；而香港比较可靠的船东首推包玉刚、包玉星兄弟。

包氏兄弟是英籍华人，祖籍浙江宁波。包氏兄弟原均是环球航运集团的老板，后分家。包玉星离开环球集团后，自己组建了香港联成航运公司。包氏兄弟在香港航运界都是举足轻重的人物，特别是包玉刚，在全球航运界享有"世界船王"的盛誉。由于包玉星自新中国成立以来一直在政治上与我友好，故张先诚建议先接触包玉星，而后通过他再与包玉刚交往。

要接触包氏兄弟，非一个人莫属，那就是卢绪章。

卢绪章，是个一生充满传奇色彩的人物！

20世纪80年代，有一部风靡全国的电影《与魔鬼打交道的人》，这部影片的题材，与今天我们看到的《潜伏》类似。影片讲述了1947年，在人民解放军大举反攻，全国上下反蒋浪潮风起云涌之时，蒋介石为扑灭我地下党在经济界的核心组织，亲自下达了"A"字密令，在国统区严密地搜查中共地下组织。此时，地下党员于海涛化名张公甫，以荣昌公司总经理身份打入敌人内部，在特务们的眼皮之下活跃于上海经济界，并利用敌人内部的矛盾，把军用物资源源不断地运往苏北解放区……

影片惊险曲折，惊心动魄，情节跌宕起伏，扣人心弦；主人公张公甫那大智大勇、临危不惧的形象，表现了一个共产党员坚定的革命信念、超凡的智慧和大无畏的精神。

剧中主人公张公甫的原型，正是国家旅游总局局长卢绪章。

与魔鬼打交道的人——卢绪章

卢绪章，1911年6月出生在宁波一个贫困的小商人家庭，14岁闯荡上海。1933年与他人合办广大华行，经营进出口贸易。他积极要求抗日救国，1937年加入中国共产党。1939年，在周恩来的亲自安排下，卢绪章担负起为党的地下组织筹措经费的任务，担任党的地下经济企业上海广大华行总经理。

卢绪章遵照党的指示，把广大华行作为三线秘密组织，与国民党上层人物打得火热，甚至利用宋美龄的航空委员会用飞机倒卖黄金和美钞。在白色恐怖之下，卢绪章利用自己强烈的保护色彩，多次掩护中共领导和地下党领导往来于国统区，向根据地秘密输送了大批绝密情报和军用物资，同时给党的一线、二线机关和延安送去大量的经费。广大华行成了中共隐蔽战线最大的经济实体，为党的地下组织提供了重要的经济保障——这个长期"与魔鬼打交道的人"，一辈子虽与金钱打交道，但他两袖清风、一尘不染。说来有些巧合的是，香港船王包玉刚不但是他的妹夫，以前包在上海银行任职时，他曾给予过他不少的帮助。

直到新中国成立后，卢绪章出任新中国外贸部副部长时，包玉刚在香港报纸上看到照片，这才如梦初醒，大吃一惊——原来这位广大华行的总经理是一个不折不扣的共产党!

1964 年,卢绪章以外贸部副部长身份访问香港时,他与包玉刚曾见过面。那次见面,他们不欢而散。其因是为包玉刚加入英籍一事,卢绪章毫不客气地责备了他。随着包玉刚地位的提高,后与内地逐渐疏远。"文革"时期,与我完全断绝了联系。直到粉碎"四人帮"后,才逐渐与国内有了一些交往。

物是人非,俱往矣!

"哈哈,树藩同志呀,你这个大忙人,今天能亲自到我这里来,那定然是无事不登三宝殿呀!"卢绪章一见柴树藩,赶紧迎到办公室门口,紧紧握住他的双手。他和柴树藩是老朋友老相识了,柴树藩在外贸部时,他们俩都是副部长,在工作中相互支持,配合默契,结下深厚的同志友谊。

"是呀是呀,我到新的岗位后,真是忙得焦头烂额呀!"柴树藩说着话锋一转,"我就是有件棘手的事,今天专门来请教老兄呀!"

"什么请教?在我面前你还客气什么!有什么事,请赐教!"

柴树藩开门见山说明了自己的来意。

"你的事就是我的事,没有问题!"卢绪章还没等柴树藩说完,就将事情一口应承下来。

交谈中,卢绪章的意见与张先诚一致,最好先接触包玉星。同时,令柴树藩没想到的是,卢绪章告诉他:这个包玉星与廖承志有着非同一般的关系——套用今天一个时髦的词儿,包玉星是廖承志的"粉丝"!

1978 年 10 月,廖承志陪同邓小平访问日本。包玉星当时也正在日本,他踌躇再三,慕名想去拜访这位著名的华侨领袖,没想到廖承志闻讯欣然应允,并热情接待了他。或许有缘,他们二人一见如故,几乎无话不谈,而且谈得最多的是香港回归、国家统一的问题。

从第一次在日本东京见面,短短两年时间里,廖承志与包玉星见面不下 10 次。他们的谈话大至国家政治经济形势,小至家长里短,当然也常常谈到包玉星所熟悉的造船和航运话题。

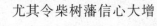

中日友好协会会长廖承志

尤其令柴树藩信心大增的是,廖承志非常关心中国船舶工业如何能打进国际市场的问题。他每次见到包玉星，都会非常关切地问到同一个问题：中国能造好船吗？世界上对中国造船的评价如何？香港航运界的船为什么不找中国造，具体是什么原因呢？

真是哪个郎中医哪种病，哪把钥匙开哪把锁！

当卢绪章与廖承志去电话同包玉星一联系，远在香港的包玉星便在电话那头爽快地答复道：将原拟在日本建造的两艘2.7万吨散货船改由国内建造！只是他提出两项要求：一是要按国际规范和国际标准建造，由英国劳氏船级社验收；二是请廖公为他的新船命名！

东方露出一缕曙光。一只晨醒的鸟儿"嗖"地掠过窗前，弹向广袤的晨空。柴树藩听完卢绪章打来的电话，他脸上露出一丝欣喜，立即对着话筒答复道："我们立即发函，邀请包玉星来北京商谈具体事宜——如有可能，我们再向国务院请示，同时也向包玉刚发出邀请！"

"世界船王" 毅然登陆

1980年3月15日。

一架从广州飞来的波音737客机，带着巨大的轰鸣，平稳地降落在北京首都国际机场。

少顷，一群人走出机舱。首先走下舷梯的是一个身板结实、浓眉大眼、目光炯炯的中年人。一下舷梯，他就看见前来迎接他的国家旅游总局局长卢绪章，六机部部长柴树藩、副部长安志文、刘清等人。于是他笑容满面，加快步伐，迎着卢绪章等人走去。

这就是包玉刚！

这就是在世界航运界和商界声名显赫，有着"世界船王"之称的华侨巨子包玉刚。

包玉刚在世界几千万华侨中，的确是个非同一般的传奇人物！

"世界船王"包玉刚在上海考察

这位生于浙江宁波，因家庭贫困连小学也未能毕业的"船王"，由于他在国际船运界的地位，不但获得香港大学和香港中文大学颁授的荣誉法学博士学位，被封为"太平绅士"，获得英国女王伊丽莎白颁授的 C. B. E. 及 K. T. 爵士勋衔。同时，他还受到各国首脑的关注和赞赏，比利时国王、美国总统、巴拿马总统、巴西总统、日本天皇都曾授予他高级勋章——这是世界上任何大企业家都未曾获得过的殊荣。英国前首相希思曾特地邀请他到别墅赴宴，并详细询问他的经营方法。美国总统里根邀请他参加就职典礼，他的电话可直通白宫，随时可与美国总统对话。

此外，他还在世界上担任着一系列官方和民间组织的领导职务。他除担任香港环球航运集团董事会主席、汇丰银行董事局副主席外，还任有利银行、恒生银行、和记黄埔有限公司、英之杰远东公司、国泰航空公司等英资企业和香港地下铁路公司董事，以及香港半官方组织"港日贸易合作委员会"委员、国航海基会名誉副总裁、英国奈化理船会东亚区主席、国际独立油船船东协会主席、法国弗里达斯理船委会会长、日本理船会香港区主席及美、日、英、法等多家金融机构和学院顾问。

包玉刚的一生，是充满传奇色彩的一生。

1949 年年初，包玉刚与父亲包兆龙一起携着数十万元积蓄离开上海，到香港另闯天下。开始的时候他们只是做些小生意，积累了点钱，但接下来干什么呢？包玉刚想起了童年时期对海的向往，于是提出了投身海运的设想。母亲劝他，"行船跑马三分险"，搞海运等于把全部资产都当成赌注，稍有不慎就会破产；父亲也认为，香港的航运业已经十分发达，竞争相当激烈，而包玉刚对航运完全是个门外汉，凭什么经营航运？但包玉刚主意已定，矢志在海洋运输业中谋求发展。他一面继续做好父亲和其他家庭成员的工作，一面四处了解有关船舶和航运的情况，认真研读有关航运和船舶方面的书籍。

功夫不负有心人。包玉刚凭着过人的天赋和超群的胆识，至 1979 年年底，他创办的环球航运集团已拥有运输船 200 余艘、载重量为 2000 余万吨的船队，而且他的船队平均船龄只有 3.5 年，是世界上最大的独立航运集团。其集团总部设在香港，同时在百慕大、伦敦、东京、纽约、新加坡和巴西等地均设有办事处，他公司属下的陆地和海上正式员工已超过 3500 人。1966 年，他在港专门开办了"环球海员训练学校"，训练海员供所属船队使用。

包玉刚在短短 10 多年时间中，由一条有着 28 年船龄的破旧烧煤船起家，奇迹般地坐上"世界船王"的宝座，拥有世界最大的独立船队，执世界航运界之牛耳，成为国际性的大财团，这一方面固然得益于他超人的胆识和经营方略，但另一方面也得益于他长于人际交往，在政治上获得不少声誉和个人信誉。英国前首相希思、时任首相撒切尔夫人、菲律宾总统马科斯、新加坡总理李光耀、日本首相大平正芳、巴西总统、墨西哥总统，都是他经常接触的对象，有的甚至成为他的好朋友。

1974 年，包玉刚为其一艘名为"加拿大世界"的超级油轮下水，邀请了当时的加拿大总理特鲁多夫人玛嘉烈到东京主持该轮下水典礼，以应付加拿大西岸的反油轮停泊运动。美国前国务卿基辛格、英国前首相希思到香港，都是包玉刚设宴款待，邀请港督及社会名流参加。基辛格两次到港，都是住包玉刚家。

邓小平接见包玉刚时的情形

1979 年，当时的中国总理华国锋访问英国，英国女王宴请华国锋时，专门邀请包玉刚作陪。华国锋在伦敦还破例单独接见过包玉刚。这件事曾在香港引起轰动。包玉刚为此专门举行了记者招待会，在会上表示要响应华总理的号召，积极支援祖国的四个现代化建设，愿意在造船工业、航运、租船等方面与中国合作。招待会上，记者们特别注意到这位已入英籍的"船王"最后讲的几句话："我生在中国，长在中国，我的根在中国，支持祖国四化建设，我责无旁贷。"为此，包玉刚捐款 1000 万英镑，重建我驻英使馆。

此次，包玉刚是应六机部部长柴树藩邀请，专程来京与我洽谈订购新船、推销我出口船舶和其他合作事宜。包玉刚这次迅速地接受了柴树藩的邀请，疾速赶来北京，其中还有一个重要因素，那就是他得知其弟包玉星已和六机部谈判订购新船合同。闻此消息，他当然不甘落后，意欲在同中国合作方面捷足先登。

外间有舆论说，此次包玉刚是解放前夕举家南迁香港后第一次回到大陆，其实这是误传。只是前一次他回乡，是以私人的名义探亲，行动较为隐秘就是了。

1977 年 7 月，已被三次打倒的邓小平复出政坛，重新登上了中国的政治舞台。这一消息引起了世界的关注，更引起港人的关注，他们仿佛看到了新的曙光。此时，包玉刚也正面对世界性的石油危机，产生了减船登陆的念头。他敏锐地觉察到，偌大的中国在粉碎"四人帮"后，肯定要大规模地发展经济。减船登陆，这成为包玉刚首先瞄准的目标。

为了稳妥起见，他向国内发了一封电报。电文是："我夫人想见卢绪章夫人。"显而易见，他这是在投石问路。未曾想，几天之后，他就收到了廖承志的复电："欢迎包玉刚夫妻一同回国探亲。"包玉刚一见复电，立即就与夫人黄秀英动身起程回国。不过他们没有直飞北京，而是取道日本，大概是不想世人知道他真正的行踪吧。

那次回国，他访问了宁波、上海和北京等地。在北京，廖承志、孔原、卢绪章会见了他。外界不断有人撰文说："邓小平与包玉刚举行了历史性的会见。"其实这是杜撰和误传。其间，包玉刚不动声色地"参观"了上海几家船厂。其实他真实的目的，是在悄悄考察中国内地的造船实力——因为他已从一些渠道得知，第三次复出的邓小平，已做出了"中国船舶工业要打进国际市场"的重大决策。

3 月的北京，寒流刚刚过去，空气中已弥漫着些许早春的气息。

舷梯下，柴树藩见包玉刚快步走来，他也赶紧迎了上去，紧紧握住了他的双手："欢迎欢迎，欢迎您来到北京。"

"谢谢。我其实早就盼着与您见面的这一天了。"

包玉刚此次正式来北京访问，事前已知道他的行程安排，知道中国高层的领导将要分别会见他，也知道六机部与他真诚的合作意向，特别是他在外界已风闻将要和他合作的伙伴柴树藩是一个大胆果断、重信重义的人，显得胸有成竹、乐观自信。当一位少女将一束鲜花献给他时，他脸上的笑容和手上的鲜花一样灿烂。

其实，在将要和六机部商谈合作事宜之前，在 1979 年 11 月 27 日，包玉刚就在香港与外贸部招商局总经理袁庚谈过与中国合作的问题。包玉刚提出的方案是组成合营航运公司，双方共同投资 5000 万美元，中方 40%，港方 60%，合作期限为 20 年，以英国的法律为依据。

经袁庚请示交通部，交通部反馈的意见是投资不能由对方控股，至少双方要各 50%。另外，他们对包的事业和经营状况也有担忧，所以交通部不太倾向于与包的合作。

这个情况，柴树藩其实非常清楚，但他和几位副部长考虑的与此不同，他们认为：一是可以利用其资金发展我国的造船和航运事业；二是可用我国制造的船舶作为投资，不用或少用外汇；三是可争取长期订货，打进国际船舶市场，按小平同志所构想的，促进和提高我国造船的整体水平，并可利用其关系以优惠价格买进我国急需的配套设备、材料和先进技术；四是可汲取其经营和管理经验，开辟和承揽新的国际航运业务，并能较快地收回资金；五是可培养和提高一批干部走进国际市场的业务水平及技术水平。

柴树藩他们的合作方针受到国务院的首肯。王震、谷牧、姚依林对谈判的方案都作了批示。3 月 12 日，国家进出口委员会副主任周建南召集六机部、外贸部及中国银行座谈，统一了谈判中的几点原则。

由于这是我国改革开放后第一次与包玉刚这样的人物合作，如果谈判成功，将成为我国与外资第一次合作经营的典范，自然引起国务院和有关部门的高度重视。3 月 14 日，柴树藩又收到国务院转来的新华社香港分社的来电，表示了倾向于同包玉刚合作的意见。

这次即将开始的合作谈判，柴树藩同样是胸有成竹，显得乐观和自信。所以当他与包玉刚握手对视那一瞬间，他的直觉就告诉他，这次谈判合作成功有极大的可能——因为他们双方都从短暂的对视目光之中，捕捉到除相互审视之外，更多的是朋友般的坦率和真诚。

几辆轿车驶出机场，朝人民大会堂方向驶去，一切都按照事先安排好的议程进行。正如双方预料的那样，这次谈判取得了预想的效果——由此，我国第一个与外资合作的经营性公司诞生，开了改革开放以来中外合资的先河。

北京之行爆了个冷门

社会主义中国，这个全球人口最多的国家，明确宣布要全面实行对外开放，要将自己融入当今这个世界，这自然会引起世人对她特别的关注和种种猜测。

"世界船王"包玉刚接受中国政府邀请飞往北京，并将同北京商谈经济合作事宜，自然会吸引世界各国的眼球。在香港，这更是新闻舆论争抢的热门话题。所以，包玉刚在北京等地的行程安排、重要活动，甚至一举一动都成为港人热衷传播的新闻。

包玉刚此次的北京之行，可以说是爆了一个大冷门！

3 月 23 日，包玉刚结束了在北京的访问，和他的妹夫、环球航运集团董事会副主席李伯忠回港的飞机一落地，刚走进机场大厅，就便被前来迎接他的亲友和一大群记者簇拥到了贵宾室。

包玉刚还没坐下，记者们的镁光灯就在不停地闪烁，无数支话筒递到了他的眼前。一位金发碧眼的小姐唯恐落后，她泼辣地挤进拥挤的人群，把一支话筒递到包玉刚嘴边，说话快得像连珠炮："包先生，您能不能用最简洁的语言，谈谈您北京之行的感受？"

"哈哈……"包玉刚满面春风，他爽朗地笑了几声，立即机敏地答道，"小姐，如果您出嫁以后，几十年都没有回过娘家——那么，我此次北京之行，就是您几十年后回娘家时的感受。"

包玉刚幽默风趣的回答，顿时引起满堂的笑声。

"那，您能不能详细给我们谈谈访问北京的具体行程？"

"哈哈，"包玉刚又爽朗地笑了两声，轻轻地拂开簇拥着他的人群，走到预先为他准备好的桌子前坐了下来，对着话筒说道，"女士们、先生们、朋友们，关于我这次北京之行，我不但要详细地告诉这位漂亮的小姐，而且应该告诉关心我的各位朋友和同仁，更要详细告诉全体港人。"

包玉刚虽说面带欣喜之情，但他尽量用平缓的语调叙述了他一周来访问北京的情况：

3月15日，包玉刚抵达北京，即受到隆重的欢迎。第二天稍事休息后，17日，六机部部长柴树藩、副部长刘清，同他就合作组建联营公司和他向国内定船的事宜进行了友好会谈。中午，柴树藩在人民大会堂设宴招待了包玉刚和李伯忠，国务院副总理王震、谷牧以及国家旅游总局局长卢绪章等出席了宴会。

宴会上，柴树藩发表了热情洋溢的祝酒词，他说："包玉刚先生是世界著名的实业家，能接受我们的邀请，来到北京，我感到十分荣幸。包先生对我们社会主义建设事业十分关心，尤其对我国造船和航运事业历来十分关注，表现出真诚合作的意愿，我们对此非常钦佩！……"

包玉刚在答谢辞中说："我是中国粉碎'四人帮'后，第二次回到祖国大陆，祖国的变化真是令人感慨万分！我第一次回来是1978年，主要是探亲访友；这次回来，我愿意为中国的四个现代化作出贡献！……"

3月18日，国务院副总理谷牧、姚依林在人民大会堂会见了包玉刚和李伯忠。两位副总理听包玉刚介绍了世界航运和他自己航运的情况。谷牧副总理说，中国的船舶工业和远洋航运事业在不久的将来，一定会有大的发展。会见时，柴树藩、安子文、刘清、卢绪章，交通部副部长王西平在座。当天，六机部副部长刘清就包玉刚向中国订船的事宜同他进行了会谈。

3月19日，叶剑英会见了包玉刚和李伯忠，并进行了亲切交谈。有记者问到叶剑英身体状况时，包玉刚回答：叶剑英身体健康、思维敏捷，讲话也很清楚。

3月20日晚，华国锋总理在人民大会堂会见了包玉刚和李伯忠，并设宴招待了他们。

包玉刚此次北京之行，受到了国宾般的礼遇。

包玉刚北京之行的情况介绍，不时赢得阵阵掌声和欢声。

当香港《文汇报》记者问到包玉刚北京之行最大的收获是什么时，包玉刚答道：一是他得到总理华国锋和副主席叶剑英的接见，在与他们会谈时，了解到中国在粉碎"四人帮"后，结束政治运动，实行改革开放政策、坚定进行经济建设的决心；二是如愿与六机部签订了联营协议和达成了向中国订船的意向；三是在此期间，结识了像六机部部长柴树藩那样诚恳务实、守信重义的朋友。

当有记者问到包玉刚与中国合资联营的主要内容时，李伯忠代包玉刚作答：

一是六机部中国船舶工业公司和外贸部中国租船公司为一方，与香港环球航运集团和国际金融投资公司为一方，联合组成"国际联合船舶投资有限公司"，登记地为百慕大。

二是双方合营资本为5000万美元。中方45%，外方55%。

三是董事会由8人组成，中外各4人。董事长由包玉刚担任，副董事长由六机部和香港汇丰银行各出1人担任。

四是合营公司业务为：各类船舶及船用设备的买卖及代理业务、航运经营及管理及其他有关航运业管理。

五是合营公司在香港设立代理公司，其组织及经营方式参照环球航运集团办理，代理公司经理及副经理人选，由双方协商，董事会委派。

六是合营公司及代理公司经董事会决定，可与中国船舶工业公司签订代理合同，委托环球集团进行有关业务。

七是合同期限未定，视将来情况发展再议。

八是以百慕大政府法律为依据。

上述方案，中方已经由外贸委员会并谷牧、姚依林副总理批准。3月20日柴树藩与包玉刚分别代表一方签字生效。

"我们计划4月底在香港召开'国联公司'成立大会和第一次董事会。届时，我们还将有重要决定告诉各位！"李伯忠说完，包玉刚笑吟吟地补充道。

"包玉刚先生，据我们所知，前希腊船王奥纳西斯也曾经向您表示过合作的愿望，可听说您连想也没想就加以拒绝；而这次您同中国的合作，据说您非常主动。"一位资深的英籍记者站起来，彬彬有礼地向包玉刚发问，"请问，您能讲讲这是什么原因，这其中是不是有什么奥秘？"

这位记者的问题，立即引起了大家的兴趣，整个房间里都安静下来。

包玉刚没有马上回答这位记者的问题，在人们热切的目光中，他似乎陷入极短暂的思索之中。

那是 1974 年，世界石油危机之后，也正是包玉刚登上"世界船王"宝座前夕，他为处理一桩业务去了纽约。前希腊船王奥纳西斯因仰慕包玉刚的经营能力，特地带着女儿克丽丝丁娜到包玉刚下榻的饭店求见。希腊船王到达饭店后发现，包住的房间并非是他所想象的豪华总统套房，而是一间很小的客房，甚至因此只能请他们到楼下餐厅的一角进行交谈。

邓小平接见包玉刚（左四）、柴树藩（左二）等人

二人交谈时，奥纳西斯提出与包玉刚合作经营，建议将自己的船队与包玉刚的船队合并，以包氏为主。如果接受此项建议，对于包玉刚扩大经营范围当然大有好处。可包玉刚略一思索，立即谦虚而诚恳地表示，他无意插手此事，自己只是航运的后起者，奥氏是航运的老前辈，而且过去彼此没有往来过，因此不想担此重任。鉴于奥纳西斯在世界航运界的声望与业绩，他人想巴结都还来不及，可他没想到的是，会遭到包玉刚如此礼貌而坚决的拒绝！他只好带着女儿失望地离去了。

但事后，奥纳西斯对美国花旗银行总裁说，这次会见包玉刚给他留下的印象极深，虽然他没有如愿与包氏合作共事，但他本人更敬重包氏的处事和为人。奥氏后来还邀请包玉刚到他新建的大楼作客居住，可仍然被包玉刚婉言谢绝了。

该如何向众人回答这个问题呢？包玉刚沉思了一下回答："奥纳西斯在世界航运界具有相当的资历和很高的声望，但我过去和他没有什么交往；而我出生在中国，成长在中国，因而我深切地了解我自己的祖国。中国是一个很有希望的国家。中国地方大，劳力多，是很有条件发展造船业和航运业的。特别是造船业，只要各方面配合得好，培养人才，中国不但很有兴趣，而且很有希望制造巨型船舶，并能迅速打进国际市场！"包玉刚讲到这里，他略微停顿了一下，接着讲道，"中国有许多优秀的领导人和组织者，邓小平就是一个卓越的领导人；而六机部部长柴树藩和他的伙伴们，是出众拔萃的组织者——我相信，最多一两年，他们就会组织和建造 2 万至 3 万吨的船舶出口！而将来，他们出口船舶的前景将不可限量！……"

包玉刚的回答，让所有在场的人愣了一下，一时没回过神来。继而，却响起一阵热烈的掌声！

包玉刚在机场接待记者们的谈话，经记者们添油加醋的一番报道，竟在世界造船界和航运界产生了不小的反响——中国真的在一两年内就能建造大型船舶出口吗？他们将来出口船舶的前景真的不可限量吗？

包玉刚是言过其实，还是胸有成竹——人们睁大惊讶和迷惑的眼睛，拭目以待。

一场马拉松式的谈判

包玉刚在香港机场记者招待会上所透露的，中国将在一两年后就能组织和建造 2 万至 3 万吨的船舶出口的消息，按照他一贯稳健的风格，多数人相信这绝非是哗众取宠、故作惊人之语，而是肯定有着充分依据的。

包玉刚当然是有充分依据的——他知道，此时他的兄弟包玉星，联成航运公司的代表已经开始和六机部接触，正在北京就两条 2.7 万吨的散装货船谈判合同。

白日有光，夜晚有灯。

这场谈判，是中国船舶出口历史上最为艰苦的谈判。万事开头难，因为这场谈判，对中国船舶工业公司的外贸人员、技术人员来说，还是大姑娘上轿——头一回。

与世界已经隔绝了几十年的中国，突然之间打开了开放的大门，而最初从大门外透进的亮光，对于在封闭环境中的人来说，肯定是耀眼炫目的，一时间令人眼花缭乱、茫然无措，甚至找不到走出这道大门的方向，这是极其正常的。

"过去我们在国内谈合同，那是非常简单的事——可那是什么合同呀？只是薄薄一张纸。只要在这张纸上定出几条大的框框就行了。然后双方大致看一遍，没有大的差错大的分歧，好，签字！这就算一份合同了。"当年"长城"号的总设计师周良根一提起当时签订合同的情形，他捋了捋已经斑白的头发，不无感慨地说道，"这和以往谈合同，完全是两码事。打个不一定恰当的比喻：一个是天上飞的麻雀，一个地上行的大象，风马牛不相及。"

过去，我们船舶设计的标准，基本是从苏联那里沿袭下来的，和英国劳氏标准完全不可同日而语。对我们的管理人员和技术人员来说，一切是完全陌生的，有的甚至闻所未闻！

船东提出的该船载重量为 2.7 万吨，航速 16.3 节，续航能力为 17000 海里，入世界著名的英国劳氏船级社（L.R）船级，悬挂巴拿马国旗，船体结构达到 L.R 规范最高级，涂装达到瑞典 Sa2.5 级，建造工艺采用日本 JSQS 标准……算了，打住！各种各样的标准和国际规范，令人目不暇接，茫然不知所措。过去我们造船的标准只有一个：中国 ZC 船级社标准。

再说《技术说明书》，也有整整 3 本。除了主机、辅机、舱室、厨房、发电机、污水处理系统、通信设备、吊车等，还细微得包括管系、缆绳、锚链、扶梯、海员床铺，等等，连床铺上的壁灯、壁灯旁的挂钩、床铺下的鞋柜都统统必须要有技术说明！

六机部对首次与外方谈判非常重视，组织了一个专家"精锐"谈判小组。参加谈判的代表共有 7 人：六机部机关的李必忠，上海船舶海洋工程设计研究院的金柱青、孙松鹤、仲豫明、周良根，大连造船厂的许大征、嵇训焕；而形成鲜明对照的是，船东包玉星的代表只有 1 人，那就是英国人克格瑞德先生。

双方坐下来开始谈判。

面对坐在桌子对面的谈判对手，我方的 7 个专家小心翼翼，如履薄冰，大家表面镇定，可心中都在暗暗叫苦：这么多的规范，这么多的标准，我们如何去适应，如何去和对手争辩！最难的是，谁也没见过这些规范和标准；那么，我们就边学边谈吧，可我们手中连这些规范和标准也没有呀！

尽管在此之前，上海海洋工程设计研究院几乎动员了全院力量，从各个渠道收集这些规范和标准，也组织了科研人员翻译和消化这些资料，但收集翻译来的资料依然不全，由于过去从来没人接触过，好多规范和标准根本看不懂，也理解不了。

如此，有代表试图说服克格瑞德作些让步，岂知克氏完全没有丝毫通融余地！他紧绷着一张脸，像是坐在法庭上道貌岸然的大法官。他通过翻译告诉我方代表：规范就是规范，标准就是标准，连国王和总统也无权做任何修改！倘若你们坚持要修改规范和标准，那我只好即刻就回伦敦复命了！

谈判一时陷入了僵局。

情况反馈到了柴树藩那里，为此他又召开了一个专门会议。会上，与会的同志产生了不同意见。有人认为：我们造了几十年的船，也有自己一整套规范和标准，而外商提出的条件太苛刻太离谱，中国人要有志气，宁肯不接此船，也不能为五斗米折腰！但多数同志的意见是：我们既然实行了改革开放，就要按照现行的国际规则办事，就不要舍不得祖宗留下的坛坛罐罐，即使是珍贵文物，也只能放进博物馆。我们费尽千辛万苦，才争取到人家把船从日本转给我们建造，因而决不能半途而废！

纷争之中，最后柴树藩一锤定音：经济活动中，用户就是上帝。人家找你造船，就要满足人家提出的要求。我们的船舶要打进国际市场，就得无条件全部采用国际标准！

按柴部长要求，与克格瑞德的谈判继续进行。

"讲到这里，我们不得不提到两个人。一个是中间商、英籍华人席玉亮先生，一个是香港海洋咨询公司的郑瑞祥先生，这两个人给了我们极大的帮助。"笔者在采访中，当年参加谈判的技术负责人，后来任上海海洋工程设计研究院院长的孙松鹤讲道，"他们来给我们的工程技术人员讲课；通过各种渠道给我们找来资料；对各种我们看起来稀奇古怪的问题，逐条给我们讲解。他们那种友好的态度，朋友间诚挚的友谊，令我们至今不能忘怀！"

难怪后来中国船舶工业总公司总经理张寿同志说："船舶工业能够较为顺利地打进国际市场，我们对席玉亮、郑瑞祥这两位值得尊敬的朋友，每人应该颁发一块金牌！"

有些看起来莫名其妙的问题，技术人员通过消化资料，通过席玉亮等人的讲解，大家恍然大悟。比如：为什么目前许多远洋货船都不是3万吨，也不是2.5万吨，而偏偏要造为2.7万吨呢？原来，这样的货船要能够在美国、加拿大交界处的大湖区行驶。大湖区由五大湖组成。海轮从大西洋航行到五大湖的苏必利尔湖时，必须通过圣劳伦斯航道上的船闸和其他许多船闸，船闸的尺寸限制了船的尺寸。同时，海轮还要通过苏伊士运河，埃及规定海轮通过时吃水为11米。由于这些限制，远洋船舶最佳的设计载重量为 2.7 万吨。

同时，更加稀奇的是，圣劳伦斯运河对导缆桩的位置、大小、形状和钢缆的走向，等等，都有明确的规定；澳大利亚港口连对货轮舱梯也有专门的要求……我们参加谈判的人员犹如走进一座迷宫，边学习，边摸索，边理解，边谈判，他们在 5 个月的时间里，住的是简陋的招待所，吃的是食堂的黑馒头加白菜汤；每天 10 多个小时与外方人员谈技术合同；晚上再回到招待所消化资料，咀嚼合同条款，研究明天谈判的对策——难吗？真难！

谈完《技术说明书》，接下来又谈交货期、违约赔款合同。双方达成协议：18 个月交船，优惠期 1 个月；如再拖 1 天，每天罚款 4500 美元；超期 150 天，船东就可以弃船，一切经济损失由卖方赔偿；如达不到《技术说明书》中任何 1 项要求，船东可要求返工和赔款。另外，验船师由船东委派；发生纠纷由英国伦敦法庭仲裁，适用于英国法律……这一切，对于刚刚触摸到世界船舶市场大门的中国造船界来说，无疑是天上突然丢下一枚重磅炸弹，战斗还没开始，已经能闻到硝烟的气息了……

幸好船东包玉星先生有着真诚友好的合作态度，也幸亏他的首席技术顾问席玉亮先生真心诚意地从中斡旋。否则，这场马拉松似的谈判是无论如何也坚持不下来的！

当然，蚕儿要想成蛹，蛹儿要想破茧成蝶，肯定要经历一系列痛苦的蜕变过程。中国船舶工业界与外商的这次首开纪录的谈判，锻炼和培养了我们专门的人才，使我们逐渐熟悉和了解了造船的国际规范和标准。7 对 1 的谈判，在今天看来中国人似乎有点丢失了面子，其实不然，那是在特殊条件下特殊的个案。如今，我们一两个人对外方 10 多个人的谈判情形比比皆是，他们请教我们的情形，也是屡见不鲜的——此是后话了，还是让我们回到现实中来。

谈判结束了，与包玉星先生的合同签订开了一个好头。与包玉星正式签订合同的 15 天之后，通过中国信托投资公司荣毅仁的关系，香港首富李嘉诚也同我们签订了在内地建造两条 2.7 万吨货船的合同。

合同已签，白纸黑字，这来不得半点含糊。第一次与外商打交道，如果初战失利，那后果自然是不言而喻的！

"我们别无选择，要么成功地、保质保量地交出我们的第一条出口船；要么，就把我们中国船舶公司的牌子彻底砸了，自动到伦敦法庭上去当被告！"柴树藩在合同签订完后的当天晚上，召开了一个有关方面的领导会议，他在会上斩钉截铁地对大家讲道，"过去我们在国内的那一套，什么政治交船、行政干预、兄弟情谊、客观原因等等，统统行不通了！我要强调的是，谁把这件事搞砸了，我就拿谁是问！"

绝无仅有的军令状

整座城市的灯光渐次熄灭了，唯有柴树藩办公室的灯依然还亮着。

"荣生同志呀，该讲的话我已经在会上讲了。我们面临的将是一场非常严峻，甚至严酷的考验！"散会后，柴树藩又把生产局局长王荣生留了下来，还要和他单独谈谈。柴树藩招呼王荣生坐下后，他摘下眼镜，揉了揉酸涩的眼睛，用湿毛巾擦了一把脸后，对王荣生不无忧虑地讲道，"中国船舶工业将来的出路，我们贯彻小平同志的指示，能否打进国际市场，这第一条船的成败是关键的关键！"

"是啊，我们只要建好这第一条船，它在世界的大洋中就是一块流动的广告牌，相信我们出口的局面很快就可以打开；反之，正如部长您讲的，人家把我们告上法庭那还在其次——最重要的，那就会砸了中国船舶公司这块招牌！"王荣生接着柴树藩的话说道。

"是啊，所以我单独把你留了下来。"柴树藩望着王荣生，"你是造船造舰的专家，你告诉我，我们造这船有几分把握？"

王荣生没有即刻回答柴部长的话，他沉思了一下答道："现在我们基本摸清了国际规范和标准，相信我们的技术人员和工人能够造好这条船。"停了一下，他接着说道，"我认为，最关键的，是我们要转变观念和习惯，抓好技术管理和生产管理问题。"

王荣生回到上海交通大学时向母校赠送导弹驱逐舰模型

王荣生，这个毕业于上海交通大学造船工程系的高才生，大学毕业后分配到武昌造船厂工作，1954年赴苏联实习，研究扫雷舰的建造，回国后又在江南造船厂学习建造潜艇。由于他有着创造性的思维、过硬的专业技术、优秀的管理才能，很快就在造船行业崭露头角，刚30岁出头，就担任了武昌造船厂副厂长。

1968 年，在"文革"冲击之下，核潜艇生产厂领导们被打倒，生产陷于停顿和混乱时，由粟裕将军亲自点名，调王荣生到这个厂担任生产副厂长，并兼任我国第一艘核潜艇现场总指挥。在核潜艇的建造过程中，更是展现了他过人的组织管理能力，为中国核潜艇的成功建造立下汗马功劳。这一年，他才 35 岁。

1974 年，王荣生被调到六机部任生产局局长。由于他长年在生产第一线从事管理和技术工作，对造船工艺、技术、设备都非常熟悉，尤其在组织生产方面具有丰富的经验。如今，六机部将要按国际规范建造第一条 2.7 万吨的出口船，他这个生产局长自然知道自己肩上的分量。对于柴部长的忧虑和担心，他的心里也最清楚——一个成天百事缠身、忙得团团转的部长，为了这条船，已经找他谈了整整 3 个半天！

这是王荣生和柴树藩接触 20 多年中时间最长的几次谈话。

在这条船合同签订以前，王荣生也知道，船东包玉星虽说出于爱国之心和私人情谊，将船从日本收回交由国内建造，可他的心里并不踏实。万一这船在国内建造砸了锅，他这个资本并不雄厚的老板，将要面临着巨大的风险！

在与六机部谈判规范和标准时，当包玉星知道国内竟然对国际规范完全陌生时，他的心里更是七上八下。犹豫了许久，他终于忍不住问廖承志："我们国内到底能不能造好这两条船呀？万一有什么问题，我不但船租不出去；就是租出去了，在无边无际的大海中，如果出了故障，或是出了事故，我可是担待不起呀——那时，我可是叫天天不应，叫地地不灵呀！"

廖承志的回答倒是爽快："玉星，你放心！我问过六机部的同志，国内造你这两三万吨的船，完全没有问题！"

尽管廖承志给包玉星打了包票，可包玉星却放不下心来。他虽然知道廖公是个行事稳重、言而有信的人，可他并不懂船呀！所以，在几个月的合同谈判期间，包玉星心里一直犯嘀咕。

倒是包玉刚来得干脆。

"这样吧，柴部长，您说你们完全能按国际规范和标准造好这几条船，那，我就有个特殊的要求……"在广州，当柴树藩和包玉刚会谈时，他直截了当地向柴树藩提出一个要求。

"包先生，请讲。"

"柴部长，您说，您肯定能造好这几条船，这我相信，因为我十分钦佩您的性格和人品。"包玉刚停了一下，半开玩笑半认真地说道，"只要您私人给我写份保证书，我们就不要再谈了——我的船马上交给您来造！"

包玉刚这一手来得真绝！他是要堂堂的中华人民共和国六机部部长，以私人名义给他写保证书——说白了，就是要柴树藩立下军令状呀！这样的事，在我国政府几十年与外商打交道的过程中，恐怕也绝无仅有吧！

"好，今天我就给您写这份保证书！"柴树藩也不含糊，马上豪爽地应承下来，真以私人名义给包玉刚写了份保证书。

柴树藩认真地写下保证书，包玉刚竟然不客气地收下了。

柴树藩尽管毫不犹豫地为包玉刚写了保证书，可他毕竟也不是造船的专家，心里也不是完全有数呀！所以，回到北京，他通过船东找来一张日本建造的2.7万吨散装货船的图纸，白天晚上翻来覆去地研究和琢磨起来。当王荣生到埃及去谈关于舰艇出口的合同回来后，他马上就把他找来，摊开图纸又和他认真研究起来。

这次，在王震副总理的亲自过问下，中国代表团赴开罗谈判出口舰船的事十分顺利。作为代表团副团长的王荣生，临走时还发着高烧，是在病床上拔掉针头就赶往机场的。3个多月过去了，王荣生刚回北京，柴树藩就急急把他找来——这几天，他已是第三次和王荣生就这条船的建造问题进行研究了。

深夜的灯光早已投下疲惫的光影，窗外已是万籁俱寂。柴树藩和王荣生尽管已就这条船的总体设计、主辅机配套、材料设备、工人技术、生产组织协调、建造周期等问题进行了反复研究和磋商，可柴树藩还是不放心，还想把这条船的建造问题弄得个锅底朝天。

"建造这第一条船，我们没有经验，时间又这么紧迫，这对我们是一个全新的考验；任何一点小小的疏忽，都可能前功尽弃！当然，正如你所分析的那样，我们过去在全封闭的情况下，能够造出核潜艇和航天测量船，相信也一定能够造出具有当今世界水平的商船来！一个国家，乃至一个人，就是要有这点志气！"柴树藩说着抬起头来，用殷切的目光注视着王荣生，"这条船，我就全权委托你了，你要像抓核潜艇建造一样亲自把它抓好——这样吧，天不早了，你也该回去休息了；回去后，你把这两天我们交换的意见和研究的内容，整理一份资料送给我。"

王荣生站了起来，他抬起头，见柴树藩满脸的疲惫，眼睛布满血丝，鬓边不知什么时候又添了不少白发——作为一个主管全面工作的部长，为了整个部的工作，他的压力比谁都大，操的心比谁都多。毕竟，他已是年届70岁的人了呀！王荣生嘴唇动了动，想说什么可又把话咽了回去，最后只说了一句："柴部长，您也早点休息吧。"

王荣生走下办公大楼，在楼下站了许久。良久他举目望去，看见柴树藩办公室的灯光依然亮着。

"你一定要写好柴部长。"采访中，当时已是中国船舶工业总公司党组书记、总经理的王荣生多次对笔者这样强调，"柴部长在我们船舶工业打进国际市场、保军转民这个最艰难、最关键的时期，他作为部里的主要领导者，他思路是很清晰的，眼界是很开阔的，认识是很超前的。他是意志坚定，很有远见卓识的一位领导人。"

香港之行激起轩然大波

一杯杯紫红色的葡萄酒，映照着五彩缤纷的灯光，也映照着一张张灿烂的笑脸。

1980年4月28日，由香港环球航运集团、香港汇丰银行、日本兴业银行联合举办的大型招待会，在香港著名的文华酒店举行。香港金融界、航运界、工商界、外交界、新闻界等500余人出席了这次招待会。

在香港，由民间组织，有社会各界人士参加，这样规模的招待会并不多见。中国六机部部长柴树藩、副部长刘清及代表团成员出席了这次招待会。

按双方协议，4月25日，柴树藩率团赴香港参加国际联合船舶投资有限公司成立大会和第一次股东会、董事会。随行的人员还有中国租船公司总经理刘若明、副经理高竹峰等人。

在此之前，在北京签订的联合经营协定，已经双方股东或有关领导批准确认，正式生效。对于董事会与总经理人选，双方已作了口头和书面协商，取得了基本一致的意见。

4月10日，包玉刚致电柴树藩，电文称："关于3月19日在京与贵部协商成立合营公司合作经营船舶业务，由本人作为乙方代表签订合同，其另外两家股东香港汇丰银行及日本兴业银行，我事前已与该两家银行负责人口头商妥，现已取得最后确认。关于董事会成员组成，再听听您的意见。特此函达，敬请台察为荷。"

同日，柴树藩以中国船舶工业公司董事长名义复电："包玉刚先生：根据双方达成的谅解，新组建的国际联合船舶投资有限公司的中国一方一致选您——包玉刚先生任董事长；中国方面任副董事长，另一名副董事长由香港汇丰银行负责人担任。专此布达，并致敬礼！"

在股东大会和董事会上，董事会推荐了包玉刚为董事长；刘清和香港汇丰银行的约翰为副董事长；柴树藩、沈弼、池浦森三郎为名誉顾问。公司办公地点定在百慕大汉米乐顿利得街；并建立了马利兰有限公司、依格拉斯有限公司和国联船舶代理公司三个分支机构。

同时，在股东大会和董事会上，确定了公司的经营方针；推选了第一任总经理、副总经理和总工程师。

整个大会期间，始终洋溢着友好的气氛，宾主之间的合作是愉快的。这次，柴树藩率领的代表团，终于走出了封闭几十年的国门，率先建立了我国第一家与外资合营的公司。难怪 1984 年 5 月 28 日，邓小平在会见包玉刚时，高兴地对包玉刚和柴树藩说："你们的合作是成功的！"他对双方的合作表示赞赏，并希望继续扩大合作。

晶莹剔透的酒杯中，斟满了合作成功后的喜悦，也斟满了友谊的欢声和笑语。港城的夜，也是十分美妙动人的。当繁忙的白天刚刚消逝，那一弯月牙才挂上东边的天幕时，整座城市就进入了霓虹灯的包围之中，那来往奔驰的各种车辆，那一阵阵节奏分明的爵士音乐声，让人不自觉地进入到亢奋的状态中……

"各位女士、各位先生，贵宾们，朋友们：首先请允许我代表今天招待会的东道主，对尊敬的柴树藩先生及其代表团其他尊贵的客人，对莅临今天招待会的各界朋友，表示诚挚的谢意和由衷的欢迎！"

音乐响起，包玉刚健步走上铺着红地毯、闪着五彩灯的讲台，声音洪亮地致祝酒词："由于我们双方真诚合作的意愿和不懈的努力，在短短的时间里，我们就实现了进行合作经营的目标，国际联合船舶投资有限公司已经正式宣告成立！"

会场响起一阵热烈的掌声。

"这是中国和香港地区航运界的一件盛事，也是世界航运界和造船界的一件大事！香港作为世界第二大航运中心，不可能没有改革开放的中国介入！香港的各界朋友有责任有义务协助中国在发展国际航运和造船领域扮演一个重要的角色。而在这个过程中，香港各界其实也是最大的受益者！……"包玉刚在祝酒词中真诚地讲道，他参观过中国的造船厂，这些造船厂的造船水平颇高，加之中国人力资源丰富，只要能够吸收某些外国的先进技术和管理经验，适当进行设备和技术更新，中国造船业将会有很好的发展前景！

包玉刚的讲话不时博得阵阵掌声。

随后，柴树藩致答谢词。他在答谢词中，称赞包玉刚和他的团队真诚合作的意愿和良好的工作作风，由衷地表示了加强与香港方面联系和进一步扩大合作范围的诚意；同时还介绍了中国改革开放的政策和中国船舶工业的实力。

　　柴树藩说："中国船舶工业公司将在香港、深圳设立办事机构，以加强同香港及其他国家和地区的联系，除了接受订货外，能更好地为各国朋友提供良好的服务。"他还说，"为了适应国际船舶市场的需要，我们除了要缩短造船周期外，特别要做好配套设备生产的更新换代，全面采用国际通行的配套办法，以满足用户的要求！"

　　柴树藩最后讲道："中国内地和香港是近邻。我相信，中国内地造船业和香港航运业的合作，一定会有更加广阔的合作前景！"

　　柴树藩致的答谢词，也不断被热烈的掌声打断。他精明干练、朴实无华的风格，给香港各界朋友留下了深刻的印象。

　　良好的祝愿，美好的祝福，诚挚的希望，光明的前景。整个酒店里充满了欢声笑语，酒店里装不下了，又漫溢出来，飘向人来人往、车水马龙的大街上。

　　最后把招待会推向高潮的，则是包玉刚再次走上讲台，出其不意地宣布了一项惊人的决定！

　　"朋友们，3月21日香港机场的记者招待会上，我曾讲过，在'国联公司'成立时，我将有一项重要的决定要向大家宣布！"包玉刚对着麦克风大声讲道，"在宣布这项决定前，我再重复这样几句话：对于像中国这样一个大国，近年来在经济建设方面采取的现代化措施已经令整个世界瞩目！中国物质资源雄厚，人力资源充沛，又有政府的坚强领导，坚定地执行着改革开放政策。我们坚信，中国的现代化目标一定能够达到，从而在世界经济列强中取得应有的地位！……"

　　在人们热切的目光下，在大家纷纭的揣测中，包玉刚提高了声音，大声地宣布道：

　　"为了表达我对祖国现代化事业的支持，对中国船舶工业公司的信任，我宣布：环球航运集团将在4月30日前，与中国船舶工业公司签订一份订船合同书！决定由中国船舶工业公司，为环球航运集团建造6条适航于湖泊的散装货轮！其中载重量2.7万吨的两条，3.6万吨的两条，6.2万吨的两条，总价值为1亿美元，暂定2年时间交货！"

　　包玉刚宣布的这项决定，完全出乎人们的意料，犹如一块巨石投进平静的池塘，一下就激起轩然大波！他的决定刚一宣布，会场上一时间竟陷入短暂的沉寂之中——继而，却爆出长时间热烈的掌声来！

　　招待会在友好的气氛和欢快的乐曲声中结束。

　　香港虽说是个弹丸之地，但它的新闻媒体却异常发达。连续多日，各大媒体对"国联"成立，以及柴树藩率领的代表团行踪，连篇累牍地进行了报道。"船王"包玉刚动用 1 亿美元，向中国订购 6 条巨型货轮的消息，更是震动了世界造船界和航运界！

5 月 1 日，香港《大公报》在头版头条位置以《柴树藩从香港满载而归》为题，做了这样的报道：

柴树藩此次率代表团来到香港，可以说大获全胜，满载而归。他们除了参加"国联"成立大会和第一次股东会、董事会外，还同香港金融界、航运界、工商界乃至新闻界的人士进行了广泛的接触，并取得了丰厚的回报。

有"世界船王"之称的包玉刚先生，公开宣布动用 1 亿美元向中国订购 6 条巨轮的消息固然令世人震惊，但世人尚不了解的还有：4 月 25 日，中国船舶科学研究中心及上海船舶设计研究院与香港海洋技术顾问有限公司，签订了有关联合设计、科技研究和其他有关造船技术方面的合作协议。该两项协议将进一步促进中国内地与香港在造船技术方面的合作。合作内容包括船舶设计、船用设备，共同设计和合作，为中国建造出口船奠定技术基础。香港海洋技术顾问有限公司由郑瑞祥博士创办，迄今已为世界各地设计各类船舶 100 余艘。

柴树藩等人在港几日，日程排得颇为紧张。4 月 26 日，柴树藩等人接触了美国 CENTUKY 公司，美国 CENTUKY 公司对上海沪东造船厂所建造的 5000 吨货轮极有兴趣。这次接触，拟先向中国订购 2.7 万吨货轮。同时，美国 GLOBLEMAKRTN 公司也同柴树藩等人初议，拟订购 240 吨和 1130 吨长型驳船。

4 月 27 日，柴树藩等人与香港汇德丰就订购 18000 吨货轮进行了磋商；与香港怡和洋行就订购 2.7 万吨散货船达成了意向。同时，香港快航公司的吴钰淳小姐也就订购 8000 吨集装箱船拜访了柴树藩等人，并表示了与国内建立长期合作关系，诚实守信的愿望，还希望她的船能安排在上海建造——令人感兴趣的是，吴钰淳小姐是 40 年代上海市市长吴国桢的侄女。

此外，香港实业界著名人士李嘉诚、董浩云、曹文锦等也同柴树藩先生进行了接触，他们纷纷表示转向国内造船，支持中国的造船事业。在港期间，意大利、挪威、瑞典、英国、马来西亚、新加坡等国船东也纷纷向中国代表团咨询船价及造船规范和交船期，明显倾向于在中国造船。

经郑瑞祥博士介绍，柴树藩还会见了香港华光航运公司总裁。华光航运公司是香港第三大航运公司，以往长期在日本、中国台湾订船，这次双方也探讨了在中国订船的可能性。中国船舶工业要实现打进国际市场的目标，可以说本次在香港找到了契机，全面展开了进军国际市场的凌厉攻势。正如柴树藩先生所言，他们有信心、有能力进入国际航运和造船业的竞争市场，以优良的船舶回报给予中国信任的所有船东！

柴树藩先生一行来到香港，带给香港各界朋友的是信任和希望，带走的是香港朋友不菲的回报……

飞机已在跑道上滑行，柴树藩和代表团的成员们还在透过舷窗向送行的朋友们频频挥手致意——再见了，香港！再见了，朋友们！

邓小平与船王包玉刚

1981 年 7 月 6 日，这是包玉刚一生中最难忘的日子。

这一天，他和父亲包兆龙实现了多年的一个夙愿。

"世界船王"包玉刚毅然从香港登陆，进而甘愿冒着风险向当时造船技术并不先进，且还不具备建造国际规范船舶的中国大批订船，这其中的奥秘是什么呢？他的这一系列反常举动，令整个世界造船界，特别是近在咫尺的日本、韩国和中国台湾地区造船业的大亨们始终百思而不得其解。

包玉刚是个爱国的华侨，这当然是一个重要原因。但最根本的原因，还是包玉刚在一次记者招待会上所透露的："是邓小平'中国船舶工业要打进国际市场'的英明决策，吸引我回到自己的祖国。我敬重邓小平先生的政治魄力和政治智慧，也敬重他的人格魅力。"包玉刚说，"我虽然大半生都在从事海上航运，但大海波诡云谲，变幻莫测；我出生在大陆，知道足踏大地是最平稳最实在的——我的事业需要发展，我的船队也需要船，如果将来内地船厂能够造出我所需要的船，这岂不是两全其美的事情吗？"

1980 年 3 月，包玉刚第一次到中国内地访问，尽管他在北京受到了国宾般的礼遇，连当时中国最高领导人华国锋、叶剑英都接见了他，但唯一令他感到遗憾的是：他最想见的就是在中国政坛上叱咤风云，有着传奇色彩的领导人——邓小平。事实上，据说这次邓小平对他毅然回到祖国，来到北京感到很高兴，原本是安排要会见他的，因临时有事而与他失之交臂。

天赐良缘！1981 年春，就在包玉刚应美国总统里根邀请，作为贵宾参加他在白宫举行的就职典礼后不久，他来到北京与中国船舶公司商谈造船的事宜时，终于有了与邓小平的第一次会面机会。

这天上午，包玉刚和父亲包兆龙在卢绪章的陪同下，驱车前往人民大会堂。他们刚走进福建厅，邓小平已在那里等着他们。一见到他们进来，邓小平就快步迎向包兆龙、包玉刚父子，笑容满面地握着他们的手说："我们早就应该见面了！"

邓小平一句"我们早就应该见面了"，说明此前"该见而未见"；而一个"早"字，道出了相见恨晚的迫切心情。虽是初次见面，

邓小平会见包玉刚及他的父亲包兆龙

但他们一见如故，立刻像老朋友似的叙谈起来。他们互致问候，还叙了年龄。包兆龙86岁居长，邓小平那年77岁，卢绪章正好70岁，包玉刚63岁。宾主落座后，邓小平拍了拍包玉刚的肩膀，说道："你还非常健壮！"

接下来，包玉刚向邓小平介绍了自己搞航运的经历。他说：他从1955年1艘8700吨烧煤的旧船开始创业，到1981年已拥有210条船，总吨位2100余万吨，包括将要在国内订造的6条船。邓小平静静地听着，有时插插话，提一点问题。对于"如何发展中国造船业的问题"，成了他们交谈最热切的话题。

谈到中国船舶工业打进国际市场，邓小平更是殷殷嘱望，包玉刚则是信心满怀。包玉刚说：中国船舶工业只要引进先进技术和提高管理水平，将具有很大的竞争力，完全可以与世界造船强国一争高低。邓小平闻言非常高兴，他说："那好啊，你帮我们把这事搞起来嘛！"时间流逝，会见不知不觉进行了将近40分钟。到了该握手告别时，邓小平还意犹未尽地说："过去我们没有见过，这次见到了。"

"是的，谢谢，感谢邓副主席的接见！"包玉刚由衷地说道。

对包玉刚来说，从他与邓小平这第一次会面，他更深深感受到了邓小平的政治魄力和人格魅力，感受到了邓小平实行改革开放的雄才大略和务实作风，而这一切都凝聚成了一股强大的向心力，更增强了他登陆的决心。从此，邓小平和包玉刚就常常见面了，有时甚至一年数次，有时是两家人亲如一家的欢聚——他们的关系从工作往来发展成为个人的友谊，进而延续成了通家之好。

在包玉刚一生最后10年中，邓小平会见他不下20次。这在邓小平的外交生涯中是很罕见的。这10年，也是中国船舶工业打进国际市场，从蹒跚学

步到飞速发展最关键的 10 年。

如前所述，邓小平对中国船舶工业情有独钟。

说到邓小平的政治魄力与人格魅力，包玉刚忘不了邓小平和他谈起举世闻名的石油大王哈默的故事。原来，就在他们见面的前三天，邓小平刚刚会见了哈默。1979 年邓小平访问美国休斯敦，哈默先生慕名拜会了邓小平。邓小平对这个石油大王说："中国许多人都知道哈默先生，你是列宁的朋友啊。苏联困难的时候，你帮助过他们。我们欢迎你到中国访问。"哈默说："我很愿意到中国去，可是我年纪大了，坐民航飞机受不了，中国又不让私人飞机降落。"邓小平当即就说："这个很简单，你来之前先来个电报，我们会做出安排的。"

3 个月后，哈默的私人飞机果然就降落在北京机场的跑道上了。在别人看来是无法解决的问题，而在邓小平那里却如此举重若轻。这一点，包玉刚更有着切身的感受。

原来，1980 年 3 月，包玉刚第一次来京商谈合作造船时，华国锋和几位副总理都接见了他。包玉刚向他们提出：父亲包兆龙和我本人愿意捐赠 1000 万美元给国家旅游总局，用以在北京建造一座现代化、高规格的旅游饭店和办公楼，建成后归旅游总局管理与使用。会见时，国务院领导都没有当场答复他。

3 月 21 日，包玉刚又亲笔给华国锋总理写信，再次表达了上述愿望。鉴于中国大陆当时还没有这个先例，所以包玉刚在信上小心翼翼地写道："我捐建这个旅游饭店和办公大楼，只有一个要求：我父亲已经 80 多岁了，为纪念我的父亲，饭店就叫兆龙饭店……"而就在这之前的 1980 年 1 月，包玉刚在广州和柴树藩商谈合作事宜时，又表示愿意向上海交通大学也捐赠 1000 万美元，用来建造一座现代化的图书馆，他唯一的要求也是以包兆龙命名。

但是令包玉刚父子始料不及的是，他们的热心肠遇到了冷面孔。当时整个社会的思维惯性是：我们是社会主义的国家，难道我们要接受一个资本家的捐赠？而且还要用私人的名字来命名？所以，尽管卢绪章以国家旅游总局的名义于 1980 年 4 月和 1981 年 5 月两次给国务院打报告，国务院也两次都批准了——可奇怪的是，眼看包玉刚就要来了，但他的那张 1000 万美元的支票竟然还是没有人敢接！

国家旅游总局的报告终于辗转摆到了邓小平的面前。邓小平看过报告后，不假思索地讲道："用他一个名字，也没有关系嘛，为什么不可以？人家有贡献也可以纪念啊！别人不同意，我来替他题字。"紧接着，邓小平就作出批示："兆龙饭店问题是政治问题，包玉刚捐献 1000 万美元，并非投资、合营，搞得不好，谁还来呀！请国家旅游局在北京最好的地方给包玉刚建一个饭店。"包玉刚听到这个消息，十分感动和欣慰地说："好！我马上就把支票送过来。"转眼就是包玉刚父子到京的日子。1981 年 7 月 3 日，包氏父子一行 9 人即来到北京。这是包兆龙老先生离开大陆几十年后，第一次来到自己的祖国首都。

就在邓小平接见包玉刚父子这一天，他亲手接过了包玉刚当面捐赠的 1000 万美元的支票，并且践诺题写了"兆龙饭店"几个大字，而且后来他还破天荒地为一个饭店剪了彩。

仅仅在一年之后，1982 年 11 月 11 日，包兆龙老先生去世。九泉之下，他一定会感激有个人能圆他"为祖国做一点贡献"的梦并为此感到欣慰。邓小平不仅题写了"兆龙饭店"，此后还题写了"宁波大学"，在包玉刚去世后还题写了"包玉刚画册"——这在邓小平的政治生涯中，这也是十分鲜见的。

在邓小平与包玉刚第一次会面 10 年后，包玉刚在家中溘

香港环球航运集团总部前邓小平与包玉刚塑像

然长逝。邓小平闻讯后亲自发了唁电，对包玉刚的逝世表达了深切的悼念。

而今，只要你走进香港环球集团总部的会客室，墙上包玉刚与各国政要会见的大幅照片分外瞩目。而在这些照片中，邓小平与包玉刚两人的照片不但排在第一，而且是在最高的位置，由此可以看出邓小平在包玉刚心目中的地位——他们历史性的握手，注定要在中国改革开放这个宏伟的事业中，在中国造船和航运史上留下一个特写的镜头。

当然，此是后话了。

第四章

铸起海上的"长城"

长城，是中华民族的象征；长城，是中华大地的标志。

或许是心有灵犀，另一位已入英籍的中华子孙，完全赞同华侨领袖廖承志先生的建议，将他在祖国建造的第一艘远洋巨轮，命名为"长城"号——这就是船王包玉刚的兄弟包玉星。

这是中国造船厂将要按照国际规范建造的第一艘远洋巨轮。

"长城"号的建造，将开创中国造船史上的一个新纪元；中国驶向世界庞大的远洋船队中，领航的将是这条"长城"号！

可是，中国人能完美地造出这条船吗？中国人建造的这条船能经受大洋上风暴的考验吗？能自由自在地遨游在世界五大洲四大洋吗？

整个世界都将怀疑、迷惑、探询、惊讶的目光投向中国辽东半岛的一个造船厂——也就是如今中国人自行研制的第一艘航空母舰下水的地方。

狭路相逢勇者胜

20 世纪 70 年代，笔者在西藏部队当兵时，曾听连队指导员讲过他在中印自卫反击战中的一段轶事：在一次重大的战役中，我陆军 51 师 33 团在一条狭隘的山谷之中，与印军 1 个步兵师遭遇。敌强我弱，情势危急，而我团必须要从这条山谷中突击出去，与左翼的友邻部队会合，然后对敌形成包围圈，实现刘伯承元帅做出的"斩头去尾，破腹挖心"的战略部署。

两军对垒，战斗异常激烈，拉锯似的战斗持续了一天一夜。当年，年事已高的刘伯承元帅坐镇兰州指挥这场战役。在战斗进行得最激烈的时候，这个团的机要参谋收到前线指挥部发来的一份密电，电文极其简单，只有几个字："狭路相逢勇者胜——刘伯承。"

团长看完这份密电，二话没说，他牙一咬，帽子一甩，衣服一脱，马上组织了突击队，亲自抱了一挺轻机枪，光着膀子就向敌方阵地扑去！在团长身先士卒的带领下，突击队就像一把尖刀，一下就把敌方阵地戳了个七零八落，打得敌人抱头鼠窜，一举就从这条山谷中冲了出去！

这则轶闻在部队流传很广，首长们讲起当时的战斗情形来是绘声绘色、颇为自豪——而且据说，当年带头冲锋的那个团长，就是我们所在部队的师长、原解放战争时陕北安塞游击大队的大队长田启元。

这则轶闻的真实性到底有多少，我不得而知。但刘伯承元帅那"狭路相逢勇者胜"的格言，令我至今难忘，并从中悟出一个道理：人在极端困难和危急之时，后退的懦夫是没有出路的；只有勇往直前，或许才能从困境和危急中拼杀出一条血路来！

对于"长城"建造，用"狭路相逢"这个成语来形容，看起来似乎有点牵强，但其实不然。

"我们那个时候，别说狭路，简直是无路可走了！"说这话的人叫孙文学，他原是大连造船厂的厂长，后来又担任过大连船舶工业公司副总经理。当年"长城"的建造任务，就是他从部长柴树藩手里接下来的。

事隔几十年，头发已经斑白、已是七十多岁的孙文学，在笔者采访他时，一提起"长城"号的建造就激动不已，甚至眼睛潮湿："那时，我们大连造船厂虽说在外有一定的知名度，又是造过万吨轮，又是造过导弹潜水艇。其实，那时候造船，都是我们从苏联那里沿袭下来的验船标准！而'长城'号的建造，是我们第一条按英国劳氏标准造的船，这和过去造船简直不可同日而语，来了个天翻地覆，可以说一切都是从零开始。"孙文学说，"从人的思想观念、管理方式、工作习惯，到规范、技术、设备、材料、检验、操作……一切都必须从头开始，而且交船期是那么紧迫。造这第一条按国际规范验收的出口船，不要说我们如履薄冰，就是柴部长他们，也是提心吊胆哪！"

讲到这里，孙文学停住了，他的目光移向了窗外，似乎陷入了对往事深深的追忆之中。

从这位把一生都献给了中国船舶事业的老前辈身上，可以看出这是一个具有领导素质和造船工人气派的人。他有着睿智、机警、深沉的领导干部素质，同时也有着豪放、坦诚、开朗的造船工人气派。他宽阔的前额和斑白的头发，是他长年勤于思索的象征；他古铜色的脸膛和粗大的手掌，是海风和劳动在他身上留下的印痕。

他 1946 年 1 月进厂当工人，当年 7 月加入中共地下党，后来任过支部书记、总支书记、组织部长、工会主席。在中苏合营时，从事军事装备制造，搞技术革新改造，还和其他领导一起组织过"跃进"号的建造。1962 年因坚持真理被下放到地方。可由于他有着出众的领导才干，在地方被任命为一个市的建材局长。粉碎"四人帮"后，六机部的领导找到辽宁省委书记：孙文学是个造船的优秀人才，让他在地方搞建材实在太可惜了！你们找个局长好找，一个造船厂的厂长可太难找了——你们就高抬贵手，让他回造船厂来吧！

于是，孙文学又回到大连造船厂来当这难当的厂长。

孙文学回厂期间，正是工厂"军转民""找米下锅"、企业整顿、产品结构调整最艰难时期。如前所述，造了几十年军船的工厂，竟然没有一条军船可造；造民船，用船部门说是质量不好，不找你造。到了 1980 年，原说给工厂的 23 条运煤船，其实一条也还没有落实。

"难哪，实在太艰难了！我这里两万多工人每天在车间里、工地上等着工段长、班组长分配活干——可哪里来活干呀！"孙文学捋了捋满头的白发，长长地叹了一口气："没有事干，没有活儿干，我两万多工人吃什么，喝什么！没有事做，没有活儿干，工厂如何能稳定，工人如何来安排呀！我真是吃不下饭，睡不好觉，只好跑到部里找部长们，可柴树藩部长、安子文副部长他们也急呀，压力比我们这些人还大呀！有次我去找柴部长，他的秘书告诉我：孙厂长呀，我看您就算了吧，别找柴部长了，昨天和前天柴部长都通宵没睡觉了……"

孙文学讲到这里，停了下来喝了一口水。

"是啊，那时真的是太难了，整个造船行业好像真的是无路可走了。"此时，坐在旁边的原渤海造船厂厂长、后又是大连造船厂厂长的侯君柱接着孙文学的话讲道，"造船还是买船，从上面到下面，争论得都很激烈。不少人都说，我们造的船质量不好，别人不要；按国际规范造船，我们又造不出来，实在不行还是跟人家买吧——唉，真是难啊！"

这个侯君柱，也是中国造船界一个响当当的人物，他有着不畏强权、大胆果断的工作作风。在"文革"最艰难时期，他曾在核潜艇生产厂主持成功地建造了中国第一艘核潜艇。

"我为什么敢接'长城'号的建造任务呢？老实说，我是无路可走了，是

柴树藩在烟台造船厂检查工作

铤而走险！"孙文学放下茶杯，接着讲道，"一次，我到北京开会，柴部长、安副部长专门把我找去，说香港船东包玉星有两条2.7万吨的船，要在国内建造。因为他们造船的要求实在太苛刻，国内别的船厂不敢接；敢接的报价又高得吓人。柴部长简单将情况讲了一下，问我敢不敢接……"

孙文学说着说着有点动感情了，他一下站了起来，挥动着手臂讲道："接！我怎么不接?！我就是冒着再大的风险，就是亏本上法庭我也要接！我两万多人要吃饭，要活干，我怎么能不接?！一个工厂，说一千道一万，没有活干就不行！说大点，我们要为国家和六机部争点光；说小点，也要为我们造船厂和造船工人争口气——有些人不是说外国的月亮圆吗？如果反过来外国人都说中国的月亮更圆，到那时候，我看这些人还有什么话好说！"

"我就知道你孙文学有这点气概！"柴部长闻言颇感欣慰。

柴树藩接着和孙文学谈了船价、工时、验收规范、备品备件等具体问题。最后，他不无担忧地对孙文学讲道："老孙呀，这是我们按国际规范建造的第一条出口船，每一个环节对我们来说都是新的考验。目前，我们设计图纸还没出来；图纸出来后，还要交到日本东京审查，审查至少也要三四个月。可是，我们的交船期只有18个月！"

柴树藩讲到这里，又特别加重了语气："只有18个月！尔后优惠期1个月，每超1天，罚款4500美元；超期150天，船东就可以弃船！如果产生这样的后果，我们打进国际市场、我们建造出口船的战略部署，就将满盘皆输。孙文学同志呀，你掂一掂这件事的分量！"

"柴部长，您放心，我大连造船厂两万多干部工人，就是头顶在地上，也要保质保量按期交船！"孙文学站了起来，向柴树藩郑重保证道。他在向部长做出这个保证时，真有点"风萧萧兮易水寒，壮士一去兮不复返"的悲壮气概。

"就这样，我们在无路可走的情况下，在为国家和部里争点光，为工厂争点气的想法支撑下，冒着风险，斗胆接下了这两条船。可……"讲到这里，可能是往事的追忆触动了这位老人的感情，他用手背抹了抹有点潮湿的眼睛，"可这两条船，是我们两万多干部和工人，用汗水加泪水泡出来的呀！……"

一张白纸上描绘蓝图

上海。

船舶及海洋工程设计研究院。

透过这块闪光的铭牌，可以觅到这个设计研究院昔日的名气和创下的辉煌。他们设计的"远望"号航天测量船、"向阳红10号"科学考察船，曾获国家科技进步特等奖；设计的打捞救生船，也获得国家科技进步一等奖。此外，"东风""风庆""高阳"等万吨级船舶也是由这个院设计的。

可以说，这是国内顶尖的船舶设计机构，这里船舶设计大师云集，不少人在国内外都有相当的知名度。

可如今要按照英国劳氏规范设计"长城"号，却令这些大师们望而却步、束手无策了！自从接到"长城"号设计任务以来，担任设计主管领导的孙松鹤、总设计师周良根、轮机专业技术主管仲豫明、船体结构专业主任设计师郑君镐及金柱青、戴经武等人都食不甘味、夜不能寐了。

几十年的与世隔绝，造成了我国极其封闭的环境。说来令人感到不可理喻的是，几十年来，我们的设计人员对国外的造船规范和标准，连提也不能提，问也不能问，更不敢去探讨和研究，生怕被扣上"崇洋媚外""洋奴哲学""爬行主义"，甚至"里通国外""汉奸卖国贼"的帽子。不是第一艘出口到马来西亚的"友花"号货船，连合同的文本都不能用英语，机器的铭牌也不能用洋文吗？

铁桶一般的封闭，造成了我们对飞速向前发展的航运和造船领域新的规范、标准几乎一无所知。可突然在一夜之间，要我们的设计技术人员全部采用当今新的规范和标准，入英国劳氏船级，确实令他们一时措手不及，无所适从。

没有资料，没有图纸，时间又是如此紧迫：7 天完成报价设计；38 天完成合同设计；33 天完成技术设计中的送审图纸。不要说没有资料，就是资料齐备，对一种新型船舶的开发设计来说，这样短的周期，不仅国内没有先例，就是在当今科技发达的世界造船界也是罕见的。

于是，在六机部副部长程辛主持、刘清副部长参加的技术设计会上，就产生了两种意见：一种意见认为我国设计建造这种船舶缺乏经验，尤其是缺乏资料，为避免第一条按国际规范建造的出口船砸锅，应向国外购买现成的图纸；而另一种意见则认为，新中国成立以来，我国已经培养和造就了一支优秀的设计队伍，也积累了一定的运输船型设计经验，虽然对这种船型和国际规范不熟悉，缺乏实践经验，但经过努力，还是能够完成任务的。

到底何去何从，一时间众说纷纭，莫衷一是。

"刘部长、同志们，我作为一个老技术人员，也想谈谈自己的想法。"一向沉默寡言，从不轻易在任何公开场合发表自己意见的老技术人员仲豫明，耐心地听完所有同志的意见后，一反常态地在会上发了言，"买图纸资料，我们当然可以少冒或不冒风险，但一是别人是否会卖给我们，还有就是会要多少价钱，最重要的是能不能在这样短的时间里满足我们的要求？如果满足不了我们的要求，那我们就会得不偿失，丧失良机！我的意见是……"

仲豫明犹豫了一下，随即果敢地说道："我的意见是，由我们自己设计！根据过去的经验和目前我们的技术状况，我敢保证，一定能向部里和船厂交上满意的答卷！"

小心谨慎的仲老，一辈子没说过这样的惊人之语，一辈子没向人作过这样果断的承诺。他的一番话，引起与会同志更深层次的沉思。

当时的会上，刘清副部长未作明确结论。

会后，六机部有关部门分别向日本日立造船公司及 HH 公司联系，咨询有关情况。日立造船公司表示没有类似的船型设计可以提供，对不能满足中国方面的要求"深表遗憾"；而 HH 公司则表示，这样的船型，目前世界上可以提供图纸资料的国家很少，该公司可以承担设计，包括提供图纸和材料、所有船用设备等，但他们狮子大张口，索价竟高达 1200 万美元！整个船价不过才 1218 万美元，他们的开价几乎竟和船价相等，这样的结果中国方面自然是无法接受的。

其实，在生意场上基本是没有什么同情和怜悯之心的，有的只有利益和竞争。而今，摆在船舶设计研究院面前的，已经没有任何退路了，只能是自行设计！

消息反馈回来，全院的人都紧张地行动起来。

事后总结起来，当初若真花巨资从日本人手里购买图纸，至少有 4 个弊端：一是设计费太昂贵，首船花了费用，后续的船还要交费，加上专家服务费等，我们不但拼死累活要做义务劳动，说不定还要倒赔本；二是时间上根本来不及，根据日本方面的惯例，一个报价设计一般需要一个半月时间，而我们的报价时间只允许 7 天，技术设计日本公司估计要 6 个月以上，如此一来，我们极有可能丢失已经到手的生意；三是设备选用权在外国人手里，若他们与设备制造商私下串通，抬高设备价格，则我们蒙受的损失更大；四是并非买来的图纸就天衣无缝，能为我所用。

从后来我国几个船厂购买外国设计图纸的情况来看，并非"外国的月亮都比中国圆"。如丹麦一家设计公司为上海船厂设计的 1.6 万吨货船，航速几乎达不到要求；机舱设计的线型就太窄，主机放不下，而改艉部线型；同时空船重量超重 800 吨，还剧烈振动，造成船东差点弃船。又如西德一家设计公司为中华船厂设计的 4000 吨货轮，也超重数百吨，导致载重量减少，油耗增多。这些情况，较之国内设计的缺陷，要严重得多。

难怪而今以习近平同志为核心的党中央再三提出我们要增强"理论自信、道路自信、制度自信、文化自信"。

"有人以拼命宣传古人的成就，来树立我们民族的自尊心和自信心；也有人以夸大外国人的成就，来菲薄我们民族今天的创造力，贬损民族的自尊心和自信心，都不足取——对古今中外的一切成就和成绩，都必须进行客观科学的分析，才能得出正确的结论！"王荣生总经理在船舶工业干部大会上讲的这番话，对我们如何正确看待他人和自己，正确处理好与外商的关系做了最好的注释。

尽管山重水复前路迷茫，而今上海船舶设计研究院的领导和技术人员，只能丢掉一切幻想，破釜沉舟，背水一战！

"在那些紧张的日子里，我们发动全院的同志查资料、找规范，通过外边的朋友，也通过国外的亲戚不惜一切找资料。那时，真是病急乱投医啊，就连美国的海洋警卫队，我们也发信给他们要资料！嘿，美国海洋警卫队还真给我们寄了资料来！"孙松鹤院长介绍当时的情况时说，"资料收集来了之后，整个院里夜夜灯火通明。袁随善、仲豫明这些英文好的老同志，通夜通夜地翻译资料。他们翻译好了，马上就提供给搞设计的同志。当时，正值春节期间，就是大年三十和初一，这些同志也没休息，好多同志加班加点，早已忘了过年。那时，没有一分钱加班费，也没有一分钱奖金——有难同当，同舟共济，我们科技人员的这些品质，真是难能可贵啊！"

令人撞破脑袋都不敢相信的是，就在这样一穷二白的条件下，这个研究院的科技人员，奇迹般地在 7 天时间中完成了报价设计；33 天完成了技术设计中的图纸送审——当然，对这样一种新型船，设计中难免还存在一些小的缺陷，在实际操作中还将做点修改；但在建造过程中，周良根等设计人员几个月蹲在厂里，同工人、技术人员一起摸爬滚打，完美地将船舶建造出来。

以后货轮试航的实践证明，我们的技术人员设计的船舶，比起外国专家来毫不逊色。在首条按国际规范设计的出口船中，他们不但爬上了设计先进船舶的高峰，而且还在那山峰上露出自信的微笑呢！

在这第一条按英劳氏规范设计的船中，为提高"长城"号的先进性，设计人员采用了一系列新的措施并获得成功；优选线型并设计一系列球艏进行试验以提高航速，注意合理配载和设置强框架，支柱设计时考虑主机干扰力影响等，以减小船舶振动和保证船舶强度；为解决内部承载两层卷筒钢板问题，在板格跨中设加钢筋，并推导创造了简化的计算方法；主机用雷氏 1 号 3500 秒燃料油，其系统设计获得成功，等等。

"'长城'号在几乎空白的基础上，如此快速地设计成功，这显示了我国船舶设计人员高超的技术水准，同时也是我院科研技术人员集体的智慧，集体力量的结晶！"孙松鹤院长在笔者结束采访时如此说道，"它为以后我国大规模设计出口船舶开了一个好头！"

"长城"号的技术设计还在挑灯夜战之时，远在千里之外的大连造船厂，他们在接下这艘船的建造任务后，已经紧锣密鼓地行动起来……

接踵而至的荒诞事

18 个月！

也就是说，从孙文学在北京签订合同那一刻起，540 天之后，必须要把船交给香港的船东！

厂长孙文学每天撕掉一张台历，他的心里就"咯噔"一下，他恨不得把太阳月亮都往回拉，每天 24 小时能变作 48 小时才好。

他已记不得几天没刮胡子，也记不清有多少日子没有回家了。饿了，就胡乱扒拉几口饭或啃上两个馒头；困了，裹上衣裳在办公室或船台边打个盹儿。他的责任比谁都大，他的心里比谁都急，在合同上签了字，在柴部长面前表了态，他担着经济上的风险，担着技术上的风险，还担着政治上的风险！

按理说，"四人帮"已经被押上了历史的审判台，党的工作中心已经转到经济建设上来，抓生产抓造船这应该是天经地义的事了——可有的事现在叙述起来，似乎有点荒诞滑稽，还以为是作者在编织莫名的故事，来博取读者的眼球。其实不然，我国几十年"以阶级斗争为纲"的政治斗争，以及翻来覆去的政治运动，特别是10年"文革"在人们思想上造成的混乱，加之几十年来对军工企业神秘化的宣传，现在突然之间不再造军舰了，而要同外国人做生意，要同资本家打交道，并且还要给外国资本家造船，于是各种稀奇古怪的事都出来了！

建造"长城"号，在经济上，包玉星的联成航运公司有香港的汇丰银行作担保；而我们的船厂为他造船，由谁来作担保呢？一句话：没有谁敢来担保！对"经济担保"这个词儿，国内很多部门根本弄不清它的概念。找银行，每家银行的头儿们听了孙文学的请求，都只是同情地摊开双手，表示爱莫能助：老孙呀，我们几十年来从来没开过这个先例，从来没给谁做过担保，上级也从来没有发过文件，赋予我们金融机构这个权力呀！

孙文学东奔西跑，急得他像一只无头苍蝇，只是四处碰壁。万般无奈，他只好又跑到北京找到柴部长。还是柴部长面子大，找到了中国国际信托投资公司董事长荣毅仁先生，感谢荣毅仁先生的理解和支持，最后才由中国国际信托投资公司作了经济担保。

政治上，让孙文学感到莫名其妙的事接踵而来！

要给香港船东造船，厂里的普通干部和职工，一时间思想上根本转不过弯来。昔日"领导一切"的工人阶级，而今天却要与外国资本家平起平坐谈生意；活儿干得好与不好，还要让资本家的代理人——验船师来横挑鼻子竖挑眼，工人们是怎么也想不通了。于是，各种流言传言蜂起，各种牢骚怪话连篇：

"过去我们唱着社会主义好的歌儿，说是'帝国主义夹着尾巴逃跑了'；可而今，他们却又夹着皮包回来了！这真是三十年河东，三十年河西呀！"

"是呀是呀，爷们儿硬是想不通，过去是给资本家干活儿；革命了几十年，眼看消灭了资本家，可如今又给资本家干起活儿来了！干了一辈子的活儿，真是越干越窝囊！"

"据说，跟这外国人造船，我们质检部门说了根本不算，要由外国佬来当监工。这船上的每一台设备、每一块钢板，甚至每一条焊缝，都必须得到他们认可，他们说行就行，说不行就不行——这些洋人凭什么这么霸道呀！"

"我们是堂堂正正的中国工人阶级，要干就干社会主义的活儿，凭什么要让资本家来剥削和欺压我们，凭什么我们要跟资本家卖命呀——这不是又回到旧社会了嘛！"

"这外国人的什么规范，完全是资本主义世界的鬼画桃符，阴阳怪气、刁钻刻薄，明显是故意来刁难我们，是来整我们中国的技术人员和工人阶级！"

……

如果说，厂里的普通干部和工人对给外国人造船不理解，发点牢骚说点怪话，倒还情有可原，可公安部、公安厅和市公安局也来找过孙文学几回了！而且态度一回比一回严厉，最后简直像要把孙文学当坏人给抓起来似的！

"孙厂长，你们是保密级别很高的国防军工厂，这你知道吧？"一天，从市公安局来了几位干警，一下警车就直奔厂长办公室，不客气地质问孙文学。

"这我当然知道。"孙文学不明就里，礼貌地答道。

"我们得到群众举报，说你们的技术人员把军工机密材料提供给了外国人，而且据说还是得到你这个厂长批准的！"来者一张脸绷得像块钢板，"这样严重的泄密事件，你跟我们解释解释！"

"是些什么机密材料呀？"孙文学一看几个干警拿来的证据，不由得苦笑了一下，"我的公安同志呀，这些无非就是工厂的基本情况介绍资料罢了，有什么值得保密的呀！"

"你们是为海军服务的军工厂，外国人知道了你们厂的情况，摸清了你们厂的底细，这不是暴露了军工生产的秘密吗？"

"同志呀，邓副主席叫我们以民养军，部里叫我们要打进国际市场，我们要和人家做生意，人家不了解你工厂的生产规模、生产能力、技术水平能行吗？"孙文学有点哭笑不得，他耐心地跟几位公安解释道，"人家没有你厂里的基本资料，怎么跟你谈生意呀？"

谈来说去，孙文学见跟来人说不清，他打电话叫资料室马上找来几本外国造船厂的资料。翻开别人的资料，别人介绍自己的情况是如数家珍，甚至还带着自吹自擂的味道。法国一家造船厂还吹嘘自己造的核潜艇和驱逐舰，某些数据还超过美国呢！

最后，孙文学让那几个公安拿着那几本资料回去交差。这些公安临走，还叮嘱甚至警告了孙文学一番，才满腹狐疑地离开了工厂。

可是，事情到此还没完呢！

几天后，孙文学得到一份公安系统发的《内参》，上面点名批评了大连造船厂。说大连造船厂公然让外国人进厂不说，还公开让他们参观了工厂的军用码头，看了我们海军1.8万吨的油水补给船。另外《内参》上还煞有介事地说："这个厂的一位副厂长，居然还给了外国人2万美金！"

哎呀呀！人家外国人要在这里造船，不让人家进厂，进厂后不能让他看你的码头，就连远远地看看你停泊在那里的军舰都不行，这是哪来的道理呀？说到一位副厂长给外国人 2 万美金的事，孙文学更感到啼笑皆非。这件事他比谁都清楚。他的一位副厂长跟外国人谈买设备时，一而再再而三地压价，那个外商说：再压价我只有跳海了！那位副厂长说：好吧，那就算我们多给了你 2 万美金吧！这样的事，也有人无限上纲，反映到了上级机关和公安部门。

要说难，真难哪！

"那时，外国人来和我们谈判造船的事，都有公安保卫人员来监视，甚至监听，生怕我们里通外国似的。"孙文学说，"那时，我们政治上的压力确实是挺大的呀！甚至还有好心人来劝告我，千万别再和老外搅在一起了！将来再来一次什么运动，就算你孙文学是一个老地下党，恐怕到时候你就是有一百张嘴也说不清呀！"

"就是当反革命，进'笆篱子'，这船我也造定了！"孙文学斩钉截铁地回答。

孙文学是条汉子。这回为了造这出口船，他算是豁出去了！眼前所遭遇的一切，都挡不住孙文学和党委一班人要造"长城"号的决心。

"同志们，我们要造好这条船，就必须要从思想观念、技术管理、生产管理、质量管理、设备管理、人员素质上来一个脱胎换骨、翻天覆地的变化！首先从转变思想观念开始，该否定的一定要毫不留情地否定，该割爱的忍痛也要割爱——割掉我们自以为是，其实是落后愚昧的东西；其次要立即在工人中开展大练兵活动，凡是上船台的工人，都必须要取得外国船级社认可的船级证书；此外，一切技术人员、生产管理人员、配套服务人员，都必须无条件地服从于、服务于'长城'号的建造！"

在干部动员会上，孙文学的态度是严峻的，声音是沉稳而又果决的，有一种凌厉而不容争辩的气势："白纸黑字，我孙文学在合同上签了大名；在北京，我已跟柴部长拍了胸脯，大连造船厂两万多干部工人，就是头顶到地上，也要按期保质交出'长城'号！我相信，大连造船厂的职工，从来就有打恶仗硬仗的传统，从来就没有啃不动的骨头！同志们哪，山海关有座万里长城，现在我们大连湾也有了座钢铁'长城'，我们一定要把这座海上的长城建好，创造中国造船史上的辉煌！"

开弓没有回头箭。

入夜了，技术部门工艺室、制图室还灯火通明；船台车间内，大练兵的焊光还在此起彼伏地闪烁。天很冷，从海面上吹来的风，吹在脸上，像刀割一样。天色很暗，怕又要下雪了吧？

孙文学站在船台上，长长地吁了一口气。

闻所未闻的造船规范

真的下雪了。

凛冽的寒风，时而裹挟着雪花，飘飘而来。厂区内，光裸的树枝上看不见一片枯干的树叶。上班工人们的劳保皮鞋踏在雪地上，只听见"咯吱咯吱"一片响声。

入夜，船厂依然灯火通明，人声鼎沸。指挥塔吊的哨声，划破沉寂的夜空；明亮的探照灯光，混合着耀眼的焊光，把船台照得如同白昼。

在这紧张和繁忙之中，船厂已经没有了白天和黑夜，没有了饥饿和寒冷，留在人们心中的，只有一个雷打不动、风吹不摇的信念：540 天交船！每一天，每一刻，每一分，每一秒都在用倒计时计算，工厂一定要按时造出中国第一条具有国际先进水平的出口船来！

佛争一炷香，人争一口气。

孙文学在干部大会上作了动员之后，厂党委立即召开了扩大会议，慎重做出了决议。决议明确提出：能否造好"长城"号，是牵涉到国家的声誉和我国产品能否打进国际市场的大问题，也是企业兴衰成败的关键所在；并提出了"造好'长城'号，为国争口气"的响亮口号，号召全体共产党员、干部职工树雄心立壮志，排除

建造中的"长城"号分段

一切干扰，克服一切困难，实现 18 个月交出"长城"号的目标！

义无反顾，义不容辞；厂兴我荣，厂衰我耻。中国造船工人的意志和信念，如同每天和他们打交道的东西一样，是铁、是钢！工厂发出号召后，从塔吊林立的船台到机器轰鸣的车间，从机关科室到后勤班组，如同战争年代将要打一次大的战役一样，请战书、决心书像雪片一样向厂党委飞来。

在那个讲理想的年代，不管什么事，只要党委一号召，工厂的干部工人绝不会去计较什么报酬，计较什么条件，计较什么得失。首先是要求党员、干部带头，要吃苦在前、冲锋在前，要先天下之忧而忧，后天下之乐而乐。党员、干部带头了，其他职工的工作自然就好做了。

油漆车间年过半百的老工人杨福瑞，患有冠心病、气管炎，多年来一直是车间照顾的对象，听说要干"长城"号，他打消了提前退休的念头，自告奋勇挑起了油漆组组长的重任。在车间大会上，他代表班组向大家挑战，并提出他们班组造好出口船的具体措施。他带领全组人员一边消化技术资料，准备所需的工具，一边根据新的规范要求，不分白天夜晚苦练基本功。

厂里有30多位工作经验丰富、已经退休的老工人，听说厂党委发出了建造"长城"号的号召，主动找到孙文学，要求回厂参加"长城"号建造。他们表示，不要厂里一分钱工资，也不要一分钱补助。他们提出的唯一要求是，自己每天从家里带饭进厂后，给他们解决一下中午热饭的问题。

面对第一条按国际规范建造的船，规范不熟悉，质量要求高，交工期限短等困难，工厂组织全厂上下认真研究，集思广益，对照新的规范，提出各种难题380多条，并针对每个难题制订解决措施；然后将这些措施分解落实到每个班组每个人头。为确保按期交船，计划处编制了生产技术准备进度日程表；为使工人熟悉国际规范，各单位及时向工人进行技术交底，举办外语学习班和电气焊技术考核学习班；为保证产品质量，工艺处根据新的标准，编制了船、机、电、管系、油漆、焊接等各种工艺上百份；为严格按劳氏船级社规范验收，质检处广泛收集资料，制订了一整套交验细则。

可是，这还远远不够。

当技术人员和工人们在熟悉新的规范过程中，将工厂过去几十年造船标准和新的规范一对照，全都大吃一惊！"长城"号的规范要求，无论是操纵性、适航性、自动化程度、舱室布置、船员生活舒适性，还是装载数量和种类、单位油耗、船员定额、海上安全性等指标，都要求达到世界最先进的水平；船舶的性能和质量要求，需要符合20多种国际公约和规范，要具备32种航运证书；所有加工设备都必须符合世界造船工业标准——这些规范过去他们简直闻所未闻，和他们几十年来所建造的舰船有着天壤之别！说句夸张点的话，一条是海中的鲨鱼，一条是河里的鲶鱼，完全不可相提并论！

为说明建造这条船的技术难度，或许读者会感到枯燥，但笔者不得不多几句赘言，只是略举一下技术合同中有关船体表面处理的具体规定：

——所有钢材表面，包括扶强钢、肋骨、纵桁、铸钢件等均要进行喷丸除锈。达到瑞典 SA21/2 级，并在除锈后立即涂刷 20 微米厚的防腐底漆；油漆后用"油漆测微器进行检查漆膜厚度和油漆种类"；油漆层"不能小于规定的 90% 的厚度"，油漆的"面积要 90% 以上的合格才算合格"——这哪里是在用钢铁造船，简直就是大姑娘小媳妇在绸面上绣花呀！

——"对船壳外部包括轻重水线区、舷墙、甲板室等可见部分的钢板表面，指定要符合英国造船工业加工标准，做到光滑，没有任何缺陷和修补"；"气割的咬口和凹凸不平的疵点进行磨光使船东满意"；还明确"在船舶建造过程中，所有钢材构件的制造均需由船东代表认可"。

——"为了达到第一流的外形美观，对船体钢板要进行很好的对正和校正"；"焊接后的校平，在长度 2130 毫米的几何平面，最大平整度为两面装有舱室的舱壁为正负 8 毫米"。

——舱室舾装结构、油漆、表面装饰板和室内装潢为第一流标准，等等。

面对这些高难度的要求，以当时船厂的工艺技术，根本无法达到，而且建造周期也不允许，逼迫工厂必须引进国外新技术新装备，全面提高管理者和生产者的素质，才能适应建造"长城"号的要求。正如孙文学讲的："我们是站在国内低水平的起跑线上，去跳跃世界纪录的高度。"

按合同规定，"长城"号技术设计为 38 天，施工设计为 33 天，可技术设计图纸送到国外审查，时间已经过了 4 个月，连开工急需的图纸仍未到厂。火烧眉毛之下，技术部门的同志想方设法与驻厂船东代表、验船师联系，尽量与他们取得一致意见。经船东代表同意，提前下发了 1/4 的总段结构图。

时间紧迫，刻不容缓——可"长城"号要真正开工，所具备的条件还差得远呢！

数九寒冬大练兵

1980 年眼看就要过去了。

真是来也匆匆，去也匆匆。工友们相互之间见了面，连点头打个招呼的礼节似乎也显得多余。时间"滴答滴答"地向前走着，这对大连造船厂来说，每分每秒都是极其珍贵的。从孙文学在干部大会动员开始，厂里已经没有了星期天，没有了节假日。总之一句话，厂里的一切活动，都必须服从当前的大局——"长城"号的建造。

今夜，喧闹了一天的船台上，除了寒风的呼叫，却显得格外寂静。

这一天，值夜班的孙文学和船台车间李主任例行巡视工地，他们打着手电，刚走到船台前，突然听到"哐"的一声，好像有什么东西从吊板上掉了下来，循着声音他们向前走去。

"谁?"孙文学问。

灯光下，船台上站起来两个手提焊把和面罩，头发蓬乱、面色憔悴的女工。这两个女工一见领导突然出现，手足无措，站在那里不知如何是好。

"是谁叫你们来的?"孙文学心里一热，可他的口气却是严厉的，"厂部发了通知，今天谁也不准加班，并进行了清场，你们怎么躲在这里，不服从厂里的决定呢?"

领头的女工叫郭玲华，还有一个是她徒弟。听见孙厂长的批评，她不好意思地低下头。过了一会儿，她才嗫嚅着回答："我们想再练练手把，参加船体焊接。"

"不行，所有人都必须服从厂里的决定，回去休息!"孙文学眉头紧皱着，但口气中已带着深深的爱怜："不行哪，你们身体累垮了怎么行呢? 小郭，赶紧回家看看孩子吧!"

孙文学看着郭玲华她们收拾好东西后，这才离开船台。可当他们检查完所有的地方，回到值班室时，又看见船台上隐隐约约有焊光闪烁起来。

"小郭她们是在跟我们打游击战哪……"孙文学叹了一口气，对车间李主任说道。

"是啊，尽管厂里还有个别人思想暂时不通，等他们观念转变过来就好了。绝大多数干部工人为造中国第一艘国际规范的出口船，大家心里都憋着一股劲呀!"李主任也叹道。

谁都知道，搞船舶建造，焊接是个最关键的工序。要建造这么大一艘货轮，需要在短时间内进行大面积作业;单是几个大舱焊接，至少就需要几百个高水平的焊工。而且在焊接过程中，绝不允许有半点瑕疵，出现半点质量问题。千里之堤毁于蚁穴，船体焊接中出现瑕疵，对于航行在大海中的船舶来说，说不定就会带来重大的事故隐患。所以，焊接船体的焊工，必须具备相应的资质。而今要按国际规范造船，焊工们还必须取得国外英劳氏船级社等国外相应的合格证书，船东才能认可你的焊接资质，才能在外国船上进行操作。

按理说，像大连造船厂这样的大厂，有着近百年的造船历史，师傅带徒弟，徒弟成师傅，这里能工巧匠云集，焊接高手更是遍布全厂。但在英国验船师艾伦和克莱斯来厂之时，曾带来两名日本焊工。按艾伦的话说，为了取长补短互相学习，厂里的焊接高手曾与这两名日本焊工有过一场"技术交流"——可让人大跌眼镜的是，这场"技术交流"，让大连厂的"高手"们都简直是羞愧难当、无地自容，恨不得在地下找个缝遁土而去！

在与日本人的"技术交流"开始前，厂里不少高手都摩拳擦掌、跃跃欲试，都想和日本人交交手，几拳几腿就把日本人打下擂台去！"交流"开始，两个船体分段先后进行焊接。只见一阵焊花飞溅，弧光闪烁，两个团队焊接完成之后，由双方人员组成的裁判组，按照出口船质量标准进行验收——让人撞破脑袋也不敢相信的是：日方焊工事前没做任何准备，但他们焊接的疵点只有25个；而我方焊接"高手"，事先还做了一点"准备"工作，可查出的疵点却有300多个！

好难堪的结果！

可令人更难堪的结果还在后头呢！

为了切实掌握出口船的标准，工厂又拿出自以为质量还好的船体3个部件，请英国验船师按出口船标准模拟检验。对这种检验，厂里检验部门和工人们满不在乎、胸有成竹——但出乎所有人意料的是，英国验船师竟然从3个部件上查出缺陷2434个！对此结果，他们毫不客气地对工厂的领导讲道："在我们那里，1个部件查出有20个缺陷，就必须返工；像你们这样的造船质量，在国际市场上根本找不到买主！"

大连厂的人震惊了。

这样"打擂"的结果，这样检验的结果，令全厂的人目瞪口呆！到这个时候，不少人这才真正知道，过去几十年的检验标准、操作标准和工作习惯，是多么的粗糙和落后！他们这才真正理解"夜郎自大""坐井观天""一叶障目"这些中国成语的真正涵义！

现实的裁决不容置疑。在严酷的现实面前，怎么办？

开门虚心学习，苦练基本功，可以使落后变为先进，先进变为卓越；而故步自封，就会使原来的先进变为落后，落后的蜕变为愚昧。

这样的结果，最受震惊的还是厂里的质检处。过去他们认为，几十年来，有无数条船都在他们眼皮下放行，行驶在大海之上。至于他们使用的情况，生产厂是不管的，因为那时还没有"质量跟踪，售后服务"之说——是呀，别人一眼就能够发现的问题，为什么我们几十年来一直就视而不见呢？

其实，艾伦挑出来的这些缺陷和问题，大都是焊缝不够光洁、钢板不够平整、气割咬口凹凸等。过去，对这些小毛病，从生产者到检验者，都是心不在焉、毫不在意的——难怪作者过去上过一些海军的舰艇，坐过一些近海和内河的轮船,那些切割的钢板、焊接的缝隙、表面的瑕疵,的确像是狗啃的一样不堪入目。

技术力量的薄弱与建造高端产品之间,有着如此大的矛盾,而且交船时间又如此紧迫,怎么办?

事在人为。加强工人技术培训,开展技术大练兵!

首先,工厂挑选出一批技术上相对较好的工人,开办了技术训练班。在开班仪式上,针对有的学员畏难情绪,孙文学给他们讲了一则流传不衰的故事:唐代著名诗人,被后人称为诗仙的李白,小时候贪玩不爱学习。有一天,李白逃学来到一条小溪边,见一个白发老妪正将一根铁棒在石头上磨着。他感到十分好奇,上前去问老妪。当李白知道这个老妪要将这根铁棒磨成绣花针时,他在震惊之余,也受到了启发:在这个世界上,既然铁棒都能磨成绣花针,那还有什么东西不能学会,有什么事情做不成呢?从此,李白发奋图强、刻苦学习,终于成为一位流芳千古的文学大师。

世上无难事,只怕有心人。

焊机轰鸣,焊光闪烁。自此以后,工人们无论刮风下雨,无论早晨黄昏,人人都不甘落后勤学苦练。当学员们练上一段时间后,就进行理论和操作考试。然后,先让这些人在国内拖轮上操作,直到他们的手艺达到炉火纯青,焊接质量做到天衣无缝,取得外国船级社颁发的焊接合格证书后,才允许从事出口船体的焊接。

"练好基本功,参加大决战!"不少干部、工人连续几天几夜不下船台。实在太困了,他们放下焊把,棉大衣往身上一裹,靠在钢板上打个盹;饿了,就啃上两个食堂送来的玉米或高粱饼,喝上一碗清水汤充饥。由于天气太冷,为了照顾工人们身体,保证在大决战时有充沛的体力,厂里做出一个严厉的决定,这段时间晚上一定要回家休息,不准待在船台。

没想到,还是有像郭玲华这样的工人,没有服从厂里这个决定,在领导清场时躲了起来,继续留在船台练活。

夜更深了。孙文学望着船台上闪闪烁烁的电焊弧光,只好又披上大衣,打起手电,朝船台上走去。瑟瑟的寒风吹拂着,惺忪的灯光下,雪花纷纷扬扬地飘洒着,把船台上下涂抹得一片银白。

功夫不负有心人。

几个月过去,在严酷得近乎魔鬼训练的大练兵活动中,大连造船厂由此训练出上百名焊接大师、上千名焊接高手,不少工人都顺利拿到具有国际权威标准的英国、挪威、日本、美国等船级社焊接证书——到后来开始大规模建造出口船时,这个厂可谓是群星璀璨、人才济济。

焊光映照着泪光

那时，"时间就是金钱，质量就是生命"这些提法，虽然还没在我国社会上流传开来，但对当时大连造船厂的情形来说，其实就是最真实的写照。

市场严苛的法则，没有什么客观原因可讲。

"长城"号的建造，是改革开放后中国人初试拳脚的一个擂台，是检验中国从计划经济迈向市场经济最好的一块试金石。

眼看时间一天天过去，大连造船厂上上下下忧心如焚。

盼星星盼月亮，到1980年12月18日，终于才盼回了送到日本审查的图纸。

可令人感到惊奇的是：12月20日，当厂里技术处将正式图纸发到船台车间时，这个车间竟然奇迹般地开始号料了！了解造船生产过程的人都知道，船体号料前，必须先进行放样，而这项工作按常规，没有两个月的时间是拿不下来的。

其实，为了抢进度，工厂各个方面都早已紧急行动起来。船体车间提前完成了水泥平台的建造和吊车轨道的更换；铸造车间提前30天完成艏艉柱立稳的模型制作；动力处提前做好了建造出口船所需的"十大"动能供应工作；供应处已做好各种物资的准备……

与此同时，厂里还发动工人们献计献策，大搞技术革新活动，先后革新成功半自动电焊机、半自动切割机、自动抛光机、万能除锈机等，大大提高了工作效率。

天公不作美。

这一年的冬天冷得出奇，从海面上吹来的寒风，就像刀子一样，连焊工们的面罩和手套都能穿透似的。时间稍长，日夜工作在船台上的汉子们，手裂开了血口，一拿焊把便痛得钻心；姑娘们往日如花的脸上，被寒风吹得又粗又黑。在船体分段即将合龙的那段时间，许多人已经10多天没回过家了。

到过船厂的人都知道，船厂的活儿劳动强度都很大。工人们劳累一天，当他们饥肠辘辘，拖着疲乏的身体走进食堂时，能够从食堂窗口递出来的，只有两个馒头、一碗菜汤，菜汤里有时根本看不到一星油荤。

"干'长城'号时，刚粉碎'四人帮'不久，国家还处于困难时期，社会物资十分贫乏，粮食副食都还要靠供应。"孙文学感慨地讲道，"我记得，那时每人每月供应半斤肉、4两油，连买瓶酒、买包烟都要凭票！说句让人有点心酸的话，这条‘长城’号，浸透了我们工人们的汗水和泪水，可唯独没有油水！"

工人们没日没夜地在船台上干活，可生活后勤却远远跟不上，眼看有的人就要撑不下去了，厂领导是看在眼里，急在心里呀！

"这样不行呀！你们无论如何也要想想办法呀！"孙文学找到了总务处长，"想办法给大伙儿改善一下伙食呀，不然时间一长，我们这些工人不被累垮，也要被拖垮呀！"

建造中的"长城"号货轮

"孙厂长，是呀是呀！"总务处长苦着一张脸，"现在市场上连买斤豆腐，买两红糖都是定量供应，我们也想不出更好的办法。看见大伙儿天天端的是清汤寡水，我们心头也着急呀！"

"这我不管！"孙文学有些不讲道理了，"你们就是求爹爹告奶奶，走前门开后门，也要想办法改善一下大伙儿的伙食。"

总务处长只好无可奈何地点点头。

今夜，食堂把加班饭送到船台上来了。

"喂，开饭啦！开饭了！"可尽管抬着箩筐、挑着铁桶的炊事员们喊了半天，可大伙儿都只顾忙着手里的活计，船台上那铿锵的锤声、焊机的轰鸣声并没有停下来。过了良久，一个身材高大的人走上船台，他"啪啪"关掉两台电焊机，走到一个工人面前，敲了敲他的电焊面罩："喂，休息一下，下去喝碗热汤！"

那位工人摘下面罩，定了定神，看了看眼前的人一眼。灯光下，眼前这个人没戴安全帽，胡子拉碴，满脸倦容，也是一身油污，一头乱发在寒风中飘拂着。

"哦——孙厂长！"那工人一下站了起来，"您，您还没休息……"

"下去休息一会儿吧。"孙厂长接过他手中的面罩。

工人们走下船台，来到有些避风的船台下，当炊事员揭开盖着棉被的箩筐，是热气腾腾的白馒头；再打开桶盖，一股诱人的香味扑鼻而来！

"实在对不起，实在对不起！"孙文学对工人们大声说道，"我知道，我们食堂的伙食太差了，大伙儿劳动量又这么大，想给大家改善改善伙食，可也实在想不出更好的办法来，实在对不起大家了⋯⋯"

"孙厂长，这个我们理解！"一个头发花白的老工人说，"您不是天天也跟我们吃一样的伙食吗？您比我们辛苦，您能吃，我们也能吃！"

"这位师傅言过了！我们只是跑跑腿动动嘴，你们是干的是重体力！"孙文学话锋一转，"当然，我们以后要尽量把大家的伙食搞好一点——今天，我们总务处的同志费了好大的劲，才买来这一大堆牛骨头羊骨头，给大伙儿熬了一锅汤！大家不要嫌弃，喝两碗暖和暖和身子吧⋯⋯"

可奇怪的是，大伙儿听厂长如此一说，竟然都默不作声了。那炊事员盛汤的铝瓢端了许久，却没有一个人上前！灯光下，工人们拿着饭盒或瓷缸，望着厂长和同他一起来的其他厂领导，一时间像凝固了似的。站在最前面的是两个一身铁锈、满脸尘灰的小姑娘。不知怎么的，这两个小姑娘看了看面前的这些领导，又看了看眼前那一桶桶飘着香味、冒着热气的骨头汤，两张黝黑的小脸上，竟流下两行泪水来⋯⋯

"她们已经13天没回家了⋯⋯"车间李主任站在孙文学旁边，低声说道。

一时间，船台下安静极了。有风从海边吹来，吹动着人们头顶上的钢绳和电缆，发出呜呜的声响，仿佛在哼着一曲悲壮而动人的歌⋯⋯

"我们的工人真是太可爱了⋯⋯"采访中，孙文学抚着满头的银发，感慨地讲道，"我看问题或许有些偏颇，我平生最敬重的就是我们的工人和军人。当然，还有那些为我们国家作出卓越贡献的科学家！"

严苛无情的验船师

雪后初霁。

厚厚的云层终于裂出了一块光亮来。一束耀眼的阳光，投射在银装素裹的船台上。

船台下走来一个人。

走来的是一个步履沉稳、神情严肃的人。

这是一个英国人，看样子有50多岁。他的名字叫艾伦。前面说过，他是船东包玉星全权委托的验船师。验船师，这对于刚刚叩响国际船舶市场大门的中国人来说，真还是个挺新鲜的称谓。

中国人造船，厂里有自己的质量检验处检查验收，如何非得要外国人来检验，得到他们的认可才行呢？从材料的选择到机械的加工，从工人焊接的资质到设备的安装调试，从油漆厂家的选择到油漆的喷涂过程……全都要由验船师认可。否则，他不予签字。凡没有他签字的每一块钢板、每一段管系、每一条缆绳，甚至每一道工序，都必须更换或返工。在建造整条船的过程中，任何一个细小的环节，都逃不过他们那像鹰一样的眼睛，更休想像对自己的检验人员那样打马虎眼了。

验船师，套用一个过去我们认为的贬义名词，那实际上就是监工。没有办法，这不但是国际造船界通行的做法，也是在跟人家签合同时就有明文规定的。

艾伦是个不苟言笑，甚至是一个严苛的验船师。当然，说句公正的话，这也是一个忠于自己职守、业务娴熟的老人。

他每天按时到工地，这里转转，那里看看，有时还钻进船舱，不顾满身的铁锈和油污，用卷尺量长度，用角尺量角度，用直尺量不平度。对于工人们焊接的每条焊缝，他都用戴着白手套的手去触摸，凡有凹凸不平的地方，或是毛刺将手套拉出一根线来——对不起，工长，请你们的工人立即返工！

在艾伦验收每道工序的过程中，没有通融的余地，也不会听你讲任何客观原因，在他的字典里，只有规范和标准这两个字眼！但这洋老头有时也很可爱，工人们只要干出的活符合规范，他脸上会露出一丝笑容；当这活干得特别漂亮时，他会拍拍你的肩膀，叫一声"OK"；但干出的活哪怕离标准只差分毫，这老头的脸便绷得像块冰冷的钢板，针插不进水泼不透。

对钢板的焊接，这洋老头好像有点不通情理；可对钢板的切割，他简直就是鸡蛋里面挑骨头了！

用瓦斯切割钢板，过去我们切割下来的钢板哪怕像猪啃的一样，照样可以上船台，因为过去对切割精度和光洁度根本就没有明确规定。所以，当艾伦要检验我们切割的产品时，尽管我们的大工匠在作业时比以往任何时候都小心翼翼，可当切割下来的样块送到艾伦手里时，这老头儿只看了一眼，便皱着眉头一个劲地摆手——唉，又是一个不行，检验完全不能通过！

"这他妈什么'劳氏标准'，这也不行，那也不行！"有个工人一下扔掉面罩，一屁股就坐在了船台上，"咱这是用巨型钢板堆砌起来的庞然大物，又不是给新娘做嫁妆，这样的挑剔太没有道理了！"

没有办法，还得按人家要求来。鉴于此，工厂领导曾想请外国专家来作指导，可一询价——乖乖，对方一开口就要30万美元！厂领导和工人们心疼了。他们仔细掂量了一下30万美元对国家和工厂的分量，只好婉言谢绝了。

难道一泡尿就能把人憋死？

大连造船厂的人不信邪。车间领导、技术人员和工人们组成了攻关小组，不分白天黑夜地进行攻关。经过几百次试验，他们终于掌握了高超的切割工艺和技能。一个星期之后，当他们把整整齐齐、铮光明亮的样块送到艾伦手里时，艾伦只是瞥了样块一眼，便把目光停留在了车间主任脸上，迷惑地看了他半天，似乎在问——这样的样块，你们是气割还是机械加工出来的？

毋庸置疑，这就是工人们用瓦斯切割出来的！最后，当艾伦亲眼看完工人们的操作后，他脸上笑得比当天的太阳还灿烂，竖起大拇指，接连说了好几个"OK"！

当艾伦还在爱不释手地把玩那气割的样块时，另一个外国人戴着白手套，穿着米黄色的工作服，正从底舱里爬了出来——这是日本油漆供应商田林代一。

没有办法，船东指名就要用日本油漆。照道理，油漆商将自己的产品卖了，怎么使用那是用户的事。可不，日本供应商偏偏要对使用他油漆的每一道工序实行严格的监督。他们要求，每一个船体分段，油漆工必须用风动工具，把钢板打磨得不能留下半点锈迹；有的钢板表面上甚至要求光洁得能照出人影。

这项又脏又累的工作，差点要了油漆工人的命！底舱里通风条件太差，作业时整个空间烟尘弥漫，铁锈横飞；工人们的安全防护装置，就是一个安全帽、一双线手套，还有就是一个薄薄的口罩。他们趴在又闷又热的舱底里，一干就是一整天。当下班哨声响起，他们从底舱爬出来时，除了还能活动的身子和能转动的眼珠，简直就像一块长满铁锈的废铁了。

尽管如此，可没有人叫苦，也没有人骂娘，因为大家都知道，这条船的成败，对国家和工厂意味着什么。工人王忠川在舱底干活时，不慎被飞起的毛刺崩肿了双眼。当大夫来给他包扎时，他竟苦苦哀求大夫只给他包扎一只眼睛。眼睛一包扎完，他随即又回到舱下干了起来。

好了，船体打磨完，可以进行油漆了。然而油漆这道工序，按日本油漆商提出的要求，更叫工人们感到莫名其妙！过去我们工人对船体油漆的概念，和现在对船体油漆的概念，完全是风马牛不相及。过去，只要刷子蘸上油漆，或上或下或左或右往钢板上涂抹就是了。可现在的标准，刷厚了不行，刷薄了也不行；天热了不行，天冷了也不行；下雨天、阴天、雾天也不行。这个矮个子的日本油漆商，每天盯在工地上，手里拿着一个油漆厚薄测量仪，往刷好的油漆上一量，接着就叫了起来："不行不行，这里薄了 2 微米，必须重来！"他那苛刻得近乎残忍的要求，令工人们半点也马虎不得；有时弄得工人们鬼火直冒，真想跳起来给他两拳头！

不行，还得重来，因为还是合同上签订了的那个——标准。

"我必须向所有使用我们油漆的厂家证明，只要按照我们规定的工艺操作，我们的油漆，毫无疑问是世界上最优秀的产品！"当船体即将成型，田林代一望着喷涂一新的船体时，他颇为自豪地对他的同胞坂本宣称。

坂本是船东聘请来对船的机电设备负责的验船师。他是一个老海员，对船上的机电设备相当精通。他虽说对中国工人十分友好，但对自己所承担的验收项目，那绝无半点含糊——你看，此时他正提着一把尖嘴榔头，走到正在安装的管系前，把新安装的管子看了一遍后，不由分说、莫名其妙地从头到尾使劲砸了起来！

"叫他们把这根管子拆下，然后竖起来，使劲抖抖里面的东西！"当翻译把坂本的要求告诉管道工人后，管道工人只好拆下管子竖起来一抖——竟然，管子里抖出一小堆铁锈和脏物来！这样的结果，令管道工们目瞪口呆。

"对于机电设备的安装，一丝一毫也马虎不得！这些脏东西，只要随着柴油机油，或者水进入机器内部，是会酿成大事故的！"坂本没有生气，他用手抓起一小撮铁锈，递到工人面前，十分友好和善地对工人们讲道，"所以必须拆掉，好好清洗后重新安装。"

无话可说，这一天新安装的管系全部拆掉重来。

随着施工的进度和严苛的检验，工人们这才逐渐明白，什么是造船的国际规范和标准。这规范和标准，就是每一个细微之处都必须讲究质量，一丝一毫都马虎不得——质量，是船舶的生命，更是远洋船舶的生命；说到底，是航行在茫茫大海中全体船员的生命！

现在想起来，这些国外的验船师，虽说少了些人情味，对中国工人严苛甚至残忍了一点，但从某种意义上讲，他们教会了中国工人该如何造船，如何造出具有国际水平甚至超越国际水平的好船。

中国工人太伟大了

天气突变，天边传来滚滚的雷声。伴随着雷声，海面上骤然刮起了大风。狂风掀起的海浪，不断撞击着船坞外的防波堤，发出隆隆的声响。

　　1981 年 2 月 20 日，随着清脆的哨声，4 台塔吊挥动着手臂，把船台分段吊上了船台，"长城"号分段合龙开始了决战。

　　"长城"号长为 197 米，宽为 23 米，高 14.3 米；设有 5 个大舱，配备 4 台吊车；可装运谷物、煤炭、矿石等各种散货，同时也可运载原木。"长城"号船体由重达十几吨甚至上百吨的 122 个分段组成——当这些分段组合在一起，成为一艘巨轮时，那将是多么壮观！

　　要想在短时间完成这些分段的吊装、合龙、焊接等工序，其困难程度可想而知。可屋漏偏遇连天雨，正当分段合龙的关键时刻，恶劣的天气猝然袭来，不断地折磨着船台上作业的人们。在抢上 10 段舷侧合龙这天早晨，呼啸而至的七八级大风，把吊在半空中的舷侧刮得团团乱转。在这样恶劣的天气下，厂里的干部、工人一齐上了船台，冒着危险，想尽各种办法固定舷侧。在最紧张的时刻，厂长孙文学亲自拿着小旗，吹着哨子，指挥着舷侧的吊装。

　　汗水混合着雨水，哨声夹杂着人声。在上百号人与风雨的搏斗中，厂里的干部和工人硬是采用人海战术，在呼啸的狂风中进行了舷侧合龙。

　　舷侧合龙了，可大伙儿还没坐下来歇口气，电焊工们立即又抓起面罩和焊把，冲上了船台。

　　随着船体渐渐成型，船的艉段合龙已刻不容缓。可重达 170 多吨的艉段，在合龙前的空中翻身，是船体建造的一大难题。在技术人员精心计算、吊装工人反复实践下，经过 36 小时的连续作业，顺利完成了艉段整体翻身和船台合龙。

　　风停了，雨住了。

　　当"长城"的分段在船台上终于组合在一起时，它壮美的雄姿就可以窥见一斑了。当初升的太阳将它的光芒撒向"长城"号时，"长城"号沐浴着灿烂的阳光，仿佛跃跃欲试，就要奔向大海。

　　雨过天晴，空气清新。从海面上吹来的风，也显得温暖和轻柔。

　　验船师艾伦今天的情绪特别好。

　　经过 300 多个日夜紧张繁忙的工作，眼看着巨轮已经成型了。这意味着他回家探亲的日子越来越近了，不日就可以见到他亲爱的夫人和可爱的小孙女，就可以和她们在泰晤士河边散步了。

　　这一天，艾伦和他的同伴登上了组装完的"长城"号，要对这条船的船身进行长、宽、高等 5 项主要尺寸最后测量。

　　艾伦先是沿着船舷在船上慢慢巡视了一圈，在各个舱室走了一趟，然后从包里拿出卷尺和其他工具，开始对整条船测量起来。

　　艾伦和他的同伴先将船的长、宽、高量了一遍。量完船的尺寸，不知为什么，他的眉头皱了起来。紧接着，他又跑来跑去，将船又测量了一遍。继而，他翻来覆去地把手中的卷尺看了又看，还不断地揉着自己的眼睛。在一旁的人们都疑惑而紧张地看着他，不知道他测量的结果到底如何？

工人们夜以继日地赶造船舶分段

此时，人们当然不可能知道，他是在怀疑自己手中的卷尺，同时也在怀疑自己的眼睛。

孙文学双臂抱在胸前，不动声色地望着艾伦。

简直太神了！

这条巨型的货轮，足足有197米的长度，相当于4个标准游泳池，而艾伦测量的结果，竟然误差只有2毫米！这也就是说，只有一个2分镍币的厚度！23米宽的船身，误差竟然为零！还有两项主要指标的误差，也分别仅为1毫米和2毫米！

"这不可能！这绝不可能！"艾伦一脸的惶惑和怀疑，他用英语小声地嘀咕了一声，他拍了拍旁边另一名验船师的肩膀，示意再复测一遍。

这样的测量结果，艾伦当然不可能相信。他是个老资格的验船师了，在世界十几个国家参加过验船。"长城"号能造出这样的结果，就连做事最严苛、最精细的德国和日本造船厂，这样的结果也是十分罕见的。

是啊，中国是第一次按英劳氏规范造船，他们的装备并不先进，他们的仪器并不精密，就连工人们操作的资质证书，也是刚刚考核合格后颁发的，但他们怎么会干出这样决绝的活来？！

要知道，这条船共有122个分段，要分别经过放样、号料、切割、装配、焊接、船台合龙等无数道工序，只要哪个环节稍有疏忽，就会产生不小的误差。当然，产生一点误差，自然也是情理之中的事，建造规范也是允许的——可这样小的误差，甚至为零！大连厂初次建造这样规范的巨型轮船，简直就像是精心制造的一台电视机或收音机！

真是太不可思议，太不可思议了！难怪艾伦不相信手中的卷尺，也不相信自己的眼睛。

但这条船就摆在自己眼前，不由得不让人相信哪！艾伦复测完第3遍、第4遍，甚至测量了5遍，在铁一般的事实面前，他相信了手中的卷尺，也相信了自己的眼睛。他测量完最后一遍后，激动得满脸通红，连嘴唇也哆嗦起来，他向在场的人伸出拇指："十分完美，十分完美！没想到，真没想到！……"

孙文学依然静静地望着艾伦，没有说话。

"中国工人太伟大了！"当艾伦和他的同伴收拾好东西，缓缓走下舷梯时，他由衷地用英语对他的同伴说道，"中国人，聪明、勤劳、踏实，没有他们干不好的事情！"

当翻译将艾伦的话翻译给孙文学听时，孙文学那满是胡茬的脸上，这才露出了欣慰的微笑。今天，他总算可以睡个好觉了。

艾伦和他的同伴回厂招待所去了。望着他们离去的背影，孙文学回过头来，久久地凝望着夕阳下的巨轮。谁也没有注意到，笑容在他脸上消失了，他布满红丝的眼睛渐渐潮湿起来……

此时，"长城"号上，紧张的工作还在有条不紊地进行。

一轮鹅黄色的月亮从海面上升起，淡淡的月光洒满了广袤的大海，也洒满了孕育在船台上的"长城"号。还在船上紧张工作的人们，抬头望一眼远方的明月，再看一看眼前这艘他们用汗水和泪水泡出来的巨轮，都在翘首期盼着，期盼着它能够早日下水试航。

与此同时，3号船台上也是灯火通明、人声鼎沸——那里，"长城"号的姐妹船"望远"号，已是渐露雏形了……

"长城"号下水震惊港岛

港城的天很蓝，港城的海也很蓝。海空中，有海鸟闪着蓝悠悠的翅儿，带着欢快的啼鸣，掠过维多利亚港湾。

中国能不能按期交出第一条按国际标准建造的出口船，这不但让已和中国签订造船合同的船东包玉刚、李嘉诚、曹文锦、董建华他们担心和忧心，也为世界航运界和造船界所密切关注。

"长城"号的建造情况，从包玉星同中国船舶工业公司签订合同那一刻起，就一直成为港城新闻媒体采访和报道的热点。就在几天前，香港《文汇报》刊登了一篇通讯，绘声绘色地描述了英国验船师艾伦对船体5项主要尺寸的检测结果后，让香港船东们感到震惊，震惊之余又暗自庆幸——自己向中国订船的决策无误，甚至是英明的决策啊！

报上这篇通讯一看完，李嘉诚就拨响了董建华的电话：

"今天《文汇报》关于'长城'号建造的消息，您看过了吗？"

"哦，我刚刚看到，完全出乎我的意料，中国竟然有如此高超的造船水平。"

"是呀，他们的装备我考察过，据说人均装备只有韩国的六十分之一，日本的百分之一，能达到如此高的水平，除了令人感到意外，还证明他们的技术人员、工人的技艺堪称是一流的。"

"您没听那验船师艾伦说中国人聪明、勤劳、踏实吗？只要'长城'号下水试航成功，我相信中国的造船订单就会成倍增加。"

"既然船体已经成型，就剩下设备调试和舾装，我看要不了多久，就能顺利下水了。据说，包玉星还邀请谷牧副总理参加他的'长城'号下水典礼呢！"

果如李嘉诚所言，1981 年 9 月 14 日，香港《大公报》向社会各界发布了一条惊人的消息！这条消息的通栏大标题是——《"长城"号今天在中国大连造船厂顺利下水》！

该报驻北京记者采写道：

今天，大连造船厂悬灯结彩、鼓乐喧天，2.7 万吨的散装货轮"长城"号披着节日的盛装，昂然屹立在该厂 2 号船台上。闻讯前来参观"长城"号下水典礼的人如浪如潮。正如该厂厂长孙文学告诉记者的，今天是这个百年老厂最盛大的节日。

这是中国船舶工业公司自 1979 年秋成立以来签订出口的第一艘远洋货轮合同，也是大连造船厂第一次承建的大型出口货船，又是香港联成轮船有限公司首次向内地订造的船只。她是在英国劳氏船级社以该社的船级标准监督下进行的，将成为劳氏社成立 122 年以来，第一艘获得在该会注册的中国建造的货轮。

"长城"号的设计建造水平，全部符合 SOLAS \\

中国第一艘按国际规范建造的
出口船——"长城"号

IMCO 等 20 多种国际公认规范，采用现代先进的船舶科技和设备，适宜航行远洋各地，包括北美各大湖区。

1980 年 1 月，双方开始进行有关购船的技术性谈判。5 月，联成轮船有限公司与中国船舶工业公司在北京签订"长城"号货轮的建造合同，于 11 月起在大连造船厂动工，到今天下水，历时仅为 10 个月。

为庆祝"长城"号下水，联成轮船有限公司董事长包玉星先生及其夫人，邀请谷牧副总理主持下水典礼，还有环球航运集团名誉主席包兆龙、香港汇丰银行总经理韦尔舒、英国劳氏船级社主席赫斯基森、汇德丰主席马登，以及中国六机部部长柴树藩、副部长张有萱、刘清，国家旅游总局局长卢绪章和有关部门负责人、各方代表和大连造船厂工人 5000 余人，出席了盛大的下水典礼。

9 时 20 分，当谷牧副总理为"长城"号剪彩后，下水止滑器打开了，"长城"号沿着平展的滑道徐徐进入大海，悬挂在船舷的巨大彩球迎风舒展，一群欢快的鸽子冲出彩球，直上蓝天展翅翱翔，上千个五彩缤纷的气球冉冉升起，在海风中飞舞。一时间，掌声、欢呼声、锣鼓声、军乐声，汇成了欢乐的海洋。

记者注意到，这一刻，大连造船厂的许多人都流下了眼泪，包括这个厂的厂长孙文学先生。记者 5 个月前前来采访过他；5 个月后，发现他更加消瘦和憔悴……

"长城"号的下水，意味着什么呢？让我们来作如下分析……

香港《大公报》记者的这篇通讯，已对"长城"号的下水情形作了详细报道，不再赘述。只是将船下水典礼后，船东包玉星对厂长孙文学的一段对话，作为这篇通讯的尾声：

"孙先生，说实话，这次我是冒着极大的风险来订购这两条船的，我随时都准备破产砸锅！今天，我心里的一块石头终于落了地。我确实没有想到，大连造船厂在孙先生领导下，'长城'号会建造得这么出色！"包玉星握着孙文学的手，由衷地说道。

"不，包先生，从您订船开始，您就应该放心。您知道，我们中国人说话从来都是算数的，连我们的柴部长都向您作了保证！说我领导得好，这话言重了；要说领导得好——"孙文学指了指柴部长、张副部长和刘副部长，以及生产局长王荣生，"应该是他们，所有的组织协调，包括技术、设备准备，他们都操了不少心啊！那生产局王局长，受柴部长委托，是三天两头往厂里跑，为我们出谋划策、排忧解难，解决了好多难题呀！……"

"孙先生，我还有一事想恳求您。"包玉星指了指3号船台上的"望远"号，"这条船我已同别人签订了租船合同，已委派了船长，我确实不能再给您优惠期了——请原谅，有句话我本不该说，但我不得不说，如果这条船耽误我一天，我就弃船！"

"包先生，您放心吧！"孙文学闻言惊了一下，但他马上镇定下来，"我还是那句话，我孙文学就是头顶在地上，也会如期向您交船！"

"谢谢，谢谢！"包玉星真诚地再次握住孙文学的手，"这条船，我已邀请廖承志副委员长命名和题词，他已经答应了我。"

飞向蓝天的鸽子又飞了回来，盘旋在"长城"号和欢乐的人们头顶上；少顷，一声哨响，鸽群又远远飞去，不见踪影。

巨轮远航出够了风头

大海广袤，大洋浩渺。

"'长城'号出海远航，在世界上真是出够了风头！"驾驭这条船的船长芦雄先生，在世界三大洋航行52000海里，货轮返回香港后，他深情地凝望着飘拂在"长城"号船桅上的万国旗，接受了众多前来迎接"长城"号返航的记者们采访。

"我可以简要地告诉大家，这条船在大洋上经历了各种恶劣条件的考验，也接受了世界上各种复杂环境的检验，是一条世界一流的船舶！我们能拥有这条船，倍感荣幸；中国人能造出这样的好船，我也为之感到自豪！"芦雄船长感慨地告诉大家，"在世界的多条航线和各大港口，我们的船都得到同行们的羡慕和称赞！"

1982年1月4日，正如孙文学向包玉星承诺的那样，"长城"号如期在大连向联成航运公司交船。随即，这条船就进行了远航。

10个多月来，"长城"号满载货物，沐着风雨，迎着巨浪，横渡了太平洋、印度洋和大西洋，顺利通过了著称世界的巴拿马运河、美国大湖区、苏伊士运河及地中海、红海，先后停泊于美、日、澳、埃及等9个国家29个国际商埠。在长达300多天漫长复杂的航行中，"长城"号经历了无数次重大的考验。

在离开大连经日本驶往美国途中，"长城"号在太平洋上遭遇了罕见的风暴。狂风怒吼，巨浪滔天，把船员们从床铺上颠滚落舱，水瓶、茶具等没有固定的东西全都跌落在甲板上。

在巨大的风浪中，船已摇晃倾斜到 45 度，船长紧急要求各舱向他报告情况。轮机长向他报告："机械运行全部正常！"大副向他报告："操纵性能良好，全部仪器仪表工作正常！"附近海域没有港口可以停靠，轮船只得继续在风浪中前行。在连续航行了 6 天 6 夜之后，当船安全抵达洛杉矶后，船长芦雄与大连造船厂随船"保证工程师"陈德潜赶紧检查船体结构，只见上万米的焊缝无一破裂，船体油漆不但未见剥落，而且还崭新如初。

船到休斯敦，船东包玉星专程飞到那里，向全体船员和随船"保证工程师"表示祝贺和慰问，并在休斯敦举行了盛大酒会，庆祝"长城"号首航成功。出席酒会的有美国航运界、造船界、金融界等各界人士，他们参观完"长城"号后，一致对这条船给予了好评。

在一片热烈的掌声中，包玉星上台致祝酒词，他欣喜地讲道："'长城'号的首次远航，就经受了太平洋飓风恶浪的考验。作为一名船东，对于新加入自己船队的优良船只，都会产生一种母亲见到健壮婴儿那样满意的心情。作为一名炎黄子孙，我为自己的祖国造船业发展感到自豪和骄傲！"

随即，包玉星于 3 月 20 日飞抵大连，匆匆吃过午饭后，立即就赶往大连造船厂，登上停泊在码头的"长城"号的姐妹船"望远"号，他视察了从机舱到驾驶台、船长室的每一个关键部位，和已登船的船长、技术人员、水手们见了面，并仔细询问了船上设备设施调试的情况。他同样对"望远"号的建造质量表示了极大的满意，并赞扬了大连造船厂领导信守合同；还对技术人员和工人们付出的辛勤劳动，表示衷心的感谢和亲切的慰问。

风雨过后，天高云淡。

随着一声笛鸣，远在休斯敦的"长城"号随即再次起航，驶入美国大湖区。美国大湖区的 5 个大湖，有 15 道船闸。这条长近 200 米、宽 20 多米的巨轮，在进入湖区通过船闸时，当地港务监督人员说：2.7 万吨的巨轮驶过 5 大湖，在他们那里还是史无前例第一回！轮船进闸后，船身与两侧闸壁必须保持 1 米左右的距离，而且操纵要绝对平衡稳定。所以指挥过闸的人要十分小心，船也要操纵得十分谨慎。

"长城"号不负众望。在船长亲自操纵下，竟然在狭窄的闸壁间轻松自如，顺利地过了一道又一道的船闸。连美国的领水员也不得不赞叹道："这艘船船型设计先进，操纵性能优良。"原估计需要 7 天时间，船才能通过 15 道大闸；而实际却只用了 2 天时间，令当地港务监督人员和船员们大感意外！

巨型的"长城"号过闸那天，吸引了许多当地的土著居民和旅游者前来看稀奇。当巨轮平稳顺利通过闸门时，围观的居民和旅游者竟然敲着牛皮鼓和铁皮桶，热烈欢呼起来！欢呼他们的大湖区从此可以行驶如此巨大的轮船！驾驭这艘巨轮的船长和船员们也感到很兴奋，纷纷向随船"保证工程师"陈德潜祝贺："你们建造的'长城'号，不但船体和设备质量好，而且操纵系统也是世界一流的！"

"长城"号用如此短的时间就通过5大湖区，一路上总有港监和同行不断来打听船长芦雄和船员们："这样优良漂亮的船在哪里建造的?"船长和船员们无不自豪地告诉他们："这条船是由中国大连造船厂建造！"

"什么，中国大连?"这个地名从美国一直传播到澳大利亚。

"长城"号驶出美国大湖区后，又经过一段时间的航行，进入印度洋，开始穿越赤道。穿越赤道时，正赶上印度洋西南风尾季。这里的气候异常炎热，室外温度高达42℃以上，但舱内温度一直保持在22℃以下。厨房、寝室、俱乐部的温度和湿度非常宜人，恍若是凉爽舒适的春季。就在这热带大洋上，船上的空调、冷风设备经过长达几十天的连续运转，同样经受了严峻的考验。

到了9月中旬，"长城"号驶向澳大利亚。当地规定，进入澳港的所有船舶，除按国际常规项目进行船检外，还有许多说不清道不明的附加项目。先前，船东包玉星曾从其他国家购进同样一艘2.7万吨货船，但到达澳港后只因卸货梯不符合当地规定，被迫在澳港滞留了整整7天。直到按当地规定改好了货梯才允许卸货。这次，香港联成航运公司早有准备，"长城"号刚到澳港，他们就特请国际权威机构英劳氏船级社驻当地的验船师登船，对主机、辅机、发电、通讯、船体等一一进行检验，有的机械设备还拆卸解体检查。

经过这些权威人士严格的检查，最后他们作出以下检验结论："'长城'号虽经9个多月的航行，主要机件、船体完好如初；此船设备设施安装精细、结构结实、制造精良！"

在踏上归程时，到达马来西亚海城，通过船上的电讯，随船的"保证工程师"陈德潜联系上了"长城"号姐妹船"望远"号上的"保证工程师"陈汉民——"望远"号是1982年3月15日从中国黄海北部起航的，此时正航行在西非海域。两位工程师互通了各自船舶的航行情况，并互致了问候和祝贺。

陈德潜从与陈汉民的通讯中得知，"望远"号下水后，在试航第一天，主机、辅机运行良好，组合电台、气象传真等都一次交验成功，各项技术指标和"长城"号一样，完全达到和超过设计规范，完全符合英劳氏船级社全部标准。

"望远"号在试航时，遭遇了鹅毛大雪，风力达到了七八级，海面上巨浪滔天，但船照常顶着风雪正常航行。这条船是大连造船厂按劳氏规范建造的

第二条出口船，所以某些方面又比"长城"号有新的改进，整个船体外型更加光洁，舾装更加美观，房间装潢更加漂亮，连地板和天花板都很讲究。前来接船的船长高兴地说："这是迄今为止我接的第 7 条船。前 6 条是由几个不同的国家建造的，但这条船是我接的船中最美观、最漂亮、操纵最平稳的一条船！"

"望远"号交船时，当验船师和船东代表来到主机操纵室，按设计要求，1 瓶压缩空气只要供主机启动 6 次，就算达到标准；可试验结果，1 瓶气启动主机却达到了 20 多次，大大超出了预定指标。各项技术指标测试的结果，"望远"号同样达到世界先进水平。

旭日初升，浪静风平。

此时，"长城"号正潇洒地行驶在归国途中，"望远"号也浪漫地行进在浩瀚的大西洋。她们"两姐妹"虽然只能隔洋相望，但通过电波，传递着相互思念和祝贺——总有一天，这"两姐妹"还会相聚的。到那时，再互诉衷肠吧！

不管是"长城"号也好，还是"望远"号也罢，在世界的各大港口，以及回到香港，都引来无数人群参观。好多外国船东和船长登上船，他们惊讶地巡视着各个舱室，羡慕地抚摸着光洁的船体和晶莹的仪器仪表，发出由衷的赞叹——正如六机部生产局长王荣生对柴树藩部长所言：这第一条船造好了，在世界的大洋中，就是一块流动的广告牌！

"长城"号顺利返航，停泊于维多利亚港湾。

1982 年 4 月 1 日，船东包玉星在北京举行了盛大的答谢宴会。国务院副总理姚依林、中华全国工商联主席胡子昂、天津市副市长王光英，以及六机部柴树藩、安志文、张有萱、刘清等出席了宴会。

"对'长城'号和'望远'号两条船，我们都非常满意！'长城'号首航成功，'望远'号试航成功，这两条船完全符合国际造船先进标准！"宴会上，船东包玉星满面喜色、情绪盎然地讲了话，"我个人以及香港联成航运公司，为中国造船业如此迅猛的发展，感到由衷的喜悦，我们为自己的祖国感到无比的骄傲！我深信，中国的造船事业的前景无比广阔！她将向世界证明，中国在世界造船史上曾经是最优秀的国家；而现在和将来的事实将证明，她依然会是世界上最优秀的造船国家！……"

整个宴会厅里，响起了热烈的掌声。

第五章

迎面吹来大海的风

中国的造船业，如同茫茫大海中的一只多桅帆船，只能在浅海中蹒跚而行，如何去与那些已经遥遥领先的钢质机动船竞争？

邓小平的回答言简意赅：积极引进国外先进技术！

是的，科学没有国界，科技的财富应该归全人类共同所有。西方人用中国人发明的造纸术和印刷术，飞速地传播着知识和文化；用中国人发明的指南针和航海术，驾驭着他们的舰船纵横于江河湖海——难道，中国人就不能引进他们的先进技术为我所用？

小平同志说：这是赶超世界先进水平的一条捷径！

但是，在中国这块特殊的土地上，几千年来繁茂生长的是农耕文化。农耕文化最要命的就是自耕自食、目光短浅、自以为是、夜郎自大。就是这种要命的文化，使我们几十年来拒绝承认自己的落后，拒绝学习他人先进的东西，故步自封、抱残守缺，使我们在幽暗迷茫的小径上整整徘徊了30年！

当我们打开国门之后，展现在中国人眼前的是广阔无垠的大海，辽阔高远的天空，天空中还有五彩的云霞，云霞里还有自由自在飞翔的鸟儿，鸟儿们还能唱着悠扬婉转的歌……

当小平同志打开中国大门之后，中国船舶工业以柴树藩为代表的勇者和智者们，毅然推开窗户，张开双臂，迎接着天边出现的云霞和大海吹来的风……

一个美丽但破灭的梦

而今上了点年纪的人，不知是否还记得：新中国成立之后，第一部反映中国船舶工业的电影是哪部？

人们或许已经遗忘。反映中国船舶工业的电影是 1960 年长春电影制片厂拍摄发行的——《试航》。

这部电影的编剧是在延安时代就爱好文艺的红小鬼梁田青，当时是大连市的统战部长；导演是林杉；主要演员是在电影《白毛女》中的主角陈强和祝希娟。影片集中了当时长影的名导演和名演员。

这部电影的主要内容反映的是我国工业战线"大跃进"的奇迹——大连造船厂自行研究制造的"3000 匹马力大型柴油机"装船试航成功的历程。

这部电影拍摄完成后，迅速在国内上演。褒贬暂且不说，只要是懂点工业常识的人，看完影片后都感到疑惑不解：整部电影都在讲"大型柴油机"，可怎么这柴油机连一个镜头都没有呢？最后在船上试航的，明明就是一台蒸汽机嘛！

那么，"3000 匹马力的柴油机"到底是怎么回事呢？

千真万确，这"3000 匹马力的柴油机"是真的！至于它的性能和质量如何，能不能装船在大海中去航行，那只有天晓得了！当时这"3000 匹马力的柴油机"生拉活扯装到"大庆九号"油轮上，冒着浓浓的黑烟，想从大连试航开到上海，可船刚出海不久，机器就停止了运转，修修补补勉强转动一阵，又停了下来——最后实在无计可施，只好用拖轮拖回了船厂。

荒唐的年代，荒唐的事情总是层出不穷。

在"大跃进"如火如荼的狂潮中，首先是农业战线"捷报"频传：报载，河南省遂平县卫星农业社，放的第一颗"卫星"是小麦亩产 4689 斤；河北省徐水县的"共产主义公社"，因为给红薯灌了狗肉汤，亩产达到 128 万斤，1 棵白菜长到 500 斤、1 亩皮棉达到 9000 斤！

真是人有多大胆，地有多大产！

农业战线这些捷报，强烈地刺激着工业战线领导们的神经："超英赶美，我们要创造人间奇迹！""填补国内空白，赶超世界先进水平！""我们 60 天，等于帝修反 60 年！"——这些口号是撼人心魄的，这些愿望也是良好的，但这些口号只是虚无的呐喊，这些愿望也只是缥缈的梦幻。

动力是船舶的心脏。一直到 20 世纪 50 年代末期，我们整个中国还没有低速柴油机的制造业。就连当时在大学造船系轮机专业教程中，也只有蒸汽机、蒸汽透平、锅炉、热力学和燃气轮机这些课程。即使偶尔讲到内燃机，也只有中高速的，在研究所和船厂内，船用低速柴油机还是一片空白。

还是以大连造船厂为例：

当时的大连造船厂，名称还叫"中苏造船公司"，所以大量的苏联远东船队，都云集在大连这个不冻港来修理。到 20 世纪 50 年代中期，我们船厂在大量来维修的苏联万吨级轮船上，才初次见到船用低速柴油机。这种柴油机在船队中简直是鹤立鸡群，令人赞叹不已。在它们的机舱内，根本找不到蒸汽机船上所必有的锅炉、冷凝器、热水井等，舱室显得那么干净利落；它也不像蒸汽机启动前要经历点火、升温、产生蒸汽等疲惫而又漫长的过程。因此，低速柴油机比其他任何机型都有独到的优点，犹如日之初生。这种柴油机在远洋巨轮中取代蒸汽机、燃气轮机和中高速柴油机已是势不可挡。

这还得感谢苏联来大连修理的船舶，它们打开了我国技术人员和工人的眼界，对我们起到了"启蒙"的作用。

20 世纪 50 年代初期，在全国推广大连造船厂焊接造船后，船体建造工艺发生了质的飞跃。到 50 年代中期，我国航运需求越来越大，当时的外贸运输只有 4% 是自运，其余 96% 都是租船运输，租船费用每年高达 5 亿元人民币。这些钱当时可买万吨级的船 40 到 45 艘！由于众所周知的原因，我们又不能买外国人的船。

于是自己造。

在"大跃进"的狂潮中，上级机关决定由大连和上海的船厂采用往复式蒸汽机，各造一艘 5000 吨的货轮，并相约在长江口会师。

但大连造船厂此时已建好一条船——"大庆九号"油轮。这条 4500 吨货船的主机是从东德订购的 2 台中速柴油机。根据订购合同，柴油机发运期已经过了 2 年，可依然杳无音信。那条空壳的油船系在码头上，日晒雨淋、风吹浪打，已是锈迹斑斑，浸泡在海水中做着无可奈何的噩梦。

中国的造船业怎么办？中国船舶的主机在哪里？除了豪言壮语和良好的愿望，没有人能回答这个问题。原在日本"三菱重工"当顾问的古贺繁一说得对："没有造机，就没有造船。"

在那个人们脑袋膨胀发热的年代，报纸和电台每天都在连篇累牍地宣传各条战线"大跃进"的辉煌战果，船舶战线当然不可能等闲视之。于是，"自行设计、自行制造"的口号把不少人的勇气鼓动到了沸点。于是，豪气冲天的人们，就像当时全国上下日夜点起火把，大砍树木大炼钢铁一样，开始制造起船用低速柴油机来。

在大连造船厂南坞一侧的芦席棚里，干劲冲天的小伙子们挑灯夜战。短短几个月，第一台缸径为 600 毫米，行程为 1060 毫米二冲程横流扫气，每缸带一个机械扫气泵增压的 6 缸低速柴油机"诞生"了！人们敲锣打鼓向上级报喜：这台柴油机有整整 3000 匹马力！

上级机关得知大连造船厂造出了 3000 匹马力低速柴油机后不久，又接到上海江南造船厂也造出了 2000 匹马力低速柴油机的喜报，而且据说大连已经瞄上了 10000 匹马力的大机子，上海方面又该如何办呢？船舶工业能不能再放一颗更大"卫星"呢？好吧，有领导建议：那就开个南北协调会吧！

南北协调会上作出决定：由大连开发 5400 匹马力大机，上海建造 8800 匹马力大机。而代表大连造船厂去上海开会的胡惠民，回来向领导李恒生一汇报，李恒生满脸的笑容消失了，脸上的肌肉变得僵硬起来——乖乖，5400 匹马力！可那南坞边芦席棚里的 3000 匹马力的机器，还不知是凶是吉呢？

自 3000 匹马力的柴油机装配出来，就引来川流不息的人群。有人来看稀奇，有人来看笑话。人们一批批地来，一批批地走。黎明过了有黄昏，黄昏过了有黎明，眼睛血红疲劳至极的试制人员，只有他们不能走。他们昼夜守在机器旁，不停地寻找着机器的每一个缺陷，忍受着饥饿、疲惫、严寒、酷暑、冷嘲、热讽，甚至耸人听闻预言的折磨，拼命地想让机器冒起烟来！

尽管外界舆论沸腾，但喜报已经报给了市里和省里，甚至北京，大家明知这是一匹死马，但还要当成活马来医。水力测功器装上了，该换的零部件已全换了，6 个扫气泵换了一次又一次。尽管有时冒出一股烟来，但只要带上负荷，它的摇臂、销轴就被无情折断。

到最后，更大的难题接踵而来。

第一是拉缸。整个缸体被活塞环拉出道道伤痕，让人惨不忍睹。有时甚至活塞与缸体间突冒青烟，上下活动的活塞和缸套在高温下被烧得通红，有如刚出炉的锻件，活塞和缸套熔化在一起，令人心惊肉跳。第二是燃烧不良。表现为排烟异常恶劣，机器冒着浓浓的黑烟，远远看去，就像一台生火的锅炉，这明显是燃油严重燃烧不良，油嘴喷出的柴油变成黑烟跑掉了。这样的机器不要说船主不会接受，如若装上船去，连试制的人也会感到心惊胆战。

终于，一干人在芦棚里熬过了两个冬天以后，3000 匹马力的柴油机终于转了起来。为展现"大跃进"的成果，最终装在了海边的"大庆九号"船上，并进行了首航试验——但这样的机器哪能用呢？活塞与缸套差点又粘接在一起了，最后只好调了一只拖轮将船拖了回来。

但不管结果如何，这"3000 匹马力的柴油机"总算是冒了烟，总算在海上走了一回，这是"大跃进"的产物，是我国工业战线上的"奇迹"，当然，该集中长影的名导演名演员来为它拍一部电影，来为它唱一支赞歌了！

在那荒唐的年代，荒唐的事总是层出不穷。比如在全民大办钢铁的狂潮中，拆掉住户的铁栅栏扔进小高炉，一只大风箱，两根吹火筒，用柴火将它烧成铁疙瘩，就报喜又炼了多少吨钢之类。这"3000匹马力的柴油机"也同样如此，是不讲科学盲目而为的产物。到了后来试航不成功，却用蒸汽机冒充柴油机拍出一部电影来，就更有些掩耳盗铃、糊弄观众的嫌疑了。

但需要申明的是：笔者描述这件事情，只是想让后来者汲取历史的经验教训，而无意嘲讽那些搞柴油机的小青年，不管他们头脑发热也好，是想出点风头也罢，他们那种工作热情，从某种角度讲，还是值得肯定的。如果有错，应该归于那个好大喜功不讲科学的年代，是那个年代催生出一个个假大空的怪胎。当然，再弄虚作假搞出一部电影来蒙骗世人，则更是不可取的章法了。

在这里还需要说明的是：在研制低速柴油机的过程中，以上海沪东造船厂为代表的造机队伍，他们与大连造船厂同时起步，但由于他们重视科技人员作用，有相当稳定的设计技术队伍，经过多年不懈努力，终于研制出43/82型低速柴油机，尽管质量和性能还待改进，但能在3000吨级的油轮和沿海客轮上使用，解了国家的燃眉之急，其功不可没。

人民共和国在一穷二白的基础上起步，几十年来，在艰难苦涩的道路上摸索前行，为实现"工业现代化"的强国梦，我们的教训实在太深刻，我们付出的实在太多太多……

既然我们所走的道路那么曲折，那么艰辛，那么苦涩，那我们为什么不走捷径，不能像引进化肥、化纤生产线那样，直接从国外引进低速柴油机生产技术呢？

在中国这块特殊的土地上——难哪！

不惜重金的秘密引进

历史的步履蹒跚而沉重。

19世纪初叶，当列强们的坚船利炮轰开中国国门之后，从睡梦中醒来的国人这才如梦初醒，才发现世界发生了翻天覆地的变化。在与洋人们屡战屡败，不断割地赔款之后，国中有识之士便提出了"师夷之长计以制夷"的治国方略。

林则徐是最早睁眼看世界的人，他搜罗人才翻译了外国书刊，了解世界各国政治、军事、工业等诸种情况。他的好友、著名思想家魏源所著的认知海外的第一书《海国图志》，开宗明义就提出"为以夷攻夷而作，为以夷款夷而作，为师夷之长技以制夷而作"。

鸦片战争之后，洋务派逐渐兴起，最后促使清王朝不得不将国门打开一丝缝隙，开始零星引进军火、舰船等初级制造技术。

然而，尽管洋务派们奔走呼号苦心经营，但随着北洋海军在威海卫海战中一败涂地、全军覆没，他们的强国强军之梦也随之破灭。

新生的人们共和国为发展自己的工业，在20世纪50年代也曾有过两次大规模引进，这就是中苏"六四"和"二四"协定的引进——而1958年，我国政府不惜重金，从西欧秘密引进大批精密工作母机和国内急需的大型发电设备的事，便鲜为人知了。

1958年7月27日，由外贸部和一机部有关人员组成的工作小组，肩负着党中央和国务院的委托，秘密抵达瑞士首都伯尔尼。

这个工作小组的组长就是后来担任六机部副部长、当时还是一机部基建局副局长的刘清。成员有一机部机床局技术处处长许如、机电局工程师席褚棣、航空局工程师咎凌、外贸部机械进出口公司李健民、张举、王大昌、陈俊枢等10人。

他们这次飞抵伯尼尔，是按中央要求，秘密购买西欧资本主义国家的精密工作母机和国内急需的设备、物资。

1958年，正是我国提出"超英赶美"的"大跃进"时期，各行业要实行"大跃进"必须由机械工业部门提供装备。当时，苏联援助我国的项目共有156项，但有些项目所需的设备苏联还不能生产，能生产的也不是世界最高水平。由于当时以美国为首的资本主义国家妄图扼杀新生的人民共和国，对我国实行严密的封锁、严格的禁运。我们刚开始还寄希望于苏联，但苏联的意见是不能用现汇为我国转口供应，而且禁运物资只能由我们自己设法从西欧国家购买。

1958年7月2日，党中央和毛主席决定，出售国家储备黄金300万两，换取外汇1.05亿美元（等于1995年13.73亿美元），用其中的2066万美元（相当于1995年2.8亿美元）作为专款向西欧订购母机等。

用如此巨资集中采购世界最高水平的高精尖工作母机，当时在世界上还是绝无仅有的。

由于西方国家对我国的封锁禁运，加之当时美、英、法、意、比等国与我没有外交关系，经过研究，决定工作小组立足在中立国瑞士开展工作，对外实行保密。

工作组到达伯尔尼后，在中国驻瑞士大使馆的帮助下，他们对形势作了全面分析。大家认为，尽管以美国为首的西方国家组成了巴黎统筹委员会，对社会主义国家实行封锁禁运，但由于西方资本主义经济危机的严重影响，许多工厂生产很不景气。在利益驱动下，各国资本家为了自身利益，肯定顾不了什么"资本主义"或"社会主义"，也管不了什么"封锁禁运"，只要能赚钱，他们一定会把东西卖给我们。

"恩格斯说过，只要有 50% 的利润，他们就会不顾人间的羞耻；有了 100% 的利润，他们就可以冒着杀头的危险；如果有了 200% 的利润，他们就可以铤而走险！"大家在讨论中，不知是哪位同志背了一段恩格斯的话，引得许多同志乐了起来。

"这次订货，大都在西德，这是重点。西德有个东方委员会，是个半官方组织，主席阿托奥夫是专门联系社会主义国家的。阿托奥夫对我们还是比较友好的，我们可以做做他的工作。"中国驻瑞士大使冯炫向工作组的同志介绍道，"对于资本主义国家的矛盾，我们可以加以利用；在经济利益面前，他们必然会激烈竞争。还有，西欧国家兄弟党和朋友们，也可以争取他们的帮助。"

分析完形势，工作组的同志信心十足。他们从 7 月底到 12 月，用了近半年时间调查西欧设备生产厂家和收集产品样本。经过艰苦努力，先后得到 72 家工厂的机械设备报价，6 个国家 100 多家工厂的资料样本。其中西德的厂家约占一半，瑞、英、法次之。精密设备主要在西德、瑞士，英国也有少量的。经筛选对比，最后选择了 27 个厂家。

经大使馆安排，西德东方委员会主席阿托奥夫来到伯尔尼，和工作组的同志进行了友好磋商。交谈中，阿托奥夫看出我们的担心后，他公开表示："禁运与我们无关，你们订货后，放心地回到自己的国家，后续的事情由我们负责。"当时 6000 吨以上的水压机也是巴黎统筹委员会确定的禁运范围，但西德的施罗曼公司表示：只要中国订货，他们就可以供应。

经过研究，中国工作组首先与西德的西思公司就世界最大卧式机床和滚齿机谈妥成交，这个公司在西方世界地位高影响大；其次与华德里施西根公司就 5 米龙门刨床谈妥成交；在瑞士，主要选择了高精度的磨齿机和坐标镗床。

谈判是艰苦的，拉锯似的谈判进行了几个月。谈判内容一是价格，二是交货期。在谈完之后，又密电请示国内，经明确答复后才最后签订合同。

在瑞士这个有着"世界花园"之称的美丽国家，工作组的同志经过半年艰苦努力，共在西欧订购精密设备 171 台，金额为 1977 万美元。成交价比报价低 20.6%，共压价 486 万美元，较外贸部指示的成交价仍节约 120 多万美元

其中在西德订购重大设备 51 台，订购瑞士精密设备 105 台。这些设备后来为加工万吨以上水压机立柱、高压反应筒、万吨以上的远洋巨轮主轴、万匹马力柴油机缸体、30 万千瓦以上的发电机组、大功率低噪音的舰船用精密减速齿轮箱等立下汗马功劳，为船舶、兵器、航空、航天等行业的发展作出了重大贡献。

这次中国不惜动用储备黄金，大规模引进国外先进精密设备，虽然事情发生在冒进的"大跃进"时期，但这次引进却是功不可没的。它冲破了帝国主义对我国的技术封锁，使中国第一次接触和了解了西方世界，为武装自己、提高生产水平奠定了重要基础。

"我们在瑞士工作了半年，那里给我留下了深刻印象，那是一个美丽的国家，人们有强烈的环保意识。那片土地上，无论城市乡村，或是田野山川，都非常整洁优美。令人惊奇的是，这个小小的国家，她的工业，特别是精密机械水平相当高。这和他们的政府根据自己的实际，扬长避短，努力提高自己的生产水平是分不开的。"时隔几十年，刘清老人对那段亲身经历还感叹不已，"从那次中央下决心动用黄金专案订货后，不管后来在引进工作中我们遇到多少磨难，我个人始终坚持，中国要加快现代化进程，中国船舶工业要打进国际市场，就必须引进国外高新技术、高新设备和高新产品！这就是理论界所说的，必须站在巨人的肩膀上，与他们一比高低！"

周总理痛心的叹息

上海。

1963 年 8 月 20 日。

这一天，上海展览馆是歌的海洋，花的海洋。这一天，由国家科委等部门联合组办的、旨在展示国内各工业部门高新技术成果的"全国工业技术展览会"如期在这里开幕。

周恩来总理和其他党和国家领导人出席了开幕式。

开幕式之前，国家科委副主任兼国家引进小组组长张有萱，陪同周总理等领导人参观展览。

周恩来总理一进展览会大厅，一台放在大厅中央的巨型柴油机一下就吸引了他的视线。周总理舍其他产品不看，径直走到这台柴油机前。

这台柴油机是上海某厂送来参展的。铭牌上标明的是"国产8800匹马力低速柴油机"。很遗憾，这台柴油机前方挂的是黄牌。按展览会规定，参展的产品有3种标牌：完全研制成功、准备生产的挂红牌；正在试制的挂蓝牌；还没成功挂黄牌。当上海的这家船厂送来这台柴油机时，受当时社会上浮夸风的影响，坚持说自己已经试制成功，要挂红牌。

主办这次展览会的张有萱是20世纪30年代毕业的工科大学生，他主修的专业就是柴油机，这台8800马力的柴油机的技术状况他心里最清楚。为了中国能拥有这种大马力的柴油机，作为国家引进小组组长，他费过多少心血，熬过多少不眠之夜啊！张有萱是个作风稳健的人，他不愿做这种糊弄领导和国人的事，所以他对这个厂的技术负责人讲："这样的产品，我们当然迫切希望能够拥有，但现在的状况，只能挂黄牌。"

看见周总理总是在注视着这台柴油机，张有萱知道，总理是非常关心中国大柴油机研制的，特别是对中国能否在远洋船上实现产品国产化尤为关心。所以，张有萱只好实

周恩来总理在展览会上

事求是地告诉总理：这个展品挂的是黄牌。对于柴油机的研制，特别是低速大马力柴油机，国内还过不了关，直接影响了船舶工业和相关行业的发展，想从国外引进技术，可是……

"有什么问题呢？"总理问。

"有关领导和部门还有不同意见。"张有萱回答。

周总理又抬头看了看这挂着黄牌的柴油机，略一沉吟，他明确地指示："不行就引进吧！"

得到周总理明确的指示，张有萱和他的技术引进小组的同志们异常激动。可以说，这些年来，柴油机的技术引进工作，一直是张有萱他们的一块心病啊！

关于柴油机技术引进问题，在国内已提出了多年。

最早提出从国外引进柴油机生产技术的是交通部的张文治。他是造船界的老前辈，同时也是全国人大代表。在"二五"期间，针对我国造船业落后、远远不能满足外贸运输需要的状况，在全国二届人大会议上，交通部把柴油

机的引进作为提案提出，提案中说道：

"解放前我们没有柴油机制造业，解放后只有小型的陆用柴油机生产，而且发展十分缓慢，主要是我们没有生产的图纸和资料。

"目前，我们的外贸远洋运输十分困难。所运货物，只有4%是自运，其余96%是租用外国轮船。一年仅租金就达5亿人民币。如果将这些租金用于我们自己造船和买船，可造和买万吨级的船40—50条。要发展自己的造船业，就必须解决船舶主机的问题。目前，我们造船主要是由苏联给我们提供蒸汽轮机。这种机型性能落后，费用又高。当今世界最先进和经济的是大马力低速柴油机。1955年，苏联已率先购买了丹麦的B&.W公司的低速柴油机制造许可证。同时据说波兰等社会主义国家也在和国外柴油机制造商谈判关于技术引进问题。

"'二五'期间，国家准备给我国远洋运输解决运力100万吨，但只能达到我们需求的三分之一。随着对外贸易扩大，运输需求矛盾将更加突出，所以引进国外先进的低速柴油机生产制造技术，发展我国船舶工业，已经刻不容缓……"

张文治老前辈的提案，言之凿凿，情之切切，令人动容。

提案上报之后，有关部门研究了一下：好吧，既然苏联"老大哥"都做出了榜样，我们学了也不会错的。于是，便有了西装革履的北欧人挺然傲然地来到了大连和上海地区的造船厂，他们通过翻译告诉中国人："因为你们不懂，所以我们来教你们。"在商务谈判桌上，这些北欧人又说："因为你们国家很大，所以我们要收你们双倍的价钱，包括每一匹马力的提成费。"

中国人对这些北欧人傲慢的态度难以接受，同时对他们开出的价格也接受不了，于是这次引进谈判就不了了之。当然，还有一个小小的插曲，某厂在谈判时，看了对方的图纸后，他们幼稚地认为：只要有了图纸，自己就可以制造，还用那么高的价钱去引进什么！

洋人们倒是送走了。船上没有柴油机，而柴油机是船舶的心脏，只能是死船一条。我们各个船厂造出来的那些空船壳，只能系在码头上，浸泡在海水中望洋兴叹，无奈地受着冬天的风吹和夏天的日晒，最后锈迹斑斑不忍目睹。

水肥水瘦，潮涨潮落。

时间延续到了1963年，人大又将引进柴油机的提案转到了新成立的六机部。尽管还有种种不同意见，但如今有了周恩来总理的指示，六机部很快又着手引进工作，他们一边向国防工办和国家科委打报告，一边派了考察团到国外考察。不久，六机部就提交了引进瑞士苏尔寿柴油机的报告。这个报告中说："尽管我们有个厂正在试制8800匹马力的低速柴油机，但技术上还没有过关。要在技术上过关，这不是三两年就能解决的简单问题。即使将来技术上已经过关，但也是单一机型。我们要引进的低速柴油机是系列的，共计有 25 个机型，从 3000—27500 匹马力。可以用于各种船舶，满足 50000—100000 吨级远洋巨轮的需要，填补国家的空白。"

报告还就引进的时间、技术、速度、经费等方面进行了论证，不管从哪个角度来说，都是比较完美的。

这个报告经国家科委审查之后，上报国务院周恩来总理。周总理很快就批示同意了这个引进报告。

可树欲静而风不止。就在这时，上海《文汇报》登出一篇文章，吹嘘8800 马力的柴油机已经完全研制成功。当时，张有萱正在广东向国家科委主任聂荣臻同志汇报工作。这天吃饭时，聂老总拿着报纸问："有萱同志，这是怎么搞的？这技术都研制成功了，你怎么还在批准引进？"张有萱接过报纸一看，一下愣住了。回到北京，他立刻问六机部部长方强是怎么回事？方强回答说，那台柴油机根本就不过关，很多地方都存在问题，引进是必须搞的。

于是张有萱向聂帅汇报后，引进工作继续进行，并很快同外方进行谈判后签订了合同。

"这个合同是新中国成立以来签订的最好的一个合同。合同上注明，我们买对方的制造许可证。第一次入门费才仅付 12 万美元，然后 3 年之内不再付钱；到第 4 年外方才开始提成，每一匹马力为 2 美元，1 万匹马力才 2 万美元，期限 15 年。对方在 15 年内有改型，包括零部件改动也要通知我们，有了新技术大家共享——以后的实践证明，最后他们搞到了 45000 匹马力！"

当年六机部造机处处长纽济昌回忆道："当时，中国技术进出口总公司的意见，还想一次性买断专利。因为在此之前，我国就一次性买断过汽车发动机专利。其实这是不合算的。不但新技术你得不到，而且一次买断当时需要490 万美元。仅仅是利息，15 年就是 1130 万美元，而采用我们签订的这个合同，用利息支付提成费就够了——所以我们说，当时那个合同是中国技术引进中最好的一个合同。"

合同签订了，款项支付了，图纸资料也拿到手了。这个合同的批准者是国务院副总理李先念。六机部早晨上报，李副总理晚上就作了批示。他的批示是："政治上要平等，技术上要合算，经济上要合理。同意。"

六机部部长方强、副部长边疆等领导研究后，认为我们的合同是符合李副总理批示精神的，所以图纸资料拿到手后，便立即安排大连、上海的工厂进行技术消化，并着手生产。

可万万没有想到的是，一场突如其来的"文化大革命"，将柴油机的引进之梦击得粉碎！

"这是两条路线的斗争，是爱国主义和卖国主义的分水岭！反革命修正主义长洋人的志气，灭中国人的威风，压制中国人自己研究大柴油机的革命积极性！"一时间，极左的标语口号、大字报、传单满天飞。报纸上也连篇累牍地给引进工作扣上"卖国主义""洋奴哲学""里通外国"的大帽子。张有萱、方强、交通部部长孙大光等人，一次又一次被揪斗，被戴上"反革命修正主义分子"的帽子，关进了牛棚。科委也被解散了，花钱买来的技术不要了，他们将引进的现成图纸弃之不用，又花巨大的人力物力进行仿制。在仿制中，他们盲目加大柴油机的缸径，加大活塞冲程，削薄缸盖的厚度，其口号是"我们绝不当爬行主义"，可那结果可想而知！犹如"大跃进"时那些小高炉炼出来的"钢"一样，只能是一坨坨锈迹斑斑的铁疙瘩。

令人可叹可悲的是，这种愚昧的行径，竟然标榜的是"最最革命"的标签！

后来，南边的造反派听说北方的船厂还有人"革命"不彻底，还有技术人员在偷偷地消化图纸。为此他们专门开了一条船，满载着"彻底革命派"去北方造反——于是，这个当年周恩来总理亲自批准的引进项目就这样夭折了！

据说，周总理得知造反派们到大连造反，销毁了我们用珍贵的外汇买来的柴油机图纸和资料的消息后，他脸色铁青，半天没有说话，最后他拍了一下座椅扶手，痛心地长长叹了一口气……

经过这场"革命的暴风骤雨"，人们从此对"引进"二字讳莫如深，谈虎色变，噤若寒蝉了——然而，纵使吃尽千般苦头，受到残酷迫害，像张有萱这样的人，他们对引进国外先进技术武装自己，使中国的舰船能够驰骋于大洋的夙愿，是永远也不会泯灭的。

引进之船扬起了风帆

诗人雪莱有句著名的诗句：冬天已经来了，那春天还会远吗？

是的，寒冬过去，便是百花争妍百鸟啼鸣的春天。

邓小平的第三次复出，便是春天来临的象征。

"船舶工业要积极引进先进技术"，"引进就要全部引进，要彻底革命，不要搞改良主义"。1977年12月6日和1978年6月28日，邓小平在接见六机部部长柴树藩等人，谈到船舶工业生存发展时，提出船舶工业要打进国际市场的具体措施之一，就是要引进国外先进技术。

在 1978 年 5 月到 10 月这段时间里，也是邓小平要求船舶工业大胆引进先进技术的时候。这些年来，他始终在考虑一个牵涉国家和人民命运的重大问题，那就是：一个落后的国家如何赶上和超过世界先进国家水平，实现中国四个现代化的问题。他分析道：由于"四人帮"的干扰破坏，我国的发展耽误了多年，同发达国家相比，除了技术上的巨大差距，在经济上的差距也许已是二三十年了。面对当前国家的窘境，怎么办呢？他提出了"要把世界一切先进技术、先进成果作为我们发展的起点"。因此"引进就要彻底革命，不要搞改良主义。""引进技术改造企业，第一要学会，第二要提高创新。"同时他又说道："世界在发展，我们不在技术上前进，不要说超过，赶都赶不上，那才是真正的爬行主义！"[①]

在邓小平同志看来，我国虽然落后，但我们劳动力众多且便宜，有较为丰富的资源，有一定的工业基础，只要大胆利用世界上一切先进技术和先进成果，站在先进国家肩上，博采众长，提高创新，就一定能够实现四个现代化；同样，我们的远洋巨轮也一定会驶向世界的每一个港口！

在邓小平的谋划下，叶剑英、李先念、余秋里、罗瑞卿等中央领导也先后对引进工作作了明确的指示。

六机部部长柴树藩、副部长张有萱和海军领导几次亲自聆听了小平同志的重要指示后，他们抚今追昔，感慨万千。采访中，张有萱副部长说："回想起这 20 年来我们的技术引进工作，真叫人惋惜呀！从 1958 年到 1978 年，是整整 20 年，20 年呀！为等到这一天，我们的胡子头发都熬白了呀！"他说，"当年，波兰与我们同时和瑞士苏尔寿公司谈判，他们谈成功了；而我们把钱白白送给了人家，合同撤销了。后来，上面又逼着我们向波兰买主机，一共买了 32 台共 37 万匹马力，共花了我们 370 多万美元呀——想起来，真令人痛心！"

如今好了，有邓小平运筹，我们的引进之船总算起锚，扬起了风帆，准备起航了。

"同志们，在五届人大会议上，我们提出了本世纪末实现四个现代化的宏伟目标，这有没有可能？日本从第二次世界大战以后，用了 13 年时间，就发展成为资本主义世界第二大经济大国。1958 年，它的钢产量和我们差不多，10 多年间它就达到了 1.3 亿吨！在亚洲，像新加坡、韩国、我国台湾和香港等，发展也非常快。韩国这么小的国家，连五六十万吨的船都造出来了！"

1978 年 9 月 1 日，六机部召开了造船工业新技术引进工作会议，部长柴树藩在这个会上作了长篇报告，他讲道："纵观当今世界，凡是经济发展比较

[①] 《邓小平文选》第二卷，人民出版社 1994 年版，第 111、129、132 页。

快的国家，都普遍采用外国最先进的技术。这个做法，开始于日本，其次是西德。中央决定在不影响我们国家主权，不影响社会主义原则，在独立自主、自力更生的基础上，大胆地、广泛地吸收和学习世界上一切先进的技术。那么，外国人能办到的事情，我们就一定能够办到！"

柴树藩在台上讲得激昂铿锵，与会者在台下听得热血沸腾。刚开始，秘书为柴部长准备了讲话稿，可柴树藩讲着讲着，就把讲话稿推在了一边，自顾沿着自己的思路讲了起来。他把这些年来引进国外先进技术，如何发展船舶工业，怎么打进国际市场的思考凝结成了生动、精彩的语言，洋洋洒洒讲了一个多小时——近40年后的今天，我们再读柴部长的这篇讲话，不由得不令人从内心发出感叹：这篇讲话的确是他一生中最为精彩的讲话，是他一篇高屋建瓴、气势磅礴、逻辑严密、文采四溢的杰作！

他讲到了技术引进的战略意义、技术引进的艰难历程、技术引进的理论依据、技术引进的特点特征、技术引进的方式方法、技术引进的吸收和创新……最后他强调：

"我们力争通过引进，用3年到5年的时间，把各种民用船舶的水平，包括出口船舶的技术水平，提高到现在日本的水平。我们应当决心为此而努力！我们的船舶设计落后，可以买现成的图纸；我们不会建造，派人出国学习，或请他们来教；我们工人的技术水平不行，就抓紧学习培训。总之，我们追赶的目标就是日本！……

"当前，我们要反对的，还是骄傲自满、故步自封、夜郎自大。自己分明落后，而不承认落后；你承认落后，改变这个落后的状态，这是我们有自信心的表现，是对人民负责的表现……现在，一个新的时期开始了，我们要大规模地、大胆放手地引进国外先进技术，这个规模，恐怕比以前大几倍，是空前的！我们船舶工业的技术引进，首先就从主机开始！……"

会场又响起一阵热烈的掌声。

在这次会上，柴树藩在谈到引进先进技术时，还举了一个生动的例子：我国1967年年初就开始试制船用发动机反向齿轮系统，这个系统对西方发动机制造商来说是一道很简单的工序。可是，我们却闭门造车，花了四年多时间，工厂进行了大约1200多次试验也没有解决问题。实际上，这根本不是什么保密的技术，只要买1份现成的图纸，我们照虎画猫就行！说不定我们画出的猫，还能成为虎辈们的老师呀！

"同志们啊，时间不等人哪！我们有的同志，为了国家的强大，为了民族的进步，等待我们能够引进国外先进技术的这一天，真是心急如焚、望眼欲穿呀！"柴树藩讲着讲着动感情了，他最后语重心长地讲道，"同志们，我们决不能重蹈清王朝时期那种自以为是、夜郎自大、掩耳盗铃、闭关锁国的覆辙了！……"

会场再次响起一阵又一阵的掌声。

"我记得，那次会议，柴部长的报告很是鼓舞人心，会场响起了几十次掌声。"时任六机部468厂厂长赵金贵对笔者讲道："从那次会议后，我们率先从西德罗曼·斯托尔福特公司引进了高精度、硬齿面的'船用齿轮箱'制造技术，迅速生产出了世界一流的船用和工业齿轮箱，填补了国家的空白。"

说声再见便过了20年

这是1978年秋天的一个早上。

这一天，天高云远，云淡风轻，有和煦的阳光，也有在阳光下啁啾的鸟儿，还有大楼前面小溪潺潺的流水。

"您好！"

"您好！"

当中国技术引进代表团的成员与瑞士苏尔寿公司的总裁和雇员们相互问好时，双方的神情都是意味深长的，各自都从对方的目光中读出了心照不宣的内容。

这眼中的内容带着几分无奈，但更是带着很多的遗憾。

历史其实是给中瑞双方开了一个玩笑。当中瑞双方再次握手问好，重新坐在谈判桌上，来谈中国从瑞士引进低速柴油机生产技术时，距离第一次挥手说"再见"已是整整20年！

一声"再见"，便是20年！

在这20年中，整个世界的政治、经济、军事，特别是国际造船界和航运界，发生了多大的变化啊！20年，在奔腾的历史长河中，或许只是毫不起眼的一朵浪花，可它给一个国家、一个民族所造成的差距或许是30年、40年，甚至半个世纪！

当年，我们买了瑞士苏尔寿公司的图纸，被"四人帮"操纵的"造反派"毁掉了。到了1972年，外贸部与六机部商量：事情已经过了这么多年，无论如何，总得给人家一个交代呀！于是，外贸部一位副部长来到瑞士，对苏尔寿公司的人讲：我们撤销那个关于柴油机的引进合同。苏尔寿公司的总裁也很"大气"，他耸了耸肩膀，笑了一笑，无可奈何地摊了摊双手：我们同意撤销那个合同，但 12 万美元的购买费当然不能退了；图纸，你们就留下吧，我们也不要了——不过，我们相信将来你们还是会引进的；如要引进，请贵国还是首先购买我们的专利吧！

无话可说，那 12 万美元就这样打了水漂。

到了 1973 年，根据周恩来总理指示，组建了国务院造船工业统筹办公室，由粟裕同志主持这个办公室工作。这时，又有人斗胆提出了是否与瑞士或丹麦的造机公司接触的问题，粟裕委托六机部副部长刘放、交通部副部长程望，以及张有萱、纽济昌等人到上海，征求上海市委的意见。上海的马天水、黄涛等人还没等听完刘放、程望的话，竟然就拂袖而去！

可事情到此还没完呢！

第二天，上海市随即就召集了万人大会，主题是"反击右倾翻案风，反击修正主义复辟"！其声势之浩大，其言辞之可怕，令人不寒而栗！上海交通大学还专门搞了录音，作为学生的第一节政治课。紧接着，由张春桥、姚文元把持的《红旗》杂志、《人民日报》连篇累牍地发表文章，以造船工业统筹办公室引进外国柴油机为靶标，在国内又掀起了一场"反修正主义复辟"的闹剧。

于是，与外国柴油机生产厂家接触的动议，在这样的政治高压下，只得又不了了之。

不过，现在好了。如今，中国改革开放的春风终于促使中国和瑞士两家又坐到一起来了。

"这次，你们不会再发生过去那种不愉快的事了吧？"苏尔寿公司总裁卡罗尔在与中国代表团谈合同条款时还心存疑虑。

大连柴油机厂用引进的专利研制的低速柴油机

"您放心，我们手中握有邓小平同志的尚方宝剑，绝不会发生过去那种不愉快的事了。中国粉碎了'四人帮'，任何人都阻挡不了中国全面改革开放的趋势了。"

"那就好，那就好，希望我们的合作能长久地持续下去。"

有了 20 年前谈判的基础，这次中国与瑞士签订的这个合同，主要条款与前次那个文本差不多。我们共向瑞士苏尔寿公司引进柴油机 5 种机型、25 个系列，只是费用比第一次有较大幅度的提高，其原因是"因为你们不守信用"。这一次购买生产制造许可证和图纸资料花了 50 万美元，以后每生产 1 匹马力提成费是 4 美元。但即使如此，这些费用尚不及进口 1 台主机的费用，其经济效益还是显而易见的。

合同签订完毕，中国代表团的成员们都长长地舒了一口气。

代表团成员走出苏尔寿公司大楼，伯尔尼的天空是那么蔚蓝，阳光是那么灿烂，连从白杨树上飘落的树叶，也似乎变成了翩翩飞舞的蝴蝶。代表团成员们仰望了一下明媚的天空，感到异常地欣慰——因为他们知道，中国各个船厂制造出来的空船壳，正眼巴巴地盼望着他们谈判的结果。他们千辛万苦、万里迢迢来到这里，事情办得居然比他们预想的要顺利。

低速柴油机技术的迅速引进，由此拉开了中国船舶工业大规模技术引进的序幕。正如部长柴树藩在新技术引进会议上所讲的：这次引进的规模是空前的！

——1978 年，大连造船厂、沪东造船厂、上海船厂等引进了瑞士苏尔寿公司"船用二冲程十字头低速柴油机"制造技术；

——1978 年，沪东造船厂、陕西柴油机厂引进了法国 SEMT 公司"四冲程中型柴油机"制造技术；四零九厂、四六七厂引进了瑞士 BBC 公司"VTR 型废气涡轮增压器"制造技术；

——1979 年，四六八厂引进了奥地利盖斯林格公司"联轴节和减振器"制造技术；

——1980 年，更是中国船舶工业大规模引进国外先进技术的高峰：四七六厂引进西德利普赫尔公司"船用起重机"制造技术；四零五厂、四零九引进了西德 MW—B&W 公司"船舶电站用原动机"制造技术；镇江柴油机厂、上海船厂引进了丹麦 B&.W 公司"四冲程中速柴油机"制造技术；大连造船厂、四三七厂、四零三厂引进了丹麦 B&W 公司"二冲程低速柴油机"制造技术……

短短几年，中国船舶工业系统共签订各类技术引进和设备进口合同 350 个，总计使用外汇 15757.6 万美元。其中软件合同 68 个、硬件合同 209 个，除船用主机外，还引进了船舶电站用发电机、船用货物通道设备、船用液压甲板机械、电动液压舵机、船用污水处理装置，以及炼钢、锻造和热处理技术等，形成了较为完整的船舶生产制造体系。

是的，邓小平的复出，标志着中国船舶工业和煦春天的到来。在生机盎然、万物勃发的春天里，部长柴树藩等人坚决果断地将邓小平的决策付诸实践，率先升起了引进之帆，历尽沧桑和磨难的中国船舶工业这艘巨轮，将航向对准了太平洋彼岸，豪迈地驶向世界……

作者与《中国船舶报》和国防工业出版社记者在 468 厂现场采访

朱镕基赞许 "兰德马克"

朱镕基总理在任上海市长时，曾在中国船舶总公司副总经理王荣生陪同下，饶有兴趣地参观过船舶总公司下属一个单位研制的深潜仪等产品，也曾到过沪东造船厂视察工作。

这位在经济领域中颇有造诣的市长，这一天来到沪东造船厂。当他一进工厂的计算机室，就止步不前了。计算机室中央，一台正在工作的计算机引起了他的极大兴趣。

"这是我们刚引进的 HBM '4381' 计算机。"工厂领导向他介绍道。

"哦，不简单！"朱镕基全神贯注地看着这台计算机精彩的表演，久久不肯离去。清晰的彩色屏幕上，计算机的各种功能表演，简直令人目不暇接、叹为观止。良久，他赞叹道："你们引进的这台计算机，完全具备当今世界先进水平！"

听着市长的赞许，工厂领导心里久久不能平静。说实话，工厂引进计算机系统，完全是被残酷的国际市场竞争逼出来的呀！

原来，沪东造船厂刚进入国际市场的第二年，他们承接的一艘外国船，万事俱备，只等开工了。可即将开工时，船东突然改变了主意，要改船上的油舱！谈判进行到最后一天——嗐，船东代表突然又提出要把水舱从船艉移到船艏！这一移，整个设计都得改动。以当时沪东造船厂的设计能力，再搞出一份方案说明至少需要两个月！

"这些外国船东太难伺候了！他们显然是故意刁难，不想做这生意了——算了，请他们另找高明吧！"工厂有的领导冒火了，想断然拒绝船东的要求；但更多的领导却是着急了，眼看煮熟的鸭子已经端上桌，却要飞了！

这如何是好？工厂领导商量来商量去，一筹莫展，无计可施。

可这时，一直参加这条船合作设计的日本"三井"公司的代表却不慌不忙地找到了工厂领导："你们完全可以答应船东提出的要求，这些要求在国际造船谈判中经常都会出现的，也是合理的——这样吧，这事交给我来办吧！"

当天下午3点钟，这位"三井"公司的代表将船东的要求电传到了东京，告诉总部连夜用电子计算机辅助设计——简直太神了！当天夜里，"三井"公司总部就搞了一份长达348页的说明书，又连夜传到了沪东造船厂谈判处。早上9点，说明书就奇迹般地放在了谈判桌的船东位置上。

"哎呀，计算机的威力简直太大了！"工厂领导和工程技术人员目睹眼前的情形，受到了莫大的震撼，"我们如果不尽快把计算机搞上去，不尽快提高我们的工作效率，不要说跟外国人竞争，往后就连找饭吃也成问题了！"

工人们也感到震惊了："过去，我们认为计算机不过是往纸上打些小洞洞，可有可无，现在才知道根本不是那么回事！什么叫工作效率、劳动效率，现在我们才明白！"

这时候，中国打开大门才使大家开了眼界。柴树藩、王荣生他们从日本船厂考察回来，才知道我们的工作效率与国外的差距：日本的造船周期一般只有2—4个月。以3.6万吨的散装货船为例，日本的建造周期记录是2个月。今治公司的丸龟船厂，他们的船台周期只有20余天，舾装只有14天，船舶建造周期大约只要35天；而我们的沪东造船厂是全国造船效率最高的厂家之一，最快的周期记录是148天。钢材的利用率，日本是95%，而我们最好的工厂只有85%。能源消耗，我们竟比日本相差10多倍。我们一个万把人的工厂，还不如人家千把人的工厂效率高——这样一比，你不服气也只能服气了。

不惜一切代价，首先就要引进计算机！

计算机的引进，对工厂来说，又是一次脱胎换骨的过程；对工程技术人员来说，犹如大浪淘沙一样，谁不熟练地掌握计算机，谁就将面临淘汰的命运！

就这样，中国船舶工业系统以上海、大连为代表的工厂，率先在全国掀起了一阵"计算机旋风"！正是由于建造出口船舶，促进了中国工业战线计算机的发展和普及；计算机的高速运转，又促进了出口船舶的建造。当然，对于像计算机这样的高新技术引进、消化、吸收和创新，对中国人来说，肯定有一个过程。而这个过程，从某种意义上来说，也是一个涅槃重生的痛苦过程。

长痛不如短痛。可以自豪地说，中国船舶行业在国内是率先将计算机应用于工程技术领域的，他们最早经历了这个阵痛，成功地为我国蹚出了一条计算机的引进、应用之路。

难怪朱镕基在这台具有当今世界先进水平的计算机前流连忘返，久久不愿离去——因为他们不再是农耕文化熏陶出来的一代领导人，而是具有工业文明和信息时代的素养，他们崇尚科学，目光远大，始终是将目光投向世界高科技领域，坚定不渝地追踪当今世界先进科技水平的一代领导人。

"一个城市，要有她的'兰德马克（land mar）'标志，将来黄浦江大桥就是上海的'兰德马克'；而电子计算机是你们船厂的'兰德马克'！"临走时，朱镕基市长十分感慨地对在场的工厂领导和工程技术人员讲道。

是的，如今计算机不但成为沪东造船厂的"兰德马克"，而且成了整个中国造船行业的"兰德马克"。到了20世纪80年代中期，在这个行业内，已经有了上千台各种各样的计算机在运转，广泛应用于船舶主机、辅机的设计，广泛应用于生产工艺、制造、管理，并形成了一支2000余人的软件开发队伍。他们不但引进、消化和吸收了计算机这项先进技术，并以令人吃惊的速度实现了创新。令人不可思议的是，短短三四年后，我们的船舶技术软件反过来向国外出口，外国人反而从我国引进！

所以，难怪国外有舆论惊呼道："中国人一旦掌握了某种技术，他们一定会非常高明地玩出令你惊奇的花样来！如果有人要怀疑他们这种能力的话，那他根本就不了解中国和中国人！"

"碧江"号结束了一段历史

天蓝、水碧、云淡、风轻。

袭击黄海和渤海的第 7 号台风刚刚过去，极目向海面望去，只见辽阔的海天之上，一群群海鸟在翻飞。今日浪高不到 2 米，波浪轻轻地拍击着码头上的防波堤。

海平线上，一个黑点在遥远的天边渐渐隐现出来。有人举起了望远镜后，一下叫了起来："对，对！这是'碧江'号！它回来了，回来了！"

码头上，所有的人都踮起了脚尖，睁大了眼睛，望着远方渐渐出现的巨轮。此时，有人露出了欣慰的笑容，也有人长长地吁了一口气。

是的，是它，是它！是"碧江"号！它终于回来了，终于试航回来了！

"碧江"号的身影越来越大，越来越清晰，只见它那锋利的船艏，轻松地犁开波浪，一路潇洒地向船厂码头疾驰而来！突然，一阵欢快的汽笛声响起，它在向欢迎它归来的人们报告着试航成功的喜讯。

"主机运行一切正常！主要的技术指标全部达到和超过苏尔寿公司确定的标准！"船长下了舷梯，登上码头，向工厂领导报告道。

"好，好！同志们辛苦了！"

成功了，成功了！我国从瑞士苏尔寿公司引进的大功率低速柴油机终于试制成功了——"碧江"号的试航成功，结束了我国大功率低速柴油机制造为零的历史，标志着我国已进入世界大功率低速柴油机生产国的行列。

在我们引进技术之初，不但外国船东对我们的生产带着怀疑，就连苏尔寿公司来华帮助我们的技术人员也抱着不太信任的态度：中国人能看懂图纸吗？中国的机械加工设备能达到柴油机要求的加工精度吗？中国工人的技术水平能加工和装配这些先进的机器吗？

怀疑、观望、揣测、等待。

是啊，1 台这样的柴油机，就由 3 万多个高标准、高要求的零部件组成。这重达几百吨的庞然大物，应用了电子控制、计算机控制、油气自动化系统等世界先进技术，不管是瑞士的苏尔寿柴油机也好，丹麦的 B&. W 柴油机也好，其复杂程度的确使人望而生畏，能在世界上完美制造的只有少数几个发达国家。因此，当我们的制造厂生产出苏尔寿柴油机后，要求国内外的船东采用我们的主机时，得到的回答是意味深长的：你们先造几台试试再说吧！

可如今，我们生产的第一台大功率的低速柴油机，装在了广州远洋运输公司 1.5 万吨的"碧江"号上，不但运行得出奇地好，而且有的技术指标比设计的还要好！当"碧江"号试航归来后，不少船东，包括外国船东登上了这条船，船上的主机受到他们的交口赞誉！

"中国人了不起，中国的造船厂了不起！"

是的，中国船舶行业引进国外先进技术后，以令人吃惊的速度进行消化、吸收和创新，这不但让国内外的船东刮目相看，而且引起了国家有关部门的密切关注。国务院经济社会发展研究中心，曾对船舶行业的引进情况进行了专题调研。调研的结果也同样让他们感到吃惊。

为了说明船舶行业在引进、消化和创新方面的成功，文字不长，我们不妨摘录几段这个研究中心向国务院报告中的内容：

1. 一批骨干船厂通过技术引进、技术合作、技术咨询，开拓了思路；工艺更新，产品升级，形成了坚实的船舶出口基地。

建厂历史最悠久的上海江南造船厂，短短几年，已形成批量生产 4 万吨级以下船舶的能力，形成 6 万吨级船舶的制造能力。主导产品由 1.6 万吨煤船、矿轮转变为 2.7 万吨和 3.9 万吨的各种货船。

2. 引进的一批先进的钢板预处理设备、切割设备、焊接设备、运转设备和除锈设备，改进了工艺，提高了质量，降低了消耗，缩短了生产周期。

武昌造船厂引进的钢板预处理设备，使除锈速度由原来的 1—1.5 米/分，提高到 2.5—3.5 米/分，成为外商免检产品；东海船厂引进大功率自动电焊机后，焊接周期比手工焊缩短 50%，一次拍片合格率达 94%。

3. 引进技术制造的船用柴油机逐步替代了进口柴油机。这将我国柴油机生产从 50 年代苏式水平或国内正在攻关的柴油机水平，提高到 80 年代世界先进水平，达到油耗低、寿命长、性能优的目的。

4. 船舶特辅机制造技术的引进，进一步降低了船舶造价，实现了产品升级换代。

无锡电机厂引进西德西门子公司的船用无刷三相交流发电机系列制造技术，产品一跃为 80 年代世界先进水平；武汉船用机械厂引进石川岛播磨的液压机械、川崎的电动液压舵机、卡迈瓦的可调距螺旋桨、舵波的艉轴密封装置技术后，经济效益大幅度提高。

最值得一提的是，四川齿轮箱厂引进奥地利盖斯林格联轴节、减振器和西德罗曼公司的船用齿轮箱技术后，一举扭转了"找米下锅"的窘境，实现了利润大幅度上升；同时他们将引进技术消化吸收后，举一反三，自行研制了冶金、矿山、纺织、石化、建材、铁道、军工等领域的齿轮箱和联轴节，一跃成为国内高精度、硬齿面齿轮生产基地，为国家重点建设工程宝钢 2050 轧机、成都无缝钢管厂重点改造工程、西昌卫星发射基地、仪征化纤设备改造工程，乃至举世闻名的三峡工程，提供了大批高精度、硬齿面的转动装置。一时间产品供不应求，反过来出口到美国、德国、菲律宾和新加坡等国家和地区。

　　报告写道：

　　5. 对一些非船舶产品制造技术的引进，使一部分企业实现了"军转民"的产品转向和升级换代。

　　6. 引进的一批生产设备和检测仪器，对软件技术的实现、工艺的改进、产品质量的保证、生产效率的提高以及节能节材起了关键作用。

　　7. 工艺技术的改进，促进了技术进步，保证了产品质量。如 TR 锻造、船用螺旋桨铸造、炼钢和热处理技术。

　　8. 为院校和科研单位引进的试验、测试、分析设备，大大改善了科研、教学手段，从而突破了一批科研课题。

　　9. 有选择地引进一些先进的海军技术装备，使我们获得大量极为珍贵而有价值的可供借鉴的信息。

　　10. 技术引进促进了企业的管理和改革。

　　……

　　总之，国务院经济技术社会发展研究中心向党和国家领导人提供的这份报告，对船舶工业的引进、消化、吸收和创新工作给予了高度评价，并下发到全国各行业作为借鉴。著名科学家钱学森认为：这真是一件了不得的事情！

　　后来朱镕基总理十分感慨地说："船舶工业发展实际上是改革开放的产物，也是改革开放取得成功的一个显著标志。过去国家经委也在总结船舶工业发展的情况，改革开放，引进技术，采用国际标准，面向出口市场。这一方面，柴树藩、安子文同志有大功劳！"

　　"呜——"明媚的阳光下，"碧江"号又拉响了起航的汽笛，开始了横跨太平洋新的航程。它的身后，留下的是一道崭新的航迹……

　　"碧江"号结束了一段旧的历史，开辟了中国造船一个新的纪元。

第六章

叩响新的世纪之门

　　黄浦江在静静流淌。

　　这里，是中国第一批近代工业的摇篮，孕育了中国第一代产业工人。正因为如此，中国的《汉语词典》中，才有了"工人阶级"这个词汇。

　　过去，闪烁在他们头顶上的，是耀眼夺目的光环和荣耀；可如今，却不得不面对他们最不愿意见到的痛苦和无情的现实。

　　过去了的只能成为历史，今人的历史只能靠自己来书写。

　　路漫漫其修远兮，水茫茫其浩然兮——历史将证明，上海这座有着光荣革命传统的城市，她所孕育出来的中国工人和知识分子，无论过去、现在还是将来，他们都是顶天立地的拓荒者和创造者！

过去了的只能成为历史

星移斗转，物是人非。

这里，曾是中国近代工业的摇篮，中国工人的发祥地。

这里，造就了徐寿、华蘅芳、徐建寅等我国近代史上著名的工程技术家和科学家。

这里，还诞生了中国第一台车床、第一炉钢、第一条兵舰、第一门钢炮、第一架飞机、第一艘铁甲炮舰、第一磅无烟火药、第一台万吨水压机，等等——打开她的历史，拂去岁月的尘灰，上面记载的文字足以令这里的人们陶醉和自豪。

以铜为鉴，可以正衣冠；以史为鉴，可以明得失。为了让我们更深刻地了解上海这批中国最有资格的工厂，在改革开放大背景下，在进入国际市场战略转折中所经历的阵痛，以及在阵痛之后获得新生的启示，我们不妨撷取最有代表性的江南造船厂的几个片段，来佐证历史和现实之间的变迁。

江南造船厂的历史，要追溯到 100 多年前。当英国人的舰炮轰开中国的大门之后，1840 年到 1865 年，光外商在上海开办的工厂就有 21 家。其中在虹口宏特码头附近有家美商科尔开办的工厂，名叫"旗记铁厂"，主要业务为修造轮船、铁工、机器等。这家工厂引起了上海江海关道丁日昌的注意。

丁日昌是洋务派李鸿章的亲信。李曾授意其访购一家洋人现成的工厂，丁日昌四处寻访比较，选中了"旗记铁厂"。初去询价，科尔开价 10 万两银子，几经交涉以 6 万两银成交。最具讽刺意味的是，这 6 万两银子中竟有 4 万两是罪犯唐国华等 3 人因贪污中饱私囊的赃银！

买下"旗记铁厂"后，巧逢候补同知容闳从美国买来的 100 台机器也运到上海。李鸿章上奏朝廷后，将这机器和原有的两个炮局一起并入。1865 年 8 月，办起了江南制造总局。李鸿章任督办，丁日昌任总办。

在当时，不少西方国家已在大量使用机器船，而我国的船只只能靠"张帆使舵，摇橹划桨"来推进。洋务派们此时正兴起仿造洋枪洋炮和舰船的"洋务运动"。买下"旗记铁厂"后，从 1867 年开始制造轮船。次年，建成中国第一艘大型机器船，船长 185 尺、宽 27.2 尺，吃水 8 尺，马力 392 匹，载重 600 吨，系木壳明轮兵船。

1868 年兵船下水。船上装有 8 门大炮。兵船试航时，轰动了整个上海。人们奔走相告，欣喜若狂，黄浦江边拥满了人群，以一睹华人自造的大轮船为快事。船上插有一面鲜艳的黄色龙旗，船舷直立两排水勇。其情其景"令上海军民无不欣喜，江南制造局上下无不引以为自豪，兹船乃本国始初自造也！"

9 月 28 日，兵船自上海抵达南京，直隶大臣曾国藩在下关登船至采石矶翠螺山。他对此船赞不绝口，称"此船又快又稳，坚致灵便，可以涉历重洋"，并亲自命名为"恬吉"号，取"四海波恬，厂务安吉"之意。后为避讳帝名，改为"惠吉"号。

"惠吉"号兵船的建造，显然是我国近代造船史上一个里程碑，也成为江南制造总局历史上灿烂的篇章。但这个制造总局最辉煌的一页，当数 20 世纪为美国承建的 4 艘万吨级的远洋运输轮船。由于种种原因，此中国造船史上的这一重大事件，却鲜为人知。

1918 年 7 月 10 日，在美利坚首都华盛顿。西装革履的美国运输部总办韩丽，和身着长袍马褂的北洋政府驻美公使顾维钧，分别代表本国政府，在中国为美国承建 4 艘万吨级远洋运输轮船合同上正式签字。

美国何以会请中国帮助造船呢？原来，当时欧战正酣，美国政府急需为其盟国运输枪械弹药，又苦于远洋运输船不足，一时又无法大量建造。特电饬美国驻沪领事沙蒙斯，商请江南造船所代为赶造多艘运输船。当时任造船所总工程师的英国人毛根受命赴美具体洽谈。洽谈结果，中国先为美国建造 4 艘运输船。即"官府"（Mandarin）、"天国"（Celestial）、"东方"（Oriental）、"国泰"（Catnay）号万吨级远洋船。

双方议定船总长为 443 英尺（135 米），型宽 35 英尺（16.76 米）；满载排水量为 1.475 万吨，满载航速 11 节；承造价以每吨 195 美元计算，4 艘船总计 780 万美元。

江南造船所承造的这批船，在当时的中外造船界引起巨大震动。《东方杂志》曾载文曰："今江南造船所承造之美国 1 万吨汽船，除日本不计外，乃为远东从未所造之船……从前中国所需军舰及商船，多在美、英、日三国打造，今则情形一变向之需求于人者今日能供人之需求。中国工业史上乃开一新纪元。"

4 艘船中最先竣工的"官府"号，于 1920 年 8 月 3 日下水，其时热闹非凡，"参观者异常拥挤，道途几为之塞"。北洋政府海军总长刘冠雄和中外官商被邀参加。美国公使克兰氏夫人为"官府"号命名祝颂。

翌年 2 月 17 日，"官府"号交船后开往美国旧金山，其余 3 艘不到一年也相继下水。此 4 艘远洋船建造速度和质量都是比较好的，直到第二次世界大战仍在航行。

时间延续到 1949 年 5 月 28 日上海解放后，军管会主任陈毅和副主任粟裕签署了接管江南造船所的接管令。从此，江南造船所在军代表管理下，在国民党破坏后的废墟上，开始了新的创业。

至 20 世纪 50 年代，江南造船厂建造了中国第一代常规潜艇和第一条5000 吨货轮，建成了中国第一艘自行设计的万吨轮"东风"号；70 年代末期，研制成功了"远望"号远洋科学测量船和"向阳红 10"号海洋科学考察船——上海船厂、中华船厂、求新造船厂……哪一个工厂都有创下"中国第一"辉煌的一页，哪一个工厂都有代表国内先进水平的舰船在江海中驰骋。

三十年河东，三十年河西。过去了的只能成为历史。

由于这些年我们闭关锁国，特别是在"文化大革命"中过分强调"自力更生""土法上马""蚂蚁啃骨头"这些思想观念和作业方式时，国外在工业技术上先进的理念和科学的工作方法，已经运用得淋漓尽致、游刃有余，将中国的造船业远远抛在了后面！

早在 1965 年，中国 1 艘 1.1 万吨的客轮交由法国大西洋船厂制造。708所的张炳炎工程师被交通部派驻为监造师，他在该厂巡睃时，在船台上见到一台从未见过的机器，这个机器让他感到无比震惊！这个灵巧的机器顺着一根轨道，轻车熟路地进行着自动焊接！他琢磨了半天，才明白这是在技术文献上看到的机械手！可是，我们直到 20 多年后才搞明白，才开始逐渐学习和运用。当我们的工人还在拿着木尺和竹竿趴在木头地板上，进行1∶1 放样时，法国人已经在进行 10∶1 的放样，并实现了船体钢板的无余量对接！

现实是残酷的。

到了 20 世纪 80 年代初期，上海造船界在经历了巨大的阵痛之后，开始面对残酷的现实，冷静地回顾和思索自己的历史，凤凰浴火，踏上了创造自己新的历史征程——走出国门，勇闯世界，与世界造船先进国家一试身手，比个高低。

作为先锋首先出阵的，就是拥有 100 多年历史的江南造船厂，领头的一员大将，就是江南造船厂厂长胡传治。

黄浦江边的灯火依次逐渐熄灭了，厂区里早已陷入一片沉寂。胡传治面对"世界船王"包玉刚关于建造两条具有国际先进水平的 2.7 万吨多用途货船的订单，以及那一大堆图纸和建造规范，陷入久久的沉思……

面对痛苦无情的现实

东边露出了一缕鱼白，上早班的人已碰响了自行车的铃声。胡传治从那一大堆图纸和资料中抬起头来，直了直酸胀的腰身，揉了揉肿涩的眼睛，长长地吁了口气。

他又是一夜未眠。

面对新的国际造船规范，面对紧迫的交船周期，面对工厂目前的状况——难哪！这些天来，他手中仿佛捧着一团乱麻，努力地想从这团乱麻中理出一个头绪来。

胡传治是新中国成立后培养出来的第一批大学生，在船厂里已经摸爬滚打了20多年，对船厂的历史和现状他比谁都清楚。中国的造船业必须要超越历史，超越前人；在世界广袤的海洋中，必须要有中国人的一席之地；江南造船厂，必须要在前人创下的业绩上，书写自己崭新的历史！这是这位厂长上任之初便抱定的宗旨。

可他有时又感到有点遗憾和悲哀：建国已经30年了，尽管我们依靠自力更生，造出了几种有一定水平的舰船，可我国在世界造船界依然是无足轻重的。泱泱10亿人的中国，尽管我们也有大大小小几十家船厂，但在世界造船产量中，我们是位居第17位！而且和前16位的造船吨位比较起来，还不如一些国家的零头！更何况，我们现在沿袭的还是50年代从苏联引进的技术，沿用的还是在世界上得不到承认的造船规范——有什么本钱值得自豪，有什么理由值得骄傲呢？

改革开放迅猛的浪潮，"中国船舶工业要打进国际市场"的动员令，把长久以来沉醉在"造出万吨轮，气死帝修反"的上海造船界从甜美的梦中猛然惊醒过来——开眼往海洋上一望，别的国家航船已驶出了几百海里，已难望其项背，而自己的造船技术已经落后了世界二三十年！

邓小平同志提出的"军转民"战略决策，国家对航运业实行的"拨改贷"政策，使整个上海造船业一下就从"皇帝的女儿不愁嫁"的宝座上跌落下来——往日的荣耀换不来煎饼，过去挂在胸前的奖章不能当饭吃。摆在所有船厂面前的只有两条路：要么关门转产；要么毅然下海，在国际船舶市场中与强手比个高低，求得自我的生存和发展！

上海不愧是一座有着光荣革命传统的城市，船厂的干部和工人不愧是长年与钢铁打交道的人，这里所有的船厂，都毫不犹豫地选择了后者！

"要与世界先进造船国家一比高低，要想在世界船舶市场争得一席之地，要想在激烈的市场竞争中站稳脚跟，求得自我的生存与发展，就必须开发新的船型，造别人没有造过的船！"素以办事果断、大刀阔斧的胡传治，经过无数个日夜的思考和调研，他召开了全厂干部大会，在会上他动情地讲道，"同志们，我们这次要建造的两条 2.7 万吨的船，是香港船东包玉刚首批向我们订的船。这两条船，必须全部符合英国劳氏检验规范，这对我们来说，是一个全新的考验！我们江南造船厂的全体职工，必须放下'大拿'的架子，虚心学习，全面提高我们的设计、工艺、制造水平！过去我们闭关自守，坐井观天，带来的只有保守和落后。为了将来能大踏步地前进，我们必须卧薪尝胆，甚至忍辱负重，学习学习再学习！"

是的，这次工厂要建造的出口船，和过去建造的船完全是两码事！

它从设计工艺到施工质量，从选用材料到设备配套，都必须要符合国际规范。就拿入级登记来说，过去简直闻所未闻。除了无条件地符合英氏船级社的规范外，还需符合《国际海上人命安全公约》《国际载重线公约》《苏伊士和巴拿马运河以及圣劳伦斯和北美大湖北航道通行规则》《美国海岸安全和卫生规则》《海上避碰公约》《澳大利亚与加拿大港口规则》等 20 多种规则、公约和规范的要求。

为了适应国际市场的需要，胡传治和他的同伴们以科学、严谨的态度，采取了一系列重大举措。

首先，他们与日本"三菱"重工合作，引进先进技术，确保首次建造出口船能一举成功。

但这项举措，一开始就遇到了意想不到的麻烦，甚至是令人痛苦不可接受的现实！

真是不是冤家不碰头！

抗战时期，淞沪战役之后，上海陷于日军之手。江南造船厂和沪东造船厂分别被日本"三菱""三井"造船社"接管"。可令这两个厂的工人们万万没想到的是，日本人投降几十年后的今天，当中国和日本建交之后，两国的工商界往来日益密切。江南、沪东又分别向这两家昔日的敌手发出了帮助工厂改造的邀请。日方公司或许出于忏悔和愧疚，或许更多是经济利益驱使，他们欣然应允。

可令江南造船厂的干部和工人更没想到的是，日方派出的人员中，以焊接专家仁藤带队的技术组里，竟然有抗战时期驻厂的"管理员"！

"日本人又回来了！"这消息简直像晴天霹雳，一下子就在厂里炸了起来，"当年日本人用棍子打我们，用皮鞭抽我们，现在还要出钱请他们来当老师教我们，这不是又来了个天地颠倒嘛！"特别是日伪时期在厂里干过活的老工人，更不能接受这样的现实——要叫他们接受这样的现实，无疑是残酷和痛苦的。

这时候，人们似乎才真正理解厂长胡传治要求大家卧薪尝胆，甚至忍辱负重这些话的真正含义。

"打倒日本军国主义！日本鬼子滚出工厂去！"一天早晨，厂门口宣传橱窗下，不知被谁贴上了五六张这样的小纸条和小标语。

"那场战争，对中日两国人民来说，真是一场噩梦。日本人对不起中国人，给中国人民带来了巨大的灾难，我们真诚地表示忏悔……"工厂开办的技术培训班开课了，担任教员的仁藤走上讲台，向江南厂的学员们深深鞠了一躬，满脸真诚地讲道，"那场日本军国主义者发动的侵略战争，不但给别国人民带来巨大的灾难，也给日本人民带来了巨大灾难，带来血与泪的教训，大家知道日本的长崎和广岛吧？……中日两国是一衣带水的邻邦，两国人民是唇齿相依的兄弟，我们现在需要的是和平和建设，让这个世界再也不要有战争！"

仁藤的话让工人们的情绪稍微好了一点，课堂上稍稍安静一些。

仁藤介绍了他们船厂目前的现状，介绍了日本造船业从衰落走上成功的经历。他们所在的长崎船厂，也是一个百年老厂，同样也是在50年代初期向西方引进以焊接取代铆接的技术，才使工厂造船的质量和效益有了大幅度的提高。仁藤说：其实江南厂掌握这种技术要比长崎早几年。然而后来怎么反而落后了呢？长崎船厂今天的高效焊接技术应用已达到80%以上，而江南厂才不过10%；而且焊接的质量，按劳氏船级社的检验规范，还远远不能满足造出口船的标准！

课堂上的理论知识讲过了，紧接着是实际操作。在实际操作中，江南厂的电焊"高手"们和大连厂的师兄弟一样，在和日本技师的"交流"中，同样悻悻地败下阵来！在英国人组成的专家组见证下，江南厂的电焊"高手"们在国际造船标准严苛的"模拟"检验下，不合格的焊缝疵点竟然也比日本技师多600%以上！

江南厂的工人们同样震惊了！

能者为师。为了能按国际规范造好出口船，无论你是感到委屈和愤懑也好，还是心里是憋着一口气也罢，只能虚心向人家学习，只有练好硬功夫、真本事，在"华山论剑"时，你才可能一雪前耻，扬眉吐气！

"为了适应国际市场，我们绝不能迁就自己，更不能希望别人来同情和迁就我们！"胡传治在工人培训班上给大家讲道："市场规律是无情的，它有点像丛林里的法则，那就是优胜劣汰、适者生存！我建议家里有电视的同志，回家后再看看'动物世界'这个节目，就知道什么叫做'优胜劣汰、适者生存'了。"

史密斯震惊的缘由

"世沪"号如期开工。

这是江南造船厂为香港建造的首艘2.7万吨的货轮。

包玉刚派来的监造师是个英国人，他叫史密斯。此人与前面讲到的那个英国验船师艾伦一样，也是一个严肃认真、一丝不苟的老资格验船师。他对自己的主人非常忠实，成天都在工作现场转来转去。

"轮船要在茫茫的大海航行，一丝一毫也马虎不得！我对自己监造的船，要承担终身的责任！"上任伊始，他问江南厂的总工艺师，"你们为我们造船，是靠什么来保证质量呢？"

"我们有质量检验处。"总工艺师答道。

"这个处有多少人？"史密斯又问。

"200多人。"

"可是，贵厂有12000多个工人哪！"史密斯愣了一下，然后意味深长地说道。这个厂与日本技师"技术交流"和"模拟"检验，都是由史密斯担任裁判。他这意味深长的话里，明显地透出对厂里的工人技术不放心。

史密斯的担心当然有他的理由。

这一两年，国外和香港船东见中国改革开放后迅速吸收西方先进技术，引进了大量的高新装备，工人们也在努力学习先进的造船工艺，便纷沓而来，先是考察摸底，然后才是谈判和订船。

然而，这些船东并不因为中国的船价比别国低一些，就稍稍放宽造船的质量要求：船的主机必须100%可靠，而且要省油耐用；船的货舱大小是运营效益所在，设计要求最佳；甚至连船员的房间多高、走道多宽，也有严格的规定；当然，船体的焊接拼装，事关船舶安全，更是万万不能马虎。

当然，建造出口船，最棘手的是生产现场。为了保证质量，每造一条船，总有三五个监造师和验船师驻扎在厂里，一丝不苟地对船进行监造和校验，直到最后交船。有时这种严苛得不近人情的检验，简直令中国工人难以忍受。

在建造"世沪"号时，意大利船东在江南厂订购了一条驳船。交船之前，船东又派来一个名叫莫斯凯尼的代表赶到船上检查。出人意料的是，这位船东代表竟然从手提包里掏出一面小镜子，一支手电筒，用铁丝做了一个带长柄的框固定镜子，专门伸到人们看不见、摸不着的缝隙，转弯抹角地查看疵点。他在船舱里爬上又爬下，一查就是几个小时。一发现问题，立即就用白粉笔画个圈，逼迫你返工。

"爷们儿造了一辈子船，没见过这种造法！"工人们刚开始是忍耐，到最后简直是愤怒了，"这些外国人，简直米饭里面挑味精，故意来刁难我们中国人！"

看到工人群情激愤的样子，史密斯走了过来，他拍了拍一个工人的肩膀，比画着手势，笑着说道："我们英国一家船厂，也为我们船东造过这种船，因为质量不过关，变成了一条废船。我们对船的要求并不高。"史密斯把右手放在腹部说，"过去，你们的造船水平在这里。"他又把左手放在胸前说："我们要求你们在这里，所以你们感到吃力。"接下来他把右手抬到额角说："德国人的要求在这里。以后你们造了德国船，再给我们造，就不觉得难了。还有，更难的船东——伊朗，你们可能更接受不了……"

史密斯的一席话，虽然让工人们的火气渐渐平息下来，却引起工厂领导的深思：千万不要以为是外国人故意在刁难我们，这恰恰反映了世界船舶市场的客观要求。这就是胡传治厂长所说的：优胜劣汰，适者生存！谁想拿到订单，谁想在国际市场上站稳脚跟、拔得头筹，就要经得起"洋镜子"的挑剔！

其实，在胡传治他们采取的重大举措中，除了首先与日本"三菱"重工合作，引进先进技术和装备外，重点就是抓了队伍整体素质的提高。为适应建造出口船的要求，对造船的几个关键岗位，作了严格的规定，焊工要上船操作，必须持有外国船级社的操作等级证书；在引进日本先进管理的理念时，重点学习日本的自主质量管理经验，整顿工艺纪律和生产秩序，强行推行新工艺、新技术，使船舶质量的关键——焊接，一次拍片合格率大幅度提高。

江南造船厂不愧是国内一流的造船厂，最可贵的是他们拥有一支在强者面前不服输的工人队伍。短短几个月，工人的技术水平有了飞速提高。原来，日本"长崎"船厂造船焊接方法有34种之多，而其中已由英劳氏等5个船级社认可的就有33种；而江南造船厂过去有条件提请英劳氏船级社认可的不过只有3—4种。但短短几个月，日本这些焊接方法几乎全被江南厂的焊工们掌握了。

"奇迹，简直是奇迹！中国工人吃苦耐劳、聪明能干！"仁藤见识了外国船级社对工人的多次考核后，由衷地发出了赞叹。

时光飞逝。从1981年7月起，"世沪"号船体部分开始陆续交史密斯验收。令他们感到意外的是，史密斯和验船师总共检验了102个部件，竟然全部一次交验合格！其中有3只1月份试查的部件，总共才只有4个瑕疵！

这一回轮到史密斯感到震惊了！"这是我在10多个国家验收的几十条船中，最完美的检验结果！"他高兴得连连在验收书上写下"OK""Very good"！

史密斯先生在所有的交验书上签完字后，抬起头，用他那双灰色的眼睛动情地环视了江南厂一遍，由衷地对厂长胡传治说道："贵厂工人的技术水平绝对是一流的！你们这么短的时间就达到这么高的水平，我的确感到震惊！老实说，江南厂的分段建造质量，已经超过日本大阪船厂的质量。如果说，日本船厂的船体焊接质量打 90 分的话，中国江南船厂就可以打 93 分！"

史密斯说完，又抬头把已上船台的"世沪"号姐妹船"世谊"号凝视了一阵，手指着"世谊"号，又对胡传治说道："你们第一条船就造得这么漂亮，我相信那条船的建造质量肯定会超过这第一条！"

马科斯夫人主持庆典

在国外，每逢新船下水时，总要举行盛大的庆典活动；总要在船体下水时，由船东夫人或船东邀请名人的夫人，以"敲香槟酒"的形式庆祝新船下水。这种仪式一般称之为"掷瓶礼"。

在新船下水时，为什么要敲香槟酒呢？这真是一个有趣的仪式。据说，这种风俗起源于古代的西方。那时，航海技术落后，航海是一种十分冒险的职业，在茫茫的海洋中，船毁人亡的事是经常发生的。当时，无线电还未问世，人们没有合适的通信手段。因此，每当船舶遇难时，只得在纸上写下遇难船员们的姓名、失事日期、方位以及船名等一切需要告诉他人的事项，然后把纸卷起来，塞进空瓶内，将瓶口密封后投进海洋，指望过往的船只或空瓶流经海岸时被人发现，从而赶来救援——读过《格兰特船长和他的儿女们》这本书的人，一定记得格兰特船长掷酒瓶传送遇难信息的细节描写。

事实上，那时在海上遇难后获救的希望是非常渺茫的。因此，一旦投下这样的酒瓶，就意味着死亡和危险。作为船员的亲人们，无时无刻不在为他们在大海上的亲人祈祷，无时无刻不在为大海上航行的亲人担忧。每当遇到气候恶劣或飓风频繁的季节，他们就不约而同地聚集在海岸或港口，盼望着亲人们的归来。但是，他们中间有一些人，总再也见不到他们日夜思念的亲人。他们最不愿意见到的，就是其他船只在海上打捞回来的那种装有写着凶讯纸卷的香槟酒瓶子。

为了驱邪避灾，祈求平安吉利，在西方便逐渐形成一种风俗，即当每一条新船下水时，便由船东的夫人在船艏砸碎一瓶香槟酒瓶，让醇香扑鼻的香槟酒洒在船头周围。他们认为这酒瓶敲得越碎越好，预示着这条船投入航行后将大吉大利、一帆风顺。可这种风俗延续至今，已演变成带有传统色彩的喜庆仪式了。

外国船东在中国建造的船下水，这种仪式也是万万少不得的。

那么，"世界船王"包玉刚在上海江南造船厂订造的两艘新船，第一艘船下水时，由哪位夫人来主持这个仪式呢？

1982年6月10日。

这一天，对于已有117年历史的江南造船厂来说，是一个值得纪念的特殊日子。这一天，他们为香港环球航运集团建造的第一艘2.7万吨的货轮"世沪"号下水。

上午9时许，当一位身着白色连衣裙、手拎玲珑坤包、仪态万方的夫人在包玉刚和柴树藩以及上海市市长汪道涵、外交部顾问韩念龙等人的陪同下，款款走进江南厂厂区时，有人眼尖，一下子认出了这位将要主持"世沪"号下水的夫人——菲律宾总统夫人伊梅尔达·马科斯。

马科斯夫人今天心情很好，她行进在厂区林荫道上，步履轻盈，脸上的笑容和天上的太阳一样灿烂。

包玉刚能邀请到马科斯夫人来主持他的新船下水，这意义当然不同凡响。

马科斯夫人是菲律宾著名的社会活动家，时任菲律宾安置和环境保护部部长和首都大马尼拉市市长。从1969年以来，她经常以总统特使和总统夫人的名义出国访问，会晤过许多国家元首和政府首脑，参加过许多重要的国际会议，以及代表政府同国外签署过许多重要协议。他前后4次访问过中国，为促进中菲关系作出了重要贡献。她到上海为包玉刚的"世沪"号主持下水典礼之前，在北京已和中国的领导人邓小平、胡耀邦等人会见，就双方加强友好合作进行了会谈。

装饰一新的"世沪"号，像一位梳妆打扮好等待出嫁的新娘，停泊在江南厂区码头边。船艏上，系着一个巨型的彩球；船舷边，是五彩缤纷的彩带。灿烂的阳光映照在"世沪"号巨型的船身上，整条船都在熠熠闪光。

在军乐队奏起的迎宾曲中，马科斯夫人和贵宾们登上主席台。10时15分，命名仪式开始。江南厂厂长胡传治致欢迎辞。然后，马科斯夫人为"世沪"号命名。

此时，马科斯夫人满面笑容地走到主席台前端，微微向台下和台上的人礼貌地欠了欠身，抬起头来，凝视了崭新的"世沪"号一眼，然后，她高兴地从身着旗袍的礼仪小姐送上的盘子中，拿起一把银色的小斧头，一挥手砍断了连接着船头的一根绳子——嘣！一瓶香槟酒迎头向船舷碰去！酒瓶碰得粉碎，酒香顷刻四溢。

一时间，全场掌声、欢笑声、军乐声、锣鼓声骤然响起！船头上，一块巨大的紫红色绒幕启开，两个黄色的中文大字和一行英文字母随即映入人们的眼帘——"世沪"。

随着锣鼓声、军乐声、鞭炮声响起，几百只鸽子腾空而起，上千只彩色的气球飞向天空，会场再次响起热烈的掌声和欢呼声。

"我非常感谢包玉刚先生邀请我为'世沪'号命名和主持这条船的下水仪式，因为我的理解是，'世沪'号不仅是运输物资的一条船，而且是象征着对世界和平理解的一条船！作为第三世界国家的菲律宾，非常高兴地看到中国正在平稳地、实事求是地向着光明的前景航行。"在交船典礼上，马科斯夫人发表了热情洋溢的讲话，她说，"当前，世界造船业、航运业正在发生着重大变化：一方面，西方经济受到衰退的打击，船业不振，美国有 12 家大船厂有半数濒临停工；另一方面，除日本造船业仍领世界之先外，亚洲一些新兴国家和地区迅速崛起。东南亚地处海运要冲，举足轻重。在这世界造船业重心自西向东转移的大趋势中，中国近两三年携近百万吨船单，叩开了世界船舶市场的大门，开始发挥出巨大的潜力——我深信，中国在不久的将来，一定会跻身于世界造船大国的行列！……"

马科斯夫人在来宾们热烈的掌声中，结束了她的讲话：

"'世沪'号建造成功，是中华人民共和国企业和私人资本合作的一个典范！今天，对于中国和世界来说，尤其是对发展中国家来说，确实是一个历史性的喜庆日子！"

飞溅的香槟酒令江南厂醉了，"世沪"号醉了，全厂职工也醉了——陶醉在历尽艰辛后取得巨大成功的喜悦中！

下午，马科斯夫人参观了包玉刚为上海交通大学"包兆龙图书馆"捐建仪式和图书馆奠基仪式，并高兴地为奠基仪式剪彩。

此时，"世沪"号的姐妹船——"世谊"号，已巍然屹立在江南造船厂的船台上，眼看不久也要下水了。

送走马科斯夫人，人们都在纷纷猜测：包玉刚又会邀请哪位夫人来主持"世谊"号的下水典礼呢？

撒切尔夫人莅临江南厂

1982 年 9 月 22 日 13 时 20 分。

一架涂有英国皇家空军标志的 VC10 型飞机降落在北京首都机场。飞机停稳后，英国首相玛格丽特·撒切尔和她的丈夫丹尼斯，以及香港总督尤德、英国贸易部副次官格雷、首席新闻秘书英厄姆等一大批政府官员，外加 16 名记者走出飞机。撒切尔夫人在前，她款款走下飞机舷梯后，向前来迎接她的中国外交部部长黄华，以及"世界船王"包玉刚等人一一握手问候。

这是撒切尔夫人担任英国首相以来首次访问中国。

包玉刚在上海江南造船厂建造的货轮"世谊"号，为撒切尔夫人首次访华提供了一个契机。众所周知，撒切尔的这次访华，触及了中英关系上最敏感的一个问题：香港的归属问题。也可以说，这位挟着英阿马尔维纳斯群岛之战胜利的余威，愉快地接受了包玉刚邀请来华为"世谊"号命名的"铁娘子"，是乘兴而来，败兴而归。

撒切尔夫人来华的起因，是在当年 3 月 14 日包玉刚在英国建造的"联勤"号下水典礼上。

3 月 14 日这天，在英国东北海岸的森德兰港，溢满了一片欢声笑语。这天，英国柯士甸柏嘉斯格船厂接受订造的 4 艘分别载重为 1.5 万吨货轮的第二艘"联勤"号下水。这批货轮是中国与香港环球航运集团合作投资的船舶公司共同拥有的。

英国首相撒切尔夫人应包玉刚邀请，主持"联勤"号的下水命名典礼。参加典礼的还有英国财经、航运界 100 余人。命名和下水典礼结束后，包玉刚趁机向撒切尔夫人提出，希望她能以教母的身份，在 9 月份为他在中国上海建造的第二条船"世谊"号主持下水典礼和命名仪式。撒切尔夫人愉快地接受了这次邀请。

前面讲过，包玉刚与中国领导人有较为密切的交往，特别是与邓小平交情笃深。他即时将这个信息通报了中国政府。就此，中国政府向这位女首相发出了邀请。

撒切尔夫人这次访华，最不能回避的就是香港问题。这位踌躇满志、胸有成竹的"铁娘子"，当她与中国的领导人接触之后，特别是和邓小平就香港问题会谈之后，众所周知，自命不凡的撒切尔夫人在气势豪迈的邓小平面前变得默然无语。

在人民大会堂与邓小平的会谈结束后，按行程安排，第二天一早她将飞往上海，去主持包玉刚的"世谊"号下水典礼。或许她心事重重、心有旁骛，当她走出人民大会堂，走到北大门倒数第二级台阶时，不小心高跟鞋绊在台阶上，身体顿时失去平衡，摔倒在地。幸好她跌得不重，否则，第二天要去上海就成问题了。

撒切尔夫人不愧是久经各种场合的"铁娘子"，尽管这一跤她跌得很狼狈，但她很快镇定下来，起身后神态自若，坐进红旗轿车后还向记者们频频挥手微笑，好像刚才什么也没有发生似的。

她的这种镇定自若，同样表现在她第二天主持"世谊"号下水仪式中。

不知道她在香港问题谈判后的心境是沉重还是惆怅，可当她跨进江南造船厂后，身着深色连衣裙，头戴白色礼帽，满脸的笑容，依然频频向夹道欢迎她的人群挥手致意。中国方面陪同她到江南厂的有柴树藩及上海市市长汪道涵、副市长韩哲一、外交部副部长章文晋。此外，还有包玉刚和香港汇丰银行主席沈弼，以及西德、英国、法国等造船界和银行界各界人士。

撒切尔夫人满面笑容地走到船前，两位礼仪小姐抬着一个精致的"世谊"号模型，上前赠给了她。模型罩在一个玻璃盒内，玲珑剔透，十分逼真。撒切尔夫人接过盒子，十分高兴地接受了这件礼物。

接下来，由撒切尔夫人主持"世谊"号命名。

她在祝词中说："我命名这艘船为'世谊'号，祝愿它把友好的情谊带到天涯海角。"

随后，她像马科斯夫人一样，用银色的小斧头砍断红丝绳，依然是一瓶香槟酒迎头撞向船头，香槟酒瓶依然撞得粉碎，酒香依然四处飘溢。船舷上，一块朱红色的绒幕启开，显现出"世谊"号中英文船名。

"'世谊'……"撒切尔夫人用英语轻轻地读了该船名，眉宇之间突然透出一丝凝重。然而只是一瞬间，她那张生动的脸上依然荡漾着笑容——以后，从这位铁娘子的回忆录中得知，此时她的心情可以说很沉重，因为她明白这次来中国与邓小平谈判的香港问题，她已经满盘皆输。

柴树藩和包玉刚随后在典礼上讲了话。包玉刚在讲话中高度赞扬了江南造船厂的造船水平。他说："'世谊'号能如期在 13 个月建成，标志着迅速发展的中国造船工业的又一成就，并且有力证明了中国造船厂有能力建造当今世界一流的船舶！"

讲话之后，撒切尔夫人在人们的陪同下，登船参观了"世谊"号。在船上，她摘下白色礼帽，仰头看了看船桅上飘扬着的花花绿绿的万国旗。这个东方最大港口的天空是透明的，秋日的艳阳照耀着这艘崭新的轮船，也照耀着船上的人们。少顷，撒切尔夫人的目光从万国旗上移开，移向黄浦江对岸的另外两艘正在建造的新船上。

"对岸是中国的沪东造船厂，那两艘货轮也是我们打造的，每艘载重量为3.7 万吨。"包玉刚向撒切尔夫人介绍道，"我们初拟，一艘取名为'东星'，一艘取名为'马尼拉弗思'……"

"'东星'……"撒切尔夫人微笑着点了点头，然后她转过头，若有所思地将目光投向遥远的天际……

"和邓小平的谈判，进行得相当艰难，我连最初的目标也没能达到。因为我很快发现，我的北京之行，把我原来的估计都泡汤了。但也不能算彻底失败。我毕竟说服邓小平发表了一个简短的声明，宣布两国正在本着维持香港繁荣稳定的愿望展开谈判。……到了第二年 9 月，我不得不决定向中国交还主权和治权，除此之外，没有别的选择……"

从撒切尔夫人在回忆录《唐宁街的岁月》中，可以窥见这次撒切尔夫人在上海为"世谊"号命名典礼时的心境。

体制改革不容懈怠

春天的耕耘，必然迎来秋天的收获。

如今，沿海已泊满了正在建造或准备试航的出口船舶，正在此时，船舶工业体制改革正在紧锣密鼓地进行。这场为适应国内外市场需要的改革，已经迫在眉睫、势在必行。

众所周知，新中国成立以来，我国机械工业已具有一定的规模，但由于我们沿袭的是苏联的管理体制，存在着体系林立、领导多头、纵横分割、管理分散等诸多弊端，因而造成重复建设、重复引进和重复科研，以及在产品出口上互相压价竞销，给国家造成损失。船舶工业同样存在这些弊端。早在周恩来任总理时，就提出了全国造船工业要统筹的设想，可由于种种原因，这个设想始终未能付诸实现。

另外，六机部是国家政府机构，同时又直接领导和经营企业，造成政企不分，已不适合对外经营和发展生产。所以，按照工贸结合、军民结合、造修结合、科研生产结合的原则，对我国工业管理体制进行改革已势在必行。

中央决定，将六机部作为我国工业管理体制改革的突破口。

可在全国管理体制未动的情况下，让六机部来唱"独角戏"，这谈何容易！

当首先要拿六机部进行改革试点的消息刚刚传开，一时间，从上边到下边，从外部到内部，人们都议论纷纷，沸沸扬扬。交通部经营多年的修、造船厂，眼看就要归属别人，确实难以接受，依依难舍。六机部不少同志眼看不但要从单纯地依靠军工生产吃"皇粮"政府机构，变成自负盈亏"以民养军"的企业；堂堂的国家机关人员，一夜之间就要成为企业改制人员；而原来的"部长""局长"，以后只能成为"总经理"和"部门经理"，说什么心里也难平衡。因此，来自各方面的阻力可想而知。

早在 1980 年 4 月，部长柴树藩就中央书记处决定让六机部进行经济改革试点的问题，给总书记胡耀邦一函中，陈述了他的意见。胡耀邦作出批示后，王震在 4 月 14 日致信柴树藩，信中讲道："来信阅悉，耀邦同志与你谈到六机部的改革试点计划，我完全同意。体制改革不容懈怠！请你们党组认真调查研究，坚决动员组织实施，向造军用舰艇、商船、工程船的现代化的造船企业进军！……"

同年 10 月 15 日、11 月 12 日、15 日，薄一波副总理在几次体制改革问题汇报会上，一次比一次坚定地表态，他强调道：

"四机部、六机部不要分军的、民的，总的要实现邓副主席讲的三句话：军民结合、组织公司、组织拳头产品出口！……

"我们两个部、两个卖船小组（指六机部、交通部两个卖船小组到西德卖船）到国外竞争去了。这件事说明我们搞出口非统一不可了。首先内部要统一，国内造船业要统一，中国只应当有一个造船公司，再不统一不行了！造船工业要有一个专门做买卖的机构，调查了解国际造船业的情况，研究卖船经营学。出口船舶这个方针是对的，六机部打开了路子，这是很成功的一条路……开始不赚钱也行，够吃饭就可以……

"调整工作要以船舶出口为突破口，这个突破可以带动整个工作。船舶出口可算最大的拳头产品了。关于统筹问题，六机部当然管不了交通部、水产总局，但船舶生产、进出口问题，要通盘统一考虑！"

船舶工业的体制改革，在阵痛中延续到了 1981 年春天，方方面面的意见仍然难以统一。4 月 3 日，薄一波在听取造船工业领导干部会议汇报时，在谈到体制改革问题时，他一下站了起来，挥动着手臂，语调有点激动地讲道："不管阻力有多大，我已郑重发表了'宣言'，6 月底前要成立全国造船公司！邓副主席、耀邦同志都很支持，很赞成这样做。要切实认识到，我们现在搞调整，结合体制改革，还要加上整顿，造船工业要打第一炮，先走一步。这个突破口，我们一定要搞好！"他略微停了一下，提高了声音，"方方面面都必须从全国着眼，天下为公！"

然而，好事多磨。一个新生的事物，要想在几十年形成的冻土中破土而出，绝非易事。

到了 1981 年 6 月 12 日，胡耀邦总书记在听完薄一波、王震、吕东、宋劭文的汇报后，他有些严厉地讲道："实行联合是中央反复考虑已决定的方针，是不可动摇的方针，没有理由推翻这个方针！索性把道理讲透，摆到桌面上来，不能再搞封建割据了，必须搞统一富强，要搞中国的统一富强。思想上要挖挖底。

思想必须尖锐，要搞联合、改组、改造，没有思想斗争是不行的！……这是一个革命，只许搞好，不许搞坏。我看要提到党性上来讲。工业调整、改革的障碍，主要在上面。……我们搞不出点名堂，可能一齐被打倒！……"

没有什么理由和阻力可以动摇中央的决心！

1981年8月，上海地区六机部、交通部所有的企事业单位，9个船厂、24个科研配套单位率先实行了联合，宣告成立了上海船舶工业公司；同年9月8日，经国务院批准，成立了中国船舶工业总公司筹备委员会；1982年2月，中国船舶工业总公司在香港设立了分总司。

实践证明中央的决策是英明的。

1982年5月5日清晨，中国国际广播电台在"中国建设"节目中，向世界播发了一条重要消息：我国第一个打破部门和地区界限，按行业实行联合和改组的专业公司——中国船舶工业总公司于5月4日在北京宣告成立！

经过痛苦的分娩过程，共和国工业管理体制改革中的第一个新生的婴儿呱呱坠地。

薄一波副总理兴致勃勃地出席了这个船舶工业总公司第一次董事会。他在讲话中指出：中央和国务院主要负责同志一致认为，中国船舶工业总公司的成立，是我国工业管理体制改革的一个重大突破！他回顾了我国工业管理体制存在的问题后说：这个公司，不同于行政公司，更不同于政府管理机构，它是一个经济实体。这样的公司，有利于用经济办法管理经济，有利于体现使用、生产及科研等各方面的利益；有利于实行工贸结合，搞好出口。

在谈到总公司的人物时，他说：要更好地贯彻工贸结合、军民结合、修造结合、科研生产结合的方针，要努力为交通运输、海洋开发、国防建设、农业渔业等方面服务。

这届董事会由46个董事组成。选举了柴树藩为董事长，张有萱、程望为副董事长。决定冯直任总经理，彭世禄为副总经理兼总工程师，潘曾锡、王荣生为副总经理。

中国船舶工业总公司共有企事业单位153个，其中造、修船厂26个，船用配套厂66个，科研设计单位33个。拥有船台88座，其中万吨级以上浮坞3座、干船坞11座，最大为5万吨级。

仅隔两个月，《人民日报》就发表了评论《机构改革体制改革好，思想统一工作效率高》。评论说：经过短时间酝酿，两个部商定了第六个五年计划期间，交通部拟在国内制造各类船舶234艘、250万吨，均由中国船舶总公司承建——这一举措，必将给我国船舶工业和水运事业带来很好的前景……

"造船工业改组为造船公司成功了，这就把许多矛盾解决了，也把六机部、交通部多年的公案解决了。当然领导人也换了。"邓小平在听取姚依林、宋平汇报"六五"计划时，他十分高兴地说，"说来说去，还是人的问题！"

天高海平，鱼跃鹰飞。

一轮沐浴一新的太阳，在海平面上冉冉升起，它的光辉，将整个海面涂抹得璀璨光明——哦，新的一天又开始了。

异军突起震惊世界

太阳每天都是新的。

不确定的海浪却构成了确定的大海；不确定的云层却构成了确定的天空——多么费解而又寻常的现象，多么奇妙而又复杂的自然！

短短两三年，中国造船业在世界船舶市场的作为，的确令人不可捉摸、不可思议！

1983年6月2日，香港《大公报》在头版头条位置以《"东星"号圆满完成环球航行》为题，发表的一条通讯，引起世人的关注，更引起世界造船界和航运界震惊：

中国沪东造船厂为香港环球航运集团建造的第一艘3.6万吨货轮"东星"号，从去年12月起，至今年5月止，圆满完成了环球航程，随船的"保证工程师"杨效良提前从英国回国述职。

"东星"号是去年12月20日下午3点正式开始远航的。它满载磷矿粉、小麦等散装物资，先航行于太平洋瑙鲁岛、新西兰、所罗门、澳大利亚之间；再横渡太平洋，通过巴拿马运河至大西洋，航行于西德、加拿大、英国、美国之间。累计航程3万多海里，主机运行时间达2万2千多小时，各机电设备均告知正常，无停航事故。

中国沪东造船厂是国内颇具实力的一家大型船舶建造厂。"东星"轮是这个厂按照英国LR规范设计建造的第一艘出口船。基本设计和关键图纸是以日本大阪造船厂同型船的图纸为蓝本，经沪东厂"中国化"后，再作施工设计与生产设计。本轮有一层连续甲板、艏楼、艉楼均设于居住甲板室。其居住舱室及驾驶桥楼、机舱均设于艉部。全部用7道水密舱壁分隔为5个货舱、机舱和艏、艉尖舱。主甲板设置5台25吨单臂型甲板克令吊。

本轮于1981年11月开工，1982年3月上船台，8月下水。隆重的下水典礼由环球航运集团主席包玉刚邀请巴西总统夫人杜尔塞·菲格雷多主持并命名。典礼上，这个厂厂长邹子玉致了热情洋溢的欢迎辞。日本、丹麦、巴西、挪威、澳大利亚、新几内亚等国家和地区航运界和造船界600余人参加了下水仪典礼。

"东星"号远航后，备受各界关注。它在太平洋和大西洋上经受了冬季风的考验。北大西洋的冬季风浪使船体左右摇摆达25度，但是主机仍能以正常转速连续工作24天无故障，并保持了每小时14海里的前进速度。当20多米高的海浪扑上船头甲板，舱口盖水密封性能良好，5个货舱全部滴水不漏。

"东星"号还在远航巴拿马、汉堡、利物浦等港口时，接受了英劳氏验船师进行的主副机、吊车、消防、救生等设备年度检查，各缸套、活塞、活塞环、油头、曲轴、废气透平等，得到验船师满意的评论。汉堡环境保护机构检查了"东星"号燃油锅炉和废油、废水处理设备后，确认该轮无任何渗漏现象。

"东星"号的船东、船长和轮机长等，多次向有关方面反映该轮的建造质量令人满意之后，该厂随船"保证工程师"已提前回国。回国之前，该轮船长在他的述职报告上高兴地写下了一行字："东星"号不愧是东方升起的新星！

……

"东星"号的建成和远航成功，表明了中国建造出口船又达到了一个新的水平，奏响了中国船舶工业向世界集团冲锋的序曲。随即，沪东造船厂建造的"马尼拉弗思"号、"世助"号、"悉尼"号、"苏腊巴亚"号；中华船厂为西德建造的"卡塔尼亚"号、"坎彭"号、"富克兰"号；上海船厂为西德建造的"诺德凯普"号，为中波公司建造的"华佗"号等船纷纷下水。

"中国建造的出口船，以排山倒海之趋势，以速雷不及掩耳之速度，驶向世界，打进国际船舶市场，他们的作为令人深感吃惊！"日本《船舶世界》杂志发表的一位航运实业家的文章里如此惊呼道。

是的，在香港出版的《亚洲华尔街日报》，1982年4月7日登载了一条消息。消息称：近两年来，造船业呈世界性的下降趋势，但令人感到惊讶的是，中国的造船业不但没有受到损害，反而异军突起。虽然衰退迫使亚洲其他国家的一些造船厂面临倒闭的危险，但大连、上海的造船厂1985年前的订单却已排得满满的。

　　中国从 1980 年开始接受外国船主订货以来，外国船主向中国造船厂订货量已达 100 万余吨！上海造船工业公司一位负责推销的经理说："1985 年以前，我们不再接受任何的船舶订货。"

　　外国船东不在别国订船，偏偏要订中国船舶，显然是因为其价格便宜、质量优良和交货迅速。中国船厂要价比日本低 15%，比韩国低 10%。这些购买中国船的买主主要来自西德、新加坡、挪威、意大利和香港等地区。

　　对于整个世界船舶市场萎缩和衰退，而中国船舶工业异军突起这个现象，《工人日报》记者戴仁杰专门采访了中国船舶工业总公司柴树藩。

　　"1977 年以后，邓小平副主席向造船工业提出了军民结合的方针，要以更多的力量来设计和建造民船，大力发展我国的水运事业。他还提出了我国船舶工业要打进国际市场，要竞争过日本的任务。近年来，我国船舶工业经历了艰难的路程，终于跨过了由买船到卖船这样具有历史性转折的一步，实在令人感到高兴！"柴树藩停了停，他沉思了一下接着说，"然而，尽管我们已经取得历史性的进步，但我们除了感到高兴，更多的还是担心，我国的船舶在国际市场上能否长久地站稳脚跟？世界船舶市场风高浪险，暗礁丛生，这半个多世纪以来，几乎没有平静的时候！居安要思危，这是我们老祖宗告诉我们的一句诤言和警语呀！"

第七章

悲壮惨烈的船台

人们都认为深海底下是一个特别平静的地方。直到 20 世纪 80 年代，还很少有人相信海底风暴的存在。一些科学家甚至认为，从物理学的角度，海底那么广阔而又布满岩石和植物，它的水流速度不可能超过每秒数厘米。

1963 年，当美国著名的伍兹霍尔海洋研究所首次提出海底存在风暴时，物理学家和海洋物理学家都认为这只不过是一派胡言。但现在，越来越多的海洋学家开始同意这个观点。海底下确实有风暴存在，它们常常光顾那些神秘的海域，海水以高达每秒 50 厘米的速度流动，比以前人们认为的快 10 倍左右。在一些海域，这种海底风暴每年要发生 5—10 次。

海底风暴发生的原因，有多种论点。但这种风暴的发生，的确是令人不寒而栗的。当海底风暴袭来时，海底中也会发生类似于陆上沙漠风暴的景观。海底风暴所经之处，无论是甲壳类动物和植物，还是岩石，都被掩埋在沉积层下，海底的通讯电缆和仪器当然也不例外。

海底风暴能量之大实属罕见。最凶猛的海底风暴，其破坏力相当于风速高达每小时 100 英里的风暴，而风速超过每小时 74 英里时已经是飓风了。

"人人都认为风暴只发生在海洋的表面，其实不然，海底风暴一年四季都在看不见摸不着的地方横扫一切——这如同世界的造船业和航运业一样，说不定哪一天，一场突如其来的风暴，就会让造船的船台飘摇起来，让航运的船舶剧烈颠簸起来！"

非常形象、非常生动的比喻！说这话的是世界著名的船级社——英国劳埃德船级社主席罗伯特·赫斯基森。

是的，目前我们正在经历着现代造船史上最严重的危机。这场危机，其来势之速疾，造成的危害之惨烈，绝不逊于海底之风暴！

那么，在这场猛烈的风暴中，对于刚刚步入世界船舶市场的中国造船业来说，意味着什么呢？

诺尔梅德引发的风潮

法国。

一场震惊首都巴黎和全国的罢工示威运动，在北方港口城市敦刻尔克、南部地中海之滨的拉塞纳和拉西奥特举行。3 个城市的造船工人及其与造船有关行业的工人举行的罢工抗议、示威游行，犹如一把大火，将法国朝野上下烧得动荡不安、怨声载道。

事情的起因是：3 个城市造船厂所属的诺尔梅德公司总经理，于 1984 年 6 月 24 日正式向巴黎商业法庭提出"停止付款"，也就是破产申请。鉴于此，如果没有人盘进经营，3 个工厂立即就将全部或大部倒闭。公司的决定，关系到 6800 名职工及其他有关行业工人的生计前途。因而，船厂职工、市民及其当地其他民选代表举着标语牌，拉起抗议的横幅，点燃纸板和衣物，在 3 个城市多次举行示威、罢工、罢市和抗议活动，以期保护自己的劳动权益和生存权利。

巴黎商业法庭决定审理此案，将在 3 个月内就该公司的经营和财务状况提出报告。面对眼前混乱的局面，政府在宣布 3 个月工资照发后，以强硬的态度坚持不再向诺尔梅德公司提供补贴。人们从政府对待诺尔梅德破产案的态度中，可以看出它坚持要调整产业结构的决心及其经济思想。

法国的船厂主要由两家公司控制：阿尔斯通公司和诺尔梅德公司。诺尔梅德公司是 1982 年年底由上述 3 个城市的造船厂合并而成。这次合并，实际上是在造船业十分不景气时采取的一项应急措施。

该公司一成立就相当困难，要求政府补贴。政府则表示，在公司制订出有力的振兴计划、降低生产能力和裁员的条件下，国家可以适当予以支持。这样，公司决定把生产能力从 25 万吨位降至 15 万吨，职工从 11000 多人裁至 8000 人以下。可即使这样，公司已无回天之力，更无复苏的征兆。其根本原因是：没有订单。当年年初，无可奈何的公司高层只好忍痛割爱，继续裁员和降低生产能力。

法国早在 100 多年前就实行国家对造船业的补贴政策。20 世纪 50 年代规定有"订货补贴"，使法国造船厂的船价与国际价格基本拉平。到了 70 年代初，造船业兴旺，实际不用补贴。后来，随着国际造船业竞争加剧，国家的补贴种类越来越多，数额越来越大。仅仅 1983 年，国家向诺尔梅德公司提供的补贴就高达 30 亿法郎，比公司全年的产值还高。

如果把各类补贴加在一起，过去 3 年中，国家对两大造船公司的资助款项，高达 125 亿法郎！要是继续维持下去，当年国家还要开支 40 亿法郎。但诺尔梅德 3 个船厂正在制造的船舶只有 7 艘，除此没有任何订货。政府认为，与其大量补贴，还不如调整产业结构，用这笔钱去推动人员的培训和转业。于是政府决定停止对诺尔梅德公司的"特别补贴"，迫使它不得不向商业法庭报案。

政府的上述做法引起社会的不同反响。社会党批评政府同有关方面协商不够，做法"太武断、太突然"，因而引起社会各界的严重不安。法国共产党则持坚决反对态度，要求政府拯救法国的造船工业。

其实，诺尔梅德公司的破产案，只是当时世界造船业严重危机的一个小小的缩影而已！

一叶落而知秋将来临。

英国航运总局 1983 年 1 月发布的数字表明：到当年 1 月底，世界闲置的商船队伍还在继续扩大，闲置的商船达 1645 艘，共达 8680 万载重吨。这个数字占世界商船数量的 13%，比 1981 年增长 2 倍！假如把减速航行或低效率操作的船只包括在内，全球过剩的商船吨位可达 1.7 亿载重吨之多！希腊闲置的商船占世界首位，共 550 艘，达 1025 万吨；其次是利比里亚，共 148 艘，达 940 万吨。

商船的过剩，造成了造船业的一蹶不振，70 年代中期争相订船的景象已经全然不见了踪影。从 1981 年造船业陷入困境以来，号称"造船王国"、拥有世界造船业 1/3 订单的日本，到 1982 年造船订单下降了 58%；靠削价起家、在造船方面仅次于日本、造船产量占世界第二的韩国，1982 年的订货也下降了 23%；1974 年在世界十大造船国中居第二位的瑞典，这时已不在十大国中占有一席之地了；美国政府虽然对造船业仍进行大量的补贴，但美国的轮船公司仍旧认为向国外买船更为合算；荷兰的造船公司运转也步履维艰，正在大量地解雇工人；西德的造船工业由于订货减少，仅 1 年就损失了 4 亿美元……

在整个世界造船业的一片叫苦声中，有的造船商家哀叹道："造船业已经走向死胡同。"西德最有影响的不莱梅航运经济研究所发表的 1 份报告一言以概之："世界航运业、造船业正值战后最坏的时期！"

风萧萧，雨也潇潇。法国诺尔梅德的风潮尚未平息，韩国大宇造船公司为美国轮船公司建造的 12 艘 4200TEU 巨型集装箱船，因为美国轮船公司破产，高达 5.7 亿美元的款项无力支付，致使大宇造船公司负债高达 14893 亿韩元，利息负担加重，亏损惊人。

与此同时，韩国大韩造船公司为挪威船东建造的 6 艘成品油船、散货矿石运输船，总造价达 1.7 亿美元，但船东因为航运的不景气，为逃避债务，以船的舱口盖和操纵装置技术问题为借口，拒绝接船。大韩公司为这 6 艘船损失高达 7000 万美元。他们也像大宇造船公司一样，在沉重而忧伤的叹息声中宣布破产！随之而来的是，韩国境内也掀起了罢工、罢市、游行、示威的高潮，那燃烧的轮胎、纸板和衣物黑烟，笼罩了整个朝鲜半岛的南方……

烽烟滚滚，怒潮澎湃。

对刚刚进入国际船舶市场的中国造船业来说，能规避这场严重的危机，躲过这场惨烈的灾难吗？

弃船在寒风中呜咽

中国大连湾。

一弯月牙在寒风中颤瑟。

码头上，一盏水银灯投下惨淡的灯光，将两条缓缓移动在码头的人影拉得老长。凛冽的寒风从海面呜呜吹来，犹如一个病入膏肓的老人发出沉重的呻吟。

少顷，两个人影站住了，谁也没说话，只是不约而同地把目光投向泡在水里的两条巨轮上。船台上、船坞边，没有了往日的喧嚣和耀眼的焊光，整个厂区一片死寂。海风呜呜地吹拂着船上的钢缆和电缆，海浪汩汩地拍打着船舷，一声比一声沉闷，仿佛在向人们述说着被人遗弃的痛苦和委屈。

这两条船载重量分别为 2.7 万吨的货轮，是香港一家公司订造的。因席卷全球的航运业衰败和萧条，这家公司的老板负债累累，已经宣布破产，无力承接这两条船——船被弃了。

被弃的船泡在海水中，已有很长时间了，任凭着风吹和浪打，任凭着日晒雨淋，犹如两个流落街头的乞儿，被人遗忘了。

没有遗忘它们的，是建造这两条船呕心沥血、流血流汗的船厂干部和工人们。他们一批批来这里看望它们，一声声地发出痛心的叹息。船上偶尔有了一点污浊，他们还心疼地为它擦拭干净；船上遮挡风雨的篷布有了缝隙，他们还会将它封得严严实实。

更没有遗忘它们的，是老厂长侯君柱。这个曾任核潜艇生产厂和大连造船厂厂长的造船界老前辈，他把自己一生都献给了中国的造船事业。这些日子来，尽管他已从领导岗位上退了下来，可他还在为这全球性的造船和航运大衰落而担忧，为这两条他亲自组织建造而又在他手里被抛弃的巨轮痛惜。为了这两条船的出路，也为了工厂的生存，他八方奔走四处呼吁。情况反映到北京，连总书记胡耀邦都为这两条弃船作了批示，可事情并不是马上就可以解决的。这些日子来，他隔三岔五，总还要来到码头上，这里看看，那里瞧瞧，再不就蹲在这两条船的甲板上，遥望着远方的大海，一支接一支地抽烟——他在为工厂的出路和目前的困境担忧。

更没有遗忘它们的，是新上任的厂长王有为和党委书记李少丹。刚才，他们刚开完会，又不约而同来到这码头上。

王有为，41 岁，哈军工毕业生，曾在联邦德国留过学；李少丹，43 岁，北京航空学院毕业生。这一对搭档，也真可谓是"受命于危难之际"。

从国际大背景来看，全球所有的造船厂受到的冲击当然是灾难性的；而从国内的大环境来看，情况则更为不妙。

1985 年，由于资金严重不足和新船订货减少，整个中国船舶工业总公司计划开工 95 万吨，而实际只有 45 万吨，仅占生产能力 120 万吨的 39% 左右。

究其原因，一是国内船东拖欠船厂的货款极为严重，船厂几乎没有了流动资金。船舶总公司为交通部建造的沿海船只和为海军建造舰艇所需的流动资金，历来都是用户按生产进度付款，但从 1984 年以来，船厂已不能按生产进度收到货款。船舶总公司应收而没有收上来的货款达到 2.2 亿元。用户拖欠江南造船厂货款 5264 万元，拖欠大连造船厂货款 3240 万元——这种"三角债"的现象，致使国家经济运行进入恶性循环的怪圈，更使船厂陷入了莫大的困境。上海中华船厂等 5 家船厂连职工工资也无法发放；上海船厂因用户欠款无力支付货款，其厂里业务往来的账目已被银行冻结，只准进不能支。

二是从银行贷款极其困难。根据国家规定，中国船舶工业总公司为交通部建造的远洋船舶，采用国际通行的延期付款方式，交船前用户只付 20% 的现金，其余待交船后偿还。生产中所需的流动资金，由船厂向银行贷款解决。但是，从 1985 年起，船厂已从银行贷不出款来，使远洋船舶无法投入正常生产。新港船厂所建造的 5 艘 1.5 万吨远洋货船，因无钱购买急需材料而大面积停产。

由于银行对航运部门购船的贷款利率，从原来的 4.032% 提高到 10.08%，航运部门认为实在难以承受，致使原来已经签约的一部分在建船舶，要求船厂停建。交通部原计划"七五"期间前两年，向船舶总公司提出 110 万吨的造船计划，也只好只签订了 13.6 万吨，占计划的 12.3%。

军船订货更是大幅度减少。原来以造军船为主的船舶总公司，在 70 年代最高年份时，军品产值达 80% 以上；1985 年后则不到 30%，以后又进一步下降。武器装备和设备配套任务，有的企业几乎为零。加之银行对造船企业流动资金贷款利率也大幅度提高，造船企业每年须向银行支付利息高达 2 亿多元——真像工人们调侃的那样，我们只是银行的打工仔！

国际国内的情形既然如此，现在交给王有为、李少丹大连造船厂这副担子，自然叫他们苦不堪言。香港船东的两条弃船已让他们背上沉重的包袱，可今天挪威一个船东发来的一纸电传更是雪上加霜。因这个船东破产，他们正在大连造船厂建造的另外两条货船，因无力承接也宣布弃船！

屋漏偏遇连天雨。4 条船的损失，加起来就是整整 2 亿元，2 亿元哪！正常情况下，国家拨给工厂的流动资金才 3000 多万元，而周转资金至少要 6000 万元以上。仅此一项，工厂每年要支付的利息就达几千万元！再加上国内设备、材料涨价，使造船的成本越来越高。没有资金周转，财务账上全是红色的数字！工厂目前手里的 10 来条船合同，条条都面临拖期、罚款，甚至弃船的危险。尤其是挪威克纳森航运公司船东建造的 11.5 万吨穿梭油轮和 6.9 万吨化学品/成品油轮，由于工程进度迟缓，很难按期交船。这家公司的船东，也因公司经营不景气弄得焦头烂额，他们几次宣称：只要船晚交 1 分钟，他们就弃船！

船台上，建造了一半的船体已有了些微的锈迹；码头上，被抛弃了的 4 条巨轮还在海浪中飘摇——何去何从，何去何从啊！大连造船厂近 20000 名职工面临着生死攸关的考验。沉重的压力，压得王有为和李少丹喘不过气来。

天之苍苍，地之茫茫，海之浩荡，难道偌大的天海之间，就没有大连造船厂的三寸立锥之地？

是啊，王有为和李少丹知道，此时此刻，全厂职工的眼睛都在盯着他们，他们知道自己肩上的分量。用王有为的话说，如果把大连造船厂比作一条船，那么领导就是这条船上的主机和舵盘。一条船能不能航行，那就要看主机能不能运转；这条船使向何方，全靠舵盘把握方向。

难怪上任不久的王有为，那天下班就在厂门口被一位退休工人拦住了。这位满头白发的老工人饱含泪水地对他说："厂长，日子过得再怎么艰难，也不能让咱们这条'大船'沉了呀！"王有为动情地望着这位老工人，他没说一句话，只是紧紧地握了握那双满是老茧的手，坚定地点了点头。

难，当然很难。这么一个大型的军工厂，全厂职工的人均工资只有 68 元；人均住房面积仅 2.8 平方米，还有 1138 家无房户。市场上的物价一再上涨，可工厂根本没有能力为职工增加工资；如果生产再不景气，那么职工可能连这点微薄的工资也保不住——悲观、失望、怀疑、担忧的情绪，像传染病一样在整个厂区里蔓延……

夜，越来越深了。不知什么时候，那弯寒月已经钻进云层。只有凛冽的海风吹来，仿佛在倾诉着什么。良久，王有为和李少丹把目光从几条弃船上收了回来，投向了正在建造的两条挪威油船上。

"只要晚交1分钟，我就弃船！"挪威船东带着威胁口吻的话，仿佛又在他们耳边响起。

"这两条船的订单，来得实在太不容易了，浸透了我们的血和汗呀！大连造船厂的生死存亡，也系在这两条船上！我们现在头已经横在了铡刀口上，就是拼了命，也要按期交出这两条船！"

一阵海风吹来，王有为斩钉截铁地对李少丹说道。

挪威海岸虎口夺食

是啊，大连造船厂能从挪威船东手里夺来这两份订单，实在是太不容易了！我们除了对船东的不礼貌态度表示遗憾外，实在也讲不出更多的理由不按期向他们交船了。

这两条船，一条名为"兰希得·克纳森"号，另一条为"奥斯科·比龙娜"号。当初将这两条船交给中国建造时，挪威这家公司内部原本就有人强烈反对，而中国方面在争取这两条船的订单时，真有点似火中取栗、虎口夺食的味道啊！

如前所述，持续多年的航运业不景气，已经给世界造船业致命打击，一大批造船厂因为拿不到订单已经纷纷倒闭。而剩下的造船厂在苟延残喘之时，为了争取为数不多的订单，不惜任何代价，与强手展开激烈竞争。当挪威方面要订造两艘巨型油轮的消息传出后，全球参与投标的竟有六七十家船厂！

这些竞争者来自东方和西方，几乎囊括了整个世界著名的造船厂。中国大连造船厂这时才刚刚开始按国际标准建造出口船，要同这些老牌的、有本国政府财政补贴支持的厂家竞争，那无疑就有点与虎谋皮的味道！

可挑战与机遇同在，不入虎穴焉得虎子！在中国船舶工业总公司董事长柴树藩、总经理冯直的支持下，大连造船厂厂长侯君柱、党委书记陈嵘、副厂长许大征等人经过反复研究论证，决定组成洽谈小组，前往挪威投标！

这是 1984 年 12 月。

在此之前，工厂其实已与挪威船东打过交道。

1983 年，他们就曾承接过挪威船东订购的两艘 7000 吨滚装船合同。这种船，无论是建造技术，还是质量标准，都是 80 年代世界最先进的水平。如今，面对更加高难的大型穿梭油轮和化学品/成品油轮，我们敢不敢去竞争，那首先就看我们有没有建造它们的勇气。

已经年近花甲的厂长侯君柱，摆在他面前的有两种选择：一种是图清闲自在，看摊守业，等待离休；另一种就是进一步打开国际市场，不惧高难，争抢先机，再改造自己的条件，不断建造新船型，促使自己应用新技术，推广新的管理方式，攀登世界先进水平，为后来者打开一条通道。

侯君柱义无反顾地选择了后者。

一个由大连造船厂和总公司有关部门领导组成的洽谈小组，乘坐一架波音 737 飞机，飞往远隔万里的挪威王国。随着飞机在云层中的起伏颠簸，洽谈小组的成员们的思绪，犹如舷窗外的缭绕的云雾，也在起伏波动……

挪威王国位于挪威海东岸，虽然人口只有 400 万，却是世界著名的航海国。他们的造船业在没有受到世界性航运和造船业猛烈冲击之前，也曾有过辉煌的历史和炫目的光环。

经过 10 多个小时的飞行，飞机降落在挪威首都奥斯陆。

据悉，挪威船东要建造的这两条船，主要是用于挪威北海油田运输石油和向国外运输成品油的。因油田距大陆较远，所以他们需要建造像"兰希得·克纳森"号这种大型油轮，用于油田与大陆之间的运输。这种油轮故称为"穿梭油轮"。北海油田风急浪大，气候恶劣，所以他们对这种船的要求相当严格。它有先进的自动定位装置，可以保证船在五六米的浪高中自动定位；它有先进、安全的装卸系统，可以使油船在风浪中自动装卸。即使发生特殊事故时，也可自动封闭油管；同时它是双层船壳，绝不会让油流入海中；它的大功率机电设备，可以使装卸 11.5 万吨的原油不超过 14 小时；全船的自动监视点达 1600 个，等于一般现代化的万吨级集装箱船的 10 倍。

大连造船厂两任老厂长孙文学（右）、侯君柱

洽谈小组刚在奥斯陆下榻，就立即投入到了紧张的工作之中。他们夜以继日地消化技术说明书，进行船价核算，与国外几十家厂商进行价格摸底和对比，制订谈判的策略和技巧。

谈判是异常艰苦的。经过前两个回合价格上的竞争，他们进入 8 家可以继续投标的厂家之列。此时，若想夺标，除了价格因素外，必须使船东了解承造厂在质量和确保工期方面的底细。他们主动邀请挪威船东去大连造船厂参观。在厂里，船东了解到，早在 1958 年这个厂就造出了中国第一艘万吨轮。特别是近年来，这个厂不仅严格按照国际规范批量建造几万吨级的各型船舶，而且还能建造具有 80 年代先进水平的海上石油钻井平台、海洋采油平台生产模块等产品。

经过实地考察，挪威船东初步选定了中国大连造船厂。在这种情况下，中国船舶工业总公司有关部门和工厂领导向船东打了包票：我们一定会按期交船！

又经过第三轮、第四轮的激烈角逐，大连造船厂在挪威有关部门的支持和协助下，终于与克纳森公司签订了承建合同。

中国人能在众多的竞争对手中拔得头筹，这让不少参加投标的厂家感到不解和惊讶，同时也让他们感到嫉妒甚至愤怒。产生嫉妒和愤怒的厂家有的便出言不逊：共产党的红色中国，经常是言过其实，他们能够取胜的秘诀就是谈判技巧高明一点而已！这样的油船，他们根本不具备建造的资格！就是他们能够造出船壳，可遇上挪威那样严苛刻薄的船东，他们休想顺利交船！说不定，他们偷鸡不成，反倒会蚀把米——等着瞧吧，好戏还在后头呢！

这众多的竞争对手，回到本国后都在那里操起双臂，冷眼向洋，等着看中国人的笑话呢！

"外国的竞争者们，也不能说他们的话没有一点道理。这两条船，确实技术难度太大，而且全世界都知道，挪威的船东确实不好对付，他们对船确实太挑剔太刻薄。他们还说我们谈判技巧高明，技巧高明是好事呀！谈判，当然要讲究技巧。"事隔多年，接替侯君柱担任厂长，后来担任大连市委副书记的王有为，在接受作者采访时说，"对于合同的谈判，特别是同外商谈判，我们确实是从一无所知到后来能够自如驾驭。比如，我厂承接的第一条出口船'长城'号的谈判，那时我们谈得多艰苦呀！当然我们后来和外商谈判，就自信自如多了，这是被残酷的现实逼出来的呀！"

在后来一次王有为与挪威船东谈判 11.8 万吨巨型油轮合同时，经过几天几夜的谈判磋商，挪威船商非要压价 170 万美元不可，而王有为坚决不同意。几次聚在谈判桌前，又几次不欢而散。面对本来就稀少难得的造船订单，连上级有关部门的领导也着急了，认为王有为太执拗了，气得把笔记本一甩，责备王有为不听话。

王有为虽然满肚子委屈，可他在党委书记李少丹的支持下，再返谈判桌时，仍然在船价上坚持不退让。挪威船东耸耸双肩，遗憾地摊开双手，表示谈判破裂，买好机票要准备回国了。生意不成仁义在，王有为去机场送他们。谁知到了机场，挪威船商这才亮出底牌：“密斯特王，我想告诉您，我们同意贵厂的最后要价。”

谈判其实就是智慧、经验、韧性、信心、耐心的较量。

“这样的事，在我们同外商的合同谈判中，何止是两次三次呀——当然，这些都是后话了。在我和李少丹上任之初，我们面临的最大问题，就是如何按照与挪威船东签订的合同，按期保质地交出‘兰希得·克纳森’号和‘奥斯科·比龙娜’号！这两条船，不管是哪一任领导签订的，它代表的是我们中国大连造船厂；无论是哪一任领导来组织建造，也代表的是中国大连造船厂！”王有为说话间停了停，他略微思索了一下，大概是对往事的追忆，触动了他的感情，“那时，我们大连造船厂的干部和工人，为造这两条船付出的岂止是智慧和汗水，而是血和泪的代价啊！”

决不能让　“大船”　下沉

有人说，如今在商品经济社会中，人们崇尚的只有两种东西：权力和金钱。而且尤其是金钱！其简单明了的“真理”就是：人为财死，鸟为食亡。

“这种观点不对，我反对！”在全厂职工大会上，厂长王有为颇为冲动地对目前流行的“抬头向前看，低头向钱看；只有向钱看，才能向前看”的论调发表了自己的看法。他攥紧了拳头，声音洪亮地讲道，“我觉得金钱的作用是有限的，而人们对金钱的欲望是无止境的。当然，不能不讲钱，这是人生存的一种需求；然而，我认为还有比钱更为重要的东西——这就是，人的尊严，人的精神需求！”这位曾在马克思故乡学习过的中国厂长，用一句这位哲人的名言结束了自己的讲话：“从金钱中获得解放，也就是现代的自我解放！”

是的，如果每个人活着就是为了金钱，李大钊先生就不会从容地走上绞架，叶挺将军就不会宁愿把牢底坐穿，杨靖宇将军就不会死后一肚子是野草，千千万万个红军战士也不会吃树皮啃草根，前赴后继舍生忘死！

这绝非是大话套话。试想，如果这个社会所崇尚的东西只剩下了权力和金钱，那至少是个不完满的社会，是个充满悲哀的社会！

党委书记李少丹曾给作者讲过一件令他感动的小事：就在他出任党委书记不久，他去走访一位退休的老工人。这位老工人住在一间简陋的偏房里。外面刮着刺骨的寒风，屋里陈设极其简单，除了一台老旧的黑白电视机外，别无所有。李少丹问他怎么住在这种地方？老人回答："房子给了儿子。现在的日子比从前好多了。"老人听说厂党委正在组织全厂职工讨论"大船"精神。他说："对，一个厂、一个人，是要有精神！刚解放那阵，我们也有精神，先提建设新中国，而后提的是巩固国防，建设一支强大的海军；如果没有精神，哪来今天的船厂！"

李少丹向这位老工人告辞时，老人的精神状态却像冬天里的一把火，在李少丹心中燃烧起来。凛冽的寒风吹拂在他的脸上，雪地里却被他踏出两行坚实的脚印来，他反复咀嚼这这位老人讲的"精神"两个字，一时间他似乎更深地理解了"精神"这两个字的内涵。

要使大连造船厂这条"大船"不沉，首先就要使"大船"人的精神不垮！

面对眼前严峻的局面，一场振奋职工精神的大讨论在全厂展开。通过讨论，人人心头都燃起了一把火，憋足了一口气。大家认识到，作为中国船舶战线上能够建造 10 万吨以上船舶的大厂，30 多年来，从小到大，从弱到强，在我国造船工业史上曾夺得 30 多个第一：第一艘万吨轮、第一艘导弹核潜艇、第一座海上石油平台、第一艘按国际规范建造的出口船……今天，面对"大船"将要下沉的险境，挽救"大船"的重任，责无旁贷地落到了我们这一代人身上。为提炼"大船精神"，全厂职工提出 2000 多条建议，他们最后总结归纳出 8 个大字："面向世界，开拓前进。"

有人说，大连造船厂是产生劳动模范的摇篮——不错，新中国成立以来，这里产生的全国、省市有名的劳动模范上百人，而那些无名的劳模却多得不胜枚举。

决不能让"大船"下沉！这是全厂近两万名职工形成的共识。在工厂发出"大干 60 天，背水一战，交出两条出口船"的号召之后，厂长王有为从早到晚都和工人们在船台上摸爬滚打。他戴着安全帽，穿着工作服，一身的油污，满身的铁锈，哪里像个万人大厂的厂长！乍一看，最多像个现场技术员。

一天，一个老工人说："既然要大干，大伙儿就把铺盖卷拿到船台上来。"第二天，王有为率先就将铺盖卷扛到了船台上来。而且，他从头年寒风乍起，一直住到了第二年春暖花开。采访中，老工人们说："像王有为这样的领导，我们从心眼里服他！他不是我们从电影电视中看到的那种西装革履、头发锃亮，手拿'大哥大'，坐在办公室发号施令的厂长或总经理，而是像战争年代和前线士兵一起冲锋陷阵的指挥员！这样的指挥员他都不怕死，冲到前面去和敌人厮杀，作为我们这些当兵的，你该咋个办，就不言自明了。"

在这个非常时期，李少丹、陈文松、朱学成这批领导干部，天天都是九十点钟后才回家。有时回了家，放心不下，下半夜又赶到施工现场，去向大家嘘寒问暖，解决施工中出现的问题。作为党委书记的李少丹，工厂的大事小事他没有不操心的。他爱人长年生病，女儿也一度重病卧床。家务劳动、照顾病人，全由他一个人承担。一次厂里的同志偶尔到他家去，看到母女俩都躺在床上，而一声未吭的李少丹此时却奔忙在施工现场。

此时，还有一个头发已经灰白的瘦小老人也在船台上奔忙着。他叫颜杰，其实已经退休了。他从1952年转业来到工厂，参加了230条船的建造，由一名技术员成长为船舶主管监造师。老了，当然该退休了。可是，这时厂长王有为找到了他，请他再次出任为挪威建造的巨型油轮的主管监造师。

"颜师傅，我知道您刚办退休，天津渤海石油公司已经给您送来聘书，请您出任渤海湾油田钻井船顾问，每月给您的聘金是500元，还给您1套70平方米的房子，每年还给报销3次探亲路费。这样的好事，真是……"王有为勉强地笑了笑，他恳切地说道，"颜师傅，可我们现在建造的挪威这两条船，是我们在激烈的竞争中承接下来的，它代表的是80年代最先进的水平，吨位之大，设备之先进，技术之复杂，交船期之紧迫，是船厂前所未有的，一定要集中厂里所有的精华……"

"王厂长，您别说了，您的意思我明白了。"颜杰老人说，"您对我有什么要求，请讲！"

"我想聘您担任挪威这两条船的监造师。"王有为又笑了笑，笑得有点尴尬，"可您知道，工厂实在是太穷了，我思来想去，每月只能给您80元的生活补贴……"

"王厂长，好！我现在马上就退掉天津那边的聘书，明天就到施工现场报到！"颜杰老人一听王有为的话，有点生气了，他嗔怪道，"咱爷儿俩，您给我说到钱，就太生分了——为'大船'出力，是我的本分！您就是1分钱不给，这挪威的船我也干定了！"

颜杰二话没说，接过王厂长的聘书，他立即退掉了天津那边的聘书，第二天——不，当天晚上，他就将铺盖卷搬到了11.5万吨油轮的建造现场，在舱室里支起一张小床，同总指挥朱学成面对面住了下来。

就这样，在这250多米长、30多米高的巨轮上，一个60岁出头的老人，每天就在这等于2个足球场大、六七层楼高的建造现场上摸爬奔走。每天四五百个多工种工人的生产进度计划要由他部署；每天要同来自挪威、西德等国的六七十名船东代表、验船师、服务商打交道。他天天掐着指头算交船日期，天天把 1600 个检测点的图纸揣在怀里，一遍遍地看，一遍遍地记。寒冬腊月，为检测舱底，他第一个跳进泥水中；交验的关键时刻，他的拇指被挤伤，造成开放性骨折，缝了 10 多针，他不住医院，吊着胳膊返回船上继续指挥工作。交验时，1600 个检测点，竟无一点失误！乐得船东代表直叫"OK！"

"自小从军献青春，革命不为利禄恩。老来回首坎坷路，不负当年报国心。"这是颜杰老人在日记上写下的自勉自励的话。

是啊，凡是大连造船厂的职工，谁不想在工厂危难之时为工厂出把力呢！

机装车间主机班王宏民，作为兵头将尾的班长，在柴油机安装的关键时刻，他的腰闪着了，动弹不得，一拍片是骨质增生。当时他母亲刚刚瘫痪，爱人在饭店里要起早贪黑工作，她照顾不了老人和孩子，要王宏民管管家。王宏民怀揣愧疚，耐着性子做妻子的工作，妻子无语，只是默默流泪。结婚 10 年，都是她带着孩子乘公共汽车买粮买菜，可王宏民难得在家里表现一次。但没有办法，为了出口船，家顾不上了，腰也顾不上了，他又上了船。但上船后，寒冷的冬天，他蹲在甲板上一动就痛得一头是汗。但柴油机的安装在他指挥下，只用了 48 个小时就完成了任务。

还有这个班的毕锡来，已经 56 岁了，他腿脚得了脉管炎，一年四季穿棉袜。一忙起来，没日没夜地在船上干，什么病不病，什么家不家，一切全忘了。还有一个叫曲振华的，这是一个新党员，得了肾炎，诊断书上是 4 个加号。他本该绝对卧床休息，可他身上揣着药，吃完药又接着跟大伙儿加夜班，班长无论如何也把他撵不回去。

蔡培民和他的妻子郭玲华，这一对全厂闻名的劳模夫妻，在工作紧张时，两个人连续 10 多天没有回家。居委会让蔡培民去照身份证照，用辆货车把他拉回去，照出来的相又黑又老又憔悴，胡子有半寸长。师兄和他开玩笑说："师弟呀，你这身份证上的照片，那是法院用来贴'布告'的呀！"

还有那个船研所的副所长张在勇、59 岁的电装车间副主任于龙香、涂装公司 56 岁的工段长杨福瑞、船二车间的班长宋士文、电焊工刘景厚……

可他们这样拼死累活、没日没夜地干，是为了什么呢？如果说单纯为了钱，那就大错特错了！一线的生产工人，像机装车间的王宏民他们，每月拿 30 元加班费加奖金；奖金最少的，是厂长王有为和党委书记李少丹，他们每人每月是 5 元！

这就是厂长王有为、党委书记李少丹他们倡导的一种精神，一种"大船精神"！其实，这种精神是最有纪律最有觉悟的中国工人的本质体现，是那个激情燃烧的岁月中，人们自觉自愿尊崇的行为准则！

这样的精神境界，外国船东和中国的拜金者们，他们或许永远都百思不得其解。

怀念那个时代。

破釜沉舟　背水一战

说来有些奇怪，这年冬天大连湾特别冷。刺骨的寒风，时时裹挟着雪花飘飘而来，将船台上下涂抹得一片银白。焊机铺雪，电缆结冰，连电焊工的面罩，好像稍不留意就要和人的脸冻在一起似的。

建造挪威油船的决战开始了。

整个大连造船厂像绷在一根弦上的箭，千钧一发，实在太紧张了——60天，60天必须交船！这时间，是用分秒来计算的。无话可说，无条件可讲。合同规定：11.5万吨穿梭油轮"兰希得·克纳森"号，必须于北京时间1987年1月20日24时0分交船！还有那条6.9万吨的化学品/成品油轮"奥斯科·比龙娜"号，也必须在1987年2月27日24时0分交船！

这两条船要是晚交1分钟，就将遭遇船东弃船的厄运！

前面讲过，建造出口船，与外国船东打交道，和在国内做生意完全是两码事。在国内，还讲讲什么"哥俩好"呀，"关系户"呀，早几天晚几天，甚至晚几个月接船，根本就不算什么大事。即使把船开走了，有的长时间不付钱竟还理直气壮，真还像有人调侃的那样："欠账的是老子，要账的反而成了孙子！"

与外国船东打交道，只要你在合同上签了字，这就是在铁板上钉钉——硬碰硬了。超过时间1分钟，该罚款就罚款，该弃船就弃船，由船厂赔偿全部损失；反之，到了时间你不付款提船，我就可以将船拍卖，你交的定金全部归我。如有纠纷，通过国际法庭裁决。

所以，对于已被弃了4条船的大连造船厂来说，如果不能按期交出挪威船东这两条船，简直就意味着灭顶之灾！要知道，这两条船的价值是两亿元啊！

"商场犹如战船，这话不假。我们建造出口船，确实像在战场上打仗一样，必须争分夺秒，协同配合，决策上任何小小的失误，都将带来不可估量的损失！"党委书记李少丹说，"对11.5万吨油船，我们算来算去，确实没有时间了，只好在海上试航结束时马上交船。我们和船东双方都在掐着指头算来算去。真是：一方洋洋得意，坐等发大财；一方万分紧张，生怕飞来横祸！"

大连造船厂当时险恶的处境，甚至惊动了北京的高层领导。从中央到船舶总公司，以及各兄弟船厂都异常关注着两条船的建造。1985 年 8 月 11 日，柴树藩就因船东弃船，建造新船缺乏资金等困难，他专门给副总理姚依林、张劲夫写了一封信。姚依林批示："请劲夫同志阅处，使大连造船厂能勉强过得去。至于船舶工业的长期趋势，要重新估计一下。"

8 月 20 日，张劲夫批示道："吕东、宝华、镕基同志：请经委按依林同志批示精神，约有关部门研究后提出解决意见。如能协调一致，简报备案即可；如协调不下来，请提出意见，由财经小组开办公会会议议定。请酌。"

11 月 25 日，总书记胡耀邦又在宋文法反映大连造船厂具体困难的信件上作了批示，并在信中若干处画了横杠，批给了万里。万里同志看了总书记的批示后，他批道："请李鹏同志帮助解决。"

船舶总公司总经理冯直几次来到大连造船厂，听取工厂的情况汇报，现场解决工厂难题。当他听说工人的工资发放困难时，冯直对王有为说："总公司就是再困难，我们也一定要帮助你们渡过这个难关！我们宁愿总公司机关人员的工资停发也要支持你！你们的工资、奖金我借给你！"听见领导这样说，王有为、李少丹的眼睛潮湿了，有这样的领导如此关心和理解自己的下属，他们难道不咬着牙拼命一搏吗？

主管生产的副总经理王荣生，听到工厂讲他们的技术工人不够，需要兄弟船厂支持的消息后，他立即下令，四方协调，抽调其他兄弟船厂的精兵强将支援大连造船厂；而各兄弟船厂听说大连造船厂目前的处境后，没有任何条件，立即派出最好的技术人员和工人奔赴大连。这些人一到大连，连美丽的海滨都顾不上看一眼，也不管吃住的条件如何，放下行李，立即就奔向了船台。

"这就是我们社会制度的优势，全国皆是一盘棋，一方有难八方支援！"王荣生总经理在接受采访时说，"同时这也是我们船舶总公司集团的优势！"

是呀，时间在悄悄地流逝着，而今每分每秒对于大连船厂来说，都是极其珍贵的。

为了按时交船，生产副厂长、这两条油轮的建造总指挥朱学成，把他的"办公室"搬到了船台下面一个不足 10 平方米的铁皮房子里，办公、吃住全在这里。他患有严重的胃病，犯病时痛得直不起腰，只好用拳头死死地顶住胃部，即使在寒冬腊月里，他头上的冷汗直往下滚。实在痛得不行了，他就从工作服的口袋里掏出几颗花生米嚼下，压一压直往上冒的酸水。白天，他跑遍全船作业现场，上下楼梯不下 2000 级，走路不下 10 公里；回到小屋，又拿出图纸和生产进度表，工作到深夜——此时，他还不知道，从胃部滋生的癌细胞，已经侵噬了他全部的躯体……

小铁房外是呼啸刺骨的寒风，纷纷扬扬的雪花，透过小铁房的缝隙而不断钻了进来。然而，铁皮房里只有两个佝偻、疲惫的身影还在灯光下劳作。一个是病入膏肓、忘记了自己是个病人的朱学成；另一个就是头发已经斑白、60岁已经退休的老人颜杰。

小铁房外尽管寒风凛冽，依然也是灯火通明。高高的船台上，耀眼的焊光划破漆黑的夜空；吊装物件的指挥哨声，震颤着喧嚣的工地。自从船体建造一开工，厂里和车间的干部就和工人们滚在一起。夏天，船舱里的温度高达四五十度，干部们下到几十米深的舱室给工人们送去防暑的冰水和药物。在这滴水成冰的寒夜里，干部们又蹲在船台下为工人们熬汤烧水。只要有一个工人还在加班，车间干部们就不会离开船台；只要还有一个车间还在加班，厂里的干部就不会离开现场。

一天深夜，北风呼号，雪花飘飞。船台边突然出现了一支奇怪的队伍，一支穿着杂色衣服由大娘、媳妇组成的队伍。她们包着头巾，迎着寒风，把自己亲手包亲手煮的饺子送到了船台上，送给几十天来不分昼夜苦战在船台上的丈夫或儿子。望着一身油污满身铁锈、熬得憔悴消瘦的亲人，这些大娘和媳妇们背过身去，悄悄流下这些日子来对儿子或丈夫思念和心疼的眼泪；望着母亲或妻子在寒风中冻得发紫的脸颊，看着亲人们送来的热气腾腾的饺子，这些汉子们的眼睛潮湿了——这情景，让人想起井冈山上的亲人递到红军战士手中的草鞋，想起淮海大战时那些"吱呀吱呀"推着的支前小车。

"你们甩开膀子在这里干吧，不要惦记家里！"临走，这些做母亲和妻子的又再三嘱咐道，"家里还有我们。"母亲或妻子的嘱咐是温暖的，人心都是肉长的。第二天一早，不知是谁书写了一幅大标语，挂在了船台上："不造好出口船，无颜见妻儿老小"！

共产党员杨正福，家就在工厂附近，但半个月没跨进家门一步；青年工人于学伟，原准备结婚，为了造船，他把婚期一拖再拖；青年焊工刘平、孙杰，每人每月完成工时1800多个，相当于1人干了8个人的活。机装车间主任张丕财在他的日记里写了这样一段话："好同志！我有责任向上级汇报你们的事迹，我有责任保护你们……戚本生带病工作10多天，被高烧烧成肺炎，今天医生要他去住院，他临走时还要请我'原谅'。我含着泪说：'本生啊，请求原谅的是我，是我没尽到责任，让你的病发展成了肺炎'。刘作发刚刚出院，可每天一边扎针，一边坚持工作。孙纪东的孩子病了，他把孩子送到母亲家，又回来工作……"

还有船体车间电工班班长王凯，他摔伤了腰，不能站立，就趴在地上查找线头；电焊工刘景厚，用石棉布把自己包起来，钻进狭小的管道中作业，电焊火花和烟雾，熏烤得他透不过气来，每次焊完一根管子，他浑身上下就像从水里捞起来的一样……

海空中云层很厚，海天之间朦胧而昏暗；海浪猛烈地拍打堤岸，发出震耳的声响。船台上偶尔掠过一两只水鸟，丢下一声声鸣叫，远远飞去不见踪影。

破釜沉舟，背水一战。

面对眼前的险境，大连造船厂的每一个干部和工人，都明白后退和失败对他们来说将意味着什么——无路可退，只能向前！

"铁人"也有落泪的时候

夜已深。

路灯早已洒下疲惫的光影，街巷里早已空无一人，瑟瑟的北风吹拂着，吹得路边光裸的树枝呜呜地响。

郭玲华拖着极度疲乏的身体，一步步往家里走去。此时此刻，她最大的心愿就是立即回到家里，往床上一躺，一动也不动地睡上几天几夜。有一阵，她的腿像灌了铅似的，眼皮也沉重得睁不开，她真想在路边坐下，歇一阵再走。

可不行，临下班时，她猛然想起了两个孩子。这 10 多天来，孩子在家到底怎么样了呢？作为孩子的母亲，一想到孩子，她的心就揪紧了。想到孩子，她不由得强打精神，暗暗加快了回家的步子。

为了能按期交掉挪威船东的油船，免遭被船东弃船的厄运，她和丈夫蔡培民一直都在船上忙碌着。算起来，她已经有整整 13 个昼夜没有回家了——孩子，孩子！直到今天半夜，他们终于才完成了最后一块船板的焊接。放下焊把，她长长地吁了一口气，心里突然强烈地想念起孩子来！

这些年来，工厂造的都是出口船，任务重，时间急，作为全厂唯一的女电焊班长，她常常晚上和节假日都要加班。这一年，她所在的班组 16 个人共献工 2000 多个小时，而她一个人就献工 450 多个小时。在工厂干挪威油船的这一两年来，她多次答应带孩子去一次公园，都因生产太忙没有去成。两个女儿总埋怨妈妈说话不算数。

有一次，郭玲华指着墙上的奖状对女儿说："妈妈是劳模，在厂里要多干活才行哪！"小女儿流着眼泪说："我不要奖状，我要妈妈，我要妈妈！"郭玲华心里一酸，一把将两个孩子紧紧地抱在怀里，自己也情不自禁流下了眼泪。

第二天，郭玲华下班回到家，见整个墙上都光秃秃的，那些挂在墙上的奖状不见了，两个女儿也不冷不热地对待她。作为母亲，她知道孩子们没有错，也知道孩子对她的要求一点不过分，她们也只是想像其他孩子一样，得到妈妈的关爱——可作为当妈妈的她，实在是满足不了孩子们这小小的心愿啊！想到这里，郭玲华蒙着头在被窝里伤心地大哭了一场。

孩子是母亲的心头肉，郭玲华何曾不想在家多陪陪孩子，多给孩子一些关心和亲热啊！

报纸和电视中很长时间以来都把她誉为"嫁给大船的女铁人"。可她作为一个平凡的人，一个平凡人中的女人，她也拥有女人应有的一切：在母亲面前，她是母亲的女儿；在丈夫面前，她是丈夫的妻子；在女儿面前，她是女儿的母亲——是啊，一个如果连自己母亲、丈夫、女儿都不爱的人，她能真心爱自己的工厂，能真心爱自己的岗位吗？只不过孰轻孰重，在她心中天平上的砝码轻重不一样罢了。

天上那弯冰冷的月牙已经向西边。郭玲华好不容易走到家门口。她已经好多天没有回家了，一见家门，她更加强烈地想见到两个孩子。可一进屋，拉亮电灯，眼前的情形，令她心里一酸，眼泪扑簌簌地掉了下来。

孩子，她的孩子！两个幼小的孩子歪倒在床上，早已睡着了，连衣服、鞋子也没脱。大小两个孩子，衣裳污浊，头发散乱，脸上涂得像花猫似的。小女儿手里还拿着半块没吃完的面包，脸上还挂着泪痕，半截裤子还是湿的。睡梦中，女儿似乎还在哭喊着"妈妈"。

郭玲华一把扔掉手里的饭盒，扑上前去抱起小女儿，把女儿紧紧抱在怀里，不停地亲着她的脸蛋，低声地喊着女儿的名字，愧疚的泪水从她脸上失落下来，大滴大滴地滴在女儿的脸上……

是啊，这些年，妈妈亏欠女儿的太多太多了！

人们都说，男儿有泪不轻弹。其实，作为女人的郭玲华来说，这几十年来，她不但同男同事们每天摸爬滚打在一起，而且还是一帮大老爷们的头儿，不管再难再苦再累，她何曾掉过眼泪！

郭玲华从小生活在造船工人家庭，父母都是厂里的工人。从小她就对穿着白帆布工作服的造船工人非常羡慕，也梦想有一天能当上工人建造大船。19岁时，她进了大连造船厂，当上了一名电焊工。这个争强好胜的姑娘，当她第一次拿起焊把时，就暗暗下了决心，一定要超过自己的父亲，成为一个造船大工匠。父亲的技术很好，但由于种种原因级别不是很高。

为了练好一手过硬的本领，她虚心向老师傅学习请教。别人焊一道焊缝，她要焊两三道；别人休息了，她又独自练手艺。功夫不负有心人，她的技艺长进很快。勤学苦练，加上她天资聪颖心灵手巧，当时还是学徒工的她就提前挑起了焊接关键活的大梁。在厂里一次技术比赛中，这个黄毛丫头竟然一鸣惊人，和一个 6 级工老师傅得了个并列第一名！

就在这一年，厂里为挪威建造这艘国际上最先进的油轮时，船东提出的条件是：电焊工必须持有国际权威船级社——挪威船级社的证书，才能上船操作，否则油轮不予验收。全厂上千名电焊工中的 70 余名佼佼者，参加了这场世界级水平的考试。领导考虑郭玲华是个女同志，就没有安排她参加。临考的前一天，郭玲华知道考试的事后，她急忙找到领导要求参加。领导看她态度坚决，才同意了她的请求。

匆匆赶到考场，郭玲华从容地拿起焊把，从容地应对那些复杂刁钻的考试科目——她考试的结果竟大出所有人的意料！离考试结束时间还早，郭玲华就脸不红气不喘地放下了焊把。在 70 多名参加考试的焊工中，唯有事先没有准备的郭玲华，考上了这家船级社证书！连外国验船师查看了她"作业"后，也禁不住连连称赞："不可思议、不可思议，中国的女焊工竟然有如此高的水平！"日本的《岐阜新闻》刊登了郭玲华的大幅工作照片，并将她称为"中国大连造船厂的电焊高手"。

从这以后，郭玲华学习技术的热情更高。这些年来，经她焊接的成千上万条焊缝，条条光洁美观，犹如美丽壮锦上的一道道精巧的刺绣，得到所有验船师的啧啧称赞。时间稍长，她的电焊技术已达到炉火纯青的地步，进入世界电焊大师的行列。如今，她是大连造船厂唯一手持挪威、美国、日本、英国和中国 5 个国家船级社认可的焊接证书的女焊工。不知多少次，外国船东代表和验船师们，只要一见郭玲华在船台上拿起焊把，他们便会自动离去——因为手握 5 张"大票"的郭玲华干活，他们绝对放心，根本用不着"监工"。

真是三百六十行，行行出状元，郭玲华就是电焊这行的女状元！

1983 年夏天，在工厂为美国建造一座自升式海洋钻井平台时，电焊工们要在高达 40 多米的立柱上焊齿条。焊接时钢板要加热到 200 摄氏度，X 光透视合格率要达到 100%。精度之高，难度之大，在我国造船史上尚无先例。同时，由于白天安排铆工施工，电焊工只能在夜间作业，其难度和危险性就更大了。有鉴于此，船东准备把活运到国外去干。

"我们自己干！"郭玲华和几个身怀绝技的电焊工不甘示弱，"我们自己的活儿，要让外国人来干，太掉价了。"领导同船东协商，同意了工人们的要求，但他们对郭玲华说："就你一个女工，上去既不安全又不方便，那就算了吧。"可郭玲华摇了摇头，坚定地爬上了高达 40 多米的立柱上。在仅有 2 米多宽又无遮拦的顶面上，往下一望，顿时就叫人头昏目眩、腿脚发软，一旦失手，其后果可想而知！

漆黑的夜晚，只有高高的立柱上照明灯亮着。焊工们作业开始了，只见弧光闪闪，焊花飞溅，在夜空中构成了一道特别的风景线。为了抢时间，焊工们尽量在上面连续作业，没有事就不下来。男电焊工们要"方便"时，郭玲华就闭上眼睛；可她要上厕所，则要上下爬40多米的梯子。那几天，她尽量少喝水，少吃稀的，实在不行，也只用水润润嗓子再干。在干圆柱筒时，里面的温度高达50多摄氏度。真是头上顶着火，脚下踩着火，手里拿着火，喉咙里冒着火——那时，郭玲华多想痛痛快快地饱饮1瓶，甚至1桶清凉甘洌的水呀！可不行，她只能忍耐和坚持。

当第一个立柱焊完后，她几乎站不住了，嘴上起了一串串水泡，眼睛变得通红，差一点就脱水。可稍事休息，她又爬上了第二根立柱。整整4个昼夜，4根立柱焊完，郭玲华瘦了一圈。

是的，这些年，郭玲华把自己的青春、智慧、精力和全部心血都献给了船厂，献给了她所钟爱的电焊事业。在艰苦的生产第一线，她一干就是整整28个年头！由于船厂的电焊工实在太苦太累，和她同时进厂干电焊工的100多人中，女焊工们都陆续离开了电焊岗位，连男焊工在生产一线的人也不多了。鉴于她的身体状况，领导几次准备调整她的工作岗位，可她都谢绝了。

郭玲华从一个天真活泼的小姑娘，在弧光和焊花中成长起来，她在自己平凡的工作岗位上，实现了自己的人生价值和人生抱负。这些年，她先后荣获全国五一劳动奖章、全国"十大杰出职工"等荣誉称号，还被选为全国人民代表、世界妇女代表大会中国代表团唯一的女工人代表，并多次受到党和国家领导人的接见。

其实，郭玲华就是一个普通的工人，一个普通的女人，她也有着普通女人火一样的情感，有着女性所有的生理和心理特征，更有着女性特有的伟大的母性。她热爱自己的工作，对自己的工作有着特殊的情感；她深爱自己的工人兄弟姐妹，重活累活总是自己抢着干，再忙再累她都要对班组的工友们进行家访，对他们嘘寒问暖，谁有个头痛脑热的，她关心别人胜过关心自己；她尊重领导和师傅，至今不忘在技术上领她入门、手把手教她的几个师傅和师兄；她更爱自己的父母、爱人和女儿，时时总想在父母跟前做一个称职的女儿，在丈夫面前做一个合格的妻子，在女儿面前做一个可亲的母亲。在家庭经济困难时，无论她的劳动强度有多大，但家里有几个鸡蛋，她总是悄悄留给老人、丈夫和孩子。在工作紧张时，她常常饿着肚子回家，躺在床上连开灯的力气也没有，有时简直处于半昏迷的状态，半夜醒来，肚子饿得发慌……但这一切，她都自己默默承受着，从不告诉自己的父母和丈夫，怕他们为自己担心。

"我和丈夫，39元的工资从转正定级后一直拿到1980年。上有老的，下有小的，生活还是很清苦的。有10多年，我这么高大的身体，体重只有101

斤。工作繁重不说，我又要照顾老的、小的和丈夫，我必须首先要考虑他们。我在 10 多年时间里，其实是处在一种病态之中，但还不能告诉老人、丈夫和孩子……"讲到这里，郭玲华的眼睛有点潮湿了，"这些年，我欠家里人的太多了，孩子也太受苦了，我时时刻刻都在想补偿他们……"

郭玲华是个内心世界很丰富的人。媒体称她为"女铁人"，其实这种称谓并不准确，会给人一种此人强悍、冰冷的错觉。在作者几次对她的采访和接触中，她给我的印象是，她一点不缺乏女性的细腻和温柔，也不缺乏对父母、丈夫、女儿的爱心，更有着所有女性具有的伟大的母性——在精神世界里，在人生的旅程中，她应该是个强者。

窗边，已透进缕缕晨曦，骑自行车上早班的人已在巷口碰响了车铃。郭玲华用棉被裹着小女儿，把小女儿紧紧抱在怀里，就这样在床上半倚半靠地挨到了天明。

女儿的小手紧紧地抱住妈妈的脖子，好像生怕妈妈又走了似的——可没有办法，她还得走，船台上还有一帮工友在等着她。少顷，她轻轻放下女儿，给她们掖好被子，又轻手轻脚地点燃煤油炉，给女儿煮了几个鸡蛋放在锅里。然后，她亲了亲两个女儿，提着饭盒，迎着萧瑟的寒风，向厂里走去。

晨光之中，那已经巍然屹立的巨轮，仿佛又在向她频频招手。

波峰浪谷间的残酷较量

由于篇幅，恕作者略去那大同小异、枯燥累赘的船舶建造过程。此时，我想读者诸君恐怕最关心的就是——交船。

一声嘹亮的笛声响起，"兰希得·克纳森"号缓缓地离开大连香炉礁码头，开始了它试航的旅程。

这艘长 256 米、宽 46 米、型深 22.2 米的巨轮，是 1987 年前大连造船厂、也是我国建造的最大出口船。它挺拔的身躯、巍然的雄姿，让人一看就顿生豪迈之气——好了，让我们记住：交船时间是 1987 年 1 月 20 日晚 24 时 0 分！现在离交船的时间，还有 17 小时 48 分 32 秒！

"兰希得·克纳森"起锚之后，它巨大的船艏划开海面，加速向外海驶去。它的身后，卷起万顷波浪；它的身影，渐渐消失在茫茫的海平线上。

"报告，主机工作正常！"

"报告，发电站工作正常！"

"报告，全船管系均无泄漏！"

"报告，操纵系统所有仪器仪表工作正常！"

……

全船300多名工厂领导、试航技术人员和工人们，已经几天几夜没有睡觉了，几百双布满血丝的眼睛，一眨不眨地盯着1200多个报警点，一丝不苟地监测着船上众多的监测部位——时间一分一秒过去，试航人员的心脏随着时针的跳动，全都紧缩起来。他们知道，在这紧张而珍贵的时间里，只要船上哪一个系统出了问题，哪一个报警点开始报警，如果在有限的时间内，能够尽快抢修好，经验船师认可，那还好说；但故障如果一旦抢修排除不好，那后果就不言自明了。参加试航的工厂领导、技术人员和工人们，每颗心都提到了嗓子眼。毕竟，我们是第一次建造这种新型的大型油船，而且面临的是苛刻的验船师和有心弃船的挪威船东啊！

稍稍出点故障，船东从鸡蛋里如果挑出骨头，那交船就将成为泡影，全厂干部工人这几百天的心血和汗水就将付诸东流！更严重的是，说不定大连造船厂从此将被打趴在地，怎么才能翻过身来，继续生存和发展?！

挪威方面的船东代表和验船师们，每张脸都绷得像淬过火的钢板，没有一丝笑容。他们有的蹲在报警点，有的盯着仪器仪表，眼睛死死地大睁着，生怕放过任何蛛丝马迹；还有的来回走动着，观察着船上每一个异常的现象，倾听着船上的每一丝异常的声音。

这情形，让人想起一场残酷的战役即将打响的前夜，所有人趴在战壕里，正等待指挥员一声命令，就要跃出战壕向敌人发起冲锋时的情景，让人紧张得透不过气来。

大连造船厂的技术人员和工人队伍，不愧是一支经过长年摔打、功夫过硬的队伍，尽管他们是第一次建造这样巨型的油船，尽管验船师们拿着放大镜想挑出船上的毛病——可竟然，油船经过近10个小时的航行，他们竟从这条船上找不到任何一点瑕疵！

好了，到了晚上6点，整个试验结束，验船师通过了。工人们兴高采烈地收拾起工具、仪器，准备下船了——可是，心有不甘的挪威纳森航运公司的船东岩斯·乌特威特·莫又节外生枝，他竟然说："验船师看过了，我没有看，我不认可！必须再做一次试验！"

这简直是故意刁难！做试验的时候你不看，试验做完了你又不认可，还要再看，你是拿咱中国人当猴耍呀！工人们当即愤怒起来："我们连庆功碰杯的酒都端上来了，你又来这样一手，咱爷们不伺候你了！"

王有为和李少丹在这紧急的情况下，他们明知这是刁蛮的船东故意挑刺，但他们却异常冷静。他们简单交换了一下意见后，王有为当即果断地把手一挥："全体都有，听我的命令，马上重新试验！"

在这紧急的时刻，王有为和李少丹分析了面临的 3 种可能：一是从现在开始，马上再重复试验，如果一切顺利，虽然还需要 2 个半小时，但交船时间可以保证，这是最理想的；二是假如试验过程中出现小故障，若抢修顺利，而时间上超过晚上 12 点，那就得豁出来到国际法庭打官司；三是假如试验过程中出了大故障，难以修复，只好认输了。

夜，海空中无月无星，海面上一团漆黑。寒风冷浪，雪花纷扬。工人们早已饥肠辘辘，身体疲乏至极，眼睛酸涩肿胀——主机重新启动，辅机发电站重新工作——起锚，试验重新开始！

船东像个索命的阎王，像要把所有的人打入十八层地狱。他和所有的验船师又各就各位，硬是想从这条船上挑出毛病来！

是啊，全船1200 多个报警点，就像1200 多枚炸弹，谁知道哪枚不争气的炸弹会在试验中爆响！这个时候，技术人员和工人们才真正领会到"竞争"二字的含义，才真正理解"市场竞争"的残酷无情，也才真正明白了"时间就是金钱，质量就是生命"的深刻内涵。

整条船上，除了机器的声响，没有一点人声。倘若排除了机器声，那剩下的就只有几百颗心脏扑扑跳动的声音。

上天像是专门要折磨人似的，船刚离岸，竟然又狂风大作起来！别无选择，油轮只得冒着 8 级大风，在风浪中顽强地航行。

船东岩斯·乌特威特·莫双手抱在胸前，两只手的大拇指不停地绕着圈儿。他那细眯的眼睛，来回睃视着形形色色的仪器仪表，脸上的表情麻木得令人发怵。

验船师们听从老板的吩咐，又分别在全船各个关键部位，忠实地履行着自己的职责。

分分秒秒的时间，在令人窒息的紧张氛围中过去。

"报告，主机工作正常！"

"报告，发电站工作正常！"

"报告，全船管系均无泄漏！"

"报告，操纵系统所有仪器仪表工作正常！"

……

夜，20 点 45 分 8 秒，终于，试验结束！双方抬起手腕看了看手表，好啊，离 24 时 0 分差——3 小时 14 分 52 秒！

全船的技术人员和工人们都高兴得跳了起来！但在那一瞬间，也在许多张疲惫和憔悴的脸上，流下了不知是欣慰还是苦涩的泪水来——是啊，整整 1 年了！在这一年 365 天之中，他们已经忘记了白天和夜晚，忘记了天上的太阳和月亮，忘记了冬日的寒风和夏日的酷暑，忘记了家里的蜂窝煤和煤气罐，忘记了妻子的温存和儿女的笑靥……

现在，他们终于以自己的忠诚和勤奋、顽强和坚韧，向这一年来关注和支持他们的中央领导，向总公司党组，向厂里的党委，向支援他们的兄弟单位，向与他们同甘共苦的工厂领导，向自己的妻儿老小，交上一份完满的答卷了！

"谢谢，谢谢同志们！"王有为、李少丹和其他厂领导，一一与试航的技术人员和工人们握手，向他们表示慰问，祝贺他们试验取得圆满成功。

碰杯！

工厂招待所食堂大厅里，溢满了欢声笑语；远处的职工家属区，传来阵阵鞭炮声。在食堂的一隅，厂长王有为与船东岩斯·乌特威特·莫同时举起了酒杯，双方都深沉地看了对方一眼，各自都从对方的目光中捕捉到了不可言状的东西，大家都心照不宣，剩下来的，请在交船证书上——签字。

与 "埃维塔" 最后诀别

一张照片。

一张发黄的照片，定格了一个永恒的生命，留下可歌可泣的一页历史，谱写着一曲悲壮动人的乐章。

这张照片上，他满脸的倦容，仿佛从遥远焦渴的沙漠中走来，还没有来得及休息；他布满红丝的瞳仁里，留下他奋斗一生的船台和船坞，反射出和他朝夕相处摸爬滚打的战友们，也留下他对人生和亲人们的眷恋。他依然像往日那样穿着白色的工装，站在船厂的码头上；他的身后，是橘红色的"埃维塔"号巨轮；远处，是碧蓝色的大海……

这是他留在这个世界的最后一张照片。他叫朱学成，就是工作和居住在船台边小铁皮房里那个现场总指挥。他 1953 年进厂，是新中国成立以来 13 届厂级领导班子中为数不多从工人中提拔起来的副厂长。

或许他是从工人当中产生的领导干部，他讲不出或不愿讲那一套套高深的理论，也喊不出或不愿喊那些鼓舞人心的豪言壮语，他除了苦干就是实干。作为领导干部，或许这就叫做"以身作则"或"身先士卒"吧！工人们都说，他是大连造船厂的一头"牛"。

　　他原只有小学文化，在 20 世纪 80 年代出任副厂长后，面对整个造船业对世界的挑战，他深感自己的知识不足。从那时起，他和比他年纪小许多的年轻工人一起，从中学的课本学起，在船厂船校里学习。整整两年，以他的勤奋刻苦，通过了 15 门课程考试，取得了中专文凭。在船校，他是唯一戴老花镜的学生。随后，他又去日本研修，回来后受命于工厂危难之际，承担起建造挪威"兰希得·克纳森"号和"奥斯科·比龙娜"号现场总指挥之责。

　　建造"兰希得·克纳森"号的工地在荒凉的新区，朱学成没搬进小铁皮房之前，每天都是骑着一辆破自行车迎着风雪上班。有人提醒他："您好歹是个厂长，就叫厂里的车每天接送一下嘛。"他摇摇头："算了，骑车上班已经习惯了。工厂困难，给厂里省点油吧。"后来工程越来越紧张，他干脆吃住都在船台上了。这时候，他的身体已经出现问题了，两种疾病无情地折磨着他。一是严重的脱肛，臀部经常都是湿的。病情严重时，他得用手托着脱出的肛门在楼梯上爬上爬下；再有就是剧烈的胃痛，除了饮食困难，胃痛随时随地都会发作。没有办法，他只好请人从家里捎来一小袋花生米，揣在身上，不时嚼几颗充饥和解疼。

　　"这样不行啊，学成，您该到医院去看看哪！"厂长王有为见他胃痛发作时难受的样子，不止一次这样劝他。

　　"哎呀，去拿药了。老毛病了，过一阵就会好的。"他总是这样回答。

　　"我看，您干脆到医院去住一段时间，输点液，恐怕要好一点。"党委书记李少丹也多次这样对他说。

　　"好好好，等第一条船交了，我一定去。"

　　可他不但没去医院，反而更忙了。正在吊装工作最紧张的时候，60 多米高的大吊车却发生了故障，他亲自带着工人攀上吊车去抢修。接连几天，天刚亮他就爬了上去，到天黑了还不下来。下面的工人只好用绳子给他往上吊一点吃的东西。刺骨的寒风猛烈地吹着，在下面往上吊东西的人都冻得哈手跺脚；而他在 60 多米的高空中，那工作的情形可想而知。每次从吊车上下来，他的背都佝偻着，走起路来两腿不停地打战。连续在高空中工作了几天，工人们都心疼地劝他回家好好睡一觉。他嘴上答应着，可不一会儿，大家却看见他裹着满是油污的工装，在工地休息室的角落里睡着了。大伙儿怕他感冒，想喊醒他，可又怕惊醒他，只好给他再加两件衣裳，让他在那里打一会儿盹。

　　"兰希得·克纳森"号临近下水，每天晚上 10 点钟，大家要休息一会儿。这时，朱学成总是撵着工人们快去吃饭，可奇怪的是在这段时间里，谁也看不见朱厂长在哪里。派人去找，也找不到他的影子。有一天，有人终于发现了秘密：工人们一下船，朱学成就拿着一只桶、一把扫帚、一个撮子上船去了，把工人们作业船舱的沟沟缝缝打扫得干干净净。看见他因病从头上流下来的汗水，大伙儿的眼睛潮湿了，扔掉手里的饭盒，上前把扫帚夺了过来。

巨轮下水后，苛刻的挪威验船师，对设备的安装、调试更为苛刻，哪怕是非常细微的一点差错，他们也拒绝验收。这条巨轮上，附设着 1 艘急用的自抛救生艇。这条艇，自动化程度极高，必须从几十米高的船上，抛射到几百米远的海面上。这样高的要求，有任何一点疏忽都将带来验船师拒收的结果。

寒风萧瑟的海面上，大伙儿的心都紧缩着。随着朱学成一声令下，自抛艇飞出船体，投向几百米外的海面。10 分钟后，救生艇终于从海面上浮了出来！在挪威船东和验船师的欢叫声中，朱学成却一声不响，不知去向。人们找了他许久，才看见他在一个背风的船舷边，用拳头死死地顶住胃部，剧烈的疼痛使他直不起腰来。

终于，船总算交出去了。

朱学成目送着"兰希得·克纳森"号起锚后，开始了它的处女航。烟波浩渺的大海上，巨轮已经远去，可朱学成还站在码头上，一动也不动望着已不见轮船踪影的海面。可谁能知道，在那艘巨轮上，一年来留下了他多少艰辛、痛苦、情感和希冀啊，也留下他生命的一部分——可是，这船说走就走了！

送走"兰希得·克纳森"号，朱学成并没有按照李少丹的嘱咐住进医院。从码头上转过身来，他又走向了挪威船东建造的第二条船"奥斯科·比龙娜"号；后来，"奥斯科·比龙娜"号送走了，可朱学成还是没进医院，他又担任了中国有史以来建造的最大船舶——11.8 万吨巨轮"埃维塔"号的总指挥。这依然是挪威船东订购的一条船，船有 260 米长，10 多层楼高，比起前几条船来，这是一个更难对付的庞然大物。

但这时，朱学成的身体久拖不医，已经积劳成疾，灯干油枯，病情一天比一天严重起来，再也熬不下去了。一天夜里，他在"埃维塔"号上指挥试航时，突然面色苍白，大汗淋漓，大口大口地吐血！消息传到厂里，厂里紧急派拖轮把他从海上拖回岸上，送到医院一检查：胃癌！而且已是晚期！

党委书记李少丹在医生会诊时赶到医院，他沉重地代表工厂向医院负责人说："朱厂长为我们船厂，为造出口船，作出了很大的贡献。为了抢救他，我们造船厂愿付出一切代价！哪怕你们就是多延长他 1 分钟的生命也行！"

在病房里，朱学成拉着李少丹的手说："我还不到 60 岁呢，我还没有干够……"李少丹紧紧握住他的手，强抑悲痛安慰他："学成，您还能干，还能干……"在场的医务人员悄悄扭过身去，偷偷抹去眼睛里溢出的泪水。

1988 年元旦，"埃维塔"号正式向船东移交。厂部专门把朱学成从医院接来，请他代表工厂在移交书上签字。朱学成来了，他带着重病之躯来了。在精致的交船证书上，朱学成颤抖着拿起笔，庄重地用中文签上了自己的名字。当他和船东交换证书时，他眼睛里闪着泪光，颇有一种悲壮和自豪的感觉。

交换完证书，朱学成抬起头来，久久地凝视着远处的"埃维塔"号。"埃维塔"停靠在码头上，映着蓝天和大海，显得更加雄伟挺拔。它那橘红色的身躯，仿佛像一团巨大燃烧的火焰，在这冬日里给人深深的暖意。

朱学成慢慢站了起来，在人们的搀扶下，颤巍巍地一步一步向前走去。走到码头上，他从船艏走到船艉，又从船艉走到船艏。在船艏边，他停住了，久久地凝望着"埃维塔"几个巨大的英文字母，眼睛中流露出深深的依恋……

党委书记李少丹见状，赶紧安排摄影的同志给他照相；又赶紧安排其他同志和他一起在"埃维塔"号前合影。

橘红色的船身，碧蓝色的海水。一个把生命最后的日子献给了这条船的人，将他的身影叠加在这条船巨大的船身上——永别了，"埃维塔"；永别了，亲爱的同志们！

朱学成走了。他带着"还没有干够"的遗憾走了。1990年9月24日，这是大连造船厂15000多名职工沉重和悲痛的日子。为朱学成送葬那天，厂里开出5辆大客车，但还是拉不完自动去向朱厂长最后告别的人，许多人宁愿蹬50分钟的自行车，也赶到了郊区的殡仪馆。悼念厅里人挤不下了，附近的山坡上也站满了人群。人群中，有七八十岁的退休老工人，也有10多岁刚进厂的学徒工。许多退休工人老泪纵横，许多姑娘呜呜哭出了声——挽联、白花、花篮、青纱，编织成了一个哀伤悲痛的世界。

在人们蒙眬的泪眼中，大家仿佛又看见他们的朱厂长捂着臀部在船台上爬上爬下，看见他痛苦地顶着胃部悄悄吐着酸水，看见他佝偻着腰身清扫工作现场，看见他寒冬腊月到职工家里问寒问暖，看见他在试航干渴的日子，把最后一个橘子塞给青年工人……

"一个人死了，倘若他不活在活着的人心中，那就真正的死掉了。"朱学成没有死，他的精神和音容永远活在人们的记忆之中，活在中国造船史不朽的史册里。

直到多年后，本书作者到几千里外的南方文冲造船厂采访，主持建造该厂10万吨船坞的总指挥姜世杰，一提起大连造船厂，他就想起朱学成；一想起朱学成，他的眼里就含着泪水："朱学成和我是师兄弟，他真是个实实在在的好人哪！他是从一个学徒工、班组长、工段长一步一步苦干出来的。当铆工学徒那阵，风镐、铆钉、大锤，他一锤下去就是一个锤印！"姜世杰讲着讲着不停地抹着眼睛，他动情地对作者讲道，"那时还是烧煤炉子，整个船舱都是烟、都是火，乌烟瘴气。朱学成10多岁，就在那种环境下干起，一直干到造出口船——他确实是彻彻底底把自己的一生献给了中国的造船事业！……"

风吹来，浪打来。远去的"埃维塔"号长长的汽笛声响起，震颤着辽远的海空，它在向中国大连造船厂最后告别，也在向长眠在大连湾的朱学成致哀……

一个超越生命的船魂

"兰希得·克纳森"走了，"奥斯科·比龙娜"走了，"埃维塔"也走了，一艘接一艘的外国轮船都开走了……然而，赋予这些巨轮生命的人，也一个接一个走了！

日历沉重地翻到了这一页：1992年10月8日。

这一天，天空的云层是铅灰的，从海面上吹来的风是苦涩的。这一天，大连造船厂10里厂区又陷入巨大的悲痛和哀伤之中。

陈文松，这位全厂职工钟爱的厂长又与世长辞了！花圈和挽联寄托着全厂职工的哀思，松枝和翠柏浸透着全厂职工的深情。极度悲痛的人们，两眼噙着热泪，一遍一遍地呼唤着陈文松的名字——陈厂长，您走得太早了，您才只有49岁呀！

壮志未酬身先死，长使英雄泪满襟！

谁也没有想到，就在他住院的前3天，他还没日没夜地在暴风雨中组织全厂职工抗洪抢险，连续工作了一天两夜！就在他临进医院的前两个小时，他还主持召开了厂长办公会。

临走时，他把急需处理的文件整齐地摆好，然后平静地对与会的同志说道："医院让我休息两天，去查一查身体，没有大问题我马上就回来。工作就先交给大家了，希望大家多保重……"

可谁也没想到，他这一去，就再也回不来了！

进医院，一化验，他的血色素只有4.5克，仅相当于正常人的1/3！从医学角度讲，这是极度危险的信号。当他躺在手术台上，由全国著名的胸外科专家、大连医科大学杨春明和冯秉安教授主刀进行剖腹探查时，腹腔刚一打开，两位教授顿时惊呆了！

让他们感到震惊的是，这样的一个病人竟然还能站立，还能行走，还能连续七八十个小时超负荷地工作！在两位教授几十年的医学生涯中，他们还没有见过这样的病例；面对眼前的情形，他们完全无法用病理学和解剖学理论知识来解释！

他们打开陈文松的腹腔，陈文松患的是国内罕见的晚期绒毛膜上皮细胞癌。腹腔内的血性腹水积有 1000 多毫升；胃部拳头大小的肿瘤已经溃烂出血，并与左肝、腹膜胰腺紧紧粘连；肝内转移病灶有多处；肝左叶 10 多厘米大小呈菜花状肿块与膈肌相连；大网膜和腹腔内多处转移病灶及肿大的淋巴结，癌组织像变质发霉的大葡萄粒似的，散落在整个腹腔，稍一触动就往外渗血……

这样的病人，在生命史上简直太罕见了！他的生命竟然如此顽强，如此不可思议，竟然在入院前还没有倒下，还能连续几十个小时在暴风雨中指挥抗洪抢险！

更让人难以相信的是，陈文松胃部癌组织严重溃烂出血，腹腔肿大的淋巴结、癌肿扩散早已触动神经中枢——毫无疑问，病人会长期承受撕心裂肺般的疼痛，只有超常毅力的人才能顽强地走到这生命的极限。也就是说，陈文松早就超越了一个人生命所能承受的极限！

按理说，陈文松完全应该知道自己病情的严重性。

医生们翻出了他厚达 10 公分的病历，在病历的首页上十分清楚地记载着，他的腹痛已有 10 年之久，自己也曾服用过一些药物，但根本没有疗效。也就是说，从他 10 年前担任船厂副总工程师开始，直到后来他担任副厂长和厂长期间，病魔已经开始无情地在吞噬着他的身体了。

他住院前半年，医生在给他检查身体时，无意间触及了一下他的腹部，他竟痛得从床上弹了起来。一天晚上，已经下半夜了，他爱人李秀文见他还没回来，便打电话问厂里值班秘书，秘书回答她陈厂长已经回去近 1 个小时了。李文秀放下电话忙往外跑。一开房门，只见陈文松跪在门口，捂着肚子，疼痛使他立不起身来。李文秀连忙把他扶起，禁不住大滴大滴的泪水涌了出来。好长时间以来，李文秀经常都听见丈夫在床上翻来覆去睡不着，还以为他又在为厂里的事情焦虑。后来她回想起来，那时疼痛肯定已在折磨着他，只是他怕爱人担心，咬着牙一声不吭就是了。

在陈文松明显感到力不从心时，他嘱咐厂里的医生，穿着便装来办公室替他输液，一次一次又一次……繁重的工作，让他不敢有一丝一毫的懈怠。他关起门来，一边输液，一边不停地审查图纸、批阅文件。

早在 1992 年年初，陈文松的身体状况就已引起总公司领导的关注。副总经理王荣生在大连检查工作时，听说陈文松的病情后，专门从大连打电话通知机关行政管理局长高云志，要他马上为陈文松准备住处，联系北京最好的医院，为他做全面检查。高局长立即做好了各项准备工作，可左等右等就是不见陈文松来。

陈文松在北京开会期间，总公司副总经理酆炳林亲自 3 次为他在北京联系了最好的医院，让他安心检查治疗，可他每次都借口工作太忙而悄然离去。

半年前，党委书记李少丹再三催促他上医院，而他仅让秘书带上自己的 X 光片，送到医院去检查。医生发现他肺部有一肿块，当即提出需要剖腹探查。可他工作一紧张，又把自己的病情抛到了脑后。就这样，在不到 5 个月的时间里，肿块长了 13 倍！

病入膏肓。陈文松的生命已经脆弱到了现代医学拯救的极限。尽管所有的专家、教授们用至高的责任心和至善的医疗手段，一分钟一分钟地延续着陈文松的生命；尽管船厂的领导、职工和驻厂的海军代表以及所有关心他的人用最诚挚的心，盼望陈文松能够再创生命的奇迹——然而，一切都太晚了。

1992 年 10 月 8 日，陈文松在昏迷了几天后，心脏停止了跳动。

一颗流星在天幕中划出一道耀眼的光芒，陨落在茫茫的天际。陈文松走了。他走得那么仓促，那么痛苦，那么疲惫，那么遗憾！

“我是个唯物主义者，我要先走了，你们多保重。我唯一的遗憾是还没有干够啊……”临走时，他也像朱学成那样，对原厂长王有为和海军驻厂军代表于国泉吐露了自己的心声。

陈文松是福建莆田人，生于 1943 年 1 月 28 日。1965 年 9 月毕业于上海交通大学，同年分配到大连造船厂，他先后担任电装车间设计员、工艺员，参与 1. 2 万吨大舱口货轮等几十艘民船的设计和建造，攻克了很多技术难关。

1980 年 10 月，他任电装车间生产技术副主任，在 1. 2 万匹马力远洋救助轮、首批 2. 7 吨散装货轮建造过程中，组织职工圆满完成了船舶电装任务。1982 年，他任总工程师助理，次年任副总工程师，被评为大连市劳动模范。1985 年任常务副厂长。作为工厂领导层核心成员之一，他协助厂长和党委书记采取了一系列果断措施，迅速扭转了船厂困难局面，培育和发展了“大船”精神。

从 1990 年任厂长以来，他以一个企业家的胆识重新规划了工厂的发展蓝图，发展工厂生产经营，创下工厂历史以来最好的经济效益。他参加工作 20 多年来，严于律己，宽以待人，长期超负荷工作，以致积劳成疾。

挽联低垂，哀乐声咽。此时，陈文松静静地躺在鲜花丛中。他的身上，覆盖着中国共产党党旗。他的遗像挂在灵堂的前方，两道黑纱垂在相框两则；他那双深邃睿智的眼睛，仿佛正深情地注视着前来吊唁他的亲朋好友、工人弟兄……

举行陈文松遗体告别仪式那一天，工厂原计划由各车间派代表参加，可一向遵守劳动纪律的职工还是破例自动来了。工厂动用了全部车辆，临时又租用了 10 多辆大客车，仍然拉不完要去与他们爱戴的厂长做最后告别的职工。许多刚下夜班的工人，连满身铁锈和油漆的工作服都来不及换，也赶来与陈文松再见上一面。高山含悲，冷风呜咽。大连郊区的殡仪馆里里外外，站满了清早就赶来的人群。原定几百人的告别仪式，一下就聚集了三四千人。人们戴着青纱，缀着白花，饱含热泪，默默跟随着吊唁的人群，步履沉重地走进告别厅。一批一批的人群，来到陈文松的遗体旁，向他作最后的诀别。厅外，还有漫山遍野的人流，铺天盖地的花圈和挽联……

两年前，大连造船厂的职工们也是这样送走他们另一个好厂长朱学成的。时间隔得并不长，他们又来送这个好厂长。两年累死两个好厂长——沧海作证，中国造船业的生存、发展和壮大，就是无数个这样优秀和悲壮的生命换来的啊！整个吊唁厅氛围庄严、沉重、肃穆。殡仪馆里有位工人感慨地说："一个人死了，能有这么多人自发地来送他，这样的情形太少见了！人活到这个份上，也算没有白活了。"

所有与陈文松共过事的用户、单位和领导机关代表、外国船东和驻厂船东代表、验船师，他们也主动来到了这里。广州海运局副局长邓兆邦，刚从国外回来，听说陈文松病危，他立即转乘飞机赶赴大连。当他急匆匆冲出机场大厅，从来接他的同志那里得到陈文松已经去世的消息时，惊得手中特意在国外为陈文松买的药瓶失落在地。

消息传到正在南海巡逻的一艘刚刚服役的导弹驱逐舰上，全体官兵自动列队面向北方向陈文松致哀；3 声低沉哀婉的汽笛声，震荡着南海海空；他们为陈文松制作的白花，朵朵撒向大海……

噩耗传到一艘刚从大连造船厂出厂的外国远洋轮上，外国船东拿起手机，接通了相隔万里的日本和中国香港的办事机构，又接通了大连造船厂，当他从对方啜泣的答复声中证实陈文松逝世的消息后，立即发来了沉痛的唁电……

还是那一天，有的老工人没能来到殡仪馆，他们在家门口点燃一炷香，默默地祈祷他们的厂长一路走好。刚竣工的工人新村里，突然有人失声痛哭，那是运输处张守樽的爱人，因为他听说死去的这位厂长就是大年初一冒着风雪，来到家里为他们解决住房的那个人时，她禁不住声泪俱下："这样的好人，为什么就这样走了呢？……"

陈文松用他的生命之火，点燃了他灿烂的事业，照亮了船厂的夜空，温暖了所有与他相识相处的亲人、同志和朋友——有的人活着，其实已经死了；有的人死了，其实他还活着。

陈文松同志永垂不朽！

陈文松去世不久，中国船舶工业总公司党组、中共大连市委、大连造船厂党委分别作出向陈文松同志学习的决定。

中共中央政治局委员、中央军委副主席刘华清，中共中央政治局委员、国务院副总理邹家华、李岚清分别为陈文松题词：

刘华清的题词是："军工楷模。"

邹家华的题词是："向陈文松学习。"

李岚清的题词是："大连造船厂厂长、优秀共产党员、高级工程师陈文松同志为我国造船工业的发展呕心沥血，努力奋斗，贡献了毕生精力。他勇于开拓、忘我工作、光明磊落、无私奉献的崇高品质。为我们树立起了光辉榜样。"

他不愧是人们所赞誉的——船魂！他和他的同志们，用青春、智慧、热血、甚至生命，迎接着从太平洋刮来的猛烈风暴，托起的是共和国巍然屹立的船台！

第八章

不屈不挠的岁月

太平洋从来不太平。

可以说，中国船舶工业从打进国际市场那一天起，没有哪一天不是在硝烟弥漫、枪林弹雨中艰难匍匐前行的。

殊死抗争，浴血奋战。

国际市场和国内市场简直不可同日而语。与外国船东打交道，当然会有礼貌的握手和友好的微笑，但更多是精心的盘算和严苛的要求；当然也会有朋友般的友谊和同行之间的理解，但更多的是对手之间的较量和买卖双方的争执。

暗礁密布，险象环生。

在那些难忘的岁月里，我们的航船为了避开暗礁和漩涡，防止触礁和搁浅，更要防止船毁人亡，围绕着人格与尊严、交船与弃船、索赔与反索赔，进行着不屈不挠的抗争……

感天动地的赤子情怀

"呜——"三声汽笛声响起，轮船就要起航了。

船舷边，一位身穿白色工装、头发已经斑白的人回头望着祖国的海岸，他的眼睛有点潮湿了。随着这条船的初航，他将随船跑遍大半个世界，往返至少需要大半年。

他是第一次离开自己的祖国，离开自己的妻子和儿子。

当他挥手向送行的人们告别的时候，人们议论最多的一个话题是：这次他出国后，肯定再也不会回来了！

是的，他一生受了那么多的委屈，甚至是冤枉和屈辱。他的父母在香港，弟弟在台湾，父母和亲人为了寻找他，整整找了他20多年！如今，让他做这条外国船上的"保证工程师"，随船出海出国，这不是一只放出笼的鸟嘛！

大连造船厂技术人员张在勇

他叫张在勇，他的人生非常坎坷。他1934年生在上海，父亲是船上的老轮机长，1948年父亲率全家去香港谋生时，把他作为一条张家的根，留在了老家上海。

1955年张在勇在上海交通大学毕业后，来到大连造船厂。由于他工作踏实肯干，两年半中，他3次被评为先进工作者。可是，1958年他却被开除团籍，理由是他在"交出黑心，留下红心"的"竞赛"中，交出了420多条"问题"，获得了"亚军"；而且他有海外关系，父母在香港，弟弟在台湾。

在那"以阶级斗争为纲"、政治运动频繁的年代，张在勇受尽了政治上的歧视和打击。1959年，这个只知道埋头苦干的知识分子，设计了多种胎具，使汽轮机叶片加工效率提高了100倍。但他得到的回答是，在他所在的办公大楼走廊上的一条大标语："敌视党，敌视社会主义分子——张在勇！""文化大革命"开始后，他又被扣上"漏网大右派"的帽子，关进了牛棚。后来又被下放农村劳动。在农村，或许是生产队长见他诚实，又让他做了生产队的保管员。由于他忠实地履行自己的职责，又得到的是"揪贫下中农的脖子"等几项罪名，睡觉时屋子的烟囱被人扔进了砖头，他几乎被煤气熏死。

因为需要张在勇的技术，后来他又被调回船厂。可他痴心不改，大胆提出改革传统的工艺流程，即在船体合龙之前就在船台上装好艉轴系统。不少好心人都为他捏着一把汗："在勇呀，你刚从农村出来，假如船体下水后艉轴变了形，出了问题你可是吃不了兜着走呀！"但张在勇仍然坚持自己的想法，使造船周期缩短了一个月。

可是，在大船下水时，他却被调离了现场。以后，这成了一个惯例：造船时，用他可靠的技术；船要下水时，赶走这个"政治上不可靠"的人——那时，有人阶级斗争的那根弦绷得比什么都紧哪！

由于政治上的原因，张在勇到 1977 年 43 岁时才与爱人姜淑琴结婚。他们在谈恋爱时，张在勇向自己所爱的人表白了自己的清白，竟将自己复杂的社会关系及自己的经历写成了一本自传，捧献给了姜淑琴。最令人感慨的是，他们旅行结婚，从大连到烟台，本想在烟台玩两天，可下船时天气突变，返航日期定不下来。为了不拖延假期，张在勇立即排队买了返程票。这样一来，候船室成了他们新婚度蜜月的场所。这一等，就老老实实在候船室等了两天半的时间！

"张在勇这个人，够单纯够老实够本分的了。"领导和同事们听说他们的旅行结婚的经历，都感慨唏嘘不已。

粉碎"四人帮"后，张在勇终于从政治歧视的高压中解脱出来，根据他的一贯表现和他多年的愿望，党组织在他 50 岁时，吸收他加入了中国共产党。这一次，一艘 2.7 万吨的出口船交给船东后，按合同要求，需要派一个"保证工程师"，组织上毫不犹豫地委派了技术过硬的张在勇负责。

这艘船名叫"海富"号，船长、船员全是外国人。

轮船渐渐远去，驶入茫茫的大海。

然而，人们的猜测大错特错了！几个月后，张在勇不但回来了，而且还提前了半年时间！在船上的日子里，他为了自己国家的尊严，为了中国人的人格，这个憨厚老实的人，竟一反常态，有时简直成了一头发怒的狮子！

张在勇出国之后，最感到不适应的，不是风浪的颠簸和气候的恶劣，也不是船上生活的枯燥和清苦，而是船上等级森严、人与人之间那冷漠的关系。低等级的船员不许到高级餐厅，高级船员也不去低等级船员休息室。船长、轮机长等从不顾及船员们的劳累和疾病，稍不如意，便非打即骂，或在下一个码头遭到解雇。

沉默寡言的张在勇只是冷冷地把这一切看在眼里、记在心里。

一次，在餐厅里，外籍轮机长握着酒杯，拍了拍张在勇的肩膀，挤了挤眼睛，揶揄道："我和你，一样的地位，可我每月挣 3000 美元；而你，每月只挣 50 美元！"说完便哈哈大笑起来。

"你是被老板雇佣的，而我，是国家的主人。"平时不言不语的张在勇，对轮机长的嘲笑迅速做出反应，"如果老板哪一天解雇了你，你一分钱也挣不到。"

轮船从韩国仁川驶向台湾海峡，离台湾岛越来越近。张在勇看见轮机长在日志上写着"由南朝鲜仁川开往台湾共和国高雄"的字样。张在勇查清又是轮机长所为后，立即把他找来，义正词严地说道："世界上只有一个中国，台湾只是中国的一个省，你必须把'共和国'字样擦掉！"轮机长看见两鬓已经斑白、面目憨厚的张在勇气得满脸通红，简直就像一头发怒的狮子，他知道自己理亏，只好无可奈何地擦掉了"共和国"的字样。

"海富"号停靠高雄，当地边防局得知船上有一名来自中国大陆的工程师时，两名警察上了船，在对张在勇进行了一番检查后，通知他"请你不要下船"。

张在勇日夜思念在台湾的弟弟，警察答应寻找，并保证 20 个小时后兄弟可以见面。20 个小时后，警察又登船对他说："只要张先生写出投诚申请，马上就能见到你的弟弟。"张在勇愤怒了："你们这里是一个大兵营吗？我只是一个普通的老百姓，投什么诚？今日你们不让我见，在海峡两岸统一时也会见！"

张在勇在台湾不能见到自己的弟弟，却可以在船停靠香港时去见他的父母和其余的弟弟妹妹。

父亲自从解放前夕去了香港之后，在以后的日子里，这位老人 3 次回到大陆，都没能寻到他的儿子。几十年过去了，这次一家人在香港相聚。他们这一家人在香港上演了一出现实版的生离死别、死里逃生又侥幸重逢的悲喜剧。全家老小一见面，就哭成了一团。两位已经垂暮的老人禁不住老泪纵横，满头白发的母亲竟然抱着已到老年的张在勇号啕大哭，说她对不起几十年来吃尽苦头的儿子。

一家人稍事平静后，两位老人和弟妹们都劝张在勇留在香港，守在父母身边，让两位老人和他度个平静的晚年。可尽管父母和弟妹们再三劝说，但张在勇含泪对亲人们说："是国家把我培养成为一个大学生，培养成为一个科技人才，我应该为自己的国家服务。不愉快的经历已经过去了，现在我们国家正在一天天好起来。船厂也正需要我做事情，何况我还没有完成自己的任务，我肯定不能留在香港。"

张在勇含泪告别了年迈的父母和弟妹，毅然离开了香港。

轮船继续北上，驶向日本。经过海上多次狂风巨浪的考验，已经安全航行了8万海里的"海富"号，突然在一天夜里起火，全船浓烟滚滚，烧得漆黑，船长、轮机长准备弃船而走。在这乱哄哄的时候，张在勇一反平日斯文安静的性格，他挺身而出，代替船长的位置，带领全体船员救火。因张在勇对船体结构了如指掌，他采取了切实有效的措施，把船舱油箱的火扑灭。但这套设备烧毁了，损失20多万美元。

随即，一场官司在日本开庭。船长、轮机长和日本一家保险公司都指责火灾是由于设计缺陷造成的，20多万美元应由中国船厂赔偿。在咄咄逼人的氛围中，张在勇孤身一人用流利的英语舌战一大群人。在关键时刻，他"啪"地甩出一沓照片，指着照片上的事故现场说："火灾是大管轮在航行中抽开油箱下面的盲板，致使漏电造成的！铁证在此，中国方面不应该负任何责任！"

张在勇提供的有力证据，令所有在场的人面面相觑——张在勇在出国期间购买的唯一的高档物件，此时派上了大用场。在他发现火源那一刹那间，镁光灯一闪，已经将大管轮抽开盲板的有力证据记录了下来，即使盲板烧为灰烬，中国人哪怕是在外国，也要打赢这场官司！

结果，法庭只好宣布中国船厂对这场火灾不承担任何责任。

一个普通的中国老知识分子，用自己的忠贞和诚实、机警和智慧，在与外国人打交道过程中，维护了国家的尊严，维护了中国船厂的声誉，也维护了中国人的人格，同时避免了重大的经济损失。

到了1987年年底，正在船厂为挪威建造的11.8万吨油轮交船的关键时刻，已经连续工作了4天4夜的张在勇，突然接到了从香港发来的电报："母病危，速归！"母亲已经80多岁了，40年来张在勇从来没有在她身边尽过自己的孝道，在母亲弥留之际，作为长子，他理应赶到香港为母亲送终。

可这时只有他最熟悉的、船上关键部位的齿轮箱已经拆得乱七八糟，他不能在这关键时候离开，让挪威的船东因此弃船！他宁肯背上不孝之子的恶名，也不能让船厂蒙受巨大的损失。他向弟妹们讲清了自己不能脱身的理由，并表示父母的全部遗产由台、港的弟妹们继承，他分文不要。过了几天，母亲去世了，他躲在船舱的角落里大哭一场，然后擦干眼泪，又带领工人们继续抢修齿轮箱，终于在1988年元旦将油轮完美地交付了挪威的船东。

海边的烈日，已把他晒得枯萎；凛冽的海风，已吹白了他的头发。他老了，就如寒风中战栗的一片枯叶。但他还在为船厂贡献着自己的余热。他时时站在码头上，目送着一艘又一艘他们亲手建造的巨轮离港远去。他苍老的眼睛中，饱含着深情和依恋。也有人说，那些离港远航的巨轮，或许又勾起了他对逝去的父母，远在台湾和香港的亲人们的思念……

但他却永远扎根于祖国大陆，扎根船厂。

女焊工折服船东史蒂文

天气依然很阴冷。

美国船东代表史蒂文穿着棕色的皮夹克，不停地在"西江24—3"海上钻井平台的甲板上踱来踱去。

此时，大连造船厂正在建造的钻井平台上，没有了往日机器的喧嚣，也没有了耀眼的弧光和飞溅的焊火——钻井平台生活模块制造已经接近尾声，可被迫中断下来。

"不行，没有中国船级社6CR焊接证书的工人来焊接，绝对不行！"史蒂文满脸通红，挥舞着双手，完全没有丝毫通融的余地，"如果没有这样的工人，我立即把平台移到新加坡去，让那里的工人为我焊接！"

"西江24—3"海上钻井平台，是大连造船厂为美国国际石油公司亚洲公司建造的。负责验收钻井平台生活模块的就是这个史蒂文。他一头棕栗色的卷发，一双冷漠的眼睛，他在验收工程时，素以刁钻苛刻著称，时时提出一些令人不可思议的要求来。前不久，工人们焊接的一批管子，只有1个焊头他认为有疵点，他竟叫工人们全部返工。如今，由于生活模块与船舶在海上的服务特点不同，它的一批支撑管件的结构强度要比船舶更高，所以他非得坚持要持有中国船级社6CR证书的人上岗焊接。

质量就是船舶的生命，也不能说这个刁钻的史蒂文有错。

交工时间迫在眉睫，时间是用分秒来计算的。可负责结构建造的外协队伍中没有这类焊接人员。而船体车间持有这种证书的焊工，全都忙碌在合龙后的15万吨油轮上难以脱身，那边的交船期更是紧迫。主管厂长心急如焚。延误了交船期被罚款自不必说，如果被弃船那后果更不堪设想。没有办法，工厂只好向上海、天津等兄弟厂求援，可对方回答他们的焊工证书已经过期，工厂不得不放弃了争取外援的打算。

史蒂文依然在甲板上踱着，不时还吹起几声口哨来。不知他此时心里在想些什么，或许是想看工厂的笑话，或许是幻想着工期一旦被耽误后好让工厂交罚款。

"这批活我来焊接。"一个年轻的女工递上自己的焊接证书，淡淡地对史蒂文说道。

"你来焊接?"史蒂文接过证书，仔细看了一阵，那女子递来的证书级别准确无误。他又抬起眼帘，迷惑地眨着眼睛，望着眼前这位小女子。只见她穿着一身米黄色的工作服，手里抱着一个面罩，面罩里放着一双皮手套。说实话，眼前这小女子人不出众，貌不惊人。

这是工厂的女焊工丛菊红。

史蒂文望着丛菊红，好半天没有吱声。丛菊红从他那双灰色的眼睛中读出了什么，她也只是静静地看着他，并不吭声。

"先焊焊试验片吧。"双方对峙了一阵，史蒂文终于说了话，可他那口气中明显充满了怀疑和轻蔑。

丛菊红对对方的态度并不介意，她依然一声不吭，从容地戴起手套，操起焊把来——史蒂文哪里知道，他今天遇到的这个小女子，是电焊高手中的高手！凡是领教过丛菊红绝技的外国船东，还没有一个不被她所折服的！

在建造比利时9.8万吨成品油轮时，有一位验船师比这个史蒂文更难对付呢！这个人大家给他取了个名字——小波兰。

这个"小波兰"不但一天到晚盯在现场，稍不如意就叫工人返工。有时不高兴了，甚至还脸红筋胀地哇哇大叫起来。工人们一看此人来验活，心里就发怵。在验收这条成品油轮时，他别出心裁要求在"马鞍管"上拍X光片进行检验。

"简直是有意刁难！"工人们有些愤怒了。在"马鞍管"上进行X光检验，可以说从来没有先例。别说X光检验，就是用肉眼也容易挑出毛病。但验船师不签字，这活就交不掉。正在主管焊接的技术员发怒的时候，丛菊红上去了，她当着验船师的面，开始进行第一组"马鞍管"的焊接。只见一阵耀眼的弧光闪起，在场所有的人都把心提到了嗓子眼上。这个"小波兰"则是悠闲自得，细眯着眼睛为他这别出心裁的检验项目而得意扬扬。

"这……"当X光片递到"小波兰"手里的时候，他细眯的眼睛睁大了，嘴张开半天合不拢来。丛菊红以100%的拍片合格率征服了这个刁钻的验船师！"合格！合格！全部合格！以后，就无须拍片了！"仅此一项，丛菊红就为工厂节约好几万元。

丛菊红令船东们折服的事，何止是三件五件！许多船东和验船师，只要一看见她焊接的代号为"1—23"的活，就一律免检放行。以致有个爱开玩笑的小青年，不时也在自己的活上划个"1—23"的字样。

是啊，丛菊红的焊接技术和郭玲华一样，已达到得心应手、炉火纯青的地步——这就像微雕大师能在米粒大小的象牙上，雕刻出栩栩如生的"金陵十二钗"来一样。丛菊红她们这绝妙的技术，当然除了她们心灵手巧外，完全是天长日久、日积月累用心血和汗水磨炼而成的。

说实话，对于刚进厂时的丛菊红来说，当一名电焊工，是她做梦都没想到的事。电焊车间里，浓烟滚滚，火花四溅，锤声震耳，焊机轰鸣，连说话的声音也要像吵架一样，别人才能听见。对于她这个患有神经官能症的小女孩来说，一看见那场面和那阵势，心里就发怵。可她是个外秀内慧不服输的女孩子，在老工人的帮助下，她拿起了焊把，一门心思扑在了焊接上。

可以说，丛菊红和别的女孩子不一样的是，她的青春没有娇娇滴滴、画唇描眉、轻歌曼舞和花前月下，陪伴她青春岁月的，无论白天黑夜，是焊火和弧光，是摸爬和摔打。

刚开始练技术时，由于她不会躲火，稚嫩的手上、脚上和身上不知被烫了多少个伤疤，眼睛也被弧光打得红肿流泪。由于她身体贫血，在钢板上蹲的时间一长，一站起来眼睛就发黑。夏天，弧光透过单薄的衣裳，将手臂和小腿都烤成了酱色；有时，汗水泡透了衣裳，一身被沤得全是痱子和疖子。可她咬着牙默默地在自己的岗位上坚持着、劳作着、苦练着。功夫不负有心人，经过几年努力，她终于如囊中之锥脱颖而出。

以后，厂里每推广一项新工艺，总是丛菊红第一个上去试验。在她反复摸索总结出经验后，才向全厂推广。这些年来，她在给外国人建的十几条出口船上，所拍下的几千张 X 光片，竟无一次废返记录！

丛菊红以自己过硬的技术走上班长岗位，她的班组和郭玲华的班组一样，大多数都是大老爷们。作为兵头将尾的班长，当然得处处以身作则，凡是苦、脏、累、险的活，她都留给自己。在 9.8 万吨出口船有色金属管道焊接中，管子还要一遍遍磨光。大口径的管子还好办一点，可口径小的管子在狭窄的舱室里焊接就难了，连遮挡紫外线和防止皮肤灼伤的电焊帽也不能拿。

为了不使管子报废，丛菊红拿着镜片，蜷缩着身子，毅然从只有脸盆大小的管子中钻了进去。干活时，她眼睛被弧光打得不能睁开，浓烈的烟雾，使她呼吸也很困难；管子里灼热的高温，连她头发眉毛也烤焦了。等她干完活被工友们从管子里拖出来时，连她人都变了样：手上是黑的，脸上是黑的，头上是黑的，吐出来的痰也是黑的。在场的工友们一看她那副模样，心疼地抱着她哭了。连一向以敬业为荣的外国船东，看着这位中国女焊工的所作所为，也感动得说不出话来。

丛菊红，这位其貌不扬的女焊工，这些年来她在电焊这原本属于男性工作领域里，指点江山纵横驰骋。先后获得了英劳氏船级社、挪威 DNA 船级社、美国 ABS 船级社、美国 ASME 压力容器、中国 ZC 船级社 6GR 和 CO2 保护焊5G等权威机构颁发的证书；同时先后获得50多本荣誉证书，连续4年获得大连劳动模范、"三八"红旗手、中国船舶工业总公司劳动模范、全国劳动模范等荣誉称号。

她用的焊条和焊丝，累计起来有200吨重；她焊过的管子和构件焊缝连起来有300多公里长。这书写着她20多年来从造国内万吨轮到造当代先进的出口船平凡而不平凡的人生；她的青春岁月，她的全部心血和智慧，全都溶进了耀眼的焊光和飞溅的焊花之中。

她是中国工人的骄傲，更是中国女性的骄傲。

这一切，对驻厂时间不长的船东代表史蒂文来说，他当然不知道眼前这个女工非凡的技艺。在他眼里，丛菊红不过是这个厂千百个焊工中普通的一位，何况还是个女的！在他眼里，这项高难度的焊接活，在管材与板材之间的角度很小，夹缝接口不但难以烧透，而且容易出现气孔，就连日本、韩国这些老牌造船厂里，能焊这样活的技师，也是屈指可数的！

作者在船厂生产现场采访

"简直令人难以相信、难以相信！"当丛菊红将24张试验片焊完后，将24张X光探伤片交到史蒂文手里的时候，他把这些片子翻来覆去地看了半天，最后又用放大镜细细检查——千真万确，这24张片子，合格率达到100%！史蒂文在国外也多次验收这项工程，如此完美的焊接，他还是第一次看到。放下片子，他又睁大惊讶的眼睛，把满脸汗珠的丛菊红看了好久，最后他向厂领导要求道："这批活，非她干不可！如果你们要换人，我就把这平台移到新加坡！"

这位傲慢甚至有点无理的史蒂文先生，从此一见丛菊红立即挤出满脸的笑容，又是点头又是打招呼。

10多天以后，这批活完美地交给了史蒂文，史蒂文谦恭地在验收证书上一连写了3个"OK"！

休斯敦法庭的索赔案

传真。

一份加急传真来自美国东海岸的休斯敦。

办公室秘书匆匆把这份传真送给了厂长梁浩新。梁浩新把这份传真急急浏览了一遍，立即皱起了眉头。传真是挪威船东威斯·肯得斯发来的。上面言语之激烈，措辞之强硬，这在梁浩新与众多的外商交往中还是少见的：

中国大连造船新厂并梁浩新先生：

我们抑制着愤怒的心情，不安地告诉你们：我们在贵厂订造的"维诺米·爱拉"号油轮，仅仅只经过两个航次，在第三个航次到达休斯敦港时，你们建造的船舶几个大油舱抽油管和抽油管支架全部断裂！致使舱内的油无法抽出。目前已在港口滞留一周。我方已造成经济损失达75万美元；而且每滞留1天，将被罚款4.8万美元。

由于你们的建造质量低劣，酿成这次重大事故。这在船舶建造中，也是罕见的。由此造成的一切经济损失，按国际惯例和合同规定，应由贵厂全部承担！对贵厂这种不负责任的合作态度，我们表示深深的遗憾！并盼你们立即派员对赔偿和修复事宜来休斯敦磋商，以避免更大的赔偿和损失。届时，我们将直诉国际法庭解决。

……

"维诺米·爱拉"号油轮是大连造船新厂成立后承造的第一艘出口船。这艘载重量9.6万吨的成品油轮，由厂家与船东共同设计。建造完毕后，经船东和验船师严格按设计要求验收。挪威船东接船后，转卖给了意大利一家航运公司。由于双壳油船当时稀少，挪威船东还从中赚了一大笔钱。据说两个航次下来，质量还是不错的，为什么在第三个航次中会发生这样严重的事故呢？

"按说，这样的事故是不会发生的。"主管这条船建造的副厂长王根生看完这份传真，他仔细回忆了建造过程中的每一个细节，肯定地说，"如果是我们建造质量有问题，那在第一、二个航次中就会反映出来，为什么问题会在第三个航次中出现呢？我估计他们在使用过程中有问题。"

"我同意王厂长的分析。"这条船的总设计师沈闻孙说，"我们设计建造这种油轮，虽然是新厂建造的第一条；但在老厂，我们也干过几条，应该说我们的质量是过关的。何况，抽油管径有450mm。没有相当大的力量是绝不会断裂的。"

"这是一件大事。我的想法是——"梁浩新说，"这件事由王根生同志负责，老沈协助，迅速弄清情况。如果确实是我们建造过程中的质量问题，那当然无话可说；如果是他们使用中的问题，就是上法庭，我们也奉陪到底！"

从厂长梁浩新的办公室出来，王根生想起一件事：

在此之前，他们也曾经接到挪威一家公司的来电，称给他们建造的油船油漆不过关，有一个压载舱油漆全部脱落，油漆脱落后一个舱里全部长满铁锈，也要求大连造船厂进行经济赔偿。当时工厂的分析是：如果是我们油漆工艺不过关，那应该是每个舱都有问题，不会单独出现在一个舱，问题可能在进口的油漆质量上。待通知国外的油漆服务商前去一查验，才发现根本不是那么回事！其原因是，这个压载舱不知什么时候掉进了一颗大的螺丝，这个螺丝在舱里滚来滚去，将铁锈涂满了这个舱室，待服务商用抹布将铁锈一擦，整个船舱里的油漆光洁如新！于是，这家公司的老板在事实面前，不得不对生产厂家和油漆商表示歉意，并支付服务商的服务费用。

外国船东先声夺人，恶人先告状，虚张声势，动不动就要求赔偿的事，这在和他们打交道的过程中，是经常都有的事。

根据梁厂长要求，首先是迅速弄清情况。

随即，大连造船新厂和中国船舶工业总公司驻休斯敦办事处常驻代表取得了联系，他们全权委托驻美代表为代理人，前往意大利人使用的船上现场勘查。

根据我方驻美代表反映的情况，工厂组织有关人员进行了事故分析，然后将我们分析的结果电告休斯敦办事处。我方驻美代表几次前往现场勘查，根据工厂要求，发回了事故现场照片和几个航次的运载、装卸情况，以及在航行中的气候情况等原始资料。

材料全部到齐，梁浩新、王根生、沈闻孙等人组织人员再次作了分析，得出如下结论：

此次"维诺米·爱拉"号发生油舱抽油管和油管支架全部断裂事故，责任全在油轮的使用者！原来，"维诺米·爱拉"号在第三个航次中，在印度洋的台风中航行了3天3夜，巨大的风浪引起油轮的强烈颠簸，以致使全船的船员大部分在颠簸的船上躺了下来。油船在这巨大风浪中，船体、主机、辅机、通讯等全部经受住了严峻的考验。可为什么油舱的抽油管道和支架全部断裂了呢？而且严重得连油管支架座都连根拔起呢？这是使用者严重违反

"油舱必须满舱，严禁半载航行"使用说明书的规定而造成的。

这次"维诺米·爱拉"号运载航行，由于货源问题，几个油舱都是半载。在印度洋猛烈的风暴中，油舱的油在空旷的舱室中强烈对撞，造成强大的冲击力，打断了油管座子。所以，责任应全归使用者！而挪威方面不经过详细调查勘验，张口就向中国索赔，是毫无道理的。

所有的证据确凿，分析的结果言之有理，我们同时也提请美国 ABS 船级社在诉讼中当公证人。当挪威船东赶到休斯敦，面对事故的现场和我方驻美代表提供的证据，他阴沉着脸，再也无话可说了。

75 万美元以及更多的罚款索赔案，至此与中国大连造船新厂完全无关。据说，挪威方面与意大利船东为此又诉诸法律，整整扯了 3 个月的皮。至于扯皮的结果如何，中国方面的人也懒得去打听了。

"这些年，我们在和外商打交道的过程中，很少吃亏的原因：一是严格按照合同规定保证质量保证工期，只有这样你说话才有力量；二是要自信，不能让外国人一咋呼，自己就没有了主张。外国人胡搅蛮缠的也不乏其人。在任何情况下，都要据理力争！"采访王根生时，他已是大连船舶公司副总经理。他对作者说，"我看报纸上有的人和外国人一打交道，好像他们就要高明几分，自己似乎就矮了半寸，这其实有点可悲！我们应该相信自己的能力，相信自己的水平！"

非要打赢这场索赔官司

大连船舶公司王根生副总经理在作者采访他时说的那番话，的确发人深省，令人深思。

在南方上海的复兴岛上，曾经发生的一桩中国人向世界一流厂商的索赔案，为王根生的这番话作了一个最好的诠释。

坐落在上海复兴岛的中华船厂，在国内也是颇有声名的一家造船厂。自从他们开始建造出口船以来，在国际上名声越来越响。然而，正在这时，一件意想不到的事件发生了！

这天，西德克里门森航运公司监造师卜克，又似往常一样巡视在该厂为这家公司建造的 4400 吨货船船台上——蓦然，他停住了。一双灰色的眼睛死死盯住一个分段。

"这两块钢板是怎么回事？"他叫来车间主任，指着分段上的两块钢板责问道。

卜克指着的这两块钢板上，布满了麻点。而且，这些麻点显然超出了英劳氏规范的要求。

"是的，这两块钢板是有点瑕疵，卜克先生。假如这两块钢板没有焊接，假如生产进度不是这么紧张，我们是可以协商解决的……"主任告诉卜克。

"主任先生，我不愿听你那么多的'假如'。"卜克的头摇得像中国小孩们玩的拨浪鼓，"我们造的是新船，新船！主任先生，你明白吗？我们不是买旧货！这必须立即返工！"

返工，那就意味着要将钢板割掉重来——有史以来，中华船厂还没有经历过这种"挖疮补肉"的事情，更没有受过这样大面积返工的耻辱！

但是，无可奈何！合同上有建造的规范。船厂只好按照卜克的要求，经过好一番折腾，工人们割下了旧钢板，重新焊上新钢板——可这两块钢板是哪个厂家生产的？又是什么原因引起钢板上出现麻点呢？出现这种麻点的钢板还有吗？这件事引起工厂领导的高度重视，他们责成检验科38岁的工程师薛祖德调查这件有点反常的事。

薛祖德是上海交大材料工程系毕业的本科生。他戴一副宽边眼镜，文质彬彬，说话做事慢条斯理。他从领导那里接下这个任务后，很快就查到了这两块钢板的来路：这是外国某公司的产品。从产品的"质保书"来看，钢板从机械性能、化学成分、表面质量都是100%合格——可钢板上的麻点是从哪里来的呢？

经过10多天对外国某公司50多种规格、几千块钢板的翻查，薛祖德终于找到了表面麻点的根源——中厚板。

面对这些带麻点的钢板，薛祖德陷入久久的沉思。钢板产生缺陷的原因，既有压入氧化铁皮剥落，又有腐蚀和先天轧制过程中的因素，还会在运输和使用加工过程中形成。原因多种多样，机理错综复杂。为了弄清这原因，薛祖德吃不下、睡不着。他天天翻阅资料，天天消化资料。他长时间埋在资料中，和妻子孩子10多天没顾得上说一句话。在夜以继日的努力下，经过各种科学论证，钢板产生麻点的原因一个个被排除，最后只剩下一种可能：钢板生产本身有毛病。试验的结果也证明了这一点——怎么办？向外商索赔吗？但这家公司属世界一流的钢铁企业，其技术之高，资料之全，超过我们所有掌握的资料；如果弄不好，很可能逮不着狐狸，反倒还会引来一身骚。

经过好几个日夜的思考，薛祖德终于下了决心——不，我们不能牙齿被人打掉了，还要咽下肚子！难道就是因为对手强大我们就只能任人捉弄、忍气吞声吗？强烈的民族自尊心促使这位文弱书生下了决心：找外商索赔！

于是，一份索赔单及《船钢板表面缺陷检验试验报告》和《表面缺陷成因机理试验报告》寄往国外。

"小薛，你有绝对把握吗？"中国五金矿产进出口公司一位领导严肃地对他说："假如谈判失利，中华船厂将负责对方的来回路费及名誉损失费。这个你知道吗？"

"这我知道。"薛祖德只是淡淡一笑。

中国五金矿产进出口公司的担心，当然也不是多余的。对方是世界一流的钢厂，向世界各国输送的钢材，享有极高的声誉。在他们公司的历史上，从不知道什么叫做赔款，也从来没有因为质量问题而退货的。作为负责进出口业务的五金矿产公司，也曾有别的厂家向他们反映过外商钢板表面质量问题，但最后呢？只能是不了了之。如今中华船厂面对的是如此强大的对手，他们怎么会不担心呢？

谈判开始了。

坐在谈判室沙发上的对方首席代表跷着二郎腿，两个指头轻轻地敲打着茶几，神情自得悠然。几个回合的交锋之后，他站了起来，胸有成竹地走到一块专用黑板前，不假思索地便在黑板上写了起来。不一会儿，便写满了整整一黑板。写完，他回头特意盯了薛祖德一眼，那眼神分明是在告诉薛祖德："这些，你懂吗？"

尔后他回过头，站在黑板前，口如悬河地讲了起来。他从雨水的渗透到管理的不当，从海水腐蚀到化学反应，对造成钢板表面麻点的所有原因都作了分析，颇有些不容争议、志在必得的势头。末了，他坐了下来，意味深长地望着中华船厂首席代表范副总工程师，以及技术代表薛祖德。

参与谈判的中国五金矿产进出口公司代表见此情形，有点坐不住了，不断向薛祖德投去询问的目光。薛祖德当然能读懂那目光中的内容："你，行吗？不行就早点收场。"

"尊敬的首席代表先生，"薛祖德从容地站了起来，不动声色地说道，"您所列举的内容很有科学性，我就不重复了。但据我所知，造成钢板产生麻点的原因可分为两大类：外在的和内在的。但二者之间的腐蚀状有很大的差异，而您只讲了外在的原因，忽视了内在的因素……"薛祖德运用国内外权威的资料，以充分的理论根据，把对方论证的钢板可能出现麻点的原因一一驳回。最后，他从资料堆里拿出海运局的详细记录及货船平面图，出示给对方。

"好，我们接下来再谈贵公司在生产过程中可能出现的问题……"薛祖德依然不急不躁，逐一列举生产过程可能出现质量问题的原因。

薛祖德有理有节的论述，让对方有点坐不住了——显然，他们低估了自己的对手。情急之中，他打断了薛祖德的话："我可以向你们保证，我公司的产品质量绝对是世界一流的！造成钢板表面缺陷的原因，绝对不是我们！"

第一次谈判毫无结果。

第二次谈判双方依然各执己见，依然没有结果。

第三次谈判，对方谈判代表的资格已上升为公司市场开发技术部部长。

谈判一开始，对方就向中方发起了猛烈攻势。他侃侃而谈自己公司对产品质量的控制流程，谈世界各国对该公司产品的赞赏，他特别强调该公司从来没有出现过批量的质量事故，一贯以质量第一名扬全世界，赔款这个词他们还是第一次听到。

"中国有句古语：人有失足，马有漏蹄。再先进的设备和工艺，也会出现错检和漏检。尊敬的部长先生，您说是吗?"薛祖德依然不急不躁，说话依然温文尔雅。

"这个……当然，也有可能。不过，你说的中厚钢板批量有问题，这是需要多方面试验的！"这位部长当然知道，对钢板试验是一件相当麻烦的事，还得具备一定的条件，不是轻易就可以得出结论的。

"我们对贵公司13种规格的钢板，进行了抽查；对83块钢板进行了金相组织检验、酸洗试验及横断面低倍试验，发现大量的麻点都呈一定的几何形状，又经过冷热两种状态外来物压入模拟试验，从而得出了这表面的缺陷，主要是贵公司在热轧过程中，坯料清理不彻底，高压水压不足或水枪偏心等原因，造成残留氧化皮压入钢板的结论。"薛祖德说完，递上一叠试验报告，"部长先生，这是试验报告，请过目。"

两个自信的人整整较量了七八个小时。一个肯定责任在对方，一个坚信问题不在自己公司。到了下午3点，双方终于达成一项协议：在对方监督下，到仓库随意挑选3块中厚板，用砂轮磨去锈斑，确认表面完好，再由对方做上记号，送到上海船厂从国外引进的喷丸机进行喷丸，再根据喷丸结果做出决定。如果喷丸后钢板表面还出现麻点，并全面超标，由对方赔偿损失；如果喷丸后钢板表面完好无损，即使只有1块，那中方承担一切后果。

对方代表心里难免有些紧张起来，中方竟敢以3∶1的悬殊来打这场官司！那只能说明，中方已基本胜券在握——事实胜于雄辩，当对方代表拿出从国外带来的测试仪，对喷丸后的钢板进行检查后，他的脸色变了，豆大的汗珠从他额上滚落下来——结果是：3块钢板表面的麻点全部超标！

这样的结果，让对方代表有点目瞪口呆。

"我们给中华船厂添麻烦了，真是对不起！"在无可争辩的事实面前，他走到中方代表范副总工程师和薛祖德面前，深深鞠了一躬，表示了自己的歉意。

一场拖了半年之久，经过 3 场马拉松式谈判索赔官司，终于以对方的败诉而告终——最后，对方代表掏出笔，面红耳赤地在赔偿书上签上了自己的名字。

中国工人折服洋专家

朔风，巨浪。

这又是一个寒冷的冬天，天低，云黯。大连造船厂厂长于世春刚开完会，就心急火燎地往船厂码头奔去。

路上，他抬起手腕看了看表，脸上又掠过一丝焦虑的神色。工厂为比利时建造的 7000 吨滚装船，按合同规定，离签字交船只有 48 小时了！可船上的无线电设备至今还没调试——48 小时后，如何交得了船呢！

这套无线电设备的调试，原本该由挪威服务商负责，可对方借口中国发生了"政治风波"，社会秩序不稳定，拒不来船厂履行合同；同日本服务商联系，可对方一张口就要先付 14 万美元，否则免谈。设备不调试好，这船就不能按时交工，等待工厂的将是巨额罚款！这，能叫他这当厂长的心里不着急嘛！

走上大船舷梯，于世春停了下来，他突然想起一个人，想起了电装车间的一个工人。

"小崔，你不要犹豫了，再也没有时间了！你就先来调试吧，干坏了是我的，干好了是你的！"

于厂长叫的这个"小崔"，叫崔殿镇，是电装车间调试组组长，对他的技术水平，于厂长心里还是有数的。

"我，行吗？……"其实，船上的设备不能调试交工，崔殿镇也是心急如焚，他也曾动过自己调试的念头，可一想到从国外买来的宽带放大器功率管，自己还从来没有接触过，如果一旦出现意外问题，按合同规定是要承担重大责任的。但而今火烧眉毛、情势危急，死马也要当作活马医，何况现在有了厂长的信任和支持，那就大胆地干吧！

"一定要胆大心细！"崔殿镇满头大汗地赶来了，于厂长见到他，只嘱咐他这样一句话，"大胆干，不要有顾虑！"

崔殿镇咬咬牙，坚定地点了点头。

舱外北风呼啸，不时又飘起雪花来。崔殿镇早已忘记了这是 1989 年年末，新年已经悄然来临。一到现场，他就全身心地投入到消化图纸和说明书中，全然忘记了船舱外的一切。

作者在大连造船厂采访电装工人崔殿镇

崔殿镇，他原本只有初中文化学历。1968 年，年仅 18 岁的他进厂分配到电装车间干无线电工，这是一项技术含量很高的工作。刚开始，文化程度不高的他，面对密如蛛网一样的图纸，一筹莫展如读天书。曾有一段时间，他真想干点简单的体力活，而不愿干这绞尽脑汁的精细活。他父亲是大连起重机厂的一个老劳模，看见儿子好动不好静，就经常嘱咐他要好好学本事，而且一定要学到真本事。

崔殿镇是个天资聪颖的小伙子，只不过他们这代人很不幸：该长身体时遇到 3 年饥荒，该读书时又遇到"文化大革命"。父亲的教诲，给崔殿镇指明了一条人生正确的道路。于是，他在工作中虚心拜师学艺；星期天常常跑到书店去，掏出自己省吃俭用的钱，买来电气方面的技术书，一有空就像蚕啃桑叶那样去啃书本。啃来啃去，他竟对无线电这行入了迷。

理论总要扎根于实践的土壤才能开花结果。崔殿镇不但学理论入迷，干起活来也如痴如醉。在干"大庆 48"号油轮时，他遇上了一个很大的技术难题，图纸一时没看懂，心里一急背上奇痒，由于注意力太集中，他竟然将手中的电烙铁顺手就往背上挠去，结果"吱"的一声烫坏了背上的皮肉。

由于对无线电产生了兴趣，进厂不久，他就花钱买零件装配电子管收音机。电子管的收音机装过了，他又装晶体管的。他装的收音机，能达到收音 10 个波段以上。当今世界，电子技术的发展令人眼花缭乱、目不暇接。在经历了电子管、晶体管、集成板块等发展阶段之后，而今已发展到微机操纵控制的集成板块阶段。现代的船舶要航行于茫茫的大海，所以它的电子技术产品具有自动化程度高、更新换代十分迅速的特点。

只有初中文化的崔殿镇，要想跟踪当代电子技术，谈何容易！他唯一的办法，就是把别人逛大街、打麻将、看电视的时间用于钻研技术。

　　如今进口的船舶电气设备资料都是英文的，与外国服务商打交道不会英语也不行。为了学英语，崔殿镇家里床上、柜上、桌上全是英语书和录音磁带。20多年来，他看电视最多的节目就是英语讲座。

　　船厂领导看中了这位青年工人的钻劲和机灵劲，曾3次破例送他到日本学习国际先进的电子调试技术。1985年，工厂第一次送他到日本学习时，厂里一位领导既认真又调侃地对他说："小崔，一定要好好学呀，船厂的未来就看你们的了。你如果没学好，回来就从飞机上跳下去算了。"和崔殿镇一起学习的都是海运学校的大学生，唯有他是一个初中生。可他不负重托，凭着他的刻苦和聪明，圆满学完全部课程。在培训班里，连日本专家对他也刮目相看，称他为"最优秀的学员"。

　　崔殿镇凭着这股锲而不舍的钻劲，他先后获得成人高中毕业证书、基础英语证书、中级英语口语证书、大连理工大学晶体管知识证书，大连舰船学院指挥仪、电子战系统、微机控制专业技术证书，以及日本无线电气、古野电气、东京机器三大株式会社的现代通讯、雷达及导航系统等专业调试技术和维修技术代理许可，从而达到按国际规范建造出口船舶的技术要求。

　　就这样，崔殿镇成了校门外没有文凭，但胜有文凭的大学生；成了大连市自学成才先进人物，成了领导一群大中专毕业生的一个头儿——其实，文凭只能代表一个人受教育的程度，但它并非是打开实践和创造之门的万能钥匙！实践出真知，这是一条颠扑不破的真理。

　　如今，在火烧眉毛即将交船的关键时刻，崔殿镇冒着风险，披挂上阵了——可在他打开设备进行检查时，意外的情况发生了：发报机的心脏部件，装在恒温槽里的频率振荡器却因意外的原因损坏了！如果重新到国外订货，最快也要1周时间。于世春厂长抬起手腕看了看表，这时离交船只有半天时间了。表上的秒针滴滴答答在向前走着，所有在场的人都急得像热锅上的蚂蚁。

　　崔殿镇这时反倒显得十分冷静，他不慌不忙打开振荡器，在只有火柴盒大小的晶体恒温槽里，用那双灵巧的手把密如蛛网的上千个电子元件逐个测试。他的这种方法在国外还没有先例。因为国外厂家都是在恒温的试验台进行修理或整体更换部件。

　　崔殿镇能成功吗？比利时的船东流露出怀疑的神情，领导和所有的工友都把焦急的目光落到他的身上——好险！在崔殿镇合上仪器盖子时，人们紧张得屏住了呼吸。这时，离交船时间只有30分钟！

　　崔殿镇闭着眼睛敛了敛神，长长地吁了一口气。须臾，他按照说明书要求与广州台联网试验——啊，成功了！

"OK、OK！中国工人真是好样的！"比利时船东见此情形，竟高兴得一把把崔殿镇抱了起来，并立即端来两杯威士忌，要和他干杯，向他表示祝贺和感谢。可崔殿镇揉着红肿酸涩的眼睛说："我现在需要的是，睡觉……"他回到家，一直睡到第二天下午。

这些年，凡是和崔殿镇打过交道的洋专家无不对他另眼相看。日本无线电气、古野电气、东濑机器三大株式会社给予了他卫星通信、卫星导航、雷达系统的调试和维修代理许可证。也就是说，他可全权代表这些公司在世界任何地方进行维修和调试。

当工厂为国外建造的3.5万吨船卫星通信逆变器出现故障时，外国服务商束手无策，并联系中国香港、日本的厂家也没能解决问题。当时轮船正在试航，这个问题不解决将影响交船和打乱工厂全年生产计划。崔殿镇主动请战，他透过灯光对照元件，将电路板画成一张密密麻麻的原理图，经过细心分析，他找出问题所在。外商通过传真经日本和中国香港的厂家确认，同意用国产元件代换。难题一下在他手中解决了，外商抓住他的手，感激不尽地说："谢谢，崔先生，您帮了我们的大忙。以您的能力，完全可以进行先进技术代理服务。中国工人了不起，了不起！下一条船我们可以不派人来了。"

又一次，崔殿镇随同051驱逐舰去进行舰载飞机导航试验。这套设备是法国人提供并调试的。当法国调试工程师走后，飞机在落舰对接时，总是出现"轰轰"的噪声，同时飞机对接时也不平稳。有关方面的技术人员在一起研究分析了很长时间，但没有解决问题。崔殿镇原本不负责这个项目试验。他这个其貌不扬的工人在一旁看了看，忍不住说了一句："你们这样根本解决不了实际问题，应该打开图纸来仔细对照分析才行。"

崔殿镇的话引起了海军论证部一位老教授的注意。这个老教授曾去法国学习过。他专门来到招待所，请崔殿镇和他们一起来解决这个问题。崔殿镇被这个老教授的精神感动，也知道这关系到飞机和舰船的安全问题。在招待所里，英文、法文的原理图，崔殿镇整整看了3天，最后他上舰去，拆开飞机导航设备，只是将里面的线头调换了一下，说："这个法国人，接错了线……"

飞机再次起飞，落舰试验取得完全成功。老教授紧紧握住他的手，连声道谢，还破例请他坐舰载飞机在空中转了10圈。

崔殿镇以他的聪明才智折服了不少洋专家。他曾获大连市、辽宁省劳动模范、全国"五一劳动奖章"、全国"十大优秀工人"等荣誉称号。他的事迹，广为传播。正如厂长于世春所说的："在科学技术日新月异发展的今天，我们干的是现代化高新技术集中的船舶。必须培养和造就一支与之相适应的科技人员和技术工人队伍，崔殿镇就是这种新型工人的代表，他是我们'大船'的骄子!"

"作为一个中国工人，我只是尽到了一个普通中国工人的责任而已。"

好一个"责任而已"！进厂 30 年来，崔殿镇参与调试的舰船上百艘，其中调试的主要设备上千套，攻克技术难关上百次；特别是厂里开始干出口船以来，工厂按国际有关规定，请外国服务商每人每天支付的费用，已由 400 美元涨到 800 美元。通常 1 艘船要请外商服务 7 天，需支付 2.8 万美元，相当于人民币 20 多万元！1990 年时，崔殿镇每月的工资只有 100 余元人民币，只相当于 10 多美元！由于他手持 3 张"大票"和作为德国蒂贝克公司的调试代理人，为工厂直接节省外汇 15 万美元以上，间接的效益就难以计算了。

崔殿镇，中国工人的骄傲！

面对船东的突然袭击

上海，江南造船厂。

"刘维新，厂部来电话，叫你马上到办公大楼谈判室去！"车间主任脸上的神情是严峻的，他赶到现场，对着正在埋头工作的刘维新叫道。

刘维新放下手里的焊把，从浓浓的烟雾中抬起头来，看了车间主任一眼，"等我把这条焊缝焊完再说吧。"

"不行，那里所有的人都在等你，你马上就去！"

"所有的人？"刘维新直起身来，自言自语地说了一句，脱下手套，连头上的安全帽也没摘，就急急往厂部赶去。

"喂，维新，如果外国人提出的要求太苛刻，你千万不能答应！"车间主任在他身后大声嘱咐道。

什么事这么急，非要叫我这个小工人到谈判室去呢？刘维新边走边想，须臾谈判室就到了。

门打开，还没进门，谈判室里的情形就叫他吃了一惊！屋里，坐着加拿大船东和几个验船师，还有几个厂领导。这些人全都脸色铁青，没有一个人说话。整个屋里的空气，紧张得似乎只要划根火柴，"轰"的一声就会爆炸开来！刘维新见此情形，他敏锐地察觉到了什么，一种无形的压力向他袭来。

刘维新的到来，让所有的人目光都集中在了他的身上。

刘维新个子不高，面容清瘦，眼镜后面闪着一双诚实但睿智的眼睛——与其说他是个普通的焊工，不如说更像个文弱的书生。

"小刘，你坐吧。"厂领导终于打破了这难堪的僵局，指了指旁边的空位，"我先把情况简单跟你谈谈……"

原来，江南造船厂为加拿大船东建造的 5 万吨货轮，船体已经合龙，船上的管系已经安装了一半。在安装过程中，经加拿大几名验船师泵压、抽片和外观检查，已全部合格——可今天，船东突然提出，他对管子的内部质量不放心，要解剖管子查看内部的焊接质量！这个船东还带着威胁的口吻说：只要在他们解剖的管子中，有 1 根质量有问题，全船已经装好的管子他全部拒收！

刘维新不听则已，一听脑袋就大了——船东这不是搞突然袭击嘛！这个要求太苛刻，甚至太无理了！要知道，这条船上共有管子 1 万多根，最重的达 850 公斤；船上的管子这时已经安装了近 5000 根，如果按船东的说法，万一有 1 根检查不好，单这些管子重新拆装，起码就要 1 个多月，管子的成本近 1000 万元！这样的损失，谁承担得了？！

"小刘，你是焊工班长，现在把你叫来，就是想听听你的意见，希望你能当场拍板。"厂领导对他说道。

刘维新咬了咬嘴唇，没有说话。他感到自己的压力太大了。毕竟，他只是作为兵头将尾的一个焊工班班长呀！

外国船东用挑战甚至挑衅的眼光看着他。

厂领导用期待和焦虑的目光看着他。

"可以进行解剖。"刘维新强迫自己镇定下来，他简单回顾了一下整个焊接和制造过程。最后，他自信地对厂领导点了点头，然后转过头，平静地对船东说道。

外国船东一听此话，脸上有些生动起来。

厂领导心里也一块石头落了地——他们知道刘维新，更了解这个刘维新。

别看刘维新和郭玲华、丛菊红、崔殿镇他们这些人一样，只是个小小的工人班长，可他也是个身怀绝技的人！

"小时候，我喜欢读书，有两本书给我的印象最深。一本是奥斯特洛夫斯基的《钢铁是怎样炼成的》；一本是吴运铎的《把一切献给党》。至今，书中主人公高尚的品格和忘我的精神还在激励着我。"刘维新说，"我的生活准则是：在群众中不忘自己是个党员，在班组中不忘自己是个班长，在外国人面前不忘自己是国家的主人，是一个堂堂正正的中国人。"

他是 1968 年初中毕业后进厂的。从小他就认为，造船工人是"工业的裁缝"，把一大块一大块的钢铁剪裁下来，缝制成一艘艘巍峨挺拔的远洋巨轮。"这才是男子汉的事业！苦是苦点，累是累点，但很有价值！将来年纪大了，回想自己的一生，还是蛮有价值的。"

进厂之后，除了厂里停电，他一年 365 天都在上班，而且每天工作是 10 到 12 小时。"他对他的工作有瘾！"工人们如是说道。可有谁知道，这个常年在又苦又累的工作岗位上拼命工作的人，是从死神手里中挣脱出来、身体还带有缺陷的人！

上海江南造船厂焊工班长刘维新

他生过 3 场大病，动过两次大的手术，可以说是九死一生。1981 年，他因过度劳累患了严重的胆囊炎。医生在摘除胆囊时，不慎碰伤了肝脏，而引发了肝溃疡。严重的肝溃疡，使他整整昏迷了 7 天，体重一下减轻了 50 多斤。医院几次发出病危通知。最后在厂领导的关怀下，专门请专家给他做了第二次大手术，挖去了三指宽的一块肝脏。这种病在医学上生还的概率只有 1/10。不知是他意志的坚强，还是生命的顽强，他竟奇迹般地活了下来。

从死神魔爪中挣脱出来的刘维新，躺在病床上，有了时间来思考生命的意义，总结自己的人生。他虽不能成为保尔、吴运铎那样的人，但他绝不会因为生命受了这次毁灭性的灾难而悲观消极、自暴自弃，他要做生命的强者，让自己的第二次生命活得更有价值。他暗暗下了决心，只要活一天就要为江南厂干一天，要像保尔那样对待生命中的苦难，要像吴运铎那样把自己的全部精力和生命献给所钟爱的事业。

伤口刚愈合，还吊着输液瓶，刘维新就急着要出院。医生对他说：你动了两次大手术，至少要住两三个月的院，即使痊愈后也不能再干体力活了。可他出院后，执意还是要干电焊工这一行。厂领导上门做工作，对他说道：小刘，不把你从电焊岗位上撤下来，我们无法向全厂职工作交代。但刘维新含着泪向领导恳求道：厂里培养一个电焊工不容易，我离不开电焊。刘维新的母亲和妻子也劝他考虑自己的身体。可他对母亲和妻子说：我要命，可我也要船！如果叫我像行尸走肉那样活着，我还拿这命来干什么！

手术才 1 个多月，刘维新在家里再也躺不住了，天天吵着要上班。母亲拦不住他，只好让步，但要求他每天下班一定要早点回来，不要再加班了。可刘维新到了厂里，一拿起焊把，早就把母亲的嘱咐忘到脑后去了。他拖着病后初愈的身体，每天照样干 12 小时以上。

在那些令人提心吊胆的日子里，刘维新每天下班回家都看见母亲站在马路口等他回来。此时，正是寒冬，每当他看见在寒风中母亲冻得瑟瑟发抖的身影，看见母亲在刺骨的寒风中飘拂的白发，以及那双望眼欲穿焦急的目光，刘维新眼里就溢满了泪水。他天天都在暗暗下决心，明天一定要早点回来，一定不要让母亲为自己担心了！可第二天他似乎又忘记了昨天的决心，照样迟归不误。

在医院住院时，母亲因为晕车，为了给他送饭，竟用两天的时间突击学会了骑自行车。当她第一次摇摇晃晃骑车来给刘维新送饭时，他背过脸去，眼泪一下从心底里喷了出来——母亲，您放心吧，儿子知道做一个什么样的人，该做什么样的事，才不会辜负您对儿子的期望，才不会辜负您对儿子的慈母之情！

重新操起焊把的刘维新，更是把自己的身心都融进了燃烧的焊条之中。由于他技术精湛，哪里工作有困难他就会出现在哪里，那里的困难就会迎刃而解。

享誉世界的"中国江南型"6.5万吨散装船，在一次试航中冷却器缸帽破损，大量溢水，被迫停止试航。有人提出更换部件，但需进口。不仅需要大量外汇，而且还将延误交船期；延误1天，每天将会被罚款1万美元。加急电报发到厂里，厂长点了刘维新的将。刘维新二话没说，来到船上，仔细打量缸帽后用紫铜做了只托件，开始焊接。5个小时后，用X光检查，质量完全符合美国ABS规范，刘维新使它起死回生。船东十分满意，在场的人才大大松了口气。一只小小的冷却器却系着1艘价值上亿元大船的命运。

1993年，外轮"珍珠"号机舱冷却分配系统损坏，可备件来自国外，有人提出找铸造厂重做1个，但工价十分昂贵。采用焊接虽是最佳方法，但这部件是生铁和熟铁的复合体，这种焊接即便在有130多年历史的江南厂也无先例。于是刘维新开了这个先例。他凭着丰富的实践经验和扎实的理论知识，根据物件不同的金属属性和溶化变化特点，大胆采用了多道过度、多层焊接、层间温控的作业方法，一举取得成功。

刘维新的焊工绝技在厂里是有口皆碑。在我国国防重点项目"052"驱逐舰上，他也大显身手。军舰上一个部位的奥氏体不锈钢与青铜焊接，在国内也是一个新课题，国外作为专利对我国严加封锁。这个难题不攻下，价值10多亿元的军舰就无法交工。又是这个刘维新，他根据材料母体的冷却状态、导热系数和溶化比的变化，制订了周密的施焊工艺和计划。经过两天两夜的试验，这项工艺取得圆满成功，为我国高科技焊接项目和国防建设作出了贡献。

刘维新在焊接理论和实践上已达到很高的境界。他熟练地掌握了9种不同金属种类、30余个牌号的焊接技术和原理，成为能焊接各种不同规格和材料的全能人才。他先后被评为船舶总公司、上海市和全国劳动模范。他不但赢得全体工友的敬佩，也得到几乎所有外国船东和验船师的赞许。他教出的徒弟，个个都是焊接高手，他所在班组每个成员的技术素质和工作责任心，也令人绝对放心。

"可以进行解剖查验。"刘维新怕外国船东没听懂他的话，他再次语调平静地对他讲道。

"OK！那就立即进行！"船东还没等翻译将话讲完，就迫不及待站了起来，准备往外走去。

"你们要检查多少根？"主持会议的厂领导问。

"1根！只查1根！"话音未落，外国船东随即带着几名验船师，急匆匆地就朝工地奔去。显然，他们是怕工厂提前做些准备，要来一个攻其不备！

望着船东和几个验船师的背影，厂领导尽管对刘维新充满信任，可毕竟这项工程是集体操作，人有失足，不能保证每一个人都不会有丝毫的疏漏啊！所以，跟在船东后面的厂领导，为刘维新暗暗捏着一把汗——在挑剔刻薄的船东面前，如果稍有闪失，那损失就实在太大了呀！

"就先解剖这根吧。"一到工作现场，船东就抢先挑了1根焊接难度非常大的管子要进行解剖。

刘维新毫不迟疑地拿起工具，按船东的要求，将管子解剖开来——对不起，管子内部的焊接质量非常完美，无可挑剔。

"这，这……"船东将剖开的管子翻来覆去地看了好久，竟然开口说道，"不行，这是偶然，必须再剖开1根！"

在场的许多工人都气愤了：这外国人不但是吹毛求疵，而且大家有口头协议在先。你还要再剖，咱就不伺候你了！要打官司，我们奉陪就是了！

"可以。"刘维新平静了一下，为了彻底打消船东的疑虑，他对厂领导说，"让他们随便再挑1根。"

在船东和验船师刀子一样尖利的目光监督下，刘维新又剖开1根，再剖开1根，结果一连剖了3根，根根完美无缺，无可挑剔！

"怎么样？你们还剖吗？"刘维新有点不客气了，"再剖可以，但你们必须要承担材料费和工时费。"

"啊，啊……"船东在铁一样的事实面前有点面红耳赤，再也无话可说了。少顷，他才转过身来嗫嚅着对刘维新说道，"不用，不用了……"说完，只好带着几位验船师走了。

走到船舷边，翻译听到这位船东用英语小声对他的同伴们讲道："没想到，江南厂的焊工水平比日本的还厉害，真是无可挑剔……"

只有上帝才能造出的船

1987 年 4 月 28 日。

联邦德国汉堡市阿尔斯特湖畔。

这一天，"哈巴—劳埃德"公司内灯火辉煌。中国船舶工业总公司和哈劳公司在这里正式签订了建造"柏林快航"号的合同。合同签订完毕，哈劳公司常务董事奥肯教授走到沪东造船厂厂长李庆科面前，神情严肃地对他说道："衷心希望贵厂能把船建造成功。不然，我将无法在汉堡生存下去。等待我的只能是到澳大利亚去隐居。"

哈劳公司把建造"柏林快航"的订单交给了中国沪东造船厂的消息传出之后，随即就引起了西德造船界的震惊和强烈不满。众所周知，世界性的航运和造船业大萧条，也使众多的造船厂难以生存下去。1 张订单，对于处境艰难的每一个船厂，都是 1 根救命的稻草。而今，西德的公司竟然把船交给中国建造，这怎不引起当地造船厂的强烈不满呢？

报刊上连篇累牍刊出了《愤怒笼罩着西德造船界》的大标题文章。同时世界航运界的专家也纷纷发表评论称："中国迄今尚未建造过远洋航行的大型集装箱船，中国本身所需的这些船舶，都是从西德等海外船厂订购的；现在中国反过来要为西德建造比那些更为先进的集装箱船，这实在令人注目和不能理解。"

因为全世界的造船专家们都知道：谁能造出"柏林快航"号这样的船，谁就进入了世界造船业的先进行列。

这种船是国际航运界公认的具有 90 年代先进水平的"未来型"船舶，它耗资 64 万马克，集世界 30 多家科研单位最新成果，历时 4 年才研究开发出来的。这船长 233.9 米，载重量 4.1 万吨，主机功率 23162 千瓦，航速 21 节。船上设有指挥中心和管理中心。偌大一条船，船员仅有 10 人，而且只要 1 个人就可单独驾驶全船，其自动化程度之高，技术的先进性可想而知，它建造难度之高，不是局外人能想象出来的。

沪东造船厂在国际船舶市场衰落，国内也无订单的激烈竞争中，为了求得生存，走出低谷，打进西欧市场，在国内率先承接了这种高难度的新型船舶。说实话，这是冒着极大风险的。特别是这条船的交船期只有 441 天，另加优惠期 10 天，不可抗拒的因素 5 天，共计 456 天；每超期 1 天，罚款 5 万美元——要在这样短的时间内造出这样高难度的船，沪东厂能行吗？

世界造船和航运界的人都睁大疑惑甚而幸灾乐祸的眼睛。

中国船舶总公司的领导和国内同行们都暗暗为他们捏了一把汗。

然而，合同已签，已无退路可走，只能背水一战。

"柏林快航"号刚拉开建造序幕，困难就接踵而来。

为了减轻自重，提高航速，该船采用了大量轻质高强度合金钢。合金钢焊接总长度达到10000米，占全船焊接量的1/3。这种合金钢在焊接之前，必须将钢板预热到摄氏90—150度，否则，焊接就会有气孔或裂纹。施工中，电焊工人哪怕是在严冬里，衣服是湿了又干，干了又湿；夏天，太阳的高温和焊嘴喷出的火焰，更是像要把工人们活活烤焦。

船上的管系长达260000米，纵横交错，密如蛛网，在有限的空间里，给安装、调试和校正带来不可想象的困难。工人们在狭窄的舱室和集装箱内，爬进爬出，俯仰侧卧，长时间操作，四肢麻木，呼吸困难，只好像战场上打冲锋一样，一批人倒下了，下一批再接着冲上去。

"柏林快航"号的冷藏系统、卫星导航系统、液压系统和驾驶台操纵等系统，都是由电子计算机控制，集计算机、机械、化学、电学、航海、力学等几十门学科为一体，其安装、调试、校正难度之大，拿工人们的话说，真是"神仙见了也难对付"。

船上的冷藏系统，由544个冷藏集装箱控制温差，价值1000多万美元，有大小设备10000多种。其中仅温度传感器就有500多个。为了确保集装箱所载物资保持所需的温度，每一只传感器都必须调试校正到摄氏零度。校正的方法是采用冰和水搅拌。进行这项工作时正是冬天，工程技术人员和工人们手脚冻得发木，失去知觉。他们只能呵呵手、跺跺脚，让手脚有点知觉后接着再干。船东、验船师和服务商仅在制冷实效试验中，就要求必须做23种试验项目，每种又分为若干分项目，最多时试验项目达到50多个。

在调试中，其中1个项目反复调试6次才达到要求。当试验完成后，一些从未生过冻疮的人手脚肿得像馒头。一位负责这项工作的外国服务商对工人们说："这条船太先进了，你们能把500多个集装箱的温度都调试一致，简直太不可想象了！"

"柏林快航"号选用的主机，是沪东造船厂和上海船厂第一次联合制造的。是我国建造功率最大、单机体积最大和吨位最重的苏尔寿84型柴油机。在制造过程中，他们克服了厂房、场地、设备等前所未有的困难，攻克了焊接变形、气缸体浇铸、机座校水平、曲轴落座和机架定位等76道难关，历时18个月，才圆满完成任务。

该船建造工作量之大，是沪东造船厂历史上从未有过的。仅船上的电缆纵长度就达 260 千米长，粗的如茶杯，细的如发丝。各种电缆接头达 100 万个以上。连哈劳公司的技术经理也多次坦陈："柏林快航"号建造的复杂程度和工作量之大连他们也未曾想到！

焊光划破了夜空，焊火映照着船台。不知多少个白天和黑夜过去了，沪东造船厂的干部和工人在建造过程中早已没有了白昼，忘掉了家庭，忘掉了自己，面对这"未来型"船舶的建造，他们唯一的选择只有一个：不成功便成仁！

"如何将'柏林快航'号从图纸变为现实，沪东厂的人以自己的全部心血、智慧、汗水、甚至生命，创造了这个奇迹！"现场主管建造师吴毅回忆起当时的情形，禁不住两眼发潮，"有两件事，给我留下终生难忘的记忆。一是厂长助理汤瑞良，船下水前，他日日夜夜吃住都在船舱里。当时他女儿只有 12 岁，爱人突发重病，痛得在床上打滚，女儿没有饭吃，可他顾不了家里。船造到最关键时，有人认为这条船造不下去了；而他镇定如常，每天都在处理着不知什么时候又冒出来的问题。后来爱人住院开刀，邻居来告诉他，可他也没丢下现场到医院去。还有一个调度员，叫夏之光，在冷风箱、冷藏箱调试的关键时刻，必须 7 天 7 夜连续运行；只要有一点故障，就必须全部重来。那时，夏之光已经得了癌症，而且在化疗期间，身体非常虚弱。当时盐水胡同阀堵管，只有夏之光对这里熟悉。他穿着棉大衣，争着下到摄氏零下 25 度的盐水胡同里去。在工作时，他用力顶住胃部，全身都在发抖。半个多小时后他排除故障出来，人就不行了。这样的作业，加速了他生命衰竭的过程——我记得，这之后，他就再没来上班。两个多月后，他就死了，死时只有 40 多岁……"

往事历历在目，让人苦不堪言。

历时两年多，历尽千难万险、种种磋磨，"柏林快航"号终于下水了。此时，它正航行在蔚蓝色的大海上，只剩下了最后一个验收项目——试航。

那天，"柏林快航"号在波涛汹涌的大海上，整整进行了 20 个小时主机可靠性试验。试验中，哈劳公司的船东代表格鲁晓和霍夫特，提出在主机可靠性试验的同时进行满舵试验。这个试验，他们事先没有打过招呼，而且这时海上刮起了 10 级大风，巨浪像小山一样一个接一个地打来。船在风浪中剧烈地颠簸着，试航的许多人都呕吐了。面对船东的苛刻要求，生产处长马天白同有关领导简单交谈后，同意了船东的要求。

"柏林快航"号真不愧是条"未来型"的好船！在凄厉咆哮的海浪中，它毫无惧色，劈波斩浪，勇往直前。在进行满舵试验时，它动作干净、利索、漂亮。

经过 1 个多星期的海上试航，"柏林快航"号终于完成了主机、辅机、导航、通讯、航速、无人机舱等 70 多个项目的试验；其中载重超过设计要求 200 多吨，航速比设计要求超出 0.1 海里。

"我们认为，沪东造船厂完全能够建造最现代化的船舶，这艘船达到了国际最先进的水平！"在交船仪式上，哈劳公司常务董事奥肯先生激动地做了这样的讲话。

"柏林快航"号船长吉努尔先生说："我们把这艘船看作是美丽的'女皇'，深切感谢沪东造船厂为我们建造了一艘精美的船舶！"

瑞典的一位服务商面对船上复杂的调试工作，感到眼花缭乱、头昏目眩，曾感慨地说道："这船太先进太先进了，这样的船，只有上帝才能建造出来！"

而今，中国造船人真的造出了这样的船来！

国际造船界的权威人士评论说："'柏林快航'号的建造成功，标志着中国造船水平达到了新的高度；目前除了极个别特殊船舶以外，中国再没有什么不能造的船了！"

当然，毋庸隐讳，建造这条船给船厂带来了一定的经济亏损。这当中，既有世界船舶市场的萧条、船价偏低等大气候的影响，也有经营报价、技术商务谈判、设计图纸、物资订货采购等方面的原因。但不管怎么说，在当时国际国内的那种大背景下，如不接船，工厂的生存同样也成问题。而且，这条船建造成功，为中国造船工业赢得了声誉，使工厂提高了造船的技术水平。

"对'柏林快航'号的建造，我们应该从积极的方面去总结经验。这个厂的领导和工人干得很苦，付出了很大的代价。我们交了一些学费，但收获是丰盛的，使我们造船上了一个新的台阶，交出了一张满意的答卷！"后来，船舶总公司总经理王荣生如是总结道。

坚持下去就是胜利

1991 年 6 月 28 日。

上海，华东医院。

白色的天空，白色的墙壁，白色的被单。晶莹的液体，一滴滴从针管里滴落下来，滴进一个老人已经枯萎的血管之中。

他太累了。眼帘沉重，声音细微，像在荒原上走了好长好长的路一样衰弱。几十年来，他还没有安静地躺在床上这样休息过——可，当他真正躺下来时，生命属于他的时间已经不多了。

这就是在全国造船界享有崇高声望、原交通部副部长、中国船舶工业总公司副董事长、上海船舶公司董事长程望。

一辆灰色的轿车在医院门口停下，时任中国船舶总公司副总经理王荣生从车上下来，急匆匆往病房走去，他真想早一点见到他所崇敬的病中老领导。

1953 年，王荣生在上海交通大学造船系还未毕业时，程望当时已是中国船舶工业局局长。毕业前夕，学校要他去船舶工业局请著名造船专家辛一心先生来为应届毕业生讲话，以激励这些即将参加新中国建设的学生们。

到了船舶工业局，他找到了辛一心先生后，辛一心却把他介绍给了程望局长。王荣生知道，上海刚刚解放，程望就和辛一心、沈岳瑞、钟思等造船界的专家向上海市军管会建议成立了船舶建造处，出色建造了大批船舶，打破了国民党对上海的经济封锁，解决了上海米、棉、煤的运输问题。当船舶建造处任务即将完成时，程望偕同钟思等同志多次赴北京向中央重工业部领导汇报，建议成立船舶工业局。经政务院批准，1950 年 10 月，船舶工业局在上海宣告成立。船舶工业局这块牌子一挂，犹如一面旗帜，使在旧中国为数不多的专业人才立即聚集到了这面旗帜之下，使原来报国无门、献身无路的专业人才有了归宿和用武之地。船舶工业局由上海迁至北京后，成为六机部的前身。

程望是新中国船舶工业卓越的创业奠基人之一。

当时还作为学生的王荣生，去见这样一个领导干部，说实话还是有点忐忑不安的。可没想到他向程望局长说明来意后，程局长便欣然同意了。他十分谦和地让王荣生在他办公室坐下，热情地对他说：你们是最幸福的一代人，新中国马上要开展第一个五年计划。旧中国的造船和其他工业一样，千疮百孔。新中国发展造船工业，就得依靠你们这一代人啊！程望短短的几句话，对于一个即将投身祖国建设的热血青年是多大的鼓励呀！至今追忆起来，已作为船舶工业总公司党组书记、总经理的王荣生，对此还感慨不已："程望同志是早年上海同济大学的毕业生，经过了长期的革命斗争和工作实践磨炼。他博学多才，知识面很宽，但他对谁都谦虚有礼，诚信待人，重视人才，善于发挥知识分子的作用；不少高级知识分子乐为所用，都视他为良师益友……"

第二年，已在武昌造船厂工作的王荣生，为了参加"六四"协定转让制造设备会议，当他来到北京，又见到程望局长时，程局长只看了他一眼，当即就说：我们认识。当他知道王荣生路上很疲惫时，就立即要王荣生到他办公室床上去睡觉，也不管王荣生肯不肯，强迫他要睡到中午 12 点以后。一个是与他并不十分熟识的基层一般人员，一个是资历颇深的高级干部，从这细微之处，可以窥见这位长者的为人和风范。

以后，程望又任国务院船舶工业统筹规划办公室副主任、交通部副部长。1982 年 5 月，成立中国船舶工业总公司，程望又回到船舶系统，任副董事长、上海船舶工业公司董事长。

早在 1977 年，遵照邓小平同志"中国船舶工业要打进国际市场"的指示，程望受国务院副总理薄一波委托坐镇上海，组建第一个试点单位上海船舶工业公司。他充分利用上海地区发展造船工业的一切有利条件，坚定不移贯彻中央关于船舶工业改组的决策。从1981年起，他在上海积极主持两年一度的上海国际海事技术学术和展览会，广交国际同行，大量引进国外先进技术，积极开拓船舶与设备出口市场。他的业绩，多次受到中央领导的赞扬。

一个已经在副部长岗位工作了多年的高级干部，却被调到一个地方任职，对于有的人来说恐怕不发点牢骚也要生点闷气。可程望却对周围的同志们诚恳而直率地说："我们一起参加革命的同志，许多还没见到胜利就牺牲了，我们活着的人，为什么要争高高低低呢？改革最关键的就是要能上能下。"

自从他担任上海船舶工业公司董事长后，就不再以副部长的身份出现。会见外宾他从不搞"门当户对"，国外来的大小董事长、总经理，他都要会见，只要有利于开拓船舶出口市场的事，他都不辞辛苦。从在北京当副部长到上海当董事长，他讲话从不要秘书代笔；他打电话，从不要让别人给他拨通；有客人来，不管是一个或几个，他都亲自倒水泡茶；平时送文件、材料给他，他常轻声说声"谢谢"。

一个年近70岁的老人，而且像他这样的干部上下班，派车接送一下是情理之中的事。但他除外事活动外，一般都是挤公共汽车。刚开始，大家还不习惯，多次劝他，最后他表示："如果同志们能尊重我的习惯，我会更高兴的。"

到过程望家的人都会说："不像个副部长的家。"他住的还是新中国成立初期在上海时组织上分配的旧房子；他平常使用的是一支普通的钢笔；茶叶筒利用的是一只棕色的药瓶；出差时，连把折伞也没有，还是用的一把老式黑布伞。他经常与外商打交道，一些外商为表示友好，常向他赠送些礼品，按规定有些钢笔之类的小礼品是可以个人留下的，可他收到的所有礼品一概上交。机关里的同志们都说，我们的程董事长可以说是一尘不染。

1986年5月，根据中央干部制度，程望同志该办离休手续了。总公司党组要王荣生副总经理找他谈一次话，征求并听取他的意见。程望很尊重王荣生的意见，非常谦虚地说："中央有规定，我尊重党组的意见，个人没有任何意见和要求。"不久，他就来北京愉快地办理了离休手续。

没想到，几十年都是忙忙碌碌、精神饱满的程望，而今突然病倒了，而且还是绝症！

推开病房门，王荣生轻轻地走到病床前。躺在病床上的程望，几十年来已为中国船舶事业熬尽了他的精力和心血。他的头发全白了，往日炯炯有神的眼睛已经深凹下去，连眼帘也松弛了，身体非常虚弱。听见有人来，他睁开了眼睛，看见了王荣生和随后进来的人，他眼睛中倏地闪过一丝光亮，用微弱的声音招呼大家坐下。

当时，国际船舶市场萧条、船价低廉，中国船舶工业面临着很严峻的局面。一见面，程老就止住了大家对他关切的问候，急切地要王荣生给他谈谈总公司船舶出口的形势。

或许是程老知道生命属于他的时间不多了，他还关切地询问了总公司组织编写军工史的情况；又谈起他主持编写《当代中国的船舶工业》时的历史经验。他说：集中一点，就是时代赋予的机遇要十分珍惜，要紧紧把它抓住，切莫白白错过。从船舶工业三个阶段的发展历程中，清楚地反映了这一规律——程老一谈到船舶工业，仿佛他已经不是一个病人，生命中又灌注了新的活力。

他太挚爱为之奋斗了一生的中国船舶事业了。

"老王啊，我希望，两年一度的上海国际海事会，一定要坚持下去；另外，我向组织上建议，筹建一座中国船舶历史博物馆……"已处于生命最后时刻的程望，他的每一句话都离不开中国的船舶事业，真是情真真、意切切。他的每一句话，都深深地感染着王荣生，也感染着在场的同志们。最后，他紧紧握住王荣生的手，目光中充满深深的期待，"请你，转告总公司党组，转告船舶战线的同志们，我们目前正处在极端困难的时期，但是……"

程望讲到这里，提高了有些微弱的声音："我们，建造出口船，一定要坚持下去！我们10年寒窗般的努力，打开了国际船舶市场，带动了整个船舶工业的发展。不管再困难，哪怕能坚持到仅造1条出口船也是好的！这标志着中国船舶在国际市场中的存在！"程望喘了一口气，又重复道，"告诉同志们，哪怕只造1条出口船，也要坚持下去，坚持下去！……"

"程老，我一定转告党组，转告同志们。"王荣生紧紧握住程望的手，他的眼睛禁不住潮湿了。

程望同志走了。他留给中国船舶工业战线的精神和物质财富，将是永存的——人们至今依然深深地怀念着他。

"哪怕仅造1条出口船，也要坚持下去，坚持下去！……"程老的这个临终嘱咐，时时都在王荣生和他的同志们耳边响起。

把自信带给这个世界

烽烟四起，飞沙走石。

全球的航运和造船业，在20世纪80年代初期再次被惨烈的风暴卷入谷底之后，世界上许许多多著名的船厂或者关门，或者萎靡，连绵不绝的叫苦之声一直持续了多年；而且再现复苏的曙光似乎还非常渺茫——那么，对于进入国际市场仅仅才几年的中国船舶工业，何去何从，自然成了世界关注的重点。

1985 年 7 月，中国船舶工业总公司总经理冯直在赴新加坡考察期间，接受了多家外国记者的采访。在采访中，他就中国船舶工业的发展前景、具体政策、出口方式等做了较为详尽的阐述，对中国船舶工业的生存和发展，可以说是持乐观态度的。

"目前，整个世界的航运和造船业处于萎靡不振的状态，当然对我们也有巨大的影响。但我们并不悲观。这 5 年来，我们已经累计承接了 120 万吨出口商船和 4 座海洋钻井平台的订单。这些产品完全按照国际规范建造，质量优良，价格合理，船东对此表示满意。"冯直总经理说，"目前，我们已具备以更高水平和合理价格建造各种船舶的能力，正在加快现有企业的技术改造，进一步采用先进工艺和现代化管理方法，努力降低成本，开发新的经济船型和特殊用途船舶，争取世界为数不多的订单！另外，对出口船舶，我们将采取更加优惠灵活的方式，吸引外国订单；在国内，利用我们的设备和技术优势，发展非船产品、多种经营——在持续多年并且还将持续下去的危机中，中国船舶工业总公司，及其所属的全部企事业单位，不但要生存下去，而且要谋求更大的发展！"

1986 年 4 月 30 日至 5 月 8 日，加拿大皇家银行分别在温哥华、多伦多举办了"关于中国'七五'计划宣讲会"，北美的金融、工商、航运界 400 多人参加了会议。新上任的中国船舶工业总公司总经理胡传治，应邀在会上作了题为《发展前进中的中国造船业》的报告。

胡传治在报告中说，经过这些年的发展，中国已拥有大、中、小钢质造船厂 500 多个，形成了上海、大连、天津、广州、武汉、重庆等主要修造船基地，拥有了一批专业配套厂，在全国形成了比较完整的造船配套体系；还拥有了一批专业齐备、试验手段比较完备的科研设计机构。具备了建造当今世界各类型船舶的能力。

近几年，中国的船舶出口市场从香港开始，已逐步扩大到欧洲、非洲、大洋洲、北美洲的几十个国家和地区。出口船型从散货轮、多用途船发展到集装箱船、滚装船、成品油轮、穿梭油轮、海洋石油钻井平台以及其他技术复杂的特种船舶。经过外国著名船级社验船师的严格检验和投入运营后的航行考验，出口船舶的质量获得了船东、船级社和船员们的一致好评。

胡传治说：在过去 5 年里，中国船舶工业总公司造船产量每年以 13% 的速度增长，1985 年造船产量已达 70 多万吨，预计到 1990 年，产量将达到 100 万吨。

"目前，国际船舶市场十分不景气，竞争十分激烈，许多国家历史悠久、经济技术实力很强的船厂纷纷倒闭。这种不景气的状况，当然对刚刚步入国际船舶市场的中国造船业造成巨大的影响。但我可以告诉诸位，目前，我们正在进一步开发新的经济船型和特殊船型，加速企业的技术改造，扩大多种经营，采取灵活多样的售船方式，对出口船舶提供出口信贷，等等。这样，已使我们的船厂持有了一批订单；我们在世界造船业中，已经具备了相当的竞争力——我同样也可以告诉大家，中国的船舶工业虽然面临巨大的挑战，虽然在世界船舶市场中还显得年轻，但年轻从某种意义上来说，是充满活力的象征！我们相信，我们的船厂一定会生存下来，不会有 1 家倒闭！在渡过难关之后，还会有更大的发展！

"最后，对加拿大皇家银行的邀请，我表示衷心的感谢！这说明贵国已充分注意到了中国造船工业的发展，对中国造船工业的发展有一定的信心，我衷心地感谢你们！……"

胡传治在加拿大皇家银行的报告，引起了世界航运界和造船界、金融界的热切关注。10 多个国家的新闻媒体刊发了他报告的全文。一家新闻媒介称："在世界航运和造船萎靡不振之时，在一片连天的叫苦声中，从这位总经理的言谈举止之中，从他报告的字里行间，我们没有发现他悲观失望。相反，这位新上任的总经理先生，倒把自信和乐观带给了这个世界！"

中国造船工业是盲目的自信，盲目的乐观吗？

回答是否定的。因为中国人的先哲说过，在"山重水复"之时，决不可持怀疑、悲观、绝望的态度；爬山涉水之后，迎来的必将是"柳暗花明"的春天！

第九章

十年磨一剑

　　中国船舶工业要打进国际市场，要与西方造船强国一决高低，甚至击败他们，刚开始这的确是一件让人不可思议的事。为此，邓小平一针见血地指出："造船工业最大的问题是改造，要积极引进先进技术，这样搞起来就快了！江南厂改造，要包括船台、船坞、码头等等的改造。改造也不要搞改良主义，否则牛不像牛，马不像马。江南厂、大连厂要彻底改造，就是搞成新厂！"

　　是的，中国人有句老话，叫做"巧妇难为无米之炊"，这是一个简单得不能再简单的道理。

　　我们应该承认现实，面对现实，改变现实，这才能使我们同这个世界站在同一条起跑线上，这就是邓小平为中国船舶工业设计的与对手搏击的最好招式。

　　在参与国际船舶市场的竞争中，中国造船业在基础相当薄弱的情况下，根据自己的国情，卧薪尝胆，独辟蹊径，在坎坷的技术改造之路上，义无反顾地向前行进……

意义深远的战略调整

一个伟人。

他又点燃一支烟，烟雾袅袅地从他指缝间弥漫开来，慢慢飘向窗外。自从他第三次复出以后，好长时间以来，他都在思考着一个问题：一个资金短缺、只有薄弱工业基础的国家，如何才能扬长避短，加快自己发展的步伐？

最后，他得出的结论是：一是要增加投入，把新兴产业建设起来；二是通过技术引进，"对全国现有的企业，进行有计划的技术改造。更主要的，要把原来的生产能力用好"。因此，必须要进行大规模的技术改造，提高原有企业的生产能力和生产水平，推动整个国民经济快速发展，走花钱少、见效快的路子。这是这位设计师发展思想的又一重要内容。根据这一思想，1978年，国家决定引进上千个项目，用引进的先进技术设备改造现有的企业，从而揭开了中国工业现代化的序幕。

打开《邓小平文选》，我们就可以看到，从1977年到80年代初叶，邓小平的这一思想都体现在其中。

1978年，邓小平曾对柴树藩、张有萱具体指示道："多花点钱可以。江南厂改造，要包括船台、船坞、码头等等的改造。改造不要搞改良主义，否则牛不像牛，马不像马。江南厂、大连厂都要彻底改造，就是搞成新厂。"

同年7月，李先念、王震副总理批准了六机部关于"日本日立、石川岛播磨为制定江南造船厂、大连造船厂技术改造计划，参观工厂的请求"。

六机部党组迅速召开了会议，学习和研究了邓副主席及其他中央领导关于船舶工业技术改造问题的指示，同时也对新中国成立以来船舶工业基本情况作了详尽的分析。

新中国成立以来，国家基于加强海军装备建设的指导思想，投资新建和改扩建了一批造修船厂、主辅机厂、仪表武备厂和科研院所等，新增固定资产价值33亿元。全国有133个企事业单位，分布在沿海和内地的20多个省市，形成年产80万吨船舶的生产能力。

但毋庸讳言，我们在建设过程中也出现过两次大的决策失误。一次是1965年开始的"三线"建设。在当时的历史条件下，进行"三线"建设是党和国家的重大战略决策。对于改善我国工业布局、支援后方建设、发展内地经济，取得了巨大成绩，具有深远的战略意义。但与此同时，由于要求过急，急于求成，提出了"要同帝国主义抢时间、争速度"。在建设规划和项目布点上，强调坚决贯彻执行"靠山、分散、隐蔽"的方针。因此，在产品结构、生产规模、建设布局、工艺流程、交通运输、生产与生活配套等方面，造成诸多矛盾，以致到了80年代，相当数量的"三线"企事业单位不得不进行搬迁、调整、改造，造成人力、物力和时间上的巨大浪费。

再一次就是1969年前后，国防工业战线再次搞大军工，高指标、快速度，违反客观规律，脱离实际可能，大铺基建摊子。1969年10月，在"造船工业、科研系统抓革命促生产会议"上，提出"四五"期间要集中力量解决造船工业的布局和配套问题，建立所谓的华东、东北、华南地区和长江中下游的独立完整的造船工业体系。重复布点，重复建设，这就进一步扩大和加深了尚在建设中的"三线"地区的矛盾和问题。

到1978年，六机部所属的基本建设的在建大中项目有100余个，总投资达到34亿多元。如果按原规模完成，让当时国家分配的年度计划投资，还需10多年才能完成。许多工程稀稀拉拉，骑虎难下，顾此失彼，矛盾重重。

"唉，这几十年，我们在经济建设中最大的失误，就是不尊重客观规律，不秉持科学的态度，凭主观愿望，凭个人意志，用搞政治运动的方式来搞经济建设——现在是到了非进行改革和整顿不可的时候了！"在部党组会上，柴树藩一字一句地这样讲道。

遵照小平同志和中央指示，六机部成立了基本建设项目领导小组，对100余个在建项目进行了大规模的清理。有的项目停建、缓建或缩小规模、扫尾销号；有的项目调整或撤销纲领产品，基本建设就地刹车；有的项目按现状验收，交付使用。

经过清理，在建大中项目由原有的119个减到42个，减少了65%；未完工程投资由12亿多元，压到了3亿多元，减少了72%。紧接着，又对四川、云南、湖北、江西地区的在建项目进一步进行清理和压缩，未完工程投资减少390%，续建项目保留了4个。

这样，整个船舶工业痛下决心，割掉了一大批停停打打的基建工程尾巴，甩掉了长期以来敞口花钱，坐吃基建饭的沉重包袱——这样，才有可能腾出手来，对现有企业进行必要的技术改造。

这是一项意义深远的战略决策。

以后的实践也证明，即使当时花钱基本已建成的内地船厂，后来的生存发展也相当困难。例如在长江上游所建的造船厂，除了能造小型的军用炮艇之类和小型的民船外，吨位稍大的船舶根本无法建造；即使建成，也不能驶出长江三峡。到 21 世纪，这类船厂不是破产就是转产，生存极其艰难——当然，此是后话了。

舍不得孩子套不着狼。

为了实现邓小平"船舶工业要打进国际市场"的战略决策，从 1979 年起，六机部的投资方向由"三线"新厂建设转向沿海老厂的技术改造；"三线"建设的投资比重由过去 60.5% 减至 22.6；一、二线投资由过去的 39% 上升到 77.4%。重点安排了部分沿海老厂的船台、船坞、码头等基础设施的改建和扩建，以及船体加工、起重设备和运输设备的更新改造，为承接 5 万吨以上的远洋船舶创造了基本生产条件。

投资的结构已由外延扩大再生产向以内涵为主的更新改造的转移；再有就是投资的用途由传统工艺、偏重扩大生产场地向重视技术进步，进行技术开发、技术引进、技术改造转移。这样，引进了国外先进技术和先进装备，促进了船舶生产技术水平的提高和船舶产品的更新换代。

以后的实践同样证明，以柴树藩为代表的六机部党组，加速船舶工业的技术改造的决策，的确是很英明的。没有技术引进，中国的船舶工业不知还要在迷茫中摸索多少年；同样，没有技术改造，中国船舶工业仍然只能停留在小打小闹、修修补补的窘境之中，要同世界造船强国竞争，谈何容易！

真乃"志之所趋，无远勿届，穷山距海，不能限也。志之所向，无坚不入，锐兵精甲，不能御也！"

千呼万唤"神州第一坞"

这里，原本是一片滩涂。

潮起潮落，风吹浪打。千百年来，这个名叫"香炉礁"的地方，沉寂地躺在大连湾的底部，在荒草丛中日晒雨淋，做着远古混沌迷茫的梦。

那块神秘状如香炉的礁石，当落潮时，偶尔也有海鸟在上面停留；当涨潮时，潮水湮没了礁石，这些海鸟便没入滩涂上杂乱无章的蒿草之中，除此这里再无一丝生气。

给这片荒凉的土地带来活力和生气的，是一批想在这里建大坞造大船的人。

这里，水面开阔，终年不冻，浪小水深，具备建造港口和码头得天独厚的自然条件。

1949 年年初，东北刚解放不久，大连市政府和大连造船界的一批人，面对即将成立的人民共和国，为建造战争和战争结束后需要的军船和商船，拟在东北建一个一定规模的造船基地，首选的就是香炉礁这片海域。

1949 年 8 月，大连市组建了新厂筹建委员会，由当时旅大工业厅厅长张有萱兼任主任委员。一批不愿随国民党去台湾，坚持留在大陆，想为新中国建设出力的著名造船专家和机电专家，闻听大连要建一个造万吨船的基地，纷纷云集到了这里。中国造船界一代宗师叶在馥、武汉大学教授张宝林、曾留学英国的郑於俭，以及桂薪、陈以械、孙加良、陈嵘等一批专家和工程技术人员近百人，来到了这片荒草丛生的滩涂前，指点这片海滩和海域，筹划起建设的事宜来。

一年时间，他们就完成了建厂设计方案和发展规划，并得到市政府的批准。紧接着，香炉礁工地开始动工。昔日荒芜的海滩上，顿时热闹起来。开拓者们用锄头、铁锹、钢钎开始向这片土地宣战——不料，朝鲜战场的炮火使工程被迫停顿下来。当时为了抗美援朝，保家卫国，国家必须集中所有的财力和物力来应付这场突如其来的战争。

1951 年年底，香炉礁基地并入了当时以修船为主的大连船渠（今大连造船厂），参加香炉礁工地建设的工程技术人员也随之留在了大连造船厂。

在香炉礁建大坞造大船的规划，由于上述原因，就搁置起来。到了 60 年代，在国家"要准备打仗"和"三线建设要抓紧"的指导思想下，六机部在 10 年中基本建设投资都向"三线"倾斜，当然香炉礁的建设也不可能提到议事日程上来。其后，党和国家领导人虽多次视察大连造船厂，并对工厂的建设作过许多指示，但在当时那种历史背景下，对香炉礁这种大规模的一线投资显然也是不可能的。

直到 1969 年 2 月，周恩来总理在听取六机部工作汇报时指示：造船工业应该建设 10 个万吨级的船台，以适应远洋运输发展的需要。同年 9 月，国家计委批准大连造船厂和沪东造船厂各建 2 座万吨级船台，另有 4 个船厂各建 1 座万吨级船台。

大连造船厂根据自己的实际情况，玩了一个"花招"，决定把两个万吨级的船台合并成一个 10 万吨级的船台来建设——在当时计划经济条件下，这样做是要冒很大风险的。但从这件事中可以看出，这个厂的领导还是有远见和气魄的。沉寂了近 20 年，令造船人魂牵梦绕的香炉礁工地一下子又热闹起来。这时的建设已经不再是人挖肩抬，而有了汽车和挖掘机了。在不到 3 年的时间里，这里挖山填海造地 53 公顷，建起了 10 万吨船台和与之配套的码头。

大连造船厂香炉礁30万吨船坞

1976年，船台尚在紧张的施工之中，我国第一条5万吨的大型油船"西湖"号便开始上船台建造。96天后，"西湖"号在这里顺利下水，1979年1月交付使用。这件事当时在国内还引起一番小小的轰动。

此后，在这个船台上，他们又建了6.5万吨的油轮"大庆257"号、"渤海3"号和"40米钻井平台"，等等。其政治意义和经济效益是显而易见的。

"中国应该拥有自己真正的大船台和大船坞，中国应该建造30万吨的大船。"说这话的是上任不久的六机部部长柴树藩。

1979年，柴树藩率六机部代表团前往日本考察。在三菱重工，柴树藩他们看到那些能够建造五六十万吨巨轮的船台和船坞时，除了震惊，更多的是羡慕。日本一个大的造船厂的造船产量，相当于我们十四五个船厂。难怪邓小平在国务院常务会议上讲："日本造船恐怕比我们不是高一倍两倍，而是几十倍！"柴树藩驻足在船台和船坞边，凝望着那些挺拔的船台和伟岸的船坞，久久不语。与日本这个造船大国相比，我们的造船产量确实微不足道。

柴树藩感到，我们如果想在造船上赶上日韩，就必须建设一批30万吨甚至50万—60万吨的船台和船坞。这些先进的基础设施，投资虽然巨大，但收益也是巨大的。没有大坞就造不了大船，也永远成不了造船大国和强国。

尽管建造大坞的条件十分苛刻，但在中国漫长的海岸线上，有多处适合建造大船坞的地方，这是日韩无法比拟的。其中大连的香炉礁地区最为合适。柴树藩在大连考察时，那里的领导和技术人员曾告诉过他：大连湾西北部的香炉礁，是一个难得的天然不冻港，水深达到18米，这是几代造船人连做梦都想在那里建大坞的地方。柴树藩回国后就四处呼吁，我们要拥有自己的大船坞……

到了 20 世纪 80 年代初，柴树藩还请日、英、美、挪威等国的专家到香炉礁考察，这些人都一致认为这里是一个难得的建造大坞的好地方。柴树藩认为，我们如要建造大船坞，就要把眼光放长远一些，起点要高，为下一个世纪中国造大船打好基础。

从大连回来，柴树藩在六机部一份文件上批道："新厂的建设规模除了一个船台外，尚应建设一个大型船坞，始能发挥香炉礁的优势和取得好的经济效益。"为此，他不知给中央领导写了多少封信，打了多少次报告，也不知招来多少"贪大求洋，想入非非"的非议，也不知费了多少口舌，遭到多少冷嘲热讽……

"连计委下面的有些人也讽刺他，说柴部长胃口太大了；还有人说他好大喜功，爱吹大牛，他的这个设想不要说赶'六五'的末班车，就是赶'七五'的头班车也不行……"柴树藩的秘书苏智介绍道，"后来，柴部长终于感动了国务院有关部门那些同志，口头上答应他可以往计划里面挤……"

1983 年 10 月，中国船舶工业总公司向国务院呈送了《关于加速大连造船厂香炉礁地区建设的请示报告》。报告称："中国可以应当成为一个造船大国和一个船舶出口国，问题是没有一个能建造适应国际大量需要的大型船舶工厂。环顾国内现有船厂，只有大连造船厂的香炉礁区，可以满足 20 万吨级船舶建造进出船坞拖航及停泊要求。如在该处建一座 20 万吨至 30 万吨的船坞，并以年产 20 万吨级船舶 3 艘计，则香炉礁新区建成后的造船能力，将达到 87 万载重吨。即使国际船舶市场情况有变化，不能取得足够的出口订单，也可在此坞同时建造多艘中型船舶，以适应国内外市场的需要……"

在船舶总公司的论证报告中，提出了"三个三"的基本原则。即：3 个亿的投资，3 年建成投产，3 年收回投资。

1984 年 10 月，国家计委批准了香炉礁新区 30 万吨船坞的扩建任务书。

1985 年 9 月 28 日，30 万吨船坞工程正式动工。但首先遇到的就是资金问题。这时正赶上国家经济调整，国际船舶市场萧条，船价低廉，大连造船厂又遇到香港和挪威船东弃船，工厂正处在背水一战的险恶处境之中，开工当年就需投进 2000 万元，第二年则需 3000 万元。这么多钱如何筹集？

皇天不负有心人。1987 年，香港船王包玉刚先生在和李鹏总理会见时，主动向李鹏总理提出可以在中国订船，并愿预付船款给中国搞基础设施建设。这样，暂时缓解了大坞建设紧张的资金问题。1988 年，国家计委批准利用日本"黑字还流"贷款的 3400 万美元垫底，其余资金"八五"期间再作安排。

潮起潮落，沉沉浮浮。随着打桩机打下第一根桩基，"香炉礁"再一次出现声势浩大的移山填海、围堰清淤的景象。

"神州第一坞"，你曾令几代造船人魂牵梦绕，几代造船人望眼欲穿，几代造船人奔走呼号，几代造船人仰天长叹！如今，他们的梦想即将成真，怎不令他们欣喜若狂呢！

托起世纪的丰碑

1994 年 9 月 28 日。

这一天，一位头发苍白的老人，让家人用轮椅推着他，围着大坞转了一圈又一圈。此时，这位老人已经沉疴在身，行动困难，连话也说不出来了。但他凝望着宏伟壮观的大坞，黯淡的眼睛变得晶莹，老眼中饱含着泪水，嘴唇哆嗦着，想说什么却又什么也说不出来。当家人推着他离开大坞那瞬间，那满眼的泪水，从他饱经沧桑的脸上纵横淌了下来……

40 多年的梦想，40 多年的奋斗，40 多年为它倾注了满腔的情和爱啊！在这里动第一锹土时，他还是一个充满青春活力的小伙子；如今当大坞快要建成时，他已经快要去见马克思了！世事无情，多么不以人的意志为转移啊！

这是大连船舶公司总工程师桂薪，也就是代表工厂与香港船东包玉星签订第一条出口船"长城"号合同的那个桂薪！从他饱含泪水的老眼中，我们可以读出许许多多、许许多多的内容……

几年前，曾经有人动议，将施工中从海底挖出的一块几吨重的巨石做成一块碑，在上面刻上修建这个大坞坎坷曲折的历史和为大坞建设立功的人和事，然后将它立在大坞边。可是，这建大坞的历史将近半个世纪，为大坞立功的人和事实在太多太多了，一块几吨重的石头上，要想容纳这浩然的内容实在是太难了！

30 万吨的船坞有多大？外行人凭想象是无论如何也构不成一个准确具象的。它长 365 米，宽 80 米，深 12.7 米，它的平面面积相当于 69 个篮球场、180 个排球场。先前，我们的概念中，1 万吨的轮船就称为巨轮；那么，在这个坞里，可以建造、修理、停泊 30 万吨的船舶，它的宏大就可想而知了。

在一片汪洋之中，要建造这样的大坞，谈何容易！

首先是"围堰清淤"。按设计方案，大坝主体采用干法施工。这就要求用钢板围出一片海域，把里面的泥、水抽干后再施工。可围堰打桩时就遇到了难题。海底全是附近工厂多年来排出的碱渣，像稀饭一样，好不容易挖出一些，可海流又卷来稠稠的碱渣把坑填平。如此循环往复，钢板桩根本打不进去。船厂请来大连理工大学的专家们来做模拟沉淀试验，又发动职工出主意想办法。最后打破常规，先大量往海底填石头，将碱渣固定后，再把钢板打进海底，形成帷幕。这前后共打钢板桩 4942 根，重 5158 吨，约 2033 米长，可谓世界之最。

然后是"抽水堵漏"。围堰建成之后，几台大型的水泵昼夜不停地往外抽水，一天的排水量就达 30 多万立方米。这样的排水能力可谓大了。但难就难在这里的地质情况太复杂了，一边抽水，一边又涌出大量的地下水来，似乎堰内的水永远抽不干。到后来，很多人都灰心了，当初反对建坞的人这时也有了理论根据，再次提出工程下马。

这时，工厂又请来熊大阅、张文龙这些地质专家对工程进行诊断。在集思广益的基础上，厂长梁浩新提出了边抽水、边施工的方案。在艰苦的努力下，漏水处一个个被堵住，累计压浆堵漏 222 孔；耗用水泥 2743 吨，围堰总抽水量 646 万立方米。这样，总算可以在堰内施工了。

基础施工同样是一道难关。这里的地质情况太复杂了。坞区的地下是石灰岩溶蚀区，典型的喀斯特地貌。勘岩面犬牙交错、高低起伏，溶洞、溶槽、溶沟四处遍布，还有裂隙水和承压水的沙砾层。国内最权威的地矿部桂林岩溶地质研究所的全体研究员，在参与了此处的地质勘探和分析后说，这里的地底简直就是一片桂林的小石林；曾赴马耳他援建 30 万吨级船坞的专家说，他们在国内外建造了那么多的船坞，还没有遇到这么复杂的地质结构。

不入虎穴，焉得虎子。再难也得继续干下去。在船坞基础施工中，他们根据不同的地质情况，采用不同的施工方法。或软基灌桩，或高压定喷，或岩基帷幕灌浆，沙砾层则采用团结帷幕，有的施工打预制方桩，有的深挖至岩面，有的采用锚杆加固等方法。用于基础处理的所有方式方法，在这里全都派上了用场。

在主体浇注时，为了做到不渗不漏，混凝土粘结牢固，外形尺寸准确，在清理底基时，用水冲，用刷子刷，所有的岩石，必须做到"一尘不染"。几万平方米面积，那工作量可想而知。从 1992 年 3 月 20 日浇注开始，到 1994 年 9 月 2 日才完成船坞主体浇注，历时两年半。共浇注 440 段（次），混凝土总量 7.35 万立方米，共用水泥 7.1 万多吨！

1994 年 9 月 28 日，大坞主体交工。

1993 年 8 月 20 日，我国自行设计建造的最大出口船、15 万吨散装货轮"萨马琳达"号下水；半年之后，"萨马琳达"号姐妹船"米勒德莱根"号又在香炉礁下水；同年 9 月 9 日，第 3 条 15 万吨散装货轮"华夏"号在同一船台举行了盛大的命名和下水仪式。

昔日荒凉沉寂的香炉礁，而今已是热闹非凡。气魄宏大的船坞上，横跨南北高达 100 余米的龙门吊车来回奔忙。大坞内，同时容纳了 2 条 5.2 万吨和 1 条 11 万吨 3 条巨轮。而 3 条巨轮，就是 3 座钢铁堆砌而成的山脉。这 3 座钢铁的山脉，横卧南北东西，在大坞内也不显得拥挤。站在大坞边上，令人顿生豪迈和威猛之气——壮哉，神州第一坞！伟哉，中华第一坞！

向那些为这大坞奔走呼号、呕心沥血、流血流汗，甚至献身的人们致敬！人民不会忘记你们，祖国不会忘记你们，中国的造船史上，会记下你们不朽的篇章！你们感天动地、可歌可泣的事迹，已经永远镌刻在大坞之中！

中国船舶工业总公司总经理王荣生，副总经理孟辉、黄平涛、陈小津，总工程师张广钦都曾多次考察大坞建设，与工厂共同研究大坞建设中的资金、设备、技术、进度、人员等具体问题。

大连市委市政府把大坞建设看作是自己责无旁贷的大事，几届市委书记和市长多次主持召开大坞建设现场办公会，保证工地的淡水、电力、水泥供应，特许大坞工地运输车辆白天可在市区行驶；并多次召开附近工厂排放碱渣协调会议，拍板在大坞与大化之间筑一道堤坝，挡住淤下的碱渣。

蔡棨，大连造船厂高级工程师，东北还没解放，他就来到了香炉礁。此后几十年，也一直关心着大坞的建设。建大坞时他虽已退休，却仍独当一面地贡献自己的余热。他主管与大坞配套的吊车。当号称"亚洲第一吊"的龙门吊安装时，这位 70 多岁的老人在电梯没有安装好的情况下，一天两次爬上 40 多层楼高的吊车上指挥安装，终于一次安装试车成功。他的言行激励和感染着整个大坞的建设者们。

王连有，大坞建设指挥部总指挥兼主管基建的副厂长，他肩负重任。几年时间中，他没睡过一次安稳觉，大事小事没有一件事不操心。在大坞建设最紧张的时候，由于极度劳累，他曾两次因大脑蛛网膜出血住院，病未痊愈，他带病又奔忙在工地上。

刁瑞士、李大仁，大坞工程指挥部质量管理员，已到退休年龄。他们说，这辈子总算赶上造大坞了，不管给不给钱，我们都要在这里干。他们对质量严格把关，任何一点质量问题休想从他们眼皮下溜过。干完大坞，这两位老人原本还花白的头发变得雪白，人也瘦了一大圈。

朱善良，大坞建设副总指挥，从大坞立项到全部交工，他是自始至终参加的唯一一人。王贵忠，也是大坞的副总指挥。这个前线指挥员，为确保质量和交工期，他在工地上日夜奔波，协调各方面关系，解决施工中的难题。孙玉，船厂基建处大坞科科长，工程刚干了一半，他就患上肠癌去世了，真是"出师未捷身先死，长使英雄泪满襟"啊！船厂80多人的基建处，无不为大坞建设尽心尽力，有的还献出了生命。

大连造船厂30万吨船坞作业时的情形

彭履安是钻探高工，59岁了，是中国船舶工业总公司勘察研究院驻工地的代表。他在工地上一待就是两年半。1993年工程吃紧时，他早已痊愈的肺结核病复发了，但他仍不离开工地，直到院里下令他才走。张慈田，中国船舶工业总公司第九设计院高工，为抢时间搞设计，累得晕倒在地板上。朴永南，水利水电部工程队指挥长，这是个朝鲜族汉子，大堰开挖时，突然出现漏水，他奋不顾身跳进冬日的冰水里，用撬棍撬起钻机，抢出了贵重设备。陈海滨，水电一局工地指挥部代表，大坞铺底时，漏水处泥浆喷涌而出，他抓起一团水玻璃，按在出水点上，一动也不动挺了10分钟，直到水玻璃固化，双手被咬得变了色……

这样的人，这样的事，太多太多，简直不胜枚举。

"大坞的建设改变了中国造船业在世界的地位，实现了这个造船人几代人的愿望，为中国船舶工业的发展奠定了基础，是中国造船工业的世纪丰碑，它的意义十分重大！感谢参与30万吨船坞建设的专家、工程技术人员和工人们，人民会记住他们！"中国船舶工业总公司总经理王荣生在接受采访时如此说道。

地平线上庞然的景观

还未到大连造船新厂，远远就可以看见巍然矗立在厂区的银灰色龙门吊。

这台龙门吊被称为"神州第一吊"——其实，何止是神州，就是在整个世界，这台重型的门式吊车当时也是名列前茅的。这种龙门吊，整个世界只生产制造了3台。1台在韩国大宇船厂，还有1台在德国HDW船厂。

大连造船新厂的这台重型龙门吊，原来落户在美国东南海岸的佛州。它的两腿横跨在当地的一条河流之上，这条河河面足足有200米宽。吊车由德国的KRUPP公司制造，它自重5500多吨，加上轨道等总重量达到6000余吨，经德国公司安装了3年才交工。吊车高120米，相当于40多层楼房高，而且横跨行走在200多米宽的河面上，那是何等壮观！在美国当地，被居民们视作"地平线上的景观"，在当地居民心目中，不逊于法国的埃菲尔铁塔。

大连造船厂在建30万吨船坞时，首先要选择与之相匹配的龙门吊车。中国船舶工业总公司第九设计院为大坞论证和设计的龙门吊，最大负荷必须达到640吨左右。当时有3种途径解决这样大负荷的吊装设备：一是由九院与德国KRUPP公司联合设计，联合建造；二是由九院设计国内承造；三是从外国船厂引进尺度相当，而且新度较高的二手货吊车。

经有关专家多次论证，反复比较，既考虑经济性，也必须充分考虑这台跨坞的重型吊车和大坞一样，是百年大计，必须质量第一。国内对这种吊车设计制造的经验不足，质量难以保证。就是在国际上，能生产此种重型门吊的知名厂家也不过寥寥四五家。所以，最佳的方案是能买到新度较高的现成货。

这时，正值国际造船市场萧条时期，国外许多大船厂纷纷倒闭，通过各种渠道，大连造船厂先后向国外9家船厂询价。其中包括瑞典一家船厂有1台900吨的龙门吊，因长期闲置，又找不到买主，最后被炸倒分解。法国一家船厂有1台660吨的龙门吊和美国东南海岸佛州一家船厂有900吨、跨度为205.7米的龙门吊，都在寻找买主，其规格比较接近我们的要求。

经过中间商几轮往返磋商，从国外返回的信息是：法国造船工人罢工风潮长久未平，而且短期内很难解决，工人们坚决阻止老板出售财产，所以无法深谈下去；而美国的吊车在交工以后一直闲置，迄今也未满负荷使用，基本是新的。经过反复研究，中国船舶工业总公司决定组团赴美看货，并在美当面议定价格。这台龙门吊的成交价仅为美方买价的五分之一左右，并于

1989 年 6 月 30 日签订了购买合同。

对此，这台产权已归中国所有的龙门吊，便面临着如何拆解、装船运输，再在自己的船厂重新安装的问题——但问题不是局外人能想象的，这一系列的难度至今想起来也让人不寒而栗！

我们且不说这台吊车自重 7000 余吨，高度 120 余米，跨度 200 余米，单就它横跨在一条河上，如何进行拆卸，就是一个大难题，难怪德国人安装了 3 年多才交工。这家船厂下马后，也难怪众多的买主一看便望而却步。

同时，根据美国地方政府与工会的规定，禁止外国派工人去拆解。即使经过疏通，同意外来工人拆卸，可如果没有专用的工装设备，要拆解如此庞然的东西那无非也是痴人说梦。经多方了解，就是在全球范围内，能胜任此项任务的工装可以说真是凤毛麟角。另外，拆解时何处允许切割，何处不允许切割，拆解成多大的部件才能运输和将来便于安装？这一系列的要求，都必须由拆解方周详考虑。稍有疏忽，便会造成重大的损失，甚至全盘皆输！

大连造船厂 30 万吨船坞的"神州第一吊"

合作的伙伴找来了，是某国一家吊装专业公司。他们使用的拆卸方法是使用液压顶升机构。说实话，这要比德国人传统的老办法先进一些，但这家吊装专业公司的老板其实也不比德国人聪明。当年，德国人在这里安装这台吊车时，肯定吃够了苦头，不然为什么长达 3 年时间才向美方交工呢？吃一堑长一智，当中国人向他们发出合作邀请时，他们连价格也没问，便一口回绝了。

某国的这家吊装专业公司显然是过高地估计了自己的实力，轻视了在这河面上施工的复杂性和艰巨性，一开始，他们便陷入不能自拔的重重困难之中！

拆解工程于 1989 年 10 月 23 日正式开工后，这家公司的液压顶升机构由于顶力不够，根本无法将巨型的钢铁构件顶升起来。如此，他们不得不改变施工方案，工期一拖再拖。望着横跨在半空中的庞然大物，这家公司的老板和雇员们捶胸顿足也好，欲哭无泪也罢，完全无计可施，一筹莫展。

时间整整拖了 120 天，某国吊装公司老板亲自跑来北京，他反复诉说拆解工作的困难，对工程的艰巨性和复杂性估计不够，声称经济亏损严重，已经负债累累，要求增加合同金额，否则工程已无法进行。我方认为既然合同已签，责任不在我方，拒绝增加费用。于是，拆解工作全部停顿——现场上，留下的工装无可奈何地望河兴叹；那钢铁的庞然大物，依然横跨在河面上，挺然傲然地蔑视着它身下的一切！

从这重型的龙门吊主权属于我们以来，已经快一年了。难道，真对它无可奈何了吗？属于我们的东西，却把它搬不回家去，真叫人忧心如焚！

1990 年 4 月初，我方再次组团，与这家吊装公司的新老板进行第二次谈判。这次谈判由总公司驻美代表为首席代理人，双方都聘请了美国律师，经过长达 1 个月的艰苦谈判，7 次修改文本，终于签订了修改合同，对原签订的380 万美元总价不变，但拆解后海运工作改由中方自理。实际上，是将原合同中的海运费 120 万美元作为加价——尽管如此，这家倒霉的吊装公司，当他们最终完成拆解工作时，已经负债累累，资不抵债，宣告破产倒闭了！

拆解工作最终完成时，这家公司的老板一个人孤独地坐在河边，望着滔滔的河水泪流满面。他不知道下一步该如何去应付讨债的债主，也不知法院何时会将他传讯。总之，他在美国这一跤跌得很惨，跌得头破血流，完全瘫痪！这次的教训恐怕他一辈子也汲取不完。

900 吨吊车拆下的部件，每个部件大都在 150—400 吨之间，有的还超长、超大，根本无法下舱，只能用长舱口型、强甲板的特种货船运输。运输中，大部分部件只能放在甲板上。目前，一般商品的海运，都采用集装箱运输，唯独这种超大件的特种散货的长途运输，最叫人操心和担心。如果海上发生海损事故，被运的部件只要有 1 件坠入海中，纵使拿到保险公司的赔偿，但这费尽千辛万苦得来的吊车，便再也不可能在国内安装了。

幸好，这时我们在一位德国经纪人的帮助下，寻到一个极好的机会：北欧猛犸公司的"快乐海盗"号恰好在南美某港口执行一次运货，然后准备空船开往远东的日本执行另一项合同任务。"快乐海盗"号正是特种货船，载重量为 13740 吨，且有自卸能力，他们愿意以优惠的价格承运吊车。航程从美国东海岸经巴拿马运河，直到大连造船新厂码头卸货。运费是非常经济的，连同海运保险共 164 万美元，但这家航运公司对装船的最后日期要求很死，绝不同意任何通融。

运输、装船紧张得令人透不过气来，英国的吊装公司在我方的巨大压力下，使尽了浑身解数来向码头装运吊车部件。我方特意聘请了一位德籍退休船长为装船监督师，监督装船。当最后 1 个部件装上"快乐海盗"号时，正是 1990 年 12 月 26 日凌晨，离船起锚的最后时限只有 1 个小时了。

匆忙之中，会不会失落哪怕 1 个小小的部件呢？所幸的是，在德籍退休船长和大连造船新厂高振成、孔德澄等人无日无夜的现场监督下，全部部件无一遗漏地运回了中国大连。

安装工作是工厂与美国 PSC 重型吊装公司合作进行的。由美国这家公司提供专用塔架和液压提升设备，负责提出工装设计与吊装方案，工程期限为 120 天。根据实际需要，吊车主梁截短 23 米，并将 5 大段对焊连接起来，共从德国进口 319575 组高强度螺栓连接。吊车主体安装完成后，整个吊车的电器系统的安装调试，全部由工厂技术人员和工人承担。在没有外国专家指导的情况下，工厂克服了种种难以想象的困难，成功进行了电制改造，使庞大的吊车往来自如地运行起来。

如今这巨型的龙门吊车，横跨在 30 万吨船坞之上，隆隆地往返工作时，站在吊车下，仰视着庞然大物，你仿佛觉得它行走在蓝天白云之中；那巨大的几百吨船体分段，它的确是"轻轻一抓就起来"！

30 万吨的船坞，配上这宏伟的吊车，的确达到了"好马配好鞍"的效果——如今，这"地平线上的庞然景观"已经不再属于美国东海岸，而是属于中国的大连！

神州第一吊，确实名不虚传！

一个亿与五百万的启示

中国船舶工业要想在世界上占有一席之地，如前所述，最好的捷径是引进国外先进技术。可技术引进之后，能不能生产出合格的产品来，这才是关键。

我们的基础能力薄弱，设备加工能力差，加工精度低，效率不高，生产过程中暴露出来的问题比比皆是。不进行大范围的技术改造，是根本不能生产出高质量产品的。我们上阵要和别人决一高低，可总不能瘸着腿赤手空拳啊！

韩国人引进瑞士的柴油机生产专利后，分门别类、方方面面的人员有 100

多人送到国外培训；与此同时，他们从德国购进大批新的设备，待人员培训回来，马上就可以照着图纸生产。

"可我们不行，韩国人有钱，我们没有钱。韩国人可以不顾血本，而我们，技术改造项目多，家底子薄，韩国人那条路我们根本走不通。"当年大连船用柴油机厂厂长林彬说，"我们只能量体裁衣，根据我们的国情和厂情，用最少最少的钱，办韩国人花很多钱才能办到的事，我们和韩国，完全是两种不同的模式。"

1979 年年初，六机部邀请了日本石川岛播磨造机公司以彦田十四雄为首的专家顾问团，来我国进行技术改造方案论证。彦田十四雄是造机方面的权威，有"造机神仙"之称。这个顾问团历时半年多，先后考察了大连、上海、西安、宜昌等船舶总公司所属的几个造机厂，提出了这个厂进行技术改造的论证报告。

彦田十四雄等人不愧是柴油机制造方面的专家，他们提出的改造论证报告十分严密，论据也非常充分。单大连造船厂的柴油机分厂的技术论证报告，就长达 100 多页！

可林彬和他的同事们仔细一研究这个报告，不由得目瞪口呆，吓了一跳！这份总体改造论证书的结论是：要把大连造船厂柴油机分厂改造成年产 10 万马力的船用柴油机生产厂，没有 1 亿美元的改造资金是完全不行的！

1 亿美元？这对大连造船厂来说，简直就是个天文数字！别说 1 个亿，就是 1000 万，他们也很难呢！当时大连造船厂年技改资金尚不足 100 万人民币，即使能够争取国家的部分贷款，可改造需要的这天文数字般的资金，企业无论如何也承受不住、消化不了呀！

既要不花钱或少花钱进行技术改造，又必须要生产出合格的产品来，这真是太难太难了呀！会议一个接一个地开，工厂的论证方案一个接一个地做；林彬和技术人员们每天就在车间围着现有的设备转来转去，有时简直到了入痴入迷、废寝忘食的状态……

在对工程技术装备进行全面分析的基础上，他们提出了全新的改造指导思想和改造方案：如果眼睛向外和向上，搞外延扩大，在给国家造成负担的同时，也会使企业背上沉重的包袱。

"弄不好，我们真会像有些叫苦连天的工厂所说的，成为银行的'打工仔'！"一位厂领导调侃道。同时，何时才能争取到银行的巨额贷款，完全是一个未知数。即使像挤牙膏一样能从银行贷出款来时，恐怕黄花菜早就凉啰！所以工厂唯一的出路是：发挥科技人员和工人们的积极性和创造性，立足现有条件，坚持以我为主，辩证地看待老企业、旧设备；以改造现有设备为主，购进关键的部件和新设备为辅。林彬厂长提出了一个老企业技术改造的新理念：老设备加先进零部件等于现代化设备；老设备加先进刀具也等于现代化设备；老设备加微机同样也等于现代化设备！

指导思想一明确，他们便雷厉风行地干了起来。

改旧利废，以小攻大，重点改造老设备。他们通过革新改造挖潜，向老设备要水平、要能力。短短两年，运用此方法改造项目60多个。1台B2150龙门刨是"文革"时期的老产品，也是工厂造机的关键设备，但该设备加工质量低下，工况极不稳定，有时一次停机达半

大连柴油机厂生产的船用低速柴油机

年。他们根据该设备仍有足够强度的情况，改造了机场床体部分，自行设计更新了静压导轨滑板，购置了大型铣头，以铣代刨，不但提高了精度，而且提高了工效4倍，整个改造仅用了20万元人民币。

对国内不能制造的高精度设备，不是简单地引进整机，而是采用引进关键部件和联合制造相结合的方法。为解决大型曲轴加工，需要添置1台高效率、高精度的大型曲轴加工机床，该机床从国外进口需要大量外汇。工厂采取与日本厂家联合制造的方法，由日本生产回转刀架的操作系统，我方生产床身及支架部分，仅此1项便节约投资50万元；工厂与日本IHI公司联合将1台普通镗床改造成数控镗床，仅花费70万元。

新技术与老设备相结合，有选择地引进一些国外最先进的刀具、刃具和量具，利用现有的设备加工出高质量的产品。在普通镗床上利用"FF"精铣刀盘，铣削机座十几米长的加工表面，不仅不平度达到规范，而且具有很高的光洁度。

技术改造和3个层次的资产重组相结合。第一个层次是设备部件重组，通过革新性的设备大修改造，使老设备变成新设备；第二个层次是老设备和经过改造的新设备相结合，使老企业变为新企业；第三个层次是与其他企业结合，在专业化分工协作的基础上进行跨企业的资产重组，扩大能力，充分挖掘已有设备潜力，攻下技术上的难关。

短短几年，大连船用柴油机厂便成为一座能生产"当今世界最先进、最复杂、最尖端、最经济的船用主机"的中国现代化企业——给予这里生产的主机如此评价的，不是他们在王婆卖瓜，而是挪威的船检专家们！而工厂所有的改造费用，说来令人撞破脑袋也不敢相信，总共只花了不到 500 万美元！

1 个亿和 500 万，这是 20∶1 的比例！

"绝不可轻视中国人的智慧！别人能做到的事情，他们都能做到；别人不可思议的事情，他们也能成功做到！"日本《造船界》曾撰文对中国大连船用柴油机厂的技术改造一事赞叹道。

在不到 3 年的时间里，中国人便吃透了国外的造机技术，一步便跨越了让外国人拉下的二三十年的差距。1981 年，大连船用柴油机厂在自己技术改造后的设备上造出了第一台主机。当年，工厂制造的 2 台主机，经检测各项指标完全符合国际先进标准。这 2 台主机都顺利配置在了出口船上——以此为标志，结束了这个厂造出口船不能造主机的历史。

1984 年，大连船用柴油机厂独立后，又进一步对企业进行了技术改造。1988 年 1 月，他们建造的 2 台当时在世界上还没有人建造过的 5S60M 型主机，配装在了国内为外国船东建造的 11.8 万吨出口油轮上，这标志着中国造机业从此站在了世界造机业的最前列，获得了英、法、挪威等国际权威验船部门的验收合格证书。在 1991 年前，全国同行业唯一的 3 块国家质量奖金牌，被这个厂一家独占。到 1996 年，这个厂利税 300 多万元，人均产值达到 20 万元，名列机电行业前茅。

"什么事情都必须从自己的实际出发，讲求实效，坚定地走自己的路，千万不能去赶时髦！"老厂长林彬回忆当年技术改造的情形，他的体会颇深，"你说，这些年，我们全国引进了多少彩电、摩托车、冰箱、洗衣机，包括汽车发动机生产线？大家都一哄而起，互相攀比，恶性竞争，到底花了多少钱？恐怕没有人能准确计算出来！这些生产线引进后，大量闲置，大批的设备不能运转，放在那里发霉生锈，不能创造价值，多可惜呀！我们的技术改造，实现了当初的愿望，我们是花尽量少的钱，办我们想办的事！"

"是呀，回忆我们这十几年来所走过的路，有许许多多值得总结的东西。"时任厂长邹志明和党委书记马仲德在接受采访时，他们也感叹道，"我们从 1958 年开始搞主机，到 1978 年，整整 20 年都在低水平上徘徊。20 年中，一共干了 10 多万匹马力；可我们引进先进技术，进行技术改造之后，短短 12 年，已经干了 100 多万匹马力！1997 年，我们 1 年就可以干到 25 万匹马力。已经远远超过当年日本专家对我厂技术改造后论证的生产能力——老厂长说得对，无论干什么事，都一定要从实际出发，讲求实效，不能去赶时髦，更不能采取那种掩耳盗铃、自欺欺人的方式！"

是啊，来到机器轰鸣的车间里，站在那威风凛凛的船用柴油机下，望着这个生机勃发的工厂，值得我们思索和总结的东西的确太多太多了！

其实，上海的沪东造船厂、上海船厂、宜昌船用柴油机厂、河南柴油机厂、山西柴油机厂等，他们的技术改造何尝不是如此！船舶工业的底子薄，争取国家投资难，要背沉重的债务包袱又背不起，不走内涵扩大再生产的路子，恐怕再无其他更好的路可走了——在这里，我们仅仅剖析了大连船用柴油机厂"500万和1个亿"这个典型的例子，将整个船舶工业技术改造浓缩起来，从一滴水中来看太阳。

滩涂上谱写动人的歌

这是一片白茫茫的滩涂。

它位于长江和黄浦江流入东海的交汇处——崇明岛。它的形成是长江和黄浦江亿万年来从上游带来的泥沙沉淀而成。滩涂上，春日里只有泛绿的野蒿，冬日里只有干枯的芦苇。浑黄的江水涨涨落落、肥肥瘦瘦，打发着单调孤寂、亘古不变而又苍凉的岁月。

然而，上海沪东造船厂的决策者们，相中了这块因为荒凉无人问津的滩涂。

船厂宏大的作业现场

1993 年年初，沪东造船厂为了扩大经济总量，与崇明大同乡政府、崇明交通局联合投资成立了一家企业——大东公司。这家企业的厂址就选择了这片滩涂。成立这家企业的目的也很明确：先发展拆船业，等资金积累起来后建船坞发展修船业务，使沪东厂能拥有自己的船坞。

沪东造船厂连做梦也想有一个船坞。因为没有船坞，他们不能大幅度提高造船总量，好多眼皮底下的生意只能白白放过；没有船坞，处处受人掣肘，生产也不能按自己的计划进行。要想进入别人的坞中作业，有时真是求爹爹告奶奶呀！

"你们为何不买条旧船自己改造成浮船坞呢?"1993 年 5 月 28 日，香港华润集团所属华夏有限公司的副总经理姜锡祥等来沪东厂参加"华胜"号下水典礼时，知道了工厂的难处，他们向厂长周振柏建议。

周振柏厂长苦笑着摇了摇头。造船坞需要的钱不是一笔小的数目。沪东厂继"七五"技改后，"八五"期间的技改项目即将结束，如果再申请贷款建船坞，从立项到论证，到批准，不知要等到何年何月呢！

听了周厂长的介绍后，特别是知道了工厂与崇明合资成立大东公司的情况后，姜锡祥等极感兴趣，他们原本就打算在东南亚一带搞个船坞。于是，他们当即表示愿意借钱给沪东厂，直接买条大船回来改建浮船坞。

事情的发展意外地顺利。双方情投意合，一拍即合。5 个月后，一家沪港合资企业就诞生了：上海华润大东船务工程有限公司。与此同时，他们立即开始在国际废旧船舶市场物色合适改建船坞的旧船。

真是踏破铁鞋无觅处，得来全不费功夫。12 月初，有消息称，上海长江船业发展公司有条油轮在崇明岛完成冲滩。厂长助理蒋敏生一听这个消息，便喜不自禁地邀上两名高级工程师上了崇明岛。

这是一艘名叫"远声旅行家"号的油轮，1974 年由日本建造，原载重量为 23.4 万吨。3 位造船专家登船一看——这条旧船改成浮船坞，简直太好了！谈判也是意外的顺利，以不到 400 万美元成交。

成交的旧船体，如何对它实施改建呢？这是一件颇费踌躇的事情。

滔滔的江水拍打着滩上枯萎的野草。远处，是茫茫的江水，浩渺的天际。此时，一个头发灰白的人，迈着沉稳的步子，缓缓行走在崇明岛的防波堤上。这是刚从澄西船厂考察回来的蒋敏生。改建浮船坞，比较一致的意见是把旧船送到澄西船厂，利用那里的干船坞进行改建，但不利的是路途远、成本高、管理联系困难等。

蒋敏生走到防波堤的尽头，突然萌生了一个大胆而奇特的想法：我们能不能在这片滩涂上就地改建这艘油船呢？

这个想法真是出乎人们的意料。

以致厂长周振柏在董事会上提出这个方案时，许多人都认为不可思议。

平心而论，要将这艘长 252 米、宽 53 米、高 25 米，宛若一座钢铁小山似的超级油轮，在这头顶青天、脚踏淤泥、施工条件差、作业环境恶劣的滩涂上改建成 10 万吨船坞，真令人太不可想象了。有人说，宁可重新造 1 艘 10 万吨的货船，也不愿承担这一庞然大物的改建工程！

但是，困难是可以克服的。周振柏在提出这一方案之前，他就同有关方面专家反复研究论证过，虽然要冒一些风险，但也不算是盲目的。

为了节约一笔可观的资金，也为了避免长途来回拖运的周折，保证改建的工期，董事会同意了这个方案。

可要在这长满荒草和芦苇的滩涂上改建 10 万吨的浮船坞，这谈何容易！这在中国造船史上没见过，在国外造船史上也无先例。改建的技术难题当然很多，没有奇招妙术是难以解决这些技术难题的。

辽阔的江面上一望无际，奔腾不息的江水拍打着一条已经斩头去尾的船身——这就是原日本建造的"远声旅行家"号油船。1994 年 8 月 24 日，一声令下，两条拖轮拖着这条油船下了滩。下滩后的油轮像一座漂浮的小岛一样，在江面上慢慢向东移动。12 个小时后，等再次涨潮时，在华润大东公司的江边准备冲滩。

在岸上观看巨轮冲滩的人渐渐散去，而在这艘油船上工作的人们，却只能待在滚烫的甲板上，顶着烈日等待下半夜的潮水到来。

12 个小时的时间不算长，可对于连续多日苦干的人来说，是非常难熬的。此时他们已经口干舌燥，精疲力竭，可他们却无法休息。船体漂浮在水面上，有近 10 层楼房那么高的光滑船体，没有专用梯子是无法下来的。他们只好这样苦熬着。突然，一阵雷鸣，一场瓢泼似的暴雨劈头盖脸打来；可过了一会儿，太阳又钻出云层，像要把他们烤焦似的。

深夜 2 时 20 分，大江涨潮了，5 条拖轮簇拥着巨大的船体——一声哨响，齐心协力，5 条拖轮同时加大马力，一下子对着沙滩冲去！好，冲滩成功了！所有在场的人都欢呼起来，哗哗的涛声与忘情的欢呼声，震颤着滩头沉寂的夜空。

冲滩结束之后，又出现了悲壮的一幕场景：四五十个人肩挨肩地共同扛着重达几百公斤、有手臂粗的尼龙绳，呼喊着号子，行走在滩涂上。他们必须抢在下一个大潮到来之前，将巨大的船体牢牢地固定在滩上。当人们走在江水里的时候，身上的工作服浸透了，大家干脆脱掉衣服，赤裸着上身，仅留一条短裤在水中工作。泥浆裹满了全身，在泥水中行走的人们，个个都成了泥人。

为了确保整个改建工程按计划进行，工厂选派了最有经验的领导指挥生产，并成立了现场指挥领导小组。同时还建立了安全、质量、动力、治安、消防、生活后勤等全套服务体系。

浮船坞改建的滩地设定在与防波堤成 30 度角的位置上。改建总方案确定先在船艏 60 米内进行抬船甲板改建，然后将旧船体中部相当于 10 层楼高的主甲板放到五六米处，将船纵壁割下移位至左右坞墙处；全船共分 314 个分段，绝大多数是用旧船体拆除后改建的。

重量达 23.4 万吨的旧油船，型深达 25 米多，要进行高空结构的拆解和移位吊装作业，只能在坞内设立行走式 63 吨液压吊车。这种没有先例的坞内设置 40 米高、自重达 5000 吨的高吊，进行自拆和自建 10 万吨船坞的建造法，是沪东厂的一大发明。

252 米长、53 米宽的超级油船，自由地放在滩涂上，受风浪和潮水的冲击，没有任何钢性基础作依托，要保证改建的精度，这是一个非常大的难题。

困难一个接一个，但参加船坞改建的干部和工人，没有一个在困难面前退缩。

整个工程历时 11 个月，经历了 4 个战役：1994 年 8 月 24 日，旧油船冲滩就位；12 月 12 日坞内吊车安装成功；同日，63 吨吊车吊起第 1 只分段，采取"蚕食作业法"开始作业，到第二年 3 月 30 日，抬船甲板贯通；4 月 1 日起，大坞改建工作全面展开，历时 5 个月建成。

在那些难以忘怀的日夜里，沪东厂的干部工人们，在骄阳似火的盛夏里，在北风呼啸的严寒中，头顶青天，脚踏淤泥，顽强进行作业。渴了，喝几口凉水；饿了，啃两个馒头；困了，在工地上打个盹儿——揣在他们心中的只有一个信念：一定要把浮船坞建造成功！

奇迹，简直是奇迹！

经过 4 个战役的激烈紧张的工作，原来那座伤痕累累、油漆剥落的庞然大物不见了，取而代之的是一座崭新的 10 万吨级的浮船坞。沪东造船厂创造奇迹的人们，硬是在短短的时间内，实现了他们多年的夙愿，硬是把一艘旧油船改建成为符合钢质海轮规范，以及"ZC"大型钢质船坞规范的 10 万吨浮船坞！

1995 年 9 月 10 日，浮船坞下滩成功；9 月 11 日，浮船坞移到已经竣工的靠坞墩码头作业。当第一艘 7 万吨散货轮进坞，并被船坞把它从水中轻轻托出来时，那瓦蓝色巨大的坞体在阳光下格外夺目，它的怀中像拥抱着一个新生的孩子。两个由胡向遂老先生书写的刚劲恢宏的大字，仿佛在向这个世界展现着它的骄傲和自豪——"华东"！

"改革开放后的中国工人真了不起，敢想敢干和严谨务实的精神在这里得到了高度的统一！"这是来这里参观的外国专家们的评语。

"沪东造船厂在滩涂上成功地改建了大型浮船坞，这是中国船舶工业总公司的骄傲，是一个伟大的创举！"总经理王荣生如此评价道。

在崇明岛的这片滩涂上，一个现代化的造船基地正在形成。往日杂乱的野草和芦苇已经不复存在，替代它们的是宏伟的码头、宽阔的公路、繁忙的车间、来回穿梭的船舶。

从江面上传来的风声和涛声，轻轻地掠过"华东"号的头顶，仿佛在哼着一支动人的歌。

神州崛起第一修船坞

珠江东流，千古如斯。

现在，让我们把俯瞰中国船舶工业发展的目光，从东北、华东移向华南。

在广州东部，有一座牛山，牛山脚下有一片80万平方米的土地。这片土地，是由珠江亿万年的泥沙冲积而成。在这里，有一处值得流连的大景观——神州第一修船坞。

这座干船坞长300米、宽62米、深11.9米，能容纳15万吨级的各式巨型船舶，是当时国内最大的修船干坞。船坞装备了3台大型排水泵，3台大型门式吊车和高空作业车、坞壁作业车、高压水除锈装置等一批先进的配套设施，配有15万吨级和1万吨级码头各1座，并别出心裁地设计建造了下坞的宽阔道路，巨大的运输车辆可自由进出坞内。这座船坞每年可承修3.5万吨至15万吨级各类船舶80余艘。

乘飞机进入广州，从空中鸟瞰，在高楼林立的广州大地上，这巨大的船坞和配套的设施是非常引人注目的。

修船，在世界上也算个热门行业。整个世界的江河海洋中，你知道每天有多少船舶在航行？有多少船舶需要保养、维修、大修和改造？就如同人要生病，生了病就必须进医院一样。

随着世界航运业的发展，特别是世界的航运中心自西向东转移，以及我国远洋航运事业的迅速崛起，修船业越来越显得重要。

改革开放以来，我国比较大的以修船为主的广州文冲船厂、青岛北海船厂、天津新港船厂和山海关、澄西船厂等，尽管有巨大的发展，但还远远不能适应国内外航运业的需要。各个码头都在压船，进厂修船还得排队；如果是吨位稍大的船，由于我们设施差，就无法接纳。如此，我们国内的船只只好到国外去修，不但花去大量外汇，而且修船价格惊人，有时还要受到刁难。东南亚沿海国家及航行来我国需要修的船，也只好舍近求远，将船拖到日本、韩国去修理。

发展中的中国亟需修船的大船坞！

处于华南的文冲船厂，有着得天独厚的优势。1956 年，当 50 多家小得可怜的修造船厂合营之后，他们在一片杂草丛生的沙滩和荒地上搭起临时工棚和简易船台，边生产，边基建，不仅修好了无数万吨级以下的船舶，改建成功了"光华"号远洋客轮，而且建成了华南地区最大的 2 座船坞：1 座 1.5 万吨，1 座 2.5 万吨。

到了"中国船舶工业要打进国际市场"的 20 世纪 80 年代，文冲船厂根据自己的实际，制定了"立足国内，争修外轮"的经营策略，且取得了巨大成绩。10 年中，产值增长了 12 倍。外轮修理的产值，从 1980 年不到 4%，增长到 1990 年的 28%；特别是从 1987 年以来，每年修理外轮的产值都翻 1 番。从 1979 年至 1990 年 6 月，共修理船舶 1583 艘，产值达到 3.3 亿多元。而今，修船客户已经遍及国内沿海城市和中国香港、朝鲜、印度等国家和地区。

"世界船王"包玉刚的航运公司，过去都把船开到国外修理。有一次，他们抱着尝试的心理，把 1 条 2.7 万吨的货船"世谷"号送来修理，结果不到 5 天就修好了，令他们大吃一惊：文冲船厂的速度和质量都达到了国际水平，同时价格还很合理。从此，该公司和文冲船厂达成了长期合作关系，合作非常愉快。

可文冲船厂太需要 1 个修大型船舶的船坞了！厂长汪耀文多次组织有关方面反复研究，果断作出了建设 15 万吨大船坞的决策。1990 年 9 月 24 日，国家计委批准立项建设。1992 年 6 月 28 日，这座被立为"八五"重点建设工程的大坞举行了开工典礼，打下了第一根围堰钢板桩，拉开了艰难建设大坞的帷幕。

文冲船厂 15 万吨船坞的建设，共投资 3.06 亿元，绝大部分是靠贷款。晚投产 1 天，仅利息就是 5 万元！工厂针对这种情况，提出了"安全、质量、进度、效益"的建坞指导思想。该工程的基坑需挖泥 50 万立方米，围堰打钢板 1435 根，立体工程绑扎钢筋 4300 多吨，浇注混凝土 6 万立方米。尤为困难的是，这座坞的地质结构和大连香炉礁地区一样，属珠江冲积带，地质结构疏松，且变化无常，异常复杂。施工中常常出现大面积滑坡。除花大力气处理施工的软基础外，还要挖除泥土 8.8 万立方米，修筑长 800 多米、深 8 米的防渗截水墙。

"难，当然是很难，可没有困难叫我们这些人来干什么！"头发已经花白的大坞工程常务总指挥姜世杰站在宏大的船坞边上，把他深沉的目光投向正在坞中修理的两条巨轮上。这两条船，1条来自马来西亚，1条来自德国，它们在坞中全被托了起来，显露出它们的本来面目。无数的工人正在为船体除锈、喷漆和检修。

"你看，这两条船，1条11万吨，1条是7万吨，可在这坞中，并不显得拥挤——造这样的大坞，是我们几代人的梦想啊！"说完，姜世杰又陷入久久的沉思。

在统一组织协调下，来自四航局第二工程公司、文冲船厂、第九设计院、上海振华工程监理部等单位100多名建设者和开拓者，在没有先例可循的条件下，针对设计中的重点和难点问题，开展技术攻关。数十名工程技术人员在现场集中设计，仅用了4个月就完成了施工图纸设计。姜世杰带着一班人精心施工，全面开展平面流水、立体交叉作业，尽量缩短工期。时间就是金钱，早建好1天，就能早见效益1天。

可不幸的事情还是发生了！1993年9月，第16号台风袭击了广州，暴涨的珠江水将正在挖泥施工的坞坑全部淹没，有的地方严重塌方。望着施工现场成为一片汪洋和烂泥塘，姜世杰阴沉着脸，在坑边站立良久，眼前的情景让他痛心不已。

必须立即抢险！近千名建设者立即发动起来，顶着风雨投入到了抢险救灾之中。一个星期内，他们缝制了6万多个50公斤重的粘土袋，一举成功地封住了35米宽的缺口，为恢复施工赢得了宝贵的时间。

经过两年半日日夜夜的施工，这座船坞以它伟岸的雄姿屹立在华南珠江边上，其建设速度，在国内创下了新的纪录。

首次进坞修理的是广州远洋运输公司13.9万吨的巨轮"金刚海"号。这之后，一批船舶陆续进坞修理。1996年3月4日，载重量为20万吨的英国"巴西之星"号，成功地进入了这座船坞进行修理，并于同月14日送出大坞，驶向大海。

这座大坞的建成，填补了我国修船业缺少大型船坞的空白，大大增强了中国船舶工业修船的综合能力。1995年投产后的9个月中，就完成39艘船舶的坞修工程，创相关总商品产值近亿元；1996年，完成64艘船舶的坞修任务，相关总产值超过1.8亿元。其经济效益是十分可观的。

与此同时，北海船厂10万吨级浮船坞"泰山"号、澄西船厂10万吨级船坞"衡山"号等也相继建成投产使用，形成修船业南北遥相呼应，布局更为合理的态势——中国船舶工业依靠自己的力量，在艰难的处境中不但谋求了生存，更重要的是他们不愿做守摊子的小脚女人，目光总是放眼世界，瞄准未来，争做创业的强者，力图更大的发展！

"我们这一代人，头发胡子都白了，不可能为中国的造船事业再做什么大事了，但回想起来，几十年中，总算做了一点应该做的事情，也算对得起后人了！至于将来我们的后人如何看待我们的现在，只希望他们能从历史的纵向与世界对比的横向，客观地总结这段历史。也许我们为后人留下的不多，但总算留下了一点……"作者临走时，姜世杰陪着我，在大坞上慢慢走了一圈。他抬起头，凝望着远方，神色凝重地说道。

遥远的天际，有一片绚丽的云霞；云霞之上，有一群正在飞翔的鸟儿；云霞之下，铺满阳光的珠江水正滔滔向东流去……

第十章

直挂云帆济沧海

海洋，实在太大了。

一艘 10 万吨的巨轮航行在茫茫的大海中，犹如一片漂浮在水面的渺小枯叶。所以人们常常发出"望洋兴叹"之类的感慨。

随着科学技术的发展，人类千方百计使自己的运输工具能适应这实在太大的海洋。近代以来，船舶发展的主要标志，就是大型化、专业化、高速化和自动化。

目前，二三十万吨的油船已经相当普遍，就是五六十万吨的船舶也很常见。除大型化外，船舶的专用化也日趋明显，集装箱货船就是专用化最明显的一种船舶。此外，载重标准货驳的子母船、运送液化天然气和液化石油气船，以及运送木材专用船、车辆专用船等，也相继驶入大海。

同时，船舶的航速也在不断提高，20 世纪 50 年代的货船时速通常为 10 海里左右，但如今航行时速已普遍达到 30 海里，有的特种船航速甚至高达四五十海里。除此之外，船舶自动化也是海上运输的发展趋势，四五万吨偌大一条船，仅有 10 来个船员，在海上正常航行时，1 人就可单独驾驶全船——中国沪东造船厂为德国建造的"柏林快航"号，就是船舶自动化的代表作之一。

而今船舶的大型化、专业化、高速化和自动化程度，令人惊叹。

综上所述，对于刚刚进入世界船舶市场的中国造船界来说，如果不能适应这种趋势，等待他们命运的只有两个字——淘汰！

那么，面对目前世界这种眼花缭乱的景象，中国船舶工业该如何来应对呢？

给船插上飞翔的翅膀

船舶高速化，是人类由来已久的愿望。

1807 年，世界上出现第一艘用蒸汽推动的明轮船舶，可以算人类向船舶高速迈进的第一步，虽然当时的明轮船并不快，这只是针对木帆船而言。后来，出现了用螺旋桨推进的内燃机为动力的船舶，但由于早年的工业基础和技术水平所限，不可能设计出高速船舶。

"二战"以后，特别是 20 世纪 50 年代以来，中国和欧美发达国家先后开发和试制了气垫船。1959 年，世界上第一种高速船——气垫船诞生。说来令人不相信，中国和英国几乎是同时研制成功气垫试验船！那时的气垫船从表面看虽显得粗糙，但现代高速船正是从此向前迈了一大步。

从 50 年代后期至今，各国在高速船的研究和开发方面展开了持久、激烈的竞争。到 80 年代，随着民船需求的增多和设计建造技术成熟，高速船在民用方面异军突起，进入使用阶段。1990 年至 1995 年，全世界共生产约 10 万吨高速船，几乎 5 年翻一番。目前，日本、澳大利亚、挪威和新加坡等国在此领域占有优势。

21 世纪，被称为"海洋的世纪"，"经略海洋"已是世界最为关切的课题，各国都不惜投入巨大的人力和物力去研究用于海洋开发的高技术，其中高速水运是最为重要的一环。在人类历史进入到 21 世纪时，毫无疑问，船舶技术正在进行着一场脱胎换骨的革命。

作者与船舶总公司工作人员在上海求新船厂采访

中国有能力研制出高速船吗？

回答是肯定的。目前具有代表性的有气垫船、水翼船和地效翼船。

气垫船在我国研制的历史较长，已经具有相当的技术水平和建造能力，对此的报道，已屡屡见诸报端和电视，恕不赘述。

对于水翼船的研制，目前却鲜为人知。

1992 年，中国船舶工业总公司总经理张寿，应香港信德公司下属的远东水翼船务公司的要求，与他们签订了承建 2 艘高速水翼船的合同。香港这家水翼船务公司当时拥有水翼船 8 艘，主要用于香港至澳门航线。这种水翼船，目前只有美国波音飞机公司海事部能独立研制。香港从美国买了这 8 艘船后，由于价格昂贵，备件供应困难等原因，他们决定在中国内地寻找一家工厂建造。

几经周折，这 2 艘高速船的研制任务决定由中国船舶工业总公司 701 所和上海求新船厂承担。

研制水翼船，谈何容易！据说世界上只有两家公司购买了美国人的专利。一家是日本的川崎公司，另一家是印尼的海军装备部，但他们买了专利后自己没有建造，由美国供应部件组装 1 条后，此后再无消息。

这种水翼船，采用的是喷水推进系统，使用的是燃气轮机；两只水翼，不管在任何情况下，都必须完全保持平衡；水翼平衡的系统调节是靠中央电脑操纵，发出指令使两翼根据航行需要采取相应动作；船身由特殊铝材焊接而成，焊接工艺复杂，很难控制，同时材料也很缺乏。

一切对我们都是全新的，都必须从头研究、设计和建造，而且必须完全避开美国人的专利。

"在外面研究的那些日夜里，真是困难呀！难题是一个接一个。比如焊接，我们通过试验，为了不变形，发明了水火校正法。先用火烧、加热，然后又用水激，保持了不变形焊接。"求新船厂的办公室主任张君瑞介绍说，"那时，从总设计师到具体操作工人，把时间和精力都用到了这两条船上。为了加工水翼，我们专门从日本进口了 1 台数控铣床，使加工的左右两翼绝对平衡。但不管怎么说，我们总算研制出这两条船。这船的巡航速度要求 42 节，而我们试航时达到了 45 节，非常平稳，非常舒适。当这两条船驶进香港时，引起了港人的轰动，当时的新闻媒介纷纷予以报道——因为，目前能独立研制水翼船的，只有我们与美国！"

由于保守商业秘密等原因，恕作者略去了建造的过程——总之，目前我们研制的高速水翼船，在香港运行得非常正常，质量完全可以与美国媲美。中国研制的这种水翼船，共有 242 个座位，和美国水翼船载客人数相差无几。

中国的水翼船问世以后，很多客户打电话询价，可由于建造价格昂贵，除了军方，目前暂时还没有大批量的订货就是了。

无独有偶，正当笔者采访高速水翼船研制情况时，新闻媒体又报道了我国首艘地效翼船建成和将研制穿浪型高速船的消息。

1997年2月，由中国船舶工业总公司702所研究设计，广西北海达洋翼船有限公司投资，空军5712厂承制的我国第一艘全铝蜀金掠海地效翼船，运抵广西北海后，进行了海上航行试验。

地效翼船是介于飞机与船之间的应用掠海地效技术研制而成的新型高速运载工具，它可以在水面起降，贴近水面航行，也可以进入一定高度作空中飞行，具有良好的总体、水动力和空气动力性能。702所研究这项技术已有30多年历史。该艇是他们在1987年荣获尤里卡国际博览会最高奖的信天翁 - Ⅰ型，以及1993年经海上试航的钢质信天翁 - Ⅱ型的基础上，经改进优化设计而成的。

该艇长约19.9米、高5.3米、翼展宽12米，航行速度每小时144公里，可在水上0.5至2米间低空掠水飞行，适航于三级海况。全艇采用铝合金制成，起飞重量4吨，乘员12名，航程400公里。除发动机外，其余均为国内制造。本艇的建成是掠海技术经30年的开发，科技成果转化为生产力，走向产业化的重要一步，标志着我国地效翼船进入一个新的发展时期。

又据可靠消息报道，702所目前正在开发的还有25吨级75座、每小时300公里航速与100吨级350座、每小时500公里航速的大型掠海地效翼船，以迎接新世纪海上革命的到来。

另据《工人日报》报道，由上海中舟高速船工程公司为浙江省海运总公司建造的AMD—180型穿浪船建造合同，于1997年2月18日在上海正式签字。

该艘全焊接铝质穿浪型高速客船，由广州海上巴士工程有限公司设计，航速28节，乘客200—220人，抗风9级，这是中国船舶工业总公司系统首制穿浪型高速船，将为改变我国高速船长期依赖进口作出贡献。

读了以上几则消息，令人精神为之一振！我国的高速船发展是大有希望的，我们相信它会以崭新的姿态，跨入新的世纪，为改变我国和世界航运局面作出贡献。

人类由来已久的高速在水上航行的梦，已经逐渐成为现实——届时，两三个小时从上海到南京，或从南京到武汉，已是轻而易举的事；横跨大西洋，只用3天左右的时间将不再是科幻小说家笔下所描述的情景！

"华粤" 号驶向湛蓝的大海

液化气运输船是世界造船界公认的高难度尖端产品。

世界上只有少数几个发达国家能够建造。

中国能造吗？

当今世界，液化石油气已成为最经济、最常用、最方便的燃料。在人们的渴求之中，各国运送液化气的工具便应运而生。其中船舶的运输是最经济、最便捷、最安全的途径。于是，液化气专用运输船便成为各国造船界研制开发的重点船舶。

早在 1983 年，我国便开始了对液化气运输船的研究。1986 年，中国船舶工业总公司就组织有关专家去欧洲考察，其所属的研究所对液化气船的焊接材料、隔热绝缘材料、焊接工艺、液罐应力与疲劳断裂基础理论进行了多年的研究。

中国应该建造液化气运输船！

1988 年 8 月，在羊城广州的中国首制液化气运输船协作会议上正式拉开建造液化气船的序幕。来自全国的造船专家、中国船级社代表等聚集一堂，拟对液化气运输船建造做出决定。会上，有关的科研单位介绍了自己的设计方案，有关船厂分别提出了建造液化气运输船的意向。

于是，这条有着特殊意义，记载在江南造船厂历史上的第 2187 艘船，开始了紧张建造。

这时，到了主管设计师叶彼得睡不着觉、吃不下饭的时候了。

这个 1961 年毕业于上海交通大学造船系的高才生，是一个喜欢给自己出难题并不断解难题的人。对于施工中将出现的液罐的壳体问题、焊接工艺问题、液罐的移位、吊装问题、惰化试验问题及设备调试问题等，他都有过长期和深沉的思考，并提出了一整套解决的对策。

为了攻克建造中的技术难关，厂长孟辉亲自主持了多次生产协调、技术准备会议。在他的提议下，成立了液罐装配焊接、总体吊装、托架环氧垫平、系统惰化、液货系统调试等各个方面的攻关组，一项一项落实任务，一个一个地攻克技术难关。

建造液化气运输船，最关键的是船上两个巨型液化气罐，它必须承受巨大的压力，保证绝对的安全性。稍有不慎，两个容积分别为 1500 立方、承受压力为 15.5bar 的液化气罐，一旦发生意外，那恐怖的后果是不堪设想的！

经过仔细计算和反复论证，液罐的壳体必须选择一种特殊的厚度为 36 毫米的调质细晶粒高强钢。这种钢材，在国内还没有生产厂家。几经周折，他们终于找到了西德一家长期为北约建造潜艇提供特殊钢材的钢厂。

与德国人的谈判是艰苦的。因为这种特殊钢材太娇贵了，要真正地把握好具体的理论性能指标是很难的，每一炉钢都有不同的化学成分。据说，韩国一家船厂因选用钢材的问题，曾发生过一场重大的灾难，液罐上出现严重的冷裂纹，使已经焊好的液罐全部报废。

最后我们选用的这种调质细晶粒高强钢，使焊接难度大大增加。为了更好更顺利地完成液罐建造任务，工厂对已达劳氏三类焊工进行了筛选和实地考试，挑出了 28 人，组成了液罐焊接培训班，由专门从西德 SLV 焊接研究所请来的专家担任指导。经过一个半月的强化训练，又经过笔试、实习和严格考试，最终 22 人被西德专家认可。这批焊工将具体承担着两只硕大无比的液罐焊接任务。

弧光闪烁，焊花飞溅。1990 年 2 月 22 日，液罐的焊接建造正式开工。这年夏天，老天爷仿佛专和焊工们过不去似的，在液化罐建造进入总装最关键时刻，偏偏遇上了持续高温的天气。按操作规范要求，如果进行焊接，必须将温度加热到摄氏 150—180 度。

火辣辣的太阳在空中炙烤着，液罐内加热后不亚于太上老君炼丹的八卦炉。工人们手握焊把在罐里工作，那滋味可想而知。除了口干舌燥，就是大汗淋漓。然而，没有一个人选择后退当逃兵。当焊接后拍的 X 光片送到西德这家公司驻厂专家手中时，他仔细看了一张张 X 光片，又仔细检查了一道道焊缝后，大为惊讶："中国工人电焊水平很高！一次拍片合格率就达到 98.5%！"

如今，两只巨型的圆柱形液罐，静静地躺在 3 号船坞旁，等待将它们吊运到船体上。

这两只液罐，每只重达 250 吨，长 25.7 米，直径为 9.2 米，它们必须稳稳地穿过仅比它们体积宽 40 厘米的舱口，然后卧在鞍座上。

为了做好吊装工作，工厂 5 个月前就专门成立了攻关组，并精心拟定了吊装方案——实践证明，这套吊装方案很成功，他们只用了两天时间就把液罐送到了它们应该去的地方。

1990 年 10 月 2 日，液化气运输船系泊安装调试；10 月 10 日，发电机组顺利发电；10 月 23 日，燃油废气混合锅炉顺利点火成功；10 月 25 日，主机试验完毕……

算了，还是让我们略去那些大同小异的建造过程。总之，在江南造船厂的工程技术人员和工人们付出了他们的聪明和智慧、汗水和辛劳后，1990 年 12 月，这艘被命名为"华粤"号的 3000 立方液化气船终于建造成功。当它载满自信试航驶出黄浦江时，引来了无数的参观者。

"这是条什么船呀？怎么从来没有见过！"

人们站在江边，遥指着这条形状奇特、新颖别致的船议论着、猜测着——是呀，这种船在"华粤"号诞生前，在我国还是空白。"华粤"号建造成功，不但标志着已经填补了这个空白，而且使中国造船业在新型、高科技密集型船舶方面，在世界造船领域里又占有了一席之地。

"华粤"号在人们惊讶的目光中，昂首挺胸、意气风发地一路犁开江水，快速地驶向吴淞口。

1991 年 4 月初，"华粤"号带着江南人的自信和真情，驶出了黄浦江，投入到了大海，开始了满载航行。

1991 年 10 月 10 日，又一艘更先进、用途更广泛、技术要求更高的半冷压式 4200 立方液化气运输船在江南造船厂下水。

与此同时，中国造船界在船舶专用化方面，呈现出百花齐放的局面，以运载装有集装箱挂车的滚装船、运送木材的专用船舶也相继问世，并受到外国客商的格外青睐。

"目前，中国人除了极特殊的船舶之外，没有不能建造的船了，但那种极其特殊的船，如果用户愿意出适当的价格的话，毫无疑问，中国的船厂也敢于承接并完美地建造出来……"德国的《机动船》杂志发表了一篇署名文章，如此盛赞中国的造船业。

让长江与世界连接起来

从太空俯瞰，我们居住的这个星球为什么是蓝色的？这是因为它表面的十分之七是由海洋、江河、湖泊等庞大水域构成。

人类发明的船舶，就是要把被水域分割了的地域连接起来。

那么，在海洋中航行的巨轮，能最大限度、无拘无束地直达江河或湖泊吗？也就是说，万吨以上的船舶，能直接从大海驶进密西西比河、亚马逊河、尼罗河或长江吗？能直接从大海驶入世界各大浅水的湖区吗？

这也是人们多年以来梦寐以求的一个愿望。

这也是世界造船界多年来苦苦探求、企图攻克的一大难题。

中国船舶工业总公司上海船舶设计研究院院长陆治平和他的同事们，多年来不断思索，不懈追求，就是要解决这个世界性的重大难题。几年下来，他们画出的图纸装满了几层小楼。

如今，陆治平和他的同事们站在安徽芜湖造船厂的码头上，仰头凝望着屹立在船台上的巨轮，那"春江海"3个恢宏的大字映入他们的眼帘。江面上有风吹来，撩起了他们的头发和衣衫，他们疲惫和憔悴的脸上没有志得意满的笑容，只有凝重和庄严。

"春江海"！为了这"春江海"的诞生，陆治平和他的同事们，以及芜湖造船厂的建造者们付出了多少代价啊！

"春江海"号，是我国自行研究、自行建造的第一条浅吃水肥大型江海直达船，用于装载矿石、煤炭、沙石等散货，载重量为1.2万吨。它可以从大海直接驶入长江腹地，承担着从内河到海洋的运载任务，被誉为"世界吨位最大的浅吃水肥大型江海直达货轮"。

研制"春江海"号这种特殊的船舶，一方面，这是中国船舶工业打进国际市场，与造船强国进行竞争的一个重要砝码，以进一步提高我们对特殊船舶的研究与建造水平；另一方面，也是为了适应国内外日益繁忙的江海运输的需要。

众所周知，我国江河湖海直通水域很多，尤其是被世人称之为"黄金水道"的长江流域。20世纪60年代以前，海轮深入长江腹地可达500海里；在洪水季节，1万吨的船可达湖北武汉，3000吨的船可达沙市。可自从以南京长江大桥为代表的一条条"锁链"锁住长江之后，万吨以上的船舶便被阻在下游转口，只能重新换船装载。于是，这条"黄金水道"便被大大地打了折扣——这种情况，在珠江、黑龙江等水域也不同程度地存在。

既然"矛"已存在，那么，有没有一面克"矛"的"盾"呢？

这面"盾"，就是"春江海"号一类的浅吃水肥大型江海直达船。

1992年年初，当中国船舶工业总公司获悉长江轮船总公司准备建造两艘万吨级的江海直达船的信息后，副总经理孟辉在春节前夕率领着芜湖造船厂的领导奔波于武汉与芜湖之间。他们向长江轮船总公司领导详细介绍了船舶总公司的设计和建造能力，并将我国的造船能力、价格同国外进行了逐项对比。他们表示，我们造出的这种类型的船，绝不会比外国造的差。船舶总公司另一副总经理黄平涛也在武汉对长江轮船总公司领导表示：如果芜湖造船厂造不好"春江海"等两艘船，他就把铺盖搬到这个造船厂去！

1992年11月10日，芜湖造船厂与长江轮船总公司签订了"春江海"的建造合同；1993 年 11 月 10 日，又签订了另一艘"满江海"号的合同。芜湖造船厂是首次建造万吨级船舶，所以由上海江南造船厂作了担保方，船舶设计由上海船舶设计研究院负责。

"你们将开创长江沿线造船厂建造万吨轮的纪录，一定要把握好这次机遇，为你们厂的船舶进入国际市场打好基础！"孟辉副总经理临走前，再三嘱咐这个厂的领导。

1993 年 6 月 8 日，"春江海"号在芜湖造船厂如期点火开工。随着数控切割机 4 只割嘴喷出蓝色火焰，世界上第一艘吨位最大的浅吃水肥大型江海直达船建造拉开了序幕。

一个原本只能建造 5000 吨以下船舶的内河船厂，如今要建造 1.2 万吨的特殊船舶，那所要遭遇的困难和付出的艰辛，是难以详尽描述的。现在我们只能从他们飞溅的焊花中，采摘两朵最耀眼的，以印证建造这艘船的艰难和不易。

数九寒天，从长江上吹来的寒风刺人肌骨，可在万吨轮的机舱里，确是争分夺秒火热的劳动场面。除夕这一天，厂长宗吉安、副厂长吴发礼、欧锦鸿整天守候在机舱里，和工人们一起干到深夜。当万家团圆之时，工人们裹着厂长送来的棉衣，还在船上加班。有几位妻子见丈夫几天没回家，带着满腹的怨气来到江边，可她们一看满身油渍、满脸疲惫的丈夫，禁不住眼泪流了下来。从那一双双饱含泪水的眼睛和布满血丝的眼睛对视之中，夫妻间都相互读懂了其中的内容——是啊，为了"春江海"能早日建成，从厂长到工人，这些天来有多少人睡过安稳觉啊！有两个班长，一个叫薛维景，一个叫王鸿喜，他们家住在市郊，干脆就不回家了。白天他们东吃一顿西吃一顿；到晚上困了，裹着棉衣就在几条拼拢的长板凳上打个盹儿……

时间一天天过去，分段建起来了，船体合龙了，油漆喷涂了，主机吊装了……1994 年 3 月 28 日，"春江海"号顺利下水了。

参加"春江海"号下水典礼的有国防科工委副主任谢光中将，以及国家计委、交通部、中国船舶总公司的领导。为该轮下水剪彩的是该厂船体车间电焊班长、年仅 30 岁的王凯龙，这是工厂的先进模范人物。站在王凯龙旁边的是 8 个省部级领导，这些领导为他剪彩热烈鼓掌——由一位普通工人为这艘巨轮剪彩，倒也是别具匠心、独出心裁。

中央电视台、中央人民广播电台及各大媒体及时播发了"春江海"号直达船下水的消息。

1994 年 10 月 16 日，"春江海"号万吨轮离厂赴海上试航交船。当天中午 12 时 50 分，轮船潇洒自如地驶过了南京长江大桥第 3 和第 4 桥墩之间的水域。从此，以"春江海"为标志的船舶，便结束了万吨轮不能直达长江腹地的历史。

在"春江海"号交船签字仪式上，上海船舶工业公司总经理金才宽十分高兴地作了简洁的讲话。他说："芜湖造船厂造好了'春江海'号，比江南厂、沪东厂交一条7万吨的船还使人高兴！一种新的船型诞生，它可以让长江走向世界，让世界走向长江，让世界涌向长江！相信芜湖造船厂一定能迅速进入世界！"

1995年10月24日，另一艘1.2万吨江海直达船"满江海"号，也正式签字交船。

"春江海"和"满江海"号的成功建造，使中国造船业再次声名鹊起。地处内河的芜湖造船厂，从此也进入了建造出口万吨船厂的行列。紧接着，他们又承接了4艘德国埃贡奥尔登多夫公司1.65万吨散货船、新加坡曼斯菲尔德公司2艘4700吨多用途船的建造合同——正如金才宽总经理所说的那样：长江走向了世界，世界涌向了长江！

驶向安特卫普的巨轮

比利时是个美丽的国家。

比利时的安特卫普是世界著名的港口城市。

1991年8月31日，比利时考贝尔·福莱特公司总部办公室的灯火彻夜未灭。中国大连造船新厂为考贝尔·福莱特公司和埃克斯玛古斯各造1艘15万吨散货轮的最后一轮谈判正在紧张进行。

这次谈判的时间很长。双方都持极其谨慎的态度，生怕稍有不慎，使自己蒙受经济损失不说，还让自己骑虎难下、进退两难。

这两条15万吨的散装货船的难度，双方心里都很明白。在此之前，世界上按传统标准和工艺制造的这种载重量为15万吨、适应于无限服务航区的"凯普萨依斯"型货轮接连出现严重的海损事故，发生了好几起沉没和断裂事件。所以一些世界权威的造船厂，都不敢轻易承接。鉴于此，比利时这两家公司急于在世界上寻找一家合适的船厂，制造性能和质量最先进的"凯普萨依斯"型货轮。

考贝尔·福莱特公司曾经在大连造船新厂建造过7000吨滚装船，对大连造船业的设计、建造能力有所了解。特别是大连造船新厂已有过建造11.8万吨大型油轮的经验，且由他们建造的"大连型"双壳油船，在世界上享有盛誉。考贝尔·福莱特公司曾专门组织过考察。所以，他们曾在深圳、北京、大连等地同大连造船新厂进行了多次谈判和接触。

谈判尽管进行得很艰苦，但双方的意向都很明确，就在这天晚上，双方都在合同上签了字。

"为衷心地祝愿中国大连，能建好这两艘代表世界先进水平的船舶！"考贝尔·福莱特公司的董事长卡米·西格龙先生微笑着举起酒杯，"到船下水时，我一定到中国大连，为你们的成功干杯！"

"谢谢西格龙先生的信任。届时，我们一定会交给您一艘完美的货船！"

世界船舶订造的消息，每天都在飞速向世界各地传播。大连造船新厂一次就承接两艘比利时15万吨货船的消息，在国际造船界引起不小的轰动。特别是这个厂敢于承接别人不敢承接的"凯普萨依斯"型货轮，更向世界展现了这个厂的勇气和实力。

考贝尔·福莱特公司在大连建造的这艘船，被命名为"萨玛琳达"号，长达270米，是当时中国自行设计和建造的最大船舶。

由于货轮结构复杂，要求强度很高，船东对整条船的质量标准比过去的出口船提高了50%。过去干出口船焊缝的检测长度是10%，现在是30%，关键部位是100%。过去船东对各道工序的检验只注重关键部位，现在连边角旮旯都不放过。如果是人不能进去的地方，就用X光检验。过去没听说过的，现在必须做到；过去认为是合理的，现在被认为不合理，而且必须改进。

有着丰富经验的海格尔先生，担任了船东驻厂经理，这是一个铁面无私、心细如发的建造师。

尽管从20世纪80年代初，大连造船新厂就按国际标准，先后为美国、德国、挪威、瑞典、中国香港等国家和地区的船东，建造过海上石油平台、穿梭油轮、成品化学品油轮、滚装船和散货轮等高水平的产品，但这两条船建造的难度简直是史无前例！

工厂传统的操作方法被打破了，该船船板全部要用国际最高等级的材料。这样，常用的焊接方法明显不能适应。按过去的程序，工厂加工完一道工序报质检处，再由质检处通知船东来验收。现在不同了，工人们为了赢得时间，他们干完活主动找到船东，如有问题，马上返工。

尽管道道工序都有船东代表验收，可海格尔先生还是不放心。所以在进行船体涂装时，海格尔非要涂装公司经理写"质量保证书"。涂装公司经理不得不每干完一个船舱，便携1份"质量保证书"。这样的"保证书"，一写就是15份。最后还是提供油漆的挪威服务商出面解除了海格尔的疑惑。现场试验和检验结果表明：这条船的油漆质量不仅达到，而且超过了国际标准。

"萨玛琳达"号下水前，中国船舶工业总公司总工程师张广钦仔细考察了这条船，他从船头走到船艉，从机舱走到货舱，末了他感慨地说道："看来，建造1艘15万吨的船，绝不是造1艘10万吨的船，再加上5万吨的概念，其难度要大得多！大连造船新厂能把这条船干得如此漂亮，实在不容易！"

"萨玛琳达"号就要下水了，海格尔先生终于松了口气。他那紧绷的脸上终于有了可亲的笑容。他在船上走着走着，不时停下来向工人们微笑着点头，主动向工人们递上烟卷。面对一件像巨型艺术品一样的"萨玛琳达"号，他终于竖起了大拇指连连说道："这是新一代好望角型散货船，达到了90年代国际先进水平。它的建造成功，说明中国完全有水平、有能力建造世界一流的船舶！"

鲜花、彩球、飘带、翔鸽、掌声、乐声，簇拥着"萨玛琳达"号。

1993年8月20日，在灿烂的阳光下，"萨玛琳达"号命名和下水典礼开始。比利时考贝尔·福莱特公司董事长卡米·西格龙先生没有食言，他专程来到大连，并高兴地在典礼上讲话。他说："'萨玛琳达'号下水，再次证明了中国具备跻身于世界造船前列和建造复杂船舶的实力！"挪威船级社代表格瑞斯德先生说："这条船下水，为中国和大连船舶建造事业竖起了新的里程碑！"

"砰"的一声巨响，在四溅的酒香和欢快的鼓乐声中，"萨玛琳达"号徐徐滑下船台，融入湛蓝的大海……

"几年来，大连造船新厂的职工，边建设、边生产，克服困难，和老厂一起，成功地建造了11.8万吨、11.5万吨、6.9万吨大型出口油轮，为我国造船工业的发展作出了新的贡献。"国务院副总理李岚清在贺电中高度评价"萨玛琳达"号的成功建造，"它标志着我国造船水平又上了一个新的台阶！"

大连造船新厂建造比利时的两条大型货船过程，自始至终受到国际航运和造船界的关注。还在大船合龙时，香港华夏企业有限公司和香港宝华公司又相继向该厂订购了3艘15万吨散装货轮；其他船东也向他们提出了签订建造这种船舶合同的意向。

在国际造船业萧条的叫苦声中，大连造船新厂已经排满了3年的生产任务。驶向比利时安特卫普的"萨玛琳达"号，带给这个世界的是对中国造船业的赞许、钦佩和信任……

向世界第一造船大国挺进

奇迹！这又是中国人创下的一大奇迹。

当日本海运实业株式会社向中国的造船厂订购 1.5 万吨散装货船的消息传出后，引起了整个世界航运和造船界的骚动。有的惊讶，有的羡慕，有的猜疑，有的嫉妒，还有的感到不可理喻；而对日本造船界来说，简直是感到愤怒！

"但不管人们用什么目光来看待这件事情，这本身就是一个奇迹，这是中国人创下的又一个奇迹！10 年以前，我们就曾经说过，绝不可对中国的造船界漫不经心，他们在这个世纪的末期，是会做出令造船界同行们瞠目结舌的事来的……"英国劳氏船级社一位发言人如是说。

众所周知，日本是一个拥有海岸线最长的国家之一。它的海岸线，长达 3.4 万公里，并拥有广阔的领海和经济专属区。它的领土由 3000 多个岛屿组成；作为群岛国家，在弯曲漫长的海岸和零落散布的岛屿之间，特别是面向太平洋方向的东海岸，分布着众多的港湾，这为它发展造船和航运提供了得天独厚的条件。

日本经济发达，主要有九州、濑户内海、阪神、东京、京滨等工业区，这些工业区基本集中在本州南部和九州北中沿海港湾附近。

第二次世界大战以后，从 20 世纪 50 年代开始，日本开始发展和重新恢复造船工业。短短几年，便击败英国、西德、法国、美国、瑞典等造船大国。1956 年，产量便达到 153.8 万吨，跃居世界第一。此后几十年，日本造船产量始终遥遥领先于其他国家。从 60 年代中期起，产量大体占世界一半左右。到 80 年代中期，产量突破 1000 万总吨，占世界产量份额的 53% 左右。

飞速发展的日本造船业，令整个世界的同行们望尘莫及。

究其原因，日本造船的效率高、成本低；造船的品种多，质量水平高；人员素质好，开发能力强；另外就是拥有强大的配套工业为造船厂提供优质价廉的材料、设备；最重要的就是他们拥有巨大的国内造船市场。

日本是资源贫乏的岛国，依赖大量进口原料和出口制成品来支持经济活动。海运是日本的经济命脉，他们的商船队随着经济和贸易的发展而迅速发展。商船队吨位从 1950 年的 171 万吨，增加到 80 年代中期的 4000 万吨左右

（约 6800 万载重吨），实际上拥有世界第一大商船队。这些船舶全由日本船厂建造。日本政府为了保护本国的造船产业，防止别国造船业进入他们的造船领地，制定了严格的保护政策；日本船东要想到别国订船，其条件苛刻得令人发怵。

难怪，日本船东首开了向中国订船的先例，连世界都在惊呼"奇迹"！

"我们哪怕是争取到日本人的 1 张订单，也具有战略意义！"中国船舶工业总公司主管外贸的副总经理陈小津曾下了如此决心。

1995 年 7 月 17 日，日本极东海运实业株式会社在天津新港船厂订造的巨轮下水。这条长 143.5 米，压载航速为 13.6 节，载重量为 1.5 万吨的货轮，经国际统一船级社、日本 NK 船级社监造师监造，验船师的严格检验，所有指标都达到了国际标准，船东对此表示满意。

同年 10 月，这艘万吨级的货轮试航后交船，日本极东海运株式会社董事长高兴地在交船证书上签字。

《人民日报》对此在显著位置发表了一条消息：《我国为日本建造的首条万吨级货轮驶向日本！》

目送着我国为日本建造的巨轮离岸远去，新港船厂的职工们从心底里升起自豪——尽管千难万难，我们毕竟首开纪录，向世界第一造船大国出口了第一条由中国人建造的船舶！

只要有了开头，那接踵而来的出口船舶或许就不可胜数了——后来的实践证明，中国为日本人建造的船多了，世界也就见惯不惊了。

巨轮向远海驶去，渐渐不见踪影……

行驶在水上的人间宫阙

举世闻名的长江三峡，是令人心往神驰的地方。

"朝辞白帝彩云间，千里江陵一日还。两岸猿声啼不住，轻舟已过万重山。"古往今来，不知多少文人墨客面对三峡旖旎多姿、美轮美奂的风光发出由衷的感叹，留下无数脍炙人口的诗篇。

长江三峡，不愧是我国十大风景名胜之一，历来这里就是旅游的黄金热线。自从要开工建设三峡工程的消息传出之后，"告别三峡游"骤然升温，国内外的游人趋之若鹜，络绎不绝。

可中国造的船能满足国内外游人的需求，造出高档次、高质量，世界一流的旅游船舶来吗？

这是一个令人瞩目的问题。

众所周知，船舶的建造，尤以客船的要求最高；客船之中，以游船为最。当时，在中国陆地上，三星以上的宾馆就算豪华的了；五星以上的宾馆，就连在北京、上海这样的大城市也不算多。如果要建造一座水上游动的五星级宾馆，那就更引人注目了。

由于市场的需求，在长江上带"星级"的旅游客船应运而生。人们至今还记忆犹新的是，当时的"西施"号、"维多利亚女王"号、"平湖 2000号"、"东方之珠"号等，为长江增添了一道道绝妙的风景——但在这些各具特色的旅游船中，最有名气的还要数"伯爵"号。

"伯爵"号是由华中理工大学船舶及海洋工程系设计，中国船舶工业总公司川东造船厂建造。川东造船厂是地处长江上游的一家"三线"建设厂，虽然这家船厂建厂时间不长，但颇具船舶建造实力。

这艘豪华的旅游船长 64.6 米，吃水 1.8 米，采用了华中理工大学的科技成果、第三代平头蜗艉船型和"仙灵"式舵系。往返于重庆至沙市 815 公里的航区，中间包括长江 J 级航区 666 公里和 B 级航区 149 公里，显示了该船型的许多优点。

但真正在长江流域中独领风骚，令中外游客赞不绝口的，还是"东方皇帝"和"东方皇后"号！

这两艘具有陆地五星级宾馆标准的豪华旅游船，龙凤成对，齐驰三峡，令世人刮目赞叹。中国船舶工业总公司副总经理黄平涛称这两艘船是"八五"期间造船工业上等级的船舶新品种，开拓了我国造船工业建造豪华型旅游船，向旅游业发展的新领域。

这两艘船是由长江船舶设计院设计，中华造船厂建造的，由香港东健发展有限公司、澳门南光集团有限公司和中国包装印刷物资进出口公司共同出资建造的。"东方皇帝"号总长 91.5 米，宽 16.4 米，型深 3.7 米，静水航速每小时 32 公里，载客 236 人。船上装有双机双舵系统，主机选用芬兰瓦锡拉 8R22/26 型柴油机，保证航行快速、平稳、无噪声；该船具有良好的操纵系统，适应三峡滩多、水急、弯多的特点；供水系统采用德国 Bay 公司的1.25—0.499 卧式自动锅炉，并配备美国热高恒温器，丹麦空调设备，确保客房及娱乐区的温度在摄氏 26 度以下。武汉和重庆素有"火炉"之称，登上"东方皇帝"号，使您立即进入一个凉爽清新的世界，真正享受舒适愉快的旅途生活。

该船外型呈流线形，首部驾驶舱呈折角型，这不仅使驾驶视野开阔清晰，而且突出了船的动态特征。上甲板以上罩以淡蓝色玻璃幕墙，给人一种恬静、轻松的感觉。通过各个房间开阔的窗户，可以对三峡两岸绮丽的风光一览无余。

当夜幕降临，设在两舷定向的彩色泛光灯，将整条船优美的线形托出水面，水中像倒映着五彩斑斓的流萤，犹如一座水上仙宫，令人顿生愉悦惊喜之感。船顶的烟囱仅作为装饰之用，柴油机的废气由船艉向后排出；船艉部的水幕喷淋装置，使旅客免受烟尘之苦，在甲板任何地方都能享受洁净清新的空气。

当您一上船，首先进入的是接待大厅，圆柱形的花坛，华美的水晶玻璃垂型大吊灯，流光溢彩，给人以温馨和热情。大厅内设有总服务台、值班经理室、接待室；大厅门口和服务台前，训练有素的服务小姐会彬彬有礼地欢迎您的到来。船上设有标准双人豪华客房78套、总统套房两套，可接待来自世界任何地方来访的国家元首。

客房之间的隔板及天花板，均从瑞典进口，具有防火、隔热、隔音、防震等性能；房间的各种家具、电器、生活用品应有尽有；每个房间可提供完备的IDD通讯服务。游客可随时与世界各地的家人、亲友通话，叙谈沿途风光或洽谈商务。两套总统套房，位于船艉观景最佳位置，房间宽敞、舒适、豪华、气派，其套间外的休息厅可直接观赏沿岸奇美的风光。

此外，船上还可以为游客提供全套的生活服务项目，凡在陆上五星级宾馆具有的服务项目，这里一应俱全。娱乐大厅内设有酒吧间、咖啡座、健身房、棋牌室、游戏机等供旅客休息和游玩。华丽的多功能会议厅除供召开小型国际会议外，每天可进行各种文艺、时装表演和博彩游戏等。在甲板上层设有夜总会俱乐部，装有世界上最先进的灯光和音响设备，游客可在乐队伴奏下翩翩起舞。在顶部"沙滩式阳光甲板"上，还有一个多功能游泳池。池中四周有6个冲水按摩椅，逆流水管可让您体验逆水游泳的滋味。游泳后您可以躺在泳池周围的沙滩椅上，享受阳光浴，观赏两岸风光。摄影爱好者可在船上最高点的太阳甲板上按动快门，留下美好的回忆，留下人生值得追忆的瞬间……

"东方皇帝"号和"东方皇后"号是两座流动的水上五星级宾馆，果然名不虚传——不，它们比陆上的五星级宾馆更具特色，更有魅力，更令人心往神驰，流连忘返。

1994年9月3日，在"东方皇帝"号首航时，国务院副总理李岚清登上了这艘船，接见了中国船舶工业总公司副总经理黄平涛、船舶贸易公司副总经理沈也平、上海船舶工业公司副总经理张希平和中华船厂党委书记黄根方等人，以及参加建造这艘游船的技术人员和工人们。

李岚清副总理对这艘豪华游船赞不绝口。他对船厂的领导说："这艘船你们造得不错，船东反映很好。时间不长，你们干出来了，大家辛苦了!"李副总理坐在顶部的甲板上，深情地注视着这艘凝聚着科技人员和工人们智慧与汗水的游船。良久，他又把目光移向长江两岸，陷入了久久的沉思……

中国的客船和豪华旅游船，相信在不久的将来，会横跨太平洋、大西洋、印度洋，会航行在尼罗河、亚马逊河、密西西比河、伏尔加河……

而今，这已成为现实。

烈火中的亚洲第一艇

火光冲天，浓烟蔽日。

一声令下，顷刻之间，一艘铮亮夺目的玻璃钢救生艇便被烈火和浓烟吞噬!

1990 年 11 月 21 日，在青岛北海船厂的历史上，是一个惊心动魄的日子。

冲天的火光，映红了张张肃穆而又紧张的脸庞，专程赶来的英国 LG、挪威 DNV、中国 ZC 船级社的验船师们，脸绷得紧紧的——这样的场景，别说在亚洲，就是在整个世界也极其罕见。

这是一场残酷的试验。

在此之前，这艘新研制的 BHF7.8 自由降落救生艇已经历了翻滚、冲击、抗压、航速等 21 项严格的试验和检验。其中的抛落试验也同样令人触目惊心。当桔红色的救生艇从相当于 10 层楼高的试验架滑出抛向海面时，站在凛冽寒风中的人们，一下就把心提到了嗓子眼，"轰隆"一声巨响，艇身撞进海中，可须臾之间，它又从伞状的白色泡沫中安然冲出水面，平稳悠然，毫发无伤。这样的试验，超出了它抗冲击力标准的 1.3 倍! 救生艇出色的表现，令它的研究者和制造者们齐声叫好。

可如今，它能经受住这 1000 多度烈火的"烤"验吗? 在这个长 14 米、宽 9 米的特别水池里，已注入 3 吨多煤油，处于工作状态的救生艇，在这冲天的火焰中，将是怎样一种摄人心魄的情景!

北海船厂玻璃钢救生艇的开发，是从生产运动艇开始的。

1983 年，他们开始与挪威合作生产玻璃钢救生艇，可由于挪威方面提供的原材料、零配件价格太高等原因，当年生产的 4 艘艇连 1 艘也卖不出去。

以后，他们与挪威合作 5 年，仅生产出两种型号 23 艘艇，而且费尽九牛二虎之力还是难以销售出去。

在严峻的现实面前，北海船厂的领导们认识到，要生存、要发展，要进入国际市场，必须横下一条心，独立创造发展；产品必须要上水平、上档次、上规模。1988 年，他们决定在引进、消化、吸收的基础上实现创新，开发设计自己的产品。当年，他们推出了 BH—8 型全封闭玻璃钢救生艇。1989 年 7 月，挪威方面的人员离厂以后再无消息，从此双方的合作不了了之。

青岛北海船厂生产的玻璃钢救生艇

正在这时，船厂接到了东南亚市场制造一批定员为 30 人左右的全封闭救生艇订单，但条件苛刻得令人发怵。他们要求船厂在 4 个月内完工交货，推迟 1 天赔偿 1500 美元。这意味着从研究设计开始到给伦敦总部送审图纸，从形式认可、试验到产品交货，只有 2880 小时——干！北海人在短短的 120 天中，研制出首制艇，并以新颖的设计、可靠的质量以及令人吃惊的速度，取得了 ZC 和 LR 两家船级社的认可，实现了当年研制，当年出口，成功打进国际市场！

此后，他们一发不可收。在"八五"期间，自主开发了 14 个品种的救生艇；而且每一个品种，都贴着他们自己的商标和自己拥有的专利。他们平均每年都要开发研制出两三个新的品种，形成了救生艇生产的系列化，取得了英国 LR、DOT、挪威 DNV 以及法国 BV、日本 NK、美国 ABS 等国际权威船级社的质量认可证书，并相继打入了新加坡、韩国、美国、挪威、丹麦、中国香港、马来西亚、德国等 20 多个国家和地区。在世界各国的船舶市场上，愿意代理北海船厂救生艇的代理商蜂拥而至。我们的产品激烈地冲击着韩国、日本等造船强国救生艇一统天下的格局——连这些国家的主要造船厂也优先选用北海船厂生产的救生艇！韩国4个最大的船厂仅1995年就配置北海船厂生产的救生艇50多艘！就连美国的海军也对北海船厂的救生艇颇感兴趣，他们两次到北海船厂考察，准备在他们的军用舰艇上配置北海船厂的产品！

北海人的业绩可歌可泣、可圈可点，也令国际造船界震惊。韩国现代集团中最大的救生艇生产厂在国际投标中败在北海人手中。他们到青岛来了两次，主动要求与北海船厂合资生产救生艇，遭到了北海人礼貌的回绝；挪威原来与北海船厂合作的厂家，主动来厂想转让给北海船厂1项新的救生艇专利，北海人同样只是对他们的盛情表示感谢，礼貌地拒绝了他们；国外有几家颇有声望和实力的代理商明确地表示：在救生艇业务中，只能是北海船厂的独家代理！

现在，还是让我们回到在烈火中接受检验的救生艇上来。

冲天的烈火，腾起20多米高的火焰和浓烟，罩住了整个水池，受突然膨胀的热流影响，一瞬间，试验现场竟下起零星的小雨来。

火海中的救生艇，在灼热的燃烧中依然运转着，全靠自身的喷水系统，用水幕裹住和保护自身光滑的艇身。时间"滴滴答答"地过去，冷酷无情的验船师们盯着腕上的手表，对在烈火中煎熬的救生艇丝毫没有一点同情和怜悯之心。整整8分钟！这8分钟对设计和建造这艘艇的人们来说，仿佛过了一个世纪！

但就是这8分钟，如果是油船和液化气船发生事故，即使是燃起冲天大火，只要船员们能利用好救生艇，救生艇弹向海面后，就是在一片火海之中，也能从容逃生！

终于，验船师下达了"熄火"的指令！

消防车上，无数条喷着白色泡沫的喷枪射向火海，大火终于被熄灭了——啊，展现在人们眼前的自由降落救生艇光洁如新，橘红色的艇体上，依然包裹着保护自身的晶莹水幕！

英国、挪威、中国的验船师们，这时终于松弛了紧绷的脸颊，露出灿烂的笑容。挪威验船师凯罗·比得慎重地在验船证明书上签下自己的名字；然后，他激动地走上前去，用手蘸着水，在艇身上大大地写上了3个汉字——救命艇！

是的，从此以后，北海人建造的"救命艇"摆开了宏大凌厉的阵势，向着世界的大洋发起了集团冲锋！

让世界拥抱 "CSSC"

蓝天、白云；繁花、绿地。

新加坡，这是一个风光绮丽的花园式的国家。

中国船舶工业总公司第九设计研究院院长吴祖荣、副院长薛增湘和老教授徐定烈等人一下飞机，踏上这块美丽的土地时，他们禁不住舒展了一下自己疲惫的腰身，深深吸了两口这湿润清新的空气。

这是 1993 年 5 月。

他们此行的目的，是参加新加坡裕廊船厂在新区兴建的 40 万吨干船坞的国际投标。

新加坡是一个岛国，位于亚洲南部，扼马六甲海峡，是太平洋通往印度洋的交通要道。依靠得天独厚的地理优势，这里成了世界修船中心之一。新加坡第二造船集团所属的裕廊船厂，当时每年仅在修船上的收入就在 5 亿新币以上。由于他们的修船生意十分红火，满足不了客户需要，所以业主准备了 2 亿新币，决定兴建船坞和码头。

中国船舶工业总公司第九设计研究院是具有雄厚技术实力的单位。在 20 世纪六七十年代，为了援助"同志加兄弟"，他们曾在国外如朝鲜、越南、阿尔巴尼亚等国帮助设计过船厂和其他工程；1979 年，又承担了这个援助马耳他的 30 万吨干船坞配套的重大设备——150 吨和 30 吨门式起重机的技术设计，这两台焊着"中华人民共和国制造"标志高高屹立的吊车，至今已成为地中海交通要道上的一道风景。与此同时，他们还为香港友联船厂成功设计了 30 吨门式起重机；继而为印度尼西亚煤码头扩建设计后，他们又完成了澳门水泥码头修复设计……这些年，在执行邓小平"船舶工业要打进国际市场"的指示中，结合研究院自身的实际，他们积极参与国际设计市场竞争，通过投标等方式承接和完成国外、境外的一个个设计任务，这已成为该院的一个显著的经济增长点。

与此同时，他们还完成了中国南北大坞登高难度的重大项目设计，拥有一批设计大师及专家学者，所以，对新加坡裕廊船厂船坞和码头建设项目，他们充满自信、胸有成竹。

但裕廊船厂的建造工程，他们拿到手的只有 1 张总体平面图；而西方某国公司在此之前已经作了概念性的设计。依据仅有的 1 张图纸，九院汇集了全院的设计大师，对这个项目进行了"会诊"。在"会诊"中，他们大吃一惊，某国公司提出的设计方案存在着严重的缺陷，不但耗资巨大，而且根本不能保证40万吨级的船舶进坞！

由于种种原因，40万吨船坞由某国的这家公司中标，但本着友谊和职业道德，中国方面善意地向业主提出了"会诊"的方案：一是将原方案转90度以更符合船厂的需求；二是考虑当地虽覆盖层较软，但深层为岩基地质，桩很难打下去，建议采用稳定性较好的钢板桩，既可以解决桩移位问题，造价也可下降到8000万新币。

科学就是科学，它不是可以任意拉长或缩短的橡皮筋。船坞转90度的方案无可争议地被业主采纳，这一根本性的方案，令业主对中国"CSSC"（中国船舶工业总公司英文缩写）刮目相看。

中国"CSSC"严谨的科学态度，高明精湛的设计技术，令新加坡方面赞佩不已——中国人的智力不比其他人低，中国人的设计水平高超，思维缜密、做事严谨！为此，裕廊船厂紧接着就把新老厂的几个改建和改造项目，在激烈的国际投标中，放心大胆地交给了中国的"CSSC"。

中国的"CSSC"在国际投标中中标的信息，像飓风一样，迅速刮遍了整个东南亚，乃至整个世界造船界和航运界，成为一条抢手的新闻。

中国为新加坡设计建造的第一个项目是裕廊船厂老厂区南面400多米长的西码头；第二个项目是250米长的板桩东码头。这种常规性的码头，对九院水工设计大师们来说，那只是小菜一碟。他们在设计中采用了过去很少用的高强度钢筋混凝土管桩，以代替钢桩，为业主节省投资达30%—40%；在东码头，则采用钻孔灌注桩作为档上结构，其结构既合理又经济，加上合理布置梁、板、管沟等，仅此就节省混凝土1.5万余立方。

新加坡在工程中一般使用的是与国际接轨的英国规范，在中国设计建造的工程中，英方、新方经严格检验，对质量都十分满意，认为中国的设计最优化、最节省。

在这里，我们不得不提到一位中国年轻的工程技术人员，他的名字叫——庄建国。如今他是九院水土所的副所长，当年才31岁。在他参与裕廊船厂码头工程设计和建造时，只有20多岁。他是在九院的设计完成之后，唯一留在新加坡配合施工的设计技术人员。

庄建国1988年从河海大学毕业，很快成为九院的技术骨干，在好几个重大项目中，他都发挥了相当重要的作用。裕廊码头的优化设计方案，有的建议就是他提出来的。留他一个人独自在异国他乡承担如此重要的任务，的确是对他极大的信任和考验。

在 1 年多的时间里，庄建国在异国起早贪晚一丝不苟地履行自己的工作职责。这时，他新婚的妻子怀孕生子，这个小家庭太需要他的照顾了。院里也同意他回国，可施工正在紧张时刻，他离不开工地。他向北遥望着自己的祖国和家乡，只能把深深的思念埋在自己的心里。

在这段时间里，他严谨的工作作风、精到的技术水平深受新加坡业主的赞赏。一天，这家公司的总经理把他请到自己办公室，递给他 1 张新加坡移民局的表格，希望他能申请新加坡的永久居住权；同时这位总经理明确告诉他，希望他能留在船厂工作，每月可给他 3000 新币的工资。这位总经理的祖籍是中国福建，他对祖国去的人都很友好，他希望中国强大，也希望中国人在世界上扬眉吐气。他告诉庄建国，只要他一提出申请，根据他的情况，立即就可获得移民局的批准，同时新加坡移民法规定，男的可以带女的——也就是说，他可以将妻儿都移民到新加坡来。

"不，总经理，谢谢您的好意。新加坡是个美丽的国家，也是一个经济发达的国家，但我是一个中国人，我很喜欢我的祖国。目前，我们国家穷一些，但我相信我们国家会越来越好，是很有前途的国家。我是国家培养出来的大学生，我的根在中国……"庄建国十分礼貌地谢绝了总经理的好意。

"这……"庄建国的态度令总经理十分意外，对于能获得新加坡永久居留权，不但是中国人，就是东南亚国家的居民，也是求之不得的事呀！

"我是单位公派的，这是组织对我的信任，我不能对不起九院。"庄建国在接受作者采访时，他一脸的真诚，"新加坡很美丽，也很正规，但在那里我是给他们打工；而在九院，我是主人，也能得到技术上的发展。我的同学也有留在新加坡的，但这些出去了的人谈起九院来很是留恋，还是觉得九院好。"

在九院设计者和施工单位的共同努力下，裕廊船厂码头工程比某国公司设计的新区船坞工程晚了 3 个月开工，却提前了 2 个月完工。这 2 个新建的码头，使船厂面貌一新，大有"鹤立鸡群"之感。裕廊船厂的业主每每提及，便显露对中国"CSSC"的敬佩之情。

码头的建设产生了强烈的广告效应。裕廊船厂又毅然决定将其控股以造船为主的大西洋船厂的设计交给九院，并主动介绍九院去参与投标。在承担大西洋船厂设计的同时，他们又承担了缅甸 1.6 万吨集装箱码头的设计项目和印度尼西亚船厂的滑道设计。

这几年，九院以其雄厚的技术实力做后盾，涉外设计的范围正迅速扩大，单在亚洲，就有伊朗、泰国、越南、印度尼西亚、新加坡、孟加拉、中国香港和澳门等国家和地区，并参加了埃及的煤码头、厄立特尼亚的电厂投标。

"最近，新加坡裕廊船厂还要建 5 个码头、100 米船坞，而且下一步还要建一系列大码头。而今不是我们到新加坡去找活干，是他们总经理专程飞来北京找我们。"庄建国给作者介绍说。

遗憾的是，作者这次采访没见到他们院长和党委书记，所以只是得到以上只鳞片爪的材料——不过足够了，我们不是常说：一滴水见太阳吗？

中国"CSSC"走向世界，相信世界会以更加友好和信任的态度拥抱"CSSC"！

中国人走向世界论坛

1992 年 10 月。

这是一个云淡风轻、花繁果硕的季节。在这个令人神清气爽的季节里，国际无损检测年会在巴西召开。

这是一个代表无损检测最高水平的学术会议，会议荟萃了来自世界各国的无损检测领域的专家和权威；会议将探讨和交流当今世界在无损检测方面的最新成果，并对这些成果进行学术认定。

中国方面应邀参加这次会议的是上海沪东造船厂教授级高级工程师陈时宗。

当陈时宗镇定自若地拿着论文稿走上大会讲坛时，与会的不少专家不由得吃了一惊：哦，原来相继研究成功具有世界先进水平的"低毒不燃型着色探伤剂""自动喷雾漆""阻燃型水基乳胶液""核工业 C 级着色探伤剂"和研究试验"船用铜钛合金符铁现象及其无损检测方法""电泳渗透检测"等科研项目，以及在第十四届世界无损检测会议上发表《可见光下的荧光检测》《环境因素对渗透检测的影响》等论文获奖者，就是这个其貌不扬的人呢！

陈时宗是湖北兴山县人，他的家离王昭君的故里只有 7 公里。这个农民的儿子凭着自己的勤奋和毅力，从大山里走了出来。1965 年他从武汉大学物理系毕业后，分配到了上海沪东造船厂，当起了一名"钢铁医生"。

这种"钢铁医生"，担负着极其重大的责任，因为钢铁内部的结构异常复杂，机器或钢铁制作的物件由于出现裂缝，造成的重大破坏事故在国际上屡屡发生，无论船舶、飞机、坦克、大炮，还是高层建筑——陈时宗的工作就是专门探查钢铁零件内部质有没有裂纹。

探测钢铁有无裂纹，如同探测结构复杂的人体一样，引起了陈时宗的极大兴趣。当时国际探伤技术已经发展到极其高明的地步，继 X 光射线、超声波和磁粉探伤之后，又新崛起了低毒着色探伤——只要 1 组 3 只啤酒罐大小的金属盒，把低毒探伤剂喷涂在钢铁的表面，就能使金属表面的细微裂纹清晰地显现出来，哪怕这裂纹只有 1 根头发的六百分之一。

上海沪东造船厂教授级高工陈时宗

然而，我国的无损探伤技术却远远落后于世界，对世界先进的探伤技术简直有些望尘莫及。陈时宗大学毕业后一直在船上工作，1978年他在探伤过程中，还不得不使用进口的低毒探伤剂。许多外商甚至刻薄地指定要用某国探伤剂，否则探伤结果不予确认。这大大地刺激了陈时宗，这个农民的儿子天生有一种倔强的性格，他决心利用自己所学的知识，搞出中国人自己的低毒探伤剂来。

"陈时宗又不是研究所的，他这样做，是不是有点不务正业呀！年轻气盛，也想出出风头？"在陈时宗着手进行研究时，不时有一些风言风语传到他的耳朵里来。但他知道，如果在人们的世俗眼光和闲言碎语中来塑造自己，那你只能是一个平庸世俗的人——我们这个社会有一种奇怪的现象，凡是想做点与别人不一样的事，没有不招来飞短流长的。我们这个社会中世俗小人的唾沫，不知淹死了多少有才华有建树的人。

陈时宗是条汉子，他横下一条心，悄无声息地坚定地走自己的路——我做这样的事，又没招惹谁妨碍谁，只不过想做一点自己感兴趣有价值的事罢了，走自己的路，让别人说去吧！

要探究低毒着色探伤剂的奥秘，无疑就要找到一种低毒的染色体。为此，陈时宗走访了100多个单位，查找了4000多份资料，选用了3000多种化学原料，进行了900多次试验。经过色谱分析，他知道色差最大的是红、白二色。从此，他简直对红色达到了如痴如迷的状态，连妇女们用的口红、孩子吃的红色奶油蛋糕，都成了他追踪的目标。这一切，他都是在业余时间进行的，连走路、吃饭、睡觉，他的眼前都是各式各样千差万别的红色。

为了弄清色素的性能，他或而四处奔波，或而沉湎于资料和实验。为了确定几百种原料的毒性，他还以身试毒，把自己关在实验室里，一面闻各种化学原料的气味，一面工作，体察这些化学原材料臭阈值大小和不良生理反应。他经历了多次头昏、呕吐、胸闷等不良生理反应，为的是将来操作工人不要再产生类似的不良反应。

辛勤的汗水浇灌出了丰硕的成果。1980年3月，陈时宗等试制的"HD"（沪东）低毒着色渗透探伤剂诞生了，并通过了部级鉴定，从而结束了我国不能生产渗透检测新材料的历史。

1981年夏天，沈阳水泵厂与联邦德国一家公司合作生产高压水泵，需用着色探伤剂，外商请来了国际技术服务中心的日本专家，对中国产品和联邦德国、日本、英国、美国、法国等名牌着色探伤剂进行对比试验。

在这场国际水平的较量中，为了表示公正和慎重，特请了国际技术服务中心的专家担任裁判。长桌上，分别摆上几个国家的名牌探伤剂，我国的HD着色探伤剂也和五颜六色的小钢瓶摆在一起。一声令下，各种牌号的着色探伤剂分别喷上了各自的试块。第一次喷射后，所有的试块变成鲜艳的红色；第二次喷射后，红色又消失得干干净净；第三次喷射后，试块上显示出深浅粗细不一的不同伤痕。这时，裁判员进行鉴别后，他微笑着向全场高高举起了写有"HD"字样的金属瓶——因为，使用HD低毒着色探伤剂的试块脱颖而出，伤痕非常清晰明显。联邦德国KSB公司质量保证部部长心悦诚服地在HD着色探伤剂认可书上签字。

作者在渤海造船厂采访时与厂领导合影

紧接着，陈时宗又探索起不燃型着色探伤剂来。因为目前世界上使用的低毒着色探伤剂都是由易燃溶剂配成的，在制造、运输、储存和使用上既不安全，又不方便。"我们不能这么干！"陈时宗下了决心后，他只用了1年时间，就独树一帜地创造了不燃型低毒着色探伤剂。这项发明，在当时的国际探伤界引起了一场不小的轰动。

陈时宗的HD着色探伤剂，得到了英国劳氏、美国ABSD等国际著名船级社的认可。宁波一家工厂还用 HD 着色探伤剂测出了从日本进口设备上的裂纹，使日本供应商承认了缺陷，赔偿了损失。

1982 年，国防科工委和上海市科委分别授予 HD 着色探伤剂"重大科技成果奖"，并评价为"填补了国内空白，达到了国际先进水平"。此后，这种探伤剂投入批量生产，并在全国 20 多个省市、自治区造船、机械、冶金、核工业及军工设备中广泛使用。他的这种探伤剂用户评价为："安全、低毒、高效，且不污染环境，操作方便"。

陈时宗并没有陶醉在已取得的成绩之中，他继续向探伤的深层次课题迈进。他设想的课题是：在目前国内外无损探测的手段之外，还有没有在钢铁未发生缺陷以前就探测出来的办法呢？他从初期癌症病人局部疼痛、体温偏高、情绪波动的现象上得到启示——钢铁在发生破坏前的断裂区可能也存在多种征兆！

这种设想是大胆的。此后，他提出电化学无损检测方法来解决这个问题。为了解决这个问题，他通过了 2000 多次实验，终于叩响了电化学无损检测的大门。他的论文《电化学无损检测》在亚太地区无损检测委员会中受到同行们的重视和赞赏。

陈时宗在探伤这个领域的研究永无止境。他先后又研制出"昼光性探伤剂""反差增强剂""阻燃型纸毒胶水""高灵敏探伤剂""水洗型核工业渗透探伤剂""核级渗透探伤剂""防飞溅涂料"等几十种产品，获得国家专利 10 项，获得国内外发明奖 10 余项；5 次荣获上海市劳动模范称号，并获得全国五一劳动奖章和全国劳动模范称号。

他的发明成果在国内外广泛应用，他的声名远播海内外，国际上的无损探伤学术会议多次向他发出邀请，中国人终于在国际探伤领域中有了自己的席位。

在巴西的国际无损检测年会上，陈时宗向大会宣读了由他撰写的《铁脆区无损探测》和《光弹性检测应邀开裂》两篇论文。大会向与会代表印发。他的这两篇论文，受到专家们的高度重视和赞赏。

会后，作为东道主的巴西有关方面的官员特邀了陈时宗等 4 名不同国籍的专家，免费参观了他们 4 个实验室和 3 所大学。在与陈时宗个别交谈时，他们对陈时宗说："贵公司如有项目和我们协作，我们很感兴趣；陈先生有项目能以个人名义和我们合作，我们非常欢迎；如果您留下来和我们一起工作，我们会为您和您的家庭签证事宜作出妥善安排。"陈时宗委婉地告诉他们："我所研究的项目是属于公司的，关于和贵国合作一事，我会转告我们总经理的；我本人没有项目可提供共同研究。"

回到北京后，陈时宗如实向总公司汇报了这件事，总公司有关领导说："国际上用重金聘请专家很普遍，你拒绝了，这很不容易。"

曾和陈时宗共事的一位同事辞职自办公司后，由于技术力量不足，多次想求陈时宗提供探伤剂配方，还想购买他的研究成果。陈时宗断然拒绝并告诉他：研究成果不属于我个人，是组织的培养、领导的支持和广大科技人员、工人师傅积极配合干出来的结果，是集体智慧的结晶，这是不能卖的。

"是呀，市场经济大潮来了，有的出国，有的下海办公司。我的同事中，有的人早就成了亿万富翁，但我对赚钱和功利性的研究不感兴趣，到现在我连开 1 张发票也不会。没发财，也没成富翁，但我无怨无悔，人各有志嘛。"陈时宗沉思着，缓缓地说道，"对荣誉，我也不刻意追求，组织上给我的荣誉够多了。荣誉多了压力太大。我只希望组织上为我们创造一个更好的科研环境，使我们能静下心来，做一些自己认为有价值的事情。"

告别陈时宗时，天已经黑了。夜空明净，星星出来了，一闪一闪，一片一片，倏忽间，整个天空一片璀璨。

托起一轮初升的太阳

晨曦隐去。

东方初生的朝霞，把那绚丽的色彩，涂抹在首都北京摩肩接踵的群楼之上。

在朝阳区的亮马河畔，一幢总高 201 米的摩天大厦，在初生的朝阳中显得更加伟岸挺拔——这就是北京著名的京城大厦。这里，是世界各地 100 多家外商驻京机构的办公场所和公寓。

这幢大厦是由荣毅仁为董事长的中国国际信托投资公司，投资 1 亿美元建造的一幢现代化大型钢结构建筑，高 56 层，耗用钢材 1.8 万吨，相当于建造两艘 6.2 万吨货轮的钢材总量；消耗焊接材料 1300 吨；机床钻孔加工的钢柱、横梁上的螺孔达 90 万只。此楼具有抗震、耐扭、结构强度高、弹塑性能好、建造速度快等特点。这幢高层建筑建造成功，标志着我国完全可以独立自主发展高层钢结构建筑，并拥有了一支完全可以与世界先进国家竞争钢结构生产的建设队伍。

说起来令人有点难以置信，这幢大楼的全部钢结构制造，是由沪东造船厂承担的！

一个造船厂，何以能打进竞争激烈的建筑市场，研制这种超高层的钢结构建筑？这的确令人有点费解。

高层钢结构大楼

钢结构高层建筑是建筑业近年来新崛起的先进技术。这种超高层钢结构建筑技术，在我国多年来均由外商垄断。1987年，当沪东造船厂得知国际信托投资公司决定在亮马河畔建造一座56层高、总面积达13.4万多平方米的钢结构大厦后，工厂全面衡量了自己的技术实力，决定参加京城大厦的投标。造船，其实就是同钢铁打交道，巨型的远洋船舶，其实就是钢材最佳的结构组合！

参加京城大厦投标有多家厂商：日本的新日铁、川崎铸铁，法国的CFFM公司、英国的多莫隆公司，等等，竞争异常激烈。1亿多美元的工程项目，无论对谁来讲，都具有巨大的诱惑力。

沪东造船厂的标书，在工厂臧总工艺师带领下，他们废寝忘食地查阅资料，列举工艺史实，进行了全面论证，提供了科学数据，编写了工艺试验方案。由于他们的标书周密完整，国际信托投资公司决定把国际招标改为国内招标。日本厂商得知这一消息后，失望加不满，他们放出风来："就中国目前的技术条件来看，他们根本干不了这类高层的工程，最终还是只能找我们！"

外商袖手旁观，或冷嘲热讽，等待着国内厂家的退票，以图继续从前的垄断局面。可令他们失望的是，沪东造船厂的领导们胸有成竹、镇定自若地走向了谈判桌。几番努力，厂长李庆科与房地产总经理吴光汉，在北京国际大厦一举夺标，从容地签订了承建京城大厦钢结构工程合同。

一位国家领导人获知沪东造船厂承建京城大厦的消息后，曾批示道："如果高层建筑都能走这条路，是很大节约，而且将大大提高我国建筑业的技术水平。"

当然，高层建筑钢结构有其特殊规范，某些工艺顺序和技术要求比造船更苛刻，是一项高难度的大型工程。但工厂组织了一批精兵强将，精心设计，精心施工，建造质量达到了国际建筑学会规范标准。整个大厦钢结构件上的

90 万只螺孔，在吊装、预拼过程中，只只准确无误，拼接自然，浑然天成，令质量监督人员赞不绝口。

不必赘言，整个建筑过程略而不叙。1988 年 12 月 28 日，京城大厦钢结构建造全部顺利竣工。北京、上海等地各方人士兴高采烈地在沪东造船厂举行了庆祝活动，祝贺其成为我国第一家独立承造高层钢结构制造厂。《人民日报》《工人日报》《文汇报》等 10 余家新闻单位发布了消息，高度赞扬了船舶工业部门除了自己的主业外，又开辟了一个新的领域，填补了国内一大空白。

今非昔比，物换星移。

其实，中国船舶行业，这些年来除了承建京城大厦之类超高建筑外，早已不知打进了其他多少国民经济领域！

早在中国船舶工业"军转民""以军养民"艰难的阵痛中，当时的六机部党组就提出了"利用我们的军工技术优势和设备优势，开拓多种领域，实行多种经营"的战略决策。

经过 20 多年的艰苦努力，船舶工业所属的 100 多家企事业单位，已将他们的技术和产品打进了轻工、冶金、矿山、石化、铁道、建筑、家电、医疗、环保、航天、航空、军备、水利等无数个领域。在国内外市场上大展身手，显示了顽强的生命力。

"一叶落而知天下秋。"让我们选择几个典型的企业和产品展示一下这方面的情形。

海鹰集团利用自己的技术优势，通过几年努力，从零开始，研制开发了国产海鹰 B 超机，形成了年产 7 个品种 B 超机 1500 台、探头 3000 只以上的生产能力。他们研制的 B 超机，相继获得中国船舶工业总公司科技成果二等奖等。1994 年，他们的产品又被评为中国名牌产品，超过国外同类产品质量标准，用户遍及全国 30 多个省市和自治区，并批量出口。1990 年，国务委员、国家科委主任宋健视察了 B 超生产线，当他看到 B 超清晰的图像后，欣然提笔为企业题词。1996 年，在庄严的人民大会堂，海鹰集团本着平等互利、优势互补，统一开拓市场的原则，与世界著名的美国通用电气公司举行了合资签字仪式，两家公司共同开发、生产、销售 B 超产品。

镇江锚链集团有一句广告词：通往世界的锚链，是一环一环连接起来的。他们的"三山"牌锚链，连接着整个世界。当年，一批立志"造出当今世界最好的锚链"的人，来到镇江一个叫五凤口的不毛之地，平地建起一座现代化的锚链厂。改革开放短短几年中，"三山"牌锚链就进入国际市场——令人不可思议的是，首批使用他们产品的竟然是美国海岸警卫队！

他们的产品在美国投标时，是在击败美国、日本、韩国等世界名牌产品后中标的。"三山"牌锚链，以质优价廉不但占据了国内市场，并成功打入了美国、德国、加拿大、澳大利亚、意大利、希腊、法国、日本等几十个国家和地区，成为国家机电产品出口基地、全国机电行业百家出口创汇先进单位之一。早在 1990 年，他们的锚链产量就超过万吨，人均利税达到 14600元——是的，他们生产的锚链连接着海洋和陆地，也连接着整个世界。

人们只要留心，打开电视机和报刊，就可以看到中国船舶行业研制的新产品、新成果不断问世：沪东造船厂建造的上海浦东大桥巨型钢结构和上海立交桥钢结构；上海求新船厂新研制的水上飞机；川东造船厂建造的长江三峡葛洲坝巨型水闸；江南造船厂研制的世界第四、直径 11.3 米的巨型隧道掘进机、世界首套 U—GAS 煤气化炉、国内最大的天文台巨型圆顶；风靡全国打进世界的保定风帆集团的"风帆"牌蓄电池；昆明船舶公司填补国内空白的制烟机；广州广船国际研制的覆盖全国、行销世界的集装箱；四川长江机械厂研制的填补国内空白的无气喷涂机；四川前卫仪表厂生产的大型"三五"牌变压器；四川齿轮箱厂研制的填补国内空白、行销国内外市场的大型水泥磨减速器、机车联轴节；重庆重型铸锻厂生产的火车皮……太多太多，不胜枚举。

这些年，船舶工业行业为了能适应国内外市场需要，开发和生产大至首都亮马河畔 200 余米高的钢结构建筑，小至电冰箱、自行车、煤气表、电动玩具等数不胜数的非船舶产品——限于本书主旨，为避免冲淡本书主题，只能蜻蜓点水般掠过。他们在非船领域中谱写的精彩篇章、可歌可泣的创业历程，只能留待下一本书来完成了。

第十一章

海洋睁大蓝色的眼睛

一提到海，人们就会脱口而出地形容道"蓝色的大海"。

其实，这种形容太笼统了，你还没有真正领略大海的真谛。

在河流的入海处，海水与河水混杂在一起，颜色是单一的，没有太大的变化；再远一些，海水与河水泾渭分明，才渐渐呈现出浅蓝色，但这时的浅蓝色还不纯，在阳光的照射下，还略带浅绿色；当你继续向大海深处走去，这时你才能真正领略什么叫做"蓝色的大海"！这时的大海，由浅蓝带绿变为纯浅蓝、湖蓝、深蓝，蓝得令你激动，令人心灵发颤！

长天一色，烟波浩渺。

改革开放以来，中国船舶工业异军突起，从中国海岸驶出的远洋商船和军舰，正以排山倒海之势，驶向大海大洋！

海洋睁大了蓝色的眼睛。

商船建造水平的提高，实现了当年邓小平同志提出的"以民养军，把民用船舶水平提高了，也可以促进军船"的预见和预言。

中国造船业神速地崛起，令整个世界震惊。正如日本《朝日新闻》一篇文章的结尾处所叹息的："海洋正睁大蓝色的眼睛，吃惊地注视着太平洋的西海岸。"

从大海中远望苍穹

晨光初现。

随着三声笛响，"远望一号""远望二号"及"远望三号"陆续起航，离开了基地码头，开始了远征太平洋的航程。3 艘巨轮驶向大海，海面上留下一条条宽大的白色浪带。

海水，由欢快温柔的蔚蓝渐渐变幻为庄严凝重的深蓝。一条条鲨鱼，不时在舷边露出褐色的脊背；飞鱼，张开翅膀成群结队地在海面上跳跃飞翔。海空，也是蓝色的，它和海水连接在遥远的天际。

迎着风浪，披着霞光，巨轮风驰电掣般地向远海驶去。几艘船的船头两侧，镶嵌着毛泽东那豪放、潇洒的草书"远望"二字。甲板上，几十副白色的天线昂首而立，有的像刚出水的芙蓉舒展着花瓣，有的像利刃直指苍穹，还有的像此起彼伏的焊花，点缀着夜空——这一切，构成了神奇新颖的海上奇观。

我国自行研制的"远望"号航天测量船

3 小时后，"远望"姐妹船驶到了我国 12 海里领海线。这时，每条船上数百名海军指战员和船员们，都整齐地肃立在船后的直升机平台上，准备举行向祖国告别的仪式。按照国际惯例，远离祖国的船只在驶到领海线时，应降下国旗，鸣笛 1 分钟，然后奏国歌。他们面向祖国，向徐徐下降的五星红旗行着注目礼，向祖国和亲人告别。

"远望"号至此已经近 20 次南下太平洋。

雄壮的国歌声，在海天之间蓦然响起，令每个中国人激奋和自豪。

"远望"号的姐妹船，是中国的航天测量船，是我国卫星发射中心海上测控的主要装备。几条船都是集当代高科技于一身，综合反映了我国造船、机械、电子、通讯、航天测控等先进技术和工艺成果，是我国科技领域的瑰宝，中华民族智慧的结晶。这几条船均由上海江南造船厂建造，分别于 20 世纪 70 年代末和 90 年代中期交付使用。中国是继美、俄、法之后第 4 个拥有航天测量船的国家。

"远望一号"和"远望二号"大小完全一样，为 2 万吨级船，只是下水先后不一，而分别命名为一号和二号。这两艘船长 190 米、宽 22.5 米，船上的设备分别由动力系统、测量监控系统、通讯指挥系统、气象系统、后勤保障系统和导航定位系统组成，各种设备和仪器多达数千台，船有 10 层楼房高，舱室达 400 多个，住舱每间 10 多平方米或上百平方米，会堂面积达数百平方米。所有舱室的舾装，均为上乘，既庄严凝重，又清新典雅。

船上发电能力很强，所发电量，足够一个 30 万人口的城市生活之用。它储存的燃油和淡水，能保证连续航行 100 天使用，续航能力远远超过一般船舶。它航行的区域可达南北纬 60 度以内任何海域，船上大型雷达和遥控设备发出的巨大电波，既能准确测量火箭和卫星的外部情况，如速度、高度、倾角、轨迹和距离，也能探听卫星内部的奥秘。人们称它为"联通太空的使者""海上游弋的科学城"。

"远望三号"于 1995 年 3 月 28 日由江南造船厂正式交付中国卫星海上测控部使用。这是继"远望一号""远望二号"之后，我国自行设计建造的第三艘大型远洋测量船，它标志着我国海上测控能力又有了新的提高。这艘船集 90 年代造船工业、航天测控、电子、通讯、光学等高科技于一体，经江南造船厂的广大工程技术人员和工人们 4 年的艰辛努力建造而成的。该船满载排水量 1.6 万多吨，续航能力为 1.8 万海里，同样也能在南北纬 60 度以内的海域进行航行。同样拥有测量、监视和控制系统，中心计算机能对全船各种测量数据进行自动采集、加工和处理；能在远洋上与北京卫星发射指挥中心、西安卫星测控中心保持高质量的图像、数据、语音、电报等通讯；气象系统能随时接受卫星云图和各种资料。

"远望三号"较前两艘船有许多技术上的改进，设备配置更加合理；可靠性、稳定性和自动化程度有了明显的提高，主要设备技术指标都达到当今世界先进水平。

波涛汹涌，海天茫茫。

此时，"远望"号三艘船已经离开祖国的领海。它们将再一次离开祖国，离开亲人，驶往浩瀚的太平洋，去执行祖国与人民交付的远洋测量任务。从1980年5月1日"远望"号向南太平洋迈出历史性的第一步起，20年来，它们往返于南太平洋和祖国海岸之间，执行蹈海寻天的神圣使命，总航程累计围绕地球转了几十圈。

20年来，"远望"号以百分之百的成功率回报了祖国和人民。它经受了南太平洋12级飓风和滔天巨浪的袭击，经历了烈日和热浪的考验。这些年来，他们圆满地完成了远程运载火箭、地球同步卫星、核潜艇水下发射导弹、潜地导弹发射等监控任务，特别是在我国承接的"亚洲一号""奥赛特B1""奥赛特B2"等对外商业卫星发射中，"远望"号不负众望，大显身手，在外商规定的时限内提前从海上发回精确的卫星初轨根数、入轨姿态、转速等重要数据，确保了发射取得举世瞩目的成功，为我国航天技术走向世界和人类和平开发利用空间立下了汗马功劳。

"远望"号的建成和这些年来的航行情况证明，中国船舶工业不但能建造一般的民船和军船，而且还能高质量地建造南极考察船、北极破冰船、航天测量船等高科技船舶。这些高科技船舶，凝聚着中国造船人的心血和智慧，表现了中国造船人大无畏的气魄与对祖国的忠诚。

"远望"号以每小时18节的速度向大洋疾驰，驶过宫古海峡。站在船头上极目远眺，洋面上涌浪翻滚，白色的浪花就如涌动着的堆堆白雪，此起彼伏，涨涨消消。阳光从天空投射下来，辉映着白色的浪花，整个洋面汹涌澎湃，蔚为壮观。

航向直指南太平洋，"远望"姐妹们渐渐远去，不见踪影……

"只要我们的经济建设和国防建设需要，我们可以提供各种吨位和各种技术要求的船舶，保证它们可以航行到世界任何一个航区。中国的高科技船舶，可以与世界任何国家的任何一家船厂媲美……"

这是《科技日报》在"远望三号"交付使用、准备远航到南太平洋时，该报评论员的一段短评。

火箭从深海飞向蓝天

火箭！

一枚乳白色的火箭，随着一声果断而短促的口令声，从我国北方某海域深处的一个现代化的流动基地——核潜艇上呼啸而出,挟着雷鸣闪电,喷着耀眼的火舌,扶摇着飞上浩瀚的苍穹!

它辉映着秦时的明月,

它俯瞰着汉代的雄关。

它穿过了甲午的风云,

它冷对着卢沟的烽烟。

1988 年 9 月 15 日这一天,盼望已久的我国核潜艇从水下发射运载火箭的日子终于来到了。

这一天,天气晴朗,金风阵阵,大海显得格外蔚蓝。站在潜艇的舰桥上,极目远眺,只见碧水连天,波光潋滟。在海天衔接处,有数十艘战舰来回穿梭,更给人增添了神秘和凝重感。

火箭飞向蓝天,准确地溅落在预定的海域。

新华社北京 9 月 27 日电:我核潜艇水下发射运载火箭成功!核潜艇为中国自行研制,火箭准确溅落在预定海域,整个试验获得圆满成功!

我国自行研制的导弹核潜艇水下发射火箭时的情形

随着深海中传来的这声巨响,中国人民严肃而冷静地告诉世界:继苏、美、法、英之后,中国已成为世界上第五个拥有核潜艇水下发射运载火箭能力的国家。著名科学家钱学森说:"毛主席曾发出庄严的号召,核潜艇一万年也要搞出来!我们没有用一万年,也没有用一千年,更没有用一百年、几十年,而是用几年时间就搞出来了。"

泪,欣喜的泪,激动的泪,百感交集的泪,从白发苍苍的老科学家眼睛里流了出来，从饱经沧桑的将军们的脸颊上流了下来，从年轻的水兵和工人们的腮边滚落下来——近万名参试人员肃穆地站立在甲板上、海岸边，庄严地向浮出海面的导弹核潜艇上飘扬的五星红旗行着注目礼！

中国核潜艇研制并发射导弹成功，标志着中国国防建设和海军建设达到了一个崭新的水平，同时也显示了中国船舶工业部门在海军舰艇方面的研制水平也达到世界先进水平；它凝聚着几十万船舶工业大军和国内其他科研生产部门、科技人员和工人们的聪明才智，这是中华民族的骄傲和自豪！

导弹核潜艇，它的复杂程度可以说超过原子弹和氢弹！原子弹或氢弹只是它其中的一个系统。如果说原子弹或氢弹是国防尖端科学的一顶皇冠的话，那么，导弹核潜艇则是这顶皇冠上一颗光彩夺目的宝石，它所包含的是一个天文数字般的工作量和一个个深不可测的复杂系统。

神出鬼没的常规的潜艇，尚且令交战双方提心吊胆；那无影无踪的核动力潜艇，则更是令人胆战心惊！如果说，常规的潜艇是海中出没无常、沉沉浮浮的巨鲸的话，那么，核动力潜艇则是大海中无拘无束、凌厉威猛的鲨鱼！拥有核动力装置的潜艇，无疑是海下一座

我国第一艘核潜艇在某船厂准备下水时的情景

现代化的城市，它不需要外面的空气，轴功率、水下排水量、下潜深度等是常规潜艇无法比拟的，而且可以连续在水下潜伏几个月！由于这些优势，地面上极不容易捕捉它的踪影。一个国家即使地面设施被战争全部摧毁，而海洋深处只要留有一条未被打击的核潜艇，它携带的导弹从水下发射出来，仍然可以摧毁另一个国家大批重要的军事、政治和经济目标！

这，就是令人可怖的第二次核打击力量！

核潜艇，作为一种最新型的战略武器，国外把它列为"绝密"的范畴，对它严密封锁，就连美英那些刁钻狡猾的记者们，削尖脑袋钻营了好多年，连核潜艇的鳞片也没有见过！

中国人在一张白纸上画出了飘扬着五星红旗的导弹核潜艇，并完美地把它建造了出来，这令整个世界、特别是西方国家的政要和军方震惊疑惑了好

多年。

是的，说起来令人难以置信的是，当时中国船舶工业的科研和建造水平，比西方国家落后了三四十年，可中国的科学家和建造师们为什么能在并不长的时间里，跃上现代科学技术的高峰，摘取皇冠上的这颗宝石呢？

谜底像 1＋1 那么简单，却又像哥德巴赫猜想那样不可思议——既如此，限于篇幅，让我们撷取核潜艇进行深潜试验的一个片段，来见证中国核潜艇诞生的过程吧！

这是一个晴朗的夜晚，一弯月牙悬挂在南海的海空之中，海浪温柔地抚吻着停泊在海湾的中国第一艘核潜艇。而今，它经历了陆上试验、系泊试验和航行试验等，而今迎接它的将是最严酷的考验——深潜。

这次试验非同小可。试验成功，标志着中国人民为之奋斗 10 多年的核潜艇正式诞生；而试验失败，将只是永远葬身于海底的一堆废铜烂铁，仅核污染，就够我们的子孙清理几百年。

这绝非是危言耸听。

人类的科学探险，能一帆风顺，不付出任何代价的，恐怕是绝无仅有。在世界科技史上，无论昨天还是今天，由于试验失败而造成的巨大灾难，每每想起便令人不寒而栗！

1960 年 10 月 17 日，苏联拜科努尔发射场向夏威夷 1000 公里的海域发射洲际运载火箭，火箭点火后未脱离发射台就发生了猛烈爆炸，在场督阵的苏联国防部长、火箭部队司令米·伊·涅杰林元帅，以及几十名将校级火箭专家当场被炸死。

1963 年 4 月 9 日，美国"长尾鲨"号鱼雷核潜艇在马萨诸塞州科特角以东 220 海里、水深为 2550 米的海域进行深潜试验。当潜艇准备向极限深度下潜时，在海面担任救护的舰船只听见空气进入潜艇，艇壳被压得粉碎的噪声后，随即便与潜艇失去联系——"长尾鲨"号连同艇上的 129 人全部葬身海底！

1967 年，苏联切尔诺贝利的一座核反应堆堆芯起火，将致命的物质喷入乌克兰上空，进而蔓及整个苏联及欧洲广大地区；至于日本福岛核电站所造成的重大灾难，更是让人心有余悸。

这些重大的事故，给世界上从事科学试验，特别是从事军事科学试验的人们带来的心理阴影，那是不言而喻的。

中国核潜艇的设计师、建造师以及驾驭者们，现在要进行的深潜试验，正面临着最严峻的考验。这条艇上，每台设备、每根管道、每条电缆、每颗螺钉，全部是由中国人自己设计、自己制造！

是啊，神秘无穷的大海，变幻莫测的海底世界，给予中国核潜艇设计师和驾驭者们是喜还是悲，是福还是祸呢？夜幕降临了，总设计师黄旭华还倘徉在沙滩上，望着夜色中的海面，陷入久久的沉思。

不入虎穴，焉得虎子！天刚亮，中国人自己建造的核潜艇响起3声高亢嘹亮的汽笛，义无反顾地向大海深处驶去！

担任这次深潜试验的指挥员是某潜艇基地的司令员杨玺，在指挥舱的，还有主动上艇与官兵们同舟共济的总设计师黄旭华、舰队副参谋长王守仁、核潜艇办公室主任吴廷国、核潜艇生产厂副厂长王道桐，艇长是王福山。

潜艇风驰电掣般驶向大海，到达指定海域。

艇长果断下达命令："全体人员进入一级战备，准备下潜！"

天公作美。此时海面上刮着5级偏东风，浪高不到2米。从舰桥上往外极目望去，天也蔚蓝，水也蔚蓝。远处，一艘艘参加试验护航的舰船正在海上游弋，一群群海鸟拍打着翅膀起落在浪丛之中。

"报告指挥员，各舱准备完毕！"

"下潜！"艇长果断下达命令。

指挥舱里，数不清的红绿信号灯在熠熠闪烁；一排排仪表指针在和谐摆动；多种显示屏上的电子信号，有的似流星划过天际，有的像彩带当空飞舞——这里是电子的世界，是科学的迷宫。

艇长指令发出，潜艇以首倾3度，主机前进1的姿态向大海深处潜去！

今天，中国核潜艇预定的极限试验深度，在当今世界潜艇中是领先的。

潜艇坚毅而又果断地下潜，下潜！

艇外早已是一片黑暗的世界。众所周知，在深海中，深度每增加10米，便增加1个大气压。在艇上参试的人员都清楚，如在60米的深处发生意外，借助救生器材，尚还有一线生还的希望；超过60米，即使能够出舱，巨大的海水压力，也会毫不留情地把人压下海底！

但中国核潜艇的设计师和建造师们，尽管他们完成的是一个天文数字般的工程，但对中国船舶工业的科研水平和建造水平，他们心里还是充满自信的。在此之前，他们在陆上已进行了2个月的严格检查和试验，他们相信这艘由我们自行设计和建造的潜艇完全能经受住这次深潜的严峻挑战！尽管这次试验是前所未有和充满惊险的试验，但核潜艇生产厂的几十位参试队员，没有一个提出不上艇的。王道桐副厂长向他们的队员宣布：试验中，艇上出现任何问题，都直接向他报告，都必须保持镇定，一言一行、一举一动都不能动摇指挥员的决心！

我国首艘核潜艇在某船厂下水时的情形

潜艇继续下潜，100米、200米……艇外早就是漆黑一片。潜艇此时已逐渐向极限深度接近。各舱室每潜10米便通报一次。参试人员在极度认真，同时也极度紧张中各自坚守着岗位。

"继续下潜！"按照预定方案，艇长毫不犹豫地下达着命令。

海水压力越来越大，仿佛能听见巨大的海水压力把艇壳挤压得"咔咔"直响的声音，也仿佛能感觉到整条艇都在颤抖——海水的压力实在太大太大了！

"继续下潜！"中国人的意志同这艘核潜艇的合金艇壳一样坚不可摧！

深海中，每一个艇员都坚守在自己的工作岗位上，镇定地履行着自己的职责。杨玺司令员笔直地站在艇长王福山身后，稳如泰山；黄旭华总设计师和其他人员或坐或站，眼睛盯住仪器仪表，镇定如常。

下潜，下潜！义无反顾地下潜！不达目的不罢休，不到黄河心不干！这情形，绝不亚于人类第一次踏上月球表面般惊险。

啊，多么难得的一瞬！测深仪指针读数，终于达到了预定的深潜深度，并还超过预定深度3米！

各战位的人员立即紧张、细致地进行测量、记录。

"任务全部完成，上浮！"指挥台传来了上浮命令。

少顷，潜艇以艇倾5度、主机前进2的姿态，昂首浮出了海面——哦哦，天还是那么蓝，水还是那么蓝，飘扬在海风中的五星红旗却似一团燃烧的火焰！

"呜——"海面上，几十艘参加护卫的舰艇同时忘情地拉响了汽笛，整个海天都在汽笛的欢鸣声中激动起来。

天也茫茫，水也茫茫。中国在潜艇这个领域异军突起，铸造出深海一枚利剑，竖起了一块深海丰碑，令整个世界刮目——核潜艇的建造成功，是中国船舶工业部门为国家为人民交出的一份合格答卷。

近年来，为适应新军事变革及我国海军由近海防御向远程作战转变的需要，特别是维护我国在东海、南海的领海权益，我国第四代，甚至第五代核潜艇研制已提上海军建设重要日程，并相继投入生产，有的已交付海军服役，更是极大地提高了我海军作战能力，令对我海洋权益进行挑衅和讹诈者，不得不有所顾忌，有所收敛了。

中国人民为之奋斗了几十年的核潜艇，而今正满载着中华民族和平善良的希冀，巡弋在祖国壮丽的海洋……

震惊世界的海空演习

高山巍峨，大洋浩淼；云空深邃，天路遥迢。

遵照毛泽东同志"为了反对帝国主义的侵略，我们一定要建立强大的海军"和邓小平同志"建立一支强大的具有现代化战斗能力的海军"的指示，半个多世纪特别是改革开放以来，中国船舶工业总公司按照"军民结合，以军为主，发展民用，以民养军"的原则，集中了最优秀的人才，最精良的装备，从事海军现代化装备建设。

这些年来，一艘艘具有现代化水平的快艇、登陆艇、潜水艇、驱逐舰、护卫舰、扫雷舰、猎潜舰……不断装备着人民海军，不断壮大着人民海军。中国海军目前已发展成为一支拥有水面舰艇、水下潜艇、海军航空兵、海军岸防兵和海军陆战队等诸兵种合成的军种，形成了现代化规模的近远海作战能力。在装备建设上，正在向导弹化、电子化、核能化、自动化建设方向发展。目前在中国海军服役的各类作战舰艇的数量，比 20 世纪 80 年代增加了10 倍。

这些海军舰艇全部由中国船舶工业总公司所属单位研究制造！

1996 年 3 月中旬，鉴于"台独"势力猖獗，我海空军在南海和东海举行了气势磅礴的海空实弹演习，展示了我国海空强大的作战实力，体现了高技术条件下的作战特点。

海空苍茫，海浪滔天。

空中机群破雾穿云，海面战舰铁阵森严，水下"长鲸"游弋出没。这里，展现的三维空间现代海战的恢宏场面。由核潜艇、常规新型潜艇、新型导弹驱逐舰、导弹护卫舰、先进的电子侦察船等多个舰种数十艘战舰，以及海军航空兵多个机种组成海空突击力量群，出演了这场现代高科技条件下海上实兵实弹演习。

荧屏之中，我们可以看到舰机协同夺取海上制空权，空空导弹如空中迅雷，舰空导弹像万丈长缨，打得"敌机"灰飞烟灭；联合反潜，舰载直升机编队搜索，准确定位，与水面舰艇联手攻击；鱼雷、火箭深弹齐发，让深藏在水下的潜艇葬身海底；贯穿全过程的电子战，运用部署在空中、海上和岸基的电子装备协调进行

作者在北方某海军基地采访

的电子进攻、电子防御、电子支援作战，显示了我军在这特殊战场的制胜能力；多舰种、多方位的导弹攻击，阵容不凡的多艘驱逐舰、护卫舰导弹齐射，诸兵种合同打击"敌人"战斗舰编队，是这场战斗最激动人心的一幕。

尽管在整个演习中气象条件情况复杂，但海军官兵凭借着优越的装备、精湛的技术、良好的指挥、密切的配合，出色地完成了这场气度不凡的演练。

目前，海军部队完成了合格舰长考核；核潜艇、常规动力潜艇、驱逐舰、护卫舰等主战舰艇全部完成了跨海域训练项目，具备了很强的协同作战能力。

这些年来，由中国船舶工业总公司研制的各种新型舰艇，不断装备着海军部队，增强了海军装备能力。通过这次大规模的军事演习，显示了我人民海军在未来战争中夺取制海权的强大实力。

这次海空演习，令整个世界震惊，外电纷纷对中国的这次演习进行了报道和评介。有评论称："中国这次在东海和南海的海空演习，气势磅礴，雷震海天，令整个世界对他们的海空作战能力不得不另外一番评价。可以预料，在 21 世纪初，就可以令世界每一个国家对他们的海防和空防能力不可小觑……"一位西方著名军事评论家精辟地对此做了总结，"中国，从此结束了靠声明维护领海主权的历史！他们的领海中倘若发生战事，他们会毫不留情地击沉对手的舰船，击落空中的飞机和导弹，并将侵入他们海区的舰队赶出那个区域！"

中国海军的伟大壮举

海军，是世界公认的"国际军种"，是"流动的国土"。按国际惯例，任何一个国家的水面舰艇只要不对他国或地区构成威胁，都可以在公海无危害通过。

所以，海军水面舰艇在国际政治舞台上常常以军事"外交使者"的身份出访他国，以寻求友谊，促使本国与世界各国在经济、政治、军事、文化等方面的交流，取得公海和远洋活动的自由权，维护本国海洋利益。

新中国成立之后，到 20 世纪 90 年代初，世界上有 22 个国家近 50 次、90 余艘、近 30 万人的舰艇编队对我国进行了访问，而我国作为世界泱泱大国，仅派出 11 次 20 余艘舰艇对 9 个国家进行了回访，且绝大多数访问的国家都是近邻。单就这点来看，我国海军的外交活动是很有限的，与"外交对等"的原则是不相宜的。究其原因，几十年来，我国海军都缺少航程长、续航能力强的远洋舰艇。很长时间以来，我们的舰艇只能在近海游弋，在家门口"打转转"。

而到了 1997 年春，中国海军两支舰队一举分别出访了美洲四国和东南亚三国，在国际上引起了强烈反响！

中国海军这次出访，编队规模之大，访问国家之多，航行时间之长，在中国航海史和对外友好交往史上，都是史无前例的。外国舆论称之为"中国海军从浅蓝走向了深蓝，这是 20 世纪末中国海军的一次壮举！"

这次出访海军舰队的舰艇，全部为中国自行研究建造。这些舰艇，经受了种种严苛的检验和严峻的考验，代表了当今世界海军装备的先进水平。尤其是环航太平洋对美洲访问的舰队，总航程达 2 万余海里，更是令世界吃惊，令国人扬眉吐气！

这次出访美洲，是中国舰船继 500 年前郑和"七下西洋"之后，第二次远洋航行。但与其不同的是，郑和是率木帆船队穿越风浪七下西洋，最远到达的是非洲东海岸索马里的摩加迪沙、肯尼亚的麻林迪等地——从这些地方到中国广州约 5000 海里，往返则 10000 多海里；而这次我海军编队访问美国、墨西哥、秘鲁、智利 4 个国家 5 个港口，总行程达 24000 多海里，航行时间达 100 天，比郑和下西洋的航程要远 1 倍多。

中国海军出访编队访问的第一站是美国。这次对美本土港口的访问，是

1996 年 12 月中国国防部部长迟浩田访美之际两国海军共同商定的。这次访问既是一次具有象征意义的回访，又是对我国新时期海军舰队远洋能力及海军官兵综合技能的一次最好的检验，同时也是树立我海军良好国际形象的一次机会。

挥手告别了送行的战友们，由上海江南造船厂建造的海军 112 号和大连造船厂建造的 166 号导弹驱逐舰，以及海运 953 综合补给舰组成的舰队离开了湛江码头，拖着一条条白色的航迹，驶向太平洋。编队指挥员王永国将军举目东望，一条蓝色的航线已经在他心中形成——越巴林塘海峡，过关岛，抵夏威夷，横跨太平洋达到美国本土圣迭戈港。

从中国到美国本土，海上航程 8000 海里，航行时间近 1 个月，航行中要横穿风大浪急，随时都会遭遇恶劣天气的太平洋。在太平洋远航中，有 10 多天遇到七八级大风，有时风力达到 9 级，海浪有 2 层楼高，将巨大的舰体抬起又摔下，气象条件异常恶劣，大风大浪加瓢泼大雨。这些，无论对中国舰船的船体还是舰上的各种设备，都是严峻的考验。

途中，我海军舰队除了在太平洋中部美国夏威夷群岛对珍珠港海军基地作为期 4 天的短暂访问外，其余时间一直日夜兼程，劈波斩浪，在卫星导航系统和全球定位系统的帮助下，顺利抵达了美国的圣迭戈。

3 月 21 日，当 3 艘中国军舰以威武、矫健、潇洒的姿态，呈现在美国人眼前时，整支编队完全没有一点经历 25 个昼夜、航行 8000 海里的疲惫之态。舰上的中国官兵个个精神抖擞，全然不像与风浪连续搏斗了数百小时的疲劳之师。海军编队一进圣迭戈港口，立即在美国西海岸引起轰动。军舰每天对美国公众开放前，上万名南加州美国市民排起了横穿军港的长龙，移民美国多年的中国香港、台湾和大陆老华侨不约而同来到军港，等候数小时，为的是一睹中国军舰的风采。美国圣迭戈海军基地历史上第一次有如此众多的市民来参观军舰。

数千名居住在洛杉矶的居民，驱车 2 个多小时来到圣迭戈，"中华之声"租用了 7 辆大巴士，满载 400 多名听众集体前来参观军舰。南加州 49 个华侨团体还联合举办欢迎盛会，以惊天动地的鞭炮开场，气壮山河的千人大合唱落幕。南加州华人各界欢迎中国海军舰队访美的宴会大厅内开席 100 桌，正面主席台悬挂着中美两国国旗和一幅两双大手相握的宣传画。900 名各界代表出席。在美国西部影响巨大的《洛杉矶时报》，把这个海军访问比作"郑和下西洋"，当地各种政治倾向的美国人、华人都来参加欢迎活动，一些亲台的人士这次也上舰参观。75 岁的退休美国老水兵马文·德加尔说："中国军舰非常漂亮、干净、威武，比欧洲一些国家的军舰更胜一筹！"

中国海军的这次访美，全世界出动了 160 多家传媒的记者采访；美国派出了 100 多名记者进行现场采访，追踪报道军舰活动的有关消息，纷纷称中国海军对美国"是一次历史性的访问"。

在夏威夷、圣迭戈、洛杉矶等地，一些英文和华人报纸，在中国舰队访美的 4 天里，几乎每天都在头版或用整版篇幅刊登消息和图片。《美国海军新闻报》以少有的特别形式，用中英文在头版整版推出专题报道。该报以大幅标题写道："贺中美友谊，牛年行大运"；并发表评论说："美国海军和中国海军互访将促进相互之间的了解和友谊。""从中国海军这次访美的情形，可以说中国的军舰是世界一流的优良军舰，中国海军是一支过硬的军队！"

最令人感叹的是当地的华人，他们扶老携幼，手持鲜花和彩旗来到军港。中国军舰的到来，为海外华人争了光，撑了腰。专程从旧金山赶来的华侨孙健说："海外华人看到中国军舰会产生一种历史感。当年北洋水师在甲午海战中全军覆没，以后海军也一直没有发展，直到今天中国的海军才强大起来，国人自豪，海外华人更自豪。"

访问美国、墨西哥后，4 月 5 日，当地时间 9 时 30 分，中国海军舰队由北向南通过赤道，进入南半球。至此，舰队已航行了 10000 海里。在这里，舰队举行了庄严热烈的通过赤道仪式。112 舰和 166 舰在 953 舰右舷成横队展开，官兵在后甲板整齐列队，在轰鸣的礼炮和雄壮的国歌声中，舰队指挥员王永国宣布：中国海军出访美洲四国，舰队首次在西半球由北向南顺利通过赤道！

在长达 100 天的海上航行中，几艘军舰的设备、仪器仪表经受了严酷的考验，一切工作正常；海军官兵历尽寒暑，长时间在海天一色的大海上航行，始终保持了饱满的精神和旺盛的斗志。

这次中国海军出访，开创了"三个第一"。第一次成功地进行了横渡太平洋的远航，具有划时代意义；第一次成功地访问了美国本土，这是在我海军历史上乃至人民解放军建军史上都开了先河；第一次超过了郑和创造的"七下西洋"的纪录；且这些战舰全是由中国建造，集国内先进的造船、动力、电子、武备、通讯和导航最新科技成果于一身——这在改革开放以前，中国船舶工业未走向世界以前，是完全不可思议不能想像的。

与此同时，继中国海军舰队踏上访美的征程 7 天后，另一支由新型导弹驱逐舰和新型导弹护卫舰组成的舰艇编队，又从上海起航，应邀赴泰国、马来西亚和菲律宾三国访问。这次出访是中国海军第 5 次访问东南亚国家。这支舰队由东海舰队司令杨玉书将军率领，是由上海江南造船厂建造的 113 导弹驱逐舰、沪东造船厂建造的 542 导弹护卫舰组成。这支舰队从上海起航后，穿过南中国海首先抵达泰国梭桃邑，离泰后再抵马来西亚的卢木港，最后抵达菲律宾的马尼拉。访问时间 30 余天，总航程 7000 海里。

两支舰队同时出访如此众多的国家，的确扬了我国威和军威，集中展示了我国海军装备的威力和人员精良的素质——"中国牌"的战舰，具有环球航行的能力，人民海军圆了从近海走向远洋，从浅蓝走向深蓝的梦想。

没有一支现代化的军队，便没有人民的一切；没有一支强大的人民海军，永远也谈不上维护国家的海洋权益。

进入新世纪后，2002 年，以 113 舰为主力战舰的中国海军舰队，顺利完成首次环球之旅，首次通过了国际战略要道——巴拿马运河，首次横跨大西洋。

2005 年 8 月 23 日，中俄"和平使命—2005"联合军演中，参加演习的 168 号驱逐舰一亮相，就让嗅觉敏感的西方国家感到惴惴不安，甚至惊恐起来。在"海上封锁作战、两栖登陆作战、强制隔离作战"三个阶段的演习中，中国海军战舰向外界展示了强大的综合作战能力，战舰的出色表现，让外界的军事家们暗暗吃惊。

2006 年 10 月，据美国《国防新闻周刊》报道，鉴于中国舰艇的神速进步，美国海军战略研究院专门组建了"中国海军研究所"，以研究中国的海军发展，这是世界头号海军大国第一次正眼打量中国海军。

热心网友制作的 055 型导弹驱逐舰模型

2007 年，两艘新型导弹驱逐舰交付中国海军使用，这标志着我国海军装备建设又上了一个新的台阶。《简氏防务》周刊载文称："中国新型驱逐舰的出现，让中国人的相控阵雷达和垂直发射系统变为现实。"

同年，中国海军新型导弹驱逐舰远赴俄罗斯、英国等国家出访，这再次让世界对中国海军刮目相看。美国海军情报部正式发布了《中国海军 2007》

内部手册，该手册以中国海军新型导弹驱逐舰与大型综合补给舰组成的舰艇编队为封面，其深长的意味不言自明——至于中国航母"辽宁"号形成战斗能力，巡弋东海南海，突破第二岛链；自行研制的第一艘航母下水，更让整个世界对中国海军不敢小觑。

就在作者撰写本书时，有外媒报道，中国的055导弹驱逐舰已经下水试航。报道称：055型驱逐舰为中国海军最新一代军舰，不仅是具备全面的反舰、防空、反潜和对陆攻击能力的一线战斗舰艇，也是未来武器和技术的试验开发平台，更是活跃于编队作战的指挥中枢。从综合作战能力来看，这型舰很可能会比英国45型驱逐舰、美国"伯克"IIA级舰、日本"爱宕"级和韩国"世宗大王"级万吨驱逐舰更胜一筹。换句话说，一旦服役，除了美国目前最新型的DDG-1000，在同类军舰中，中国055型舰很可能将处于世界第二的位置。

泰国皇家海军的骄傲

两艘外观崭新、形状气派的新型导弹护卫舰鸣响汽笛，舰艉掀起阵阵白色的浪花，从上海扬子江码头起航离港。

这两艘军舰有着非常简洁流畅的线形，舰上的装备也很有现代气派。它们一离开码头，就开始加速转弯，在江面上划出两道美丽的弧线，航行起来简直悄无声息。

这是两条新型护卫舰，是泰国皇家海军访问中国的军舰。

骄阳普照，江风轻拂，江面上泛着金色的波浪，军舰上的旗帜在江风中猎猎飘扬。转过河湾，前面就是上海沪东造船厂了。此时，舰上的全体官兵，在舰队司令卡炳迁将军的率领下，列队肃立在军舰的甲板上。

沪东造船厂的码头越来越近。从舰上望去，码头上巨型的塔吊在来回奔忙；船台上盛开着一簇簇耀眼的焊花；停靠在码头上装饰一新的两艘巨轮正整装待发；码头和船台上是一个个忙碌的身影。

"看，那是我们建造的护卫舰！"码头上有人看见了从江面驶来的泰国军舰。

"呜——呜——"江面上，两条军舰同时减慢了速度，蓦然拉响了向沪东造船厂致敬的汽笛。"敬礼！"卡炳迁将军一声口令响起，全体肃立在甲板上的官兵齐刷刷地举起了右手，面向沪东造船厂——敬礼！

泰国水兵们用自己的最高礼节，向沪东造船厂致敬！

这两艘外形优美、设备先进的导弹护卫舰，就诞生在这里。沪东造船厂，就是这两艘护卫舰的娘家！

泰国是中国的友好邻邦。我国从 1988 年就开始为泰国皇家海军建造军舰。几年间，我国共为他们建造了 4 艘 1700 吨级的"昭伯耶"级导弹护卫舰。这 2 艘护卫舰均由被称作"护卫舰摇篮"的上海沪东造船厂建造。到了 20 世纪 90 年代，中国上海中华造船厂为泰国建造的第二代新型护卫舰"纳来颂恩"号和"达信"号，更令泰国官兵引以为豪，把中国的造船厂视作自己战舰的娘家。

1989 年年初，中国船舶工业总公司代表团访问泰国时，泰国政府透露了希望在提高"昭伯耶"级护卫舰技术性能指标的基础上，订造新型护卫舰的意向。

获此信息后，中国船舶工业总公司立即组织所属研究所和船舶系统工程部等，吸取国际上护卫舰的一切所长，大胆采用国际设备配套，设计新型护卫舰。

新型护卫舰的总设计师是 701 所所长、中国军船学术委员会副主任、高级工程师朱英富。在他们大胆构思和精心设计下，几个月后，1 套蓝图送到了泰国，得到泰方的认可。在几经谈判之后，1989 年 9 月 6 日，中泰两国在曼谷正式签订了建造两艘 F25T 型护卫舰的协议。国务委员邹家华出席了协议签字仪式。合同规定该舰总长为 120.5 米、宽 13.7 米，排水量为 2800 吨，采用国际上设备先进的船用和武器装备，从设计到交船共 48 个月。

这样吨位的舰船在我国海军中还没有。051 舰比它大，053 舰比它小。只能根据我们多年来设计水面舰艇的经验，同时借鉴国外如狼级、西北风级等护卫舰的设计实践，按照泰国海军的特定要求来设计。设计者们十分重视护卫舰的作战能力，以及外形的美观、线型的优化、布局的紧凑合理，充分利用空间，尽力改善居住条件，使舰员有一个良好的生活和工作环境；减少震动，降低噪音，提高隐蔽性，同时充分发挥舰上各种设备功能，尽力满足了泰国海军的要求。

初步设计完成后，泰国海军委托某海军大国对设计进行审查，得出的结论是："确认本舰的主尺度、重量和总体性能是个匀称的设计，近于欧洲海军的设计标准和设计实践。"

在设计时，由于正受着那场"政治风波"的影响，西方一些提供设备和武器装备的国家不直接与我们接触，不提供所需的设备装船资料。这更给设计工作带来意想不到的困难。为了尽快将图纸交付船厂，设计人员夜以继日工作，保证了工作进度。

"纳来颂恩"号和"达信"号由上海中华造船厂建造。1991 年 6 月开工。由于这是全新的舰种，加上技术复杂，质量要求高，这对中华造船厂来说，是一场硬仗。"纳来颂恩"号的排水量只有 2800 吨，而机舱里的柴—燃交替使用的动力装置，却比大它上千吨的驱逐舰动力还大，而舰上的其他设备也一样不少。加之辅机、管路、电子设备、武备都是现代化的要求，极其复杂。为了保证机舱布局合理、准确，中华造船厂在实验室搞了一个 1：1 的模型，进行精确的陆上安装。

由于国外设备安装资料奇缺，更给建造施工带来巨大的困难。为了争时间抢速度，船厂只好一边安装，一边等待设备；未到的设备，采取预留位置的做法，这的确有点违背常规。

在施工最紧张的阶段，工厂全体总动员，不少领导和工人连续几十天没有回家，有的甚至把铺盖卷搬到了船舱里来。在施工中，工厂还组织工程技术人员和工人们进行大量的技术攻关，首舰下水前，仅技术攻关项目就达 50 多项。

该船除采用新型的联合动力装置外，还采用了双桨、双舵，使其在任何装载情况下，任何相邻三舱对称或不对称进水时，都能保持漂浮，且初稳心高度为正值。该舰装有两对非收入式横摇减摇鳍，一对舭龙骨，以保证舰上武器装备在 5 级海况时能有效使用；舰上直升飞机的海上补给系统在 4 级海况下仍能作业——该舰的设计可谓用心良苦，建造的难度可想而知。

首舰"纳来颂恩"号于 1994 年 7 月 23 日开始试航。两个多月中，出航20 余次，完成了总体试验。9 月 28 日，试航归来时，工厂抓紧施工收尾项目工作，确保了 11 月 25 日交船。

交船那天，全厂的干部工人站在码头上，看着自己亲手建造的军舰即将远去异国他乡，感到难分难舍。来接船的泰国官兵们，把中国造船工人们的手握了又握，拥抱了又拥抱，当舰渐渐离岸远去时，泰国军人向全体送行的人们肃然敬礼；送行的人们挥着手，有的人还流下眼泪来。

首舰"纳来颂恩"号的模型曾在德国汉堡水池做过试验，结论是："你们这条船的线型是近年来汉堡水池做过的最好线型之一。"美国海军司令部评价这艘护卫舰"主尺度、重量和总体性能是一个匀称的设计"。泰国总理炳·廷素拉暖则说："这是泰国海军中最好的舰艇！"

中国为泰国建造的两代导弹护卫舰以及后来沪东造船厂又为其建造的 2.2万吨的油水补给舰，壮大了泰国海军的实力，它们被频频派往周边国家进行友好访问，并远航到了欧洲。这次，当它们来到中国进行访问时，沪东造船厂的技术人员和工人们立即组成检查维修组，上舰看望自己的"孩子"，为两艘舰无偿进行检查维修，该舰官兵十分感动。舰队司令一个个同中国技术人员和工人们握手拥抱，对他们周到的服务表示感谢。

为了表示对中国造船厂给他们建造了如此高质量高水平的战舰，在战舰经过船厂和离开中国时，全体官兵以他们特殊的方式向中国造船人致敬！

军舰带着对中国美好的记忆渐渐远去。它们艉部留下的白色浪带，像一条连接着中国和泰国友谊的飘带，在洋面上飒飒飞舞。远处，一轮耀眼的红日冉冉升起。

猛追日本和韩国的旗舰

1995 年 6 月 20 日。

挪威首都奥斯陆。

这一天，奥斯陆著名的国际商贸中心披红挂绿，热闹非凡。由挪威贸易理事会、挪威工商联合会和挪威船东协会联合举办的"中挪经贸日"活动开幕。

正在挪威进行友好访问的中国国务院副总理李岚清出席了开幕式。

这个活动中一个引人注目的仪式是：中国大连造船新厂为挪威安德森·威廉姆森公司建造 15 万吨油轮的合同在这里签字。该轮是这家公司向大连造船新厂订造的第 3 艘同类型同吨位的巨型船舶。

李岚清副总理出席了合同的签字仪式。当双方交换合同文本后，李副总理高兴地说："前次我到挪威访问，是我们买挪威的船；这次到挪威，是挪威买我们的船！对此，我感到十分高兴！我相信，中挪两国在经贸合作方面有着十分广阔的前景！"

中国大连造船新厂为挪威建造的大型穿梭油轮

是啊，物换星移，今非昔比。士别三日还当刮目相看，何况是迅速崛起的一个强大的国家！

两次承接挪威巨型油船的中国大连造船新厂，沉稳地注视着国际船舶市场的一切变化，保持着冷静驾驭市场的气度和姿态。

照理说，他们完全有理由对这巨大的变化感到自豪。

1995 年 6 月 28 日，《日本经济新闻》记者撰文评论道："大连造船新厂是新兴的中国造船业猛追日本、韩国的'旗舰'，是中国最具有国际竞争力的船厂，是中国国有大企业走向市场成功的典范！"

这一评论绝非溢美之词。大连造船新厂虽然迄今只有 7 年的历史，但它已成为我国最大的船厂，年造船吨位占我国造船总吨位的四分之一；在世界船舶市场并不景气的情况下，目前手持的订单已有 100 万吨以上，交船日期已排到 4 年之后；这些订单令国外同行们既羡慕又嫉妒。更为难得的是，这些船绝大多数是由西方航运大国订造的；这个厂取得的这些订单，完全是同国外造船厂进行公平竞争所取得的——不，其实还不平等，因为国外任何一家与他们竞争的船厂，都有政府的财政补贴，有的国家给予船厂的补贴竟高达船价的 30%！而大连造船新厂不但没有国家补贴，反而还要向国家上缴税收和利润！

1996 年，这个只有 4600 人的船厂却干出了先前要 4 万人才能干出的活。这年，他们创产值 18 个亿，销售收入达到 23 个亿！

奇迹！外国造钢质船几百年，中国造钢质船几十年，大连造船新厂起步只有短短几年。在几年时间里，就缩短了与世界的差距，这不能不说是个奇迹！

1990 年，大连造船新厂刚成立时，他们便迫不及待地向国际市场"抢滩"，没想到一下海就被狠狠地呛了一口水：他们拿到市场上去的 12 万吨穿梭油轮缺乏竞争力，根本无人问津。企业一时面临着无船可造的尴尬境地。

大连造船新厂的决策者们慢慢地品尝着苦果，不断调整着自己的思路，不断开阔着新的视野，收集整理着整个国际船舶市场的信息。在他们着手开发新船型时，得到一个重要信息：世界上有的 15 万吨散货轮，由于结构强度差，已发生多起沉没和船体断裂事故，如果能解决这一难题，开发出新的船型，肯定会受到船东的欢迎。1991 年 8 月，他们终于拿到了建厂后的第一张订单。此后，他们一举击败了挪威吉玉宝公司老客户——韩国某大型造船厂，与该公司签订了 8 条大船的合同，后来居上的大连造船新厂成了这个跨国航运大公司重要的合作伙伴。

如此，大连造船新厂为挪威、比利时建造的巨型散货轮和油轮，作为极有分量的敲门砖，敲开了世界船舶市场的大门。当然，他们的每一份订单，都是同世界知名的造船厂激烈竞争后取得的。短短几年，他们便成功地跻进了西班牙、希腊、比利时、挪威、美国等世界航运大国的市场。

经过几年国际市场风雨的洗礼，大连造船新厂呈现出蓬勃的生机。当他们拥有了被称之为"神州第一吊"的 900 吨龙门吊，拥有了被称之为"神州第一坞"的 30 万吨船坞后，更成为世界上为数不多的具备生产超大型船舶能力的船厂。

厂长李占一很忙，同作者见面仅仅交谈几句话，便被络绎不断的来人和电话打断。副厂长殷明荣在结束采访时，说了一番颇为振奋人心的话："我们大连造船新厂的奋斗目标，就是争创世界一流企业！到 2000 年，产值要达到 40 个亿，利税达到 4 个亿，造船产量达到 100 万吨，人员不超过 4000 人——到那时，我们更可以与世界上任何船厂进行竞争了！"

殷副厂长所描述的工厂发展前景，不但早已实现，而且更加绚丽多彩。正如《日本经济新闻》记者所评论的："大连造船新厂是新兴的中国造船业猛追日本、韩国的'旗舰'，是中国最具有国际竞争力的船厂，是中国国有大企业走向市场成功的典范！"

此言不谬。

其实，大连造船新厂的情形，只是改革开放以来中国造船行业的一个缩影——在迈入新世纪时，在中国大地上，从南到北，从北到南，中国船舶工业已形成集团冲锋之势，其势已锐不可当！或许，大连造船新厂只是在这集团冲锋之中，扮演着"尖刀连"或"突击队"的角色罢了。

日本一位造船专家在香港的《大公报》发表评论说："中国造船业已进入到一个新的阶段，其标志是大连造船新厂的营运和发展。可以预料的是，在不久的将来，中国造船业将会超越日本，甚至韩国。"

党和国家领导对这个厂寄托了殷切的期望，他们多次视察大连造船新厂，并欣然为他们多次题词。

海风吹过香炉礁，海鸟拍打着浪丛——哦哦，船厂繁忙的新的一天又开始了。

一双大手托起整个地球

1994 年 4 月的一天。

在一阵热烈的掌声中，中国船舶工业总公司总经理王荣生迈着沉稳的步子，走上了颁奖台。

这是一个草长莺飞、花繁叶茂的季节。

令全球瞩目的国际海贸组织举办的"海贸奖"颁奖大会，在英国伦敦举行。450 多名来自世界各国航运、造船界的行政官员、专家学者参加了这一盛会。这些代表和精英人物在海上航行安全、海上环保、技术创新等方面作出过不少贡献。各类奖项都吸引了众多国家和地区海事人物的激烈竞争和参与。

"海贸奖"是世界海贸组织的最高荣誉奖。它由海贸集团属下的一个小组，每年在国际造船、航运行业中挑选最杰出的人物，遴选年度风云人物。由国际海事组织总干事奥尼尔负责之下的、一个由造船业知名人士组成的审查小组，从三个方面技术范畴，评选优胜者。

当国际海事组织总干事奥尼尔宣布获得世界"海贸奖"的最高奖——"海贸风云人物奖"为中国的王荣生时，会场顿时响起热烈的掌声！

中国船舶工业在短短的 10 多年时间里，取得了举世瞩目的成就。王荣生，作为杰出的中国船舶工业的组织者，获得此项殊荣是众望所归。

当王荣生走上颁奖台，从奥尼尔手中接过金色的奖杯和证书时，会场又响起热烈的掌声。镁光灯在不停地闪烁，无数支采访话筒递到王荣生的面前。他捧着奖杯和证书，作为一个中国人，能获得这项荣誉，这在过去是连想也不敢想的事情——迄今，全世界获得这个奖项的只有两个人：第一个是日本人；第二个就是中国的王荣生！

金色的奖杯，造型相当别致，而且颇有气魄———一双有力的大手，托起的是整个地球！

面对鲜花和掌声，面对这众多热切的目光，面对无数支采访的话筒，该说些什么呢？一时间，王荣生陷入瞬间的沉思——此情此景，真令他思绪遥远、感慨万分啊！

王荣生出生在中国武汉市一个贫穷的电气工人家庭，从小生活艰难。一个工人的儿子在旧社会，要想跨进学校的门槛，那真是比登天还难。到了 6 岁时，父亲想尽办法才勉强送他进了学校；但每当到了该付学费时，家里人总是愁眉苦脸，一筹莫展。

为了求学，王荣生每天放学后，就和姐姐提着一个小篮子，将自己卷的烟卷到码头上去卖；到了星期天，就上山砍柴割草来补贴家用。他小小年纪就饱尝了生活的艰辛，饱经了世态炎凉、人情冷暖。在苦难之中，他半工半读勉强读完了小学。

在那些日子里，我每天要送饭到电工厂区给父亲吃，当我看见那些庞大的怪物——机器，发出雄壮的吼声，使全城的电灯把黑夜照耀得像白天一样。我就想：假使我长大之后，能够造机器就好啦！在狂风巨浪的日子，我和姐姐站在汉江码头上卖烟卷，望着江心里的小划子和江水搏斗的情景，我又想：如果这些小船都装上机器，船夫就不会这样辛苦和危险了。有一次，我在作文本上写下自己的心愿：我要做一个造机器的工人。这些都是我幼稚的孩子气的想法。但在旧社会里，穷人的孩子怎么能够实现自己的理想呢？

1953 年 8 月，21 岁的王荣生大学毕业时，他在《我要把毕生精力献给祖国造船工业》这篇文章中饱含深情地写道：

记得，进中学那一年，母亲把家里唯一的一张床卖了，把父亲过冬的一件旧毛衣也卖了，才给我付清学费。书买不起，我就借了同学的书一字一句抄下来读。这样勉强读到了初中二年级。实在维持不下去了，父亲叫我进一个职业学校，那里学费低，并希望我很快毕业出来找个职业，我的造机器的理想也就被粉碎了。

解放了，党给劳动人民带来了幸福，给青年一代带来了无限广阔美好的前途！父亲做了工厂的主人，我们搬进了新建的个人宿舍，一家老小不再为生活愁苦了。我也很快考进了武汉交通学院造船工程系。去年，随着院系调整来到了交通大学，现在我已完成祖国交给我的学习任务，我崇高的理想就要变成美丽的现实了……

回想在反动派统治时期，我们祖国的航运事业完全控制在帝国主义手里，我们的港口停泊着凶恶的外国兵舰，黄浦江停着挂满了外国旗帜的商船，我们的长江任帝国主义的船只自由来往，我的同胞遭受侮辱和灾难。当我读到方志敏烈士所作的《可爱的中国》，叙述中国旅客在外国轮船上遭受非人的侮辱的时候，我真是愤怒极了，中国人民在中国土地上连乘船的自由都没有了吗？方志敏烈士说得对："中国在战斗之中一旦砸碎了帝国主义的锁链，肃清自己阵线内的汉奸卖国贼……到那时，到处是活跃的创造，到处是日新月异的进步。"

现在这个光明灿烂的日子已经来到了，祖国的航权完全掌握在人民自己手里了，我们可以坐着自己的船，自由航行在祖国的海洋上，随着祖国大规模的经济建设高潮，造船工业一天天蓬勃发展起来！方志敏烈士的遗言实现了。老一辈布尔什维克为了从统治阶级手里夺取政权，献出了他们的血汗和生命，今天我们青年一代就要建设起灿烂美丽的明天！

青春的热血在王荣生胸中沸腾，他的笔端饱含深情，他的眼里饱含泪水，作为一个即将走上工作岗位，就要实现自己人生理想的年轻大学毕业生，他的笔端流淌着热血和真情：

我们要用自己的双手和智慧，建造起最新式的舰队，航行在祖国辽阔的海洋上，保卫祖国的海防，保卫人类和平事业。我们要造出百吨、千吨、万吨的货船，把农民辛勤耕种的粮食、棉花输送到工业城市去；把工人生产的新型拖拉机、漂亮的花布运送到农民手中；我们要设计舒畅的大客船、轻快的小艇，让人民在祖国美丽的黄浦江上、扬子江上度过愉快的假期。我们的理想随着祖国建设迈向社会主义和共产主义！

伏尔加河—顿河运河的五海通航是我们理想的榜样，我们的祖先所开凿的蜿蜒数千里的运河，将有一天沟通浩荡的黄河、长江……我们的船舶将四通八达，飞驰在祖国纵横千万里的江河和海洋上！

这些美丽的理想，正等着我们去创造，我们要献出青春的活力，在祖国的江河海洋上放射出万丈光芒！

……

时光飞逝，40多年过去了。当年20岁的小伙子，而今已是年过花甲的老人了。大海的朔风，岁月的风尘，已经染白了他的双鬓，在他脸颊上刻下了皱痕——从第一个五年计划到第九个五年计划，他整整为中国的船舶工业奋斗了45年，近半个世纪！他奋斗的历程，浓缩了整个新中国船舶工业发展的历史！

王荣生大学毕业后，分配在武昌造船厂，1954年赴苏联实习，研究扫雷舰的建造；回国后又在江南造船厂学习建造潜艇。1968年4月8日，作为武昌造船厂副厂长的他被粟裕将军点将，调到北方核潜艇生产厂任副厂长、核潜艇建造现场总指挥，当时他才35岁。

1974年，王荣生被调到六机部生产局任副局长、局长，以后又任中国船舶工业总公司副总经理、总经理。他主管了中国第一艘核潜艇、第一条按国际规范建造的出口船"长城"号万吨轮、第一艘导弹驱逐舰等的建造。直到如今，他还是052导弹驱逐舰工程的总指挥——他实践了"我要把毕生精力献给祖国的造船工业"的誓言！

"回顾这几十年，我感到很幸福。我能够为中国船舶工业干9个五年计划。当初我从来没想到，历史会把我推到现在这个位置。"王总经理沉思着，仿佛陷入对往事的深深回忆之中。他的身后，是鲜艳的五星红旗。继而，他将深邃的目光从窗外收了回来，提高声音继续讲道，"经过我们几代人的努力，中国的船舶工业已经在世界崛起。我们建造的商船，遍布整个世界；我们的五星红旗、八一军旗不但在东南亚海港飘扬，而且还在太平洋、在美洲圣迭戈飘扬，真叫中国人扬眉吐气！我本人坚定不移地相信，只要按照当年邓小平同志确定的战略决策走下去，中国的船舶工业到下个世纪，肯定还有长足的进步，还能大踏步地前进！"

当作者问及他获得国际海贸组织"风云人物奖"一事时，他微笑了一下，继而又凝重地说道："这是我们华人首次在这个国际组织中获得的最高奖励，这荣誉不应该属于我本人，它应该属于整个中国的船舶工业，属于我们的国家，属于全世界的华人！"

面对全场的鲜花和掌声，面对采访的话筒，面对那么多热切的目光，王荣生总经理要说什么，其实一切都不言自明了。

采访完毕，我的目光移向了王总经理办公室书柜中那金色的奖杯——一双有力的大手，托起的是整个地球。

世界对中国发出的回声

海涛依旧。

海浪不断撞击着岸边的礁石，发出震耳欲聋的声响，一艘远航归来的巨轮，带着异国的风情，载满他乡的友谊——连接和沟通了整个世界，缩短了此国和彼国、此岸和彼岸的距离。

这些年来，中国建造的出口船已经遍布世界各大港口，这些船舶归属七八十个国家和地区。这众多船舶建造的质量和航运状况如何，让我们摘录几段有代表性的评论，倾听一下大洋彼岸的回声。

1982 年 6 月 10 日，美国贝克海洋工程公司总裁到江南造船厂参观船体建造，面对眼前的情形，他由衷地感叹道："这样好的建造质量，在美国也是很少见的。"

一名极富经验的英国船东委派的监造师，面对线型光顺、精度极高的船体，他感慨地对江南厂的领导说："我在日本大阪工作了 9 年，监造过数十艘船舶，发现你们的质量和他们比起来，毫不逊色。"

1983 年 1 月 7 日，桂江造船厂为香港欧亚船厂建造的第二座自升式钻井平台桩腿全部交工。在该平台桩腿的建造过程中，厂方严格按照美国船级社标准施工，美方验船师对产品的建造质量非常满意，曾在工件上书写道："全世界最好的手工！"

1983 年，上海造船厂为德国建造的 4 艘 12300 吨的集装箱多用途船，荣获国家金质奖。船舶交付使用后，成为德国奥伦道夫和彼得杜勒两家航运公司的主力船，营运于世界各地，迄今都还没大修过一次。因此，当上海造船厂厂长陈为铨一行于 1989 年 8 月出国考察期间，在汉堡拜访这两家外国船东时，他们交口盛赞这几条船质量可靠，对船良好的性能十分满意。

1982 年，广州造船厂为美国普矛斯航运公司建成了第一艘 11100 吨集装箱船"巴布亚"号。油漆制造商代表和船东代表对船壳油漆检验后赞叹道："除锈质量比欧洲大多数船厂好得多！"1982年9月，该船下水时，船东巴拉密苏底董事长对《羊城晚报》记者说："'巴布亚'号从质量、工期等方面都是令人满意的。广州造船厂的造船质量与欧洲平均水平相当，与日本、新加坡等地的船厂相比，某些地方甚至还好很多。"试航结束后，船东代表派克先生说："试航的结果令人相当满意，而且质量比预想的还要好！"

1991年1月12日，当上海造船厂为德国和塞浦路斯建造的8艘28.3万立方英尺的第3艘冷藏船"蓝天"号交工时，德国船东阿伦凯尔航运公司总经理帕尔在交船仪式上说："在我和我们的技术监造师进行了长时间的交谈后，很高兴地得知，我们将得到的是完全符合我们技术规格的、质量上乘的船。这些船可以代表目前世界上最现代化的冷藏船。上海造船厂的管理工程技术人员和工人们，可以为已经建造和正在建造的船舶感到骄傲！"

德国劳氏船级社的监造师阿纳·阿姆斯恰尔也明确指出："在第一艘冷藏船进入商务运行之后的9个多月时间内，它频频地运载香蕉，表现非常完美！这归功于其稳定的温度控制，航运损耗降到了最低程度，从而创造了令人满意的经济效益！"

1991年，上海求新造船厂出口新加坡的两艘全格栅319箱集装箱船"爪哇龙"和"圣陀沙龙"号，在国际船舶市场同样受到好评。1991年5月24日，新加坡NOL公司接船代表、"爪哇龙"号船长王琪先生，在向求新造船厂厂长陈金海发来的传真中，对该船评价道："此船装载量非常适宜，航行周期为一周，来往于新加坡和东南亚地区，真是太适宜了。该船的航速，加之其具有竞争性的燃油消耗量，使得它在运输业务中为我们带来巨大的利润。该船交付使用后，主机和甲板设备运转良好，驾驶室航海仪器一直工作正常，驾驶室配备的大量现代化导航设备，更是锦上添花；甲板吊车性能可靠，工作至今未出现过故障，是整条船建造质量的又一个优点。"

不但船舶建造，就连中国主机也受到外国船东和验船师们的交口赞誉。

挪威验船师斯克先生说："我走遍世界各地，验收过100多条船用柴油机，你们这台机器质量是最好的。"

1988年年初，大连船用柴油机厂又向挪威乌格兰穿梭油轮公司顺利交工1台5S60MCE5船用柴油机，该公司代表坦伯格在交机现场说："这是目前世界上最先进、最合理、最科学、最经济的大型低速船用柴油机。"

著名的挪威船级社的验船师曾称大连船用柴油机厂："完全有能力建造当今世界最为先进而且未曾建造过的机型，完全可以加入国际上公认的先进造机者的行列。"

对上海造船厂出口到德国的船用低速柴油机，瑞士服务工程师汉列斯坦认为："该机的质量和制造周期与日本、韩国的同类产品相比，毫不逊色。"德国驻厂冷藏船监造师拉斯先生也说："这台有许多改进措施的柴油机，在不到 1 年的时间里，高质量地制造成功，即使在德国也很罕见！"

1989 年，日本中心分析部次长相良隼二在《中国将成为新的造船王国》一文中，分析了世界造船发展趋势后，对中国造船业进行了评价。文中说：日本保持了 30 多年造船领先地位后，在 1988 年被韩国赶上了。根据劳氏船级社的统计，截至 1988 年 6 月底手持的工程量，韩国为 650 万总吨（占世界总量 27%），而日本为 580 万总吨（占 24%），而中国发展的势头绝不可小觑。他写道：

战后，日本首先超过英国成为世界造船第一，现在韩国又赶上来了，但它的竞争力已过早地出现了阴影，也成了被追赶的对象。那么，下一个世纪能赶上韩国的造船国在哪里呢？它无疑就是中国。

正如目前世界船舶的 60% 在日本、韩国、中国（含台湾）等地区建造的那样，东亚是世界上最适合造船的地区。而如果有什么国家能赶上日本及韩国的话，恐怕也只有中国！

中国的船舶出口，已扩大到德国、挪威、美国、澳大利亚等 50 多个国家和地区。在船舶种类上从油轮到散装货船这样的普通船型应有尽有，并已建造出诸如集装箱船、冷藏船、汽车专用船以及液化气船等技术性强、附加值高的船舶，其势锐不可当。

中国的竞争力主要在于船价比韩国低。他们以低工资为后盾的低船价对海外的船主有很大的吸引力。而且它的建造质量，评价也不低。一般认为，同韩国比，中国的建造方式比较严谨，在海外船主中正赢得广泛的信誉。

在设计上，除了十分特殊的船型，中国都可以自行设计，船用引擎也是通过引进国外技术来达到国产化的。而且造船厂的设备也在不断现代化，如使用电子计算机切割钢板等。

中国，已把造船工业作为一个出口创汇的战略产业作了长远的考虑，它准备在 2000 年以前，一方面将造船产量提高到 400 万吨，同时将船舶配套设备的国产化率提高到 80% 以上……

最近，由丹麦工业协会下属的 20 多家造船及配套企业组成的访华团，对中国大连、上海等地进行了友好访问，寻求与中国造船界、航运界合作。该访问团团长、丹麦工业协会高级顾问汉森通过访问，亲眼目睹了中国造船实力后，感慨颇多。他说：在大连他们见到能造巨型油船的船坞，在上海也见到正在建造的大型船坞。随着设施的完善和技术的进步，再加上中国的劳动力优势，汉森认为，到2010年左右，中国将成为世界造船大国和强国！正因为如此，他们选择了到中国访问，而不是日本、韩国或新加坡……

迎着初升的太阳，中国驶向世界的远洋巨轮，在浩瀚的大洋中掀起连天波涛！迎接它的，是一群群在辽阔的海天之间自由翱翔的海鸟！

第十二章

让历史告诉未来

　　100 多年前，一位预言家就曾预言：地中海是昔日的海洋，大西洋是今日的海洋，太平洋是未来的海洋。

　　这个预言家就是美国前国务卿约翰·海棣。

　　当人类即将进入到新的世纪时，世界有识之士更形成这样一个共识：21 世纪是海洋的世纪，21 世纪更是太平洋的世纪。

　　21 世纪，亚太地区将进一步崛起，成为世界新的经济亮点，这已是大势所趋，势不可挡。这一趋势的重要征兆，是世界造船中心的东移。1995 年，世界造船总量为 3450 万载重吨，而亚洲地区占 2769 万载重吨，为全球产量的 80% 以上。

　　面对这样的趋势，我们该想些什么，做些什么？这是摆在我们国家和民族面前的一个极其重要的问题。

　　机不可失，时不再来。

　　历史的经验值得注意，历史的教训值得记取。

　　中国船舶工业改革开放以来的历史，是中国现代造船史上一个灿烂的篇章，是最跌宕起伏、撼人心魄和可歌可泣的一段历史，面对这段历史，我们是陶然自得、沾沾自喜，还是奋发有为、再接再厉？

　　我们现在最需要的是——冷静。

　　过去了的便成为历史。活着的人便成为总结历史、正视现在、开创未来的人。

　　让历史告诉未来一些什么呢？

　　愿手持本书的人冷静地思索。

市场绝不相信眼泪

泪，浑浊而心伤的泪，从一位饱经沧桑的老人脸颊上流淌下来，纵横交错地填满了脸上深深的皱沟。

老人穿着一件破旧的西装和一双裂了口的皮鞋，手里提着一个简单的帆布袋，步履沉重地走出了工厂的大门。继而，他又回过头去，饱含泪水的眼睛，久久凝望着这个他干了一辈子的工厂。老人的眼中满是依恋和哀怨，他满头的白发连同路边的枯叶，在冷清萧瑟的寒风中飘飞。

老人名叫查宁·戈文克斯，他在这家工厂已经整整干了 32 个年头。这里，曾给他和妻儿提供过生活温饱；这里，付出了他一生的心血和汗水；这里，曾给了他生存的希望和美好的憧憬。可如今，他就要离开这里，永久地离开这里了——工厂破产倒闭，他已被解雇了。

这家工厂的倒闭，不仅成为世界造船界、航运界关注的热点，而且也是全球政界的热点话题——因为，这家船厂不但是波兰最大的造船厂，而且这里还是波兰团结工会的摇篮，诞生了波兰前总统瓦文萨。

1997 年 3 月 5 日，波兰大众银行宣布拒绝向格但斯克造船厂提供 1 亿美元的贷款。这一决定，无疑宣判了这家船厂的"死刑"。

早在 1996 年 3 月 5 日，格市法院就已裁决了这家船厂的破产，理由是资不抵债。为了维持工人们的生计，政府提出了改造船厂的计划，为此政府和银行等在破产框架范围内进行了多次磋商。

经过半年多时间的调研，波兰大众银行认为，为船厂贷款风险实在太大，提出了要政府必须提供 90% 的风险担保；船东必须以商定的费用 50% 作抵押；在合同中止前，不得拍卖船厂等苛刻的条件。这些条件，无疑是关上了贷款的大门。船厂已经一蹶不振，病入膏肓，毫无起死回生的希望了。

这座 1948 年建成投产的船厂，占地 135 公顷，半个世纪以来，共建造了 980 条各种型号、大小不同的舰船。由于摊子大、人员多，加上管理不善、设备陈旧，长期以来，船厂一直处于亏损状态。到 20 世纪 90 年代初，已如西下的夕阳，奄奄一息了。

1996 年 5 月 31 日，波兰的《经济生活》周刊封面，曾刊登了 1 张格但斯克船厂庞大的船坞照片。照片上用红色粗体字写着"SOS"拉丁字母，下面的说明词是：格但斯克造船厂———一艘下沉船只的求救信号！

船厂共有员工2.7万人，编制过大，但最大的问题是没有造船订单，工厂长期"吃不饱"。加之船厂设备非常落后，相当一部分作业只能在露天进行。如果碰到刮风下雨等恶劣天气，便只好停止作业。这样的作业，即使有了订单，必然成本高、工效低，还容易出事故。1995年前，船厂的造船周期长达3年左右。周期越长，贷款偿还期也拖长，支付利息就越多。这样导致船厂的债务犹如滚雪球，越滚越大，船厂成了一个吞噬大量资金的"吞金兽"，一个永远无法填满的无底洞。

当然，船厂的亏损也与波兰的经济情况密切相关。1995年波兰的通货膨胀率已超过22%。这导致了船厂的原材料、机器设备的成本上涨了30%以上。而与此同时，美元比价仅上调了11%。仅此一项，船厂这一年就减少了近4000万美元的收入。

为了紧缩开支，近几年来，工厂整顿了编制，把厂办学校交给了市政府，厂办旅馆用于抵债，厂办医院由格但斯克市接管，厂建宿舍出售给职工，把职工休假疗养所对外开放，调减在岗人员，等等。但这些措施只能医治表皮伤，无力医治内伤——如此，只剩一个无可奈何令职工们捶胸顿足的选择：破产倒闭！

格但斯克造船厂是前总统瓦文萨政治生涯中的一个"支点"。他从1967年开始在船厂谋生，并以此自立，走上社会，到1990年12月当选波兰总统。在20多年的风风雨雨之中，船厂为他提供了机遇和活动舞台。1995年他在总统竞选中落马后，1996年4月重返原来的船厂电工车间重操旧业。当他见船厂濒临破产，心急如焚，到美国等地四处奔走，寻求赞助和支援，但结果是两手空空，失望而归。

船厂宣布破产后，被解雇的工人们走上街头，以各种方式表达自己的"求生"要求。3月12日至14日，2000余名工人举行了游行示威。他们占据市中心十字路口，在无轨电车道和铁路轨道上焚烧画像、纸板和轮胎，在格省政府大楼前高喊反政府口号。团结工会主席扎克莱夫斯基宣布成立全国性的抗议指挥部，以协调全国范围内的抗议活动。

世界舆论大哗，纷纷发表评论：波兰最大的船厂倒闭，团结工会的"摇篮"被遗弃，是历史的无情，还是"自由市场经济"的残酷？这一枚苦涩的果子，在无情的现实面前，将由不能驾驭市场规律的人们吞食。

市场信奉的是丛林中的规则，它不相信眼泪，也不同情弱者。它的规则是残酷的，弱肉强食，适者生存。

其实，遭受如此厄运的岂止是波兰的格但斯克船厂。如前所述，先期关闭的英国坎默尔·莱尔德船厂，是已有165年历史业绩赫然的老厂；德国的不莱梅·富坎集团，也是建于 1805 年的久负盛名的老厂，也于 1996 年 4 月宣告破产；丹麦的 B&W 造船公司，同样也是一家举世闻名的老厂，也于 1996 年 5 月宣布停业；还有在世界造船史上颇有名气的希腊，已经有多年不见有造船的报道……

其他手持一定订单的船厂形势也不容乐观，竞争也异常激烈，用世界舆论的行话说：国际造船市场烽烟正浓。

近年，日本从韩国手中夺回了部分订单。为了对付日本的"扩张"行为，韩国船厂率先降价 5%—10%；为此，日本船厂以牙还牙，以选择权来吸引用户，并取得国内的支持。鉴于币值的升降是影响船价竞争力的一个重要因素，因此，在日元升值的情况下，世界舆论普遍对日本船厂获得订单的盈利性表示怀疑。而其他国家和地区的船厂情形肯定比日韩更为悲观。为使自己的商船出口，美国政府实施了对新造船补贴的担保制度；同一时期，欧洲所有船厂订货均不理想，只得到了标准船舶订单的很小部分；1994 年，西班牙比塞踏的贬值，使西班牙船厂撤出了许多项目。在欧洲，新船价格也下跌了 5%—10%……

烽烟滚滚，飞沙走石。市场如战场，这话一点也不过分。在这风云突变、变化莫测的市场上，胜则生，败则亡，它不因任何人的意志为转移，它不因任何人的眼泪而产生怜悯之心——别无选择，惟一的求生方式是——竞争！

一场密而未宣的海难

一轮娇美的月亮游移在淡淡的云彩之中，她如水的光华撒遍人寰。

星星还是那个星星，月亮还是那个月亮。不管在太平洋的此岸还是彼岸，天有阴晴，月有圆缺——在人类居住的这个星球上，不管是哪块地域的居民，都没有必要自吹自擂自己的天空中的月亮比别的地方明亮，也没有必要自暴自弃，哀叹自己夜空中的月亮比别的地方暗淡。

我们要客观地、辩证地看待这个世界。

中国的月亮有圆有缺，外国的月亮也有缺有圆，而绝非像有人所说的那样"外国的月亮比中国的圆"。

引申到科学技术领域亦然。

中国的卫星发射曾有过令人失望的失败，但美国和苏联的航天飞机、火箭发射也曾发生过惨烈的爆炸；中国建造的远洋船舶在海上曾出现过故障，但国外发达国家建造的船只却多次在海上发生海难！

下面讲述的由国外建造的中国远洋货轮，在海上发生的一场触目惊心的海难，绝非作者杜撰。当然由于种种原因，过去对外只是密而未宣罢了。

这条多用途远洋货船，就是我国广州海运局向 L 国订购的 12 条船中的第一艘——"德宝"号。

1986 年 6 月 23 日。

这是一个阴霾的日子，中国北京田纪云副总理办公室的电话铃骤然响起。田副总理接过电话，脸色瞬间变得异常严峻。电话中他得到一个不幸的消息：广州海运局的"德宝"号货轮在印度洋上已经失踪整整 8 天！

"尽快查明情况！"田副总理明确指示，"情况查明后，立即上报国务院！"

中国海洋运输总公司立即向所属的各家公司发出紧急命令：凡是航行经过印度洋的远洋轮，密切注意寻找"德宝"号！同时，我国政府还通过外交途径，委托美、英、法、印等国的海空军，帮助在印度洋上搜索"德宝"号的踪迹。

可在广袤的印度洋上，一艘四五千吨的货船，简直就如同一片小小的枯叶，瞬间就可消失得无影无踪！时间在焦急的寻找和等待中一天天过去，"德宝"号失踪整整 28 天后，依然杳无音信。焦急寻找和等待的人们忧心如焚。直到 1986 年 7 月 14 日傍晚，也就是"德宝"号失踪 29 天之后，美国驻华使馆突然通知我方：日本一艘名叫"三井丸"的货船在密纳库克岛附近发现一只救生筏，他们从救生筏上救起两名奄奄一息的中国船员！

经查实，这两名船员就是"德宝"号的船员，一个是水手长，另一个是一等水手。这两名船员是"德宝"号最后的幸存者！

前面说过，"德宝"号是我国向 L 国订购，由 L 国船厂建造的 4800 吨多用途货船。在 L 国建造和交船时，由于我方认为船的建造质量和机械设备有问题，所以迟迟没在交船证书上签字。后考虑到两国的友好关系，经有关方面做了不少工作，广州海运局 34 名船员于 1986 年 3 月 11 日登船接走了"德宝"号。

3 月 30 日，"德宝"号装了 3300 多吨盘元，从康斯坦萨港起航，踏上了回归祖国的航程。

由于"德宝"号先天不足，回国航行途中，不是主机出问题，就是辅机有毛病，后来船喘息着实在跑不动了，只好在东非吉布提的锚地抛锚待了整整两个月，由 L 国船厂的工程技术人员带来备件维修。

6 月 14 日上午 8 时，"德宝"号修复起航离开东非，向风急浪高的印度洋驶去。船长心里很清楚，由于修船两个月耽误了横渡印度洋的最好时机，而迎接他们的是威胁很大的西南季风期，他一再嘱咐和关照轮机部门的船员们，过印度洋时主机万万不可停机，就像一名马拉松运动员在长跑中心脏不能停止跳动一样，否则后果不堪设想。

两天之后，不争气的"德宝"号主机果然停车了！正在当班的三管轮起初还不相信，当他获准这个信息时，竟像木偶一样呆住了。两位轮机长几乎是发疯一样冲下机舱，船长赶来时，脸色也变得铁青。主机停机的原因很快查明，经过紧张排除，主机才勉强转动起来。可当船长气喘吁吁地从机舱爬上来时，猛然发现船身已经严重倾斜，"德宝"号就像一个严重的心脏病患者，无力地横卧在风高浪急的茫茫海洋上。

不幸的是，主机又很快停车，船身继续向左倾斜，汹涌的海水像饿狼一样涌进机舱和船舱！

货船危在旦夕，眼看就要倾覆在大海之中！当水手长带领4名水手跃入波涛汹涌的大海，去追逐从"德宝"号上脱钩漂走的救生筏时，他们回头一看，整个"德宝"号连同船上所有的船员，已经在海面上消失得无影无踪！毫无疑问，凶残的印度洋波浪一瞬间便吞噬了"德宝"号！

水手长和4名水手侥幸地爬上了救生筏，可令人失望的是，筏上没有任何航海仪器，只发现两包饼干和一小袋淡水。印度洋上毒辣的太阳烘烤着5名幸存者。一天暴晒之后，人人全身都脱了一层皮。接连5天，海上没有一滴雨，唯一的淡水袋早已干涸。6月23日早晨和6月24日、25日，副水手长、机匠、二副在海上漂流中，先后在干渴和绝望中离开了人世，投进了大海的怀抱。

水手长和一名体魄健壮的水手，怀着强烈的求生信念，在印度洋上漂流了24天，终于在马尔代夫北面的密纳库克岛附近遇到了一艘日本货轮，他们得救了。

"德宝"号遇难，当然有多种原因，最直接的原因当然是主机停机、印度洋西南季风和风浪中货物移动——但归根结底，还是船舶建造质量问题造成先天不足，埋下事故隐患；而有关方面违背科学规律，进行行政干预，已知不可为而为之，让接船部门勉强接下不合格的船，冒险在海上航行，恐怕这才是造成这次海难最根本的原因。

船舶建造质量问题，是船舶行业的生命，更是船员们的生命！

这起海难令人痛心疾首，其教训是惨痛的，损失也是巨大的，2700万元船的造价，2300多吨货物，还有32条活生生的生命！

遇难者的亲人们悲痛万分，他们泪流满面地对着茫茫的大海撕心裂肺地喊叫着：这是为什么，为什么呀！

这场海难，给人们留下的思索实在太多太多……

江河湖泊呼唤庞大的船队

一条大河波浪宽，
风吹稻花香两岸。
我家就在岸边住，
听惯了艄公的号子，
看惯了船上的白帆。
……

这首脍炙人口的歌曲，给我们描绘了一幅多么美丽迷人的图画，把人们带进了一个令人流连忘返的地方！

长江，祖国的母亲河。

长江，她不但是中华民族的象征，也是中华民族的摇篮，她像母亲的乳汁一样，自古以来就哺育着华夏民族的子孙。

长江很可爱，但长江也很可惜。

单从航运这个角度来讲，长江的自然条件比世界上任何同类型的河流都要好。长江与最有可比性的密西西比河相比，密西西比河的水流量只有长江的一半，水系通航里程只有三分之一强。其他河流就更不用说了。长江有大小通航支流 3800 多条，通航里程有 7 万多公里，约占全国内河通航总里程的三分之二。其中干流从宜宾至重庆段可通航 200 至 800 吨级的船舶；重庆至宜昌段全年可通航 1500 吨级船舶，三峡截流之后，可通航 3000 吨级的船舶；武汉至南京全年基本上可通航 5000 吨级江轮；南京至长江口，乘潮可通航 1.5 万吨级海轮，其中洪水季节（一年约有 8 个月），3000 至 5000 吨级海轮可通航至汉口。

随着我国造船技术水平的提高，特别是浅吃水肥大型江海直达船等新船型的研制开发，上述航段的通航船舶，吨级可增加近 1 倍！三峡工程截流后，川江通航能力也应成倍增加。加上宜昌以下长江干流，江面宽阔，上下船队几乎不会受会船、让船的限制，即使两三个船队在江中平行也不会显得拥挤。

滚滚的江水，使长江通航的地域达到大半个中国，东西贯通，连接国内两个最大的直辖市，串通沿途 7 个省市和上千个大中小城市。所以外国人历来都把长江称之为"黄金水道"。

得天独厚，举世艳羡。但我们这条"黄金水道"实在太可惜了！

前面那首脍炙人口的歌曲，固然把我们带进了一个如诗如画的境界当中——可仔细一想，这是一个什么样的境界啊，充其量只是一种田园牧歌式带着古老意味的农耕画面而已！和工业化、现代化、高速度、快节奏的现代社会是格格不入的。难道，我们这一代人，乃至我们的子孙们，还要在一条波浪宽的大河上，继续看那纤夫们沉重地拉着纤绳，听那艄公声嘶力竭地喊着号子，看那船桅上由风吹而鼓起的白帆？

我们应该立下誓言：永远不再听那苦雨中艄公和纤夫们的号子，永远不再看那挣扎在凄风中千疮百孔的船帆！行驶在我们可爱的长江之上的，应该是钢铁铸就飞速航行的巨轮，巨轮之上的，是潇洒豪迈的船员！

太可惜了，我们的长江！这条能顶几条甚至几十条铁路或公路运输能力的长江，虽然现在情况有所好转，但迄今尚未得到很好的开发利用——凡是坐船在长江旅行过的人，一路见到多少正在航行的船舶，多少停泊巨轮的港口？

目前长江的年运输量，大约只有 3 亿多吨，与美国相比，大约只有密西西比河的三分之一，仅相当于它的支流俄亥俄河。而长江通航的里程却比密西西比河多 60%！与苏联相比，大约只及伏尔加河的二分之一，但伏尔加河每年的通航期只有 200 天左右。与西欧相比，大约也只有莱茵河的二分之一，而莱茵河比长江的支流汉水还要短 200 公里！

同时，我们的教训也是深刻的。一是几十年间我们在长江水系通航河流上建了数不清的水利闸坝，不少水利闸坝没有兼顾航运利益，切断了通航里程 1000 余公里。四川的嘉陵江，由于建闸坝等原因，一条完整的航道被分成了几段，互不相通。安徽 40 多条支流的河口已被填死 20 多条。二是沿江沿河不是努力发展航运，而是平行修建无数的铁路公路，造成重复建设，挤掉了水运，没有充分发挥水运的潜力。其实在发达国家，工业布局、运输方式和我们大不相同。如美国，有 96% 的炼钢厂、100% 的炼焦厂等都建在内河两岸，几乎全是依靠廉价的水路运输原材料和产成品。三是长江水系上所建的桥梁越来越多，这些桥梁，像一条条锁链，锁住了航道。

当然，在如何利用长江水道问题上，多年来在国内都引起争议，各持己见，众说纷纭，包括对已经修建好的长江三峡工程，孰是孰非，这些年来依然争论不休——作者不是这方面的专家，不敢妄自评议，让时间来最终做出公正的裁决吧。

哦，可爱的长江，中华民族的母亲河！

其实，我们只是将长江作为一个典型的例子来进行剖析罢了。在我国的江河湖泊上，能通航的航道何止千条万条，但我们到底有多少船舶在这些航道上航行呢？

我们这些航道利用率到底有多高，开发建设的情况如何呢？有人系统地做过调研，提出过全面的切实可行的规划吗？

想来是有的。

早在1978年6月18日，邓小平同志在听取六机部和海军领导的汇报后指出："要多造内河船，充分利用我国的河流，充分利用水运，比陆运好得多。"一隔几十年，我们有关方面到底落实得如何呢？

幸好，作者在采访时，偶尔看到一条消息，不由得心中一喜！

为适应青藏高原雅鲁藏布江的航道情况，中国船舶工业总公司为此专门研制了该江适航的船舶，并于1997年3月下水开始航行——这则消息虽不起眼，但在内行人看来，这无疑给人们带来一丝新鲜的空气。因地制宜发展我国航运事业，这是关系到国计民生的久远之策。既然千百年来只能漂浮牛皮筏子的雅鲁藏布江都能航行船舶，发展我国其他江河湖泊的航运更不成问题。

我国江河湖泊纵横交错，星罗棋布，在飞速发展高速铁路、高速公路等陆上交通的同时，进一步充分利用水面，发展我国航运事业已势在必行；航运业的发展，又必然进一步促进造船业的繁荣。这一天，我们相信一定会到来的。

我们更是深信，进入新时代的中国，在我们的江河湖泊上，从此再不会听见艄公的号子，而是嘹亮高亢的汽笛声；看到的也不会是船上的白帆，而是飘扬着五星红旗来回疾驰的现代船舶了。

中国人的海洋强国梦

未来的世纪，将是海洋的世纪。

这是一个不容置疑的科学论断。

前面讲过，水是万物的本源，人类披着秀发从海洋中走来，最终还将以新的形式回到海洋中去。

在人类居住的这颗蓝色的星球上，地球的表面积为5.1亿平方公里，其中海洋就占了71%！在海洋这巨大的宝库中，它的生物达20多万种，其中动物约为18万种，植物为2.5万种，可供食用的鱼类就有200多种。据专家们估计，海洋如果在生态平衡的情况下，每年可为人类提供动植物食品30多亿吨，可以满足全球300亿人的全部蛋白质需要。而且目前人类开发利用的还不到三百分之一！

在海洋中，矿物资源约有 6000 亿吨，令陆上的储量望尘莫及。其中，海洋大陆架石油可采储量约有 2500 亿吨，相当于陆地储量的 3 倍。目前全世界约有 400 个海上油田，年产油量约为 8 亿多吨，占全球石油产量的四分之一，年产值达 3000 多亿美元。而海底蕴藏的金、银、铜、铁、锌等有色和黑色金属，可供人类使用几千年。

海洋，实在是一个硕大无比的聚宝盆。

随着人类的繁衍，人口急骤的增长，陆地资源的枯竭，人类大规模进军海洋是一个必然趋势。从 20 世纪中期以来，由于世界各国都认识到海洋的重要性，海洋更成为各国趋之若鹜的风水宝地，都意欲争相揽入自己国家的版图——我相邻国家在南海、东海与我们的领海和岛屿之争，就是这种趋势突现的结果。

远古以来，中华民族就繁衍生息在太平洋西海岸。如前所述，尽管她曾在海上创造过无与伦比的辉煌，可近代以来，当西方濒临海洋的国家都把海洋看作自己的疆土，把海权视如生命和血液同等重要时，而闭关自守的中华帝国却看不见辽阔的大海，更忽视了浩瀚海洋的存在。他们眼中的大海，无非就是小渔船小舢板加鱼钩渔网，在浅海捞一点鱼虾而已！

自清朝入关封锁大海以来，整整几百年时间里，我们国人海洋意识的淡薄到了令人吃惊的地步。即使在新中国成立初期，在许多国人眼中，中国国土的总面积是 960 万平方公里，而忽视了除此之外还有 300 万平方公里的蓝色海洋！

拥有 13 亿人口的中华民族，人均耕地面积不到 1.5 亩，约占世界平均耕地水平的四分之一！而我们必须要用占世界 6.8% 的耕地养活占世界近四分之一的人口！这是摆在我们面前十分紧迫而又亟待解决的问题。

我们未来的出路在哪里呢？

我们除了继续向陆地本土要资源要食物的同时，要把我们的视野延伸到 300 万平方公里的蓝色海洋上去！

当人类进入到新世纪时，国际上都形成了一个共识，新的世纪必将是海洋的世纪。

向海而兴，背海而衰。这已成为我国有识之士的共识。"海洋正成为人类第二生存空间"、"谁拥有了海洋就拥有了未来"，改革开放以来，这些意识已逐渐向国人渗透，并逐渐形成国人的共识。

1996 年 5 月 15 日，全国人大常委会正式批准了《联合国海洋法公约》，这将有助于我们从法律层面保护我国海洋权益和海洋资源，这更要求我国人民增强海洋国土意识。

特别是党的十八大以来，在以习近平同志为核心的党中央领导下，党和国家向全国人民发出了"在中华民族实现伟大复兴的强国梦中，要把我国建设成为海洋强国"的号召，更是鼓舞人心、深入人心。

按《联合国海洋法公约》所勘定的我国海洋边界内，其海底资源和海洋资源蕴藏量是令人振奋的。仅以南沙海域的油气资源为例，在已发现的曾母暗沙盆地、文莱沙巴盆地、湄公盆地、万安盆地等处，初步估计石油为几百亿吨，天然气为8万至10万亿立方米。即使按发现和采收率作最保守估计，价值也值上万亿美元。目前，在南中国海的某些国家，非法侵占了南沙岛屿，大量地开采石油和天然气，这实在是我们不能容忍的！

要迎接海洋世纪的到来，要开拓和开发我们广袤的蓝色疆土，我们必须拥有庞大的商船船队，拥有一支庞大的水产资源船队，拥有一支海上石油和天然气等矿产资源开发和运输船队，更需要拥有一支能够维护我国海域和平和安全、保卫我国领海强大的海军舰队！

这一切，都离不开我国拥有强大的造船工业体系！

路漫漫其修远兮。

尽管这些年来，我国造船工业取得了令整个世界瞩目的成就，且只用了40年的时间，弯道超车，就走完了西方国家近百年来走过的发展历程，但由于种种原因，在军用舰艇特别是航母等研制方面，我们和美国等发达的国家还有一定的差距。随着世界造船业的发展，这个融技术、劳动、资金密集型为一体的产业，它所包含的高新技术将会越来越多，资金含量越来越大，我国船舶工业要适应未来海洋世纪的要求，适应复杂的国际和周边环境的需要，为中华民族的伟大复兴作出贡献，我们面前还有很艰苦漫长的路要走。

一位老人的临终心愿

他轻轻地合上自己的眼睛，走了，正如他轻轻地来到这个世界。

走了，他悄悄地走了，比一个普通百姓的辞世还悄无声息。只有他家中墙上嵌着他照片的镜框，披上了黑纱、缀上了白花。在那镜框中，固定下一个永恒的形象。透过他那宽边的眼镜，可以看见他深邃睿智的眼睛，正深情地注视着每个前来向他告别的战友和同志们。

他走了，悄悄地走了。

我曾讲过"生不作寿，死不治丧"，这是我平生的夙愿。像我这样普通的共产党员，死了就应当悄悄地消逝，不要搞什么繁文缛节，浪费大家精神，具体意见是：

一、坚决不搞任何形式的追悼会、遗体告别仪式，家庭也不设灵堂。二、在报上登一简单消息，全文拟为"×××同志，中共党员，曾在国家计委、外贸部、第六机械工业部工作过，于×月×日逝世"。此外，不发讣告，不写死者生平介绍，更不必费脑筋搞什么对死者的评价。三、遗体提供医学研究，有用的器官可加以利用，不保留骨灰。四、身后遗物皆由我妻陈欣同志处理。我二人已商定，在我二人死后，所遗财物都捐献给教育事业。五、我的子女侄辈都已成家立业，独立生活。我死之后希望他们不要辜负党和人民对他们的培养教育，不要辜负先辈对他们做好社会主义事业接班人的厚望……

他走了，这是 1997 年 2 月 13 日凌晨。这一天，北京城里风寒露冷，雨雪纷飞。在此之前一年，可能他自己已预料到了什么，亲笔写下了遗嘱：

抗战军兴我投奔革命，当时以身许国，生死早置之度外，从未奢望能活到抗战胜利。不想我不仅看到抗日战争和解放战争的胜利，而且目睹新中国的成立，参加了四十多年的国家建设，活到八十多岁高龄。这一切是当初万万没有料到的。

五十多年来，我忠实地执行党的决定，遵守党的纪律，为党和人民做过一些工作，但这一切都是一个共产党员分内应做的事，毫无值得夸耀的地方。扪心自问，党和人民给予我的已经很多很多，自己对党和人民所作的贡献，实在是微不足道的。我每每拿自己和老一辈革命家的革命精神和高尚情操比较，总觉得惭愧，在革命队伍中我不过是一个普通的战士，在党内我不过是一个普通的党员……

是的，柴树藩这个普通的战士、普通的党员，从他的遗嘱中，却透出了绝不普通的胸襟和情怀、高风和亮节。他的一生，为党和人民，为自己的国家和民族，无私地奉献了自己的全部精力和智慧、热血和生命，而在他留给组织和亲人的遗嘱中，却是那么的低调，那么的谦逊，那么的高洁！他带着满身的硝烟，从血与火的战争中走来，在社会主义建设时期，披星戴月、夜以继日，为党和人民做了大量卓有成效的工作，建立了不朽的功勋。

特别是在他年近古稀之时，受命于危难之际，在主持六机部和中国船舶工业总公司工作期间，以高度的责任感和使命感，坚定不移地执行邓小平同志关于"船舶工业要打进国际市场，要竞争过日本"的指示，义无反顾地带领整个行业突破重围，打进国际市场，实现了中国船舶工业的战略大转移；他坚决贯彻中央关于"以六机部为改革试点进行体制改革"的战略部署，以博大的胸怀和一往无前的气概，率先将六机部由政府部门改组为经济实体。

在他主持六机部和船舶总公司工作最艰难的时期，卧薪尝胆，殚精竭虑，以改革家的胆略和勇气，排除一切干扰，顶住一切压力，高屋建瓴地洞察世界船舶市场形势，有的放矢地制定打进国际市场的战略战术，坚定不移地按照市场经济的客观规律和要求，抓住国际船舶市场短暂回升的机会，果断决策因势利导，率先从国外引进适合我国国情的先进制

柴树藩常年深入基层调研，和干部工人在一起

造技术和管理经验，让中国造船与国际惯例接轨。他克服重重困难，在全国工业行业中，率先提出解放思想，打破旧的体制和机制，实行了大规模的技术更新改造，扩大造船能力，承接出口船舶，并以香港为突破口，在世界船舶市场中杀出了一条血路来。由此，带动了全行业的技术进步和发展，在满是暗礁和急流的大洋上，为我国成为世界造船大国开辟出一条正确的航道来。

柴树藩为我国船舶工业走出困境，为中国船舶工业打进国际市场，进而实现伟大的复兴作出了重大贡献，功不可没。

"每当我在报纸上、电视中看见我们的同胞往香港那边跑，却被人家像羊群一样毫不留情地赶了回来，我的心里就非常难过！"粉碎"四人帮"后，柴树藩多次对同事们讲道，"我们的同胞往香港那边跑，说到底，无非就是我们的国家太穷了！如果我们国家富有了，谁愿意离乡背井跑到人家那里去呀！作为一个中国人，我们有责任使国家强盛，人民富足！到了我们已是民富国强的时候，你就是把边境开放了，谁还愿意往那边跑呀！"

柴树藩的预言今天已经基本实现。

1980年10月，他赴香港出席中国内地和香港船舶联营公司成立大会期间，在与"世界船王"包玉刚谈到中国的教育问题时，他对包玉刚说道：您是世界的"船王"，想办什么事都能心想事成；而我和您的情况就完全不同，我这一辈子都很穷，想做点什么事都捉襟见肘。战争年代，我们只领

一点津贴；新中国成立以后，也只是靠国家工资过日子——但我和我老伴商量好了，我们死了之后，家里的那点财产和存款，绝不留给子女，全部捐献给国家的教育事业！

包玉刚听完此话，沉吟半晌未语，只是用赞佩的目光望着柴树藩。大概是柴树藩的话启发和感动了包玉刚，不久他来到北京，就向柴树藩表示，他愿捐1000万美元在上海交通大学援建1座图书馆。包玉刚援建的这座图书馆，当时在我国高校中，面积最大、设备最先进，首开了改革开放之后海外爱国人士援助我国教育事业的成功先例。

柴树藩这名普通的战士，普通的党员，在位时他勤勤恳恳、兢兢业业，全部时间和精力都用在了工作上。1985年，时年75岁的他从船舶总公司董事长岗位上退了下来，但不顾自己年事已高，时刻都在牵挂着我国改革开放事业，特别是船舶工业发展。他经常外出调研，大连、上海、青岛、广州的船厂，几乎都留下他年迈的足迹。那些年，他以一位普通党员的身份，向中央和船舶工业总公司提出许多重大建议。船舶工业行业的每一项重点工程、重要装备建设，他都为此操过心。

直到他已经87岁高龄了，受组织委托，他还在考虑船舶工业"九五"规划问题。每天，他的时间都排得满满的，不是找船舶总公司或国家计委领导了解情况，就是翻阅资料奋笔疾书。望着他已经佝偻的腰身和日渐衰弱的身体，老伴陈欣半开玩笑半认真地说："树藩哪，你要知道年龄，你已经87岁了，怎么还在打工呀？"柴树藩笑答："是呀，我是在为共产党打工，为我们的船舶事业打工呀！"

经过不知多少个不眠之夜，这位老人以他丰富的经济工作经验和敏锐的洞察力，总结了船舶工业改革开放以来的历史经验教训，分析了面临的困难、机遇和挑战，提出了加快船舶工业发展的目标、思路和政策建议。《船舶工业"九五"发展规划的建议》完成后，他将这份建议慎重地送交了当时的国务院副总理朱镕基、国家计委和船舶总公司党组。这天晚上，他像完成了一项重大的工程一样，激动得一夜未眠。

这里还有个插曲：当年在东北工业局和国家计委工作时，当时的国务院副总理朱镕基一直就是柴树藩的直接部属。柴树藩十分青睐朱镕基的人品和才干，就如同陈云同志欣赏他的才干和人品一样。朱镕基对柴树藩这个老上级也十分敬重，尽管后来他担任了国务院总理，每年春节他不能亲自到柴树藩家里来，但总忘不了打个电话向他全家拜年。

《船舶工业"九五"规划建议》完成了。这份《规划》的字里行间，透出一个老共产党员对党和人民事业的拳拳赤子之心，透出了柴树藩对中国船舶工业发展的远见卓识。直到他已经住进医院，在生命的最后日子里，吸着氧气，打着点滴，他还在关心着上海外高桥船舶基地的建设，还在向前来探视他的领导和同志们询问国家对船舶工业的政策落实情况。

"不管如何艰难，我们已经占领的国际船舶市场决不能丢掉，我们贯彻邓小平同志打进国际市场、一定要竞争过日本的决心和目标决不能动摇！"柴树藩嘱咐完船舶总公司领导后，略带遗憾地对他们讲道，"我们这一代人，未能实现与日本、韩国三分天下的目标，真是遗憾！我们的下一代人，一定要实现这个目标，相信一定能实现这个目标！果能如此，我们船舶战线的同志们，就算完成了小平同志对我们的嘱托，就算完成了他交给我们的这个战略任务——那么，我也就死而无憾了！"

"柴部长走了，他为党和人们的事业，特别是中国船舶工业走出困境，取得重大发展，倾注了全部心血和精力。不管何时何地，他想的是工作，谈的是工作，做的还是工作，我几乎没听他谈过自己和家人……"作者采访时，秘书苏智一谈起柴树藩，他的眼里就含着

柴树藩的骨灰撒在大连和上海船舶建造基地的大海中

泪水，动情地追忆着他的老首长，"他一辈子对自己的子女、亲属，包括身边的工作人员要求都很严格，决不允许他们搞任何一点特殊！他严于律己，两袖清风，不管走到哪个地方，生活上从来没提出过任何要求。吃饭时，连碗里的菜汤也要喝得干干净净。他去世后，我们几个老同志到他家里去看了看，他床上铺的床单，打着4个大的补丁……可他早在10多年前，在香港和包玉刚谈话时，就向他表明：他和老伴，一辈子没有多少财产，但他们死后，所有微薄的财产和仅有的一点存款，全部捐献给教育事业……他的言行，当时就感动了包玉刚。"苏智讲着讲着，抹着眼泪，哽咽着讲不下去了。

柴树藩走了，悄悄地走了。他走后，按照他的遗愿，将他的骨灰撒在了大连香炉礁和上海外高桥造船基地的海域之中——他要在那里看着中国船舶事业发展和壮大，永远和中国的造船事业、造船工人们在一起。

临终时，柴树藩老人留下的心愿，既有殷切的希望，也有些微的遗憾，更

有催人奋发的力量——而今，中国造船业不但早已与日韩三分天下，而且已独占鳌头雄踞于太平洋西海岸，倘若他的英灵在海下有知，应该感到欣慰了。

历史留给人们的思索

风吹云涌，惊涛拍岸。

当年，在新世纪即将到来，在我国船舶工业迅猛发展，赶超日、韩两国已成定势之时，《人民日报》2009年2月10日刊出的1条消息，让国人备受鼓舞：

当前，我国船舶工业已处于由大转强的关键时期。据英劳氏船级社统计，过去的一年，我国造船完工的总量为2881万吨，已占世界造船市场份额的三成，而新接的订单和手持的订单分别为5818万吨和2040万载重吨，分别占世界市场的37.7%和35.5%，直逼韩国。在与日本、韩国等主要竞争对手的较量中，我国船舶工业已达到三分天下有其一。在造船的三大指标上，全面赶超日本和韩国，已是不容置疑指日可待之事……

这条简短的消息，欣喜地告诉我们，中国造船业经过短短30年迅猛的发展，不仅进入世界造船大国的行列，而且即将超越日韩，独占世界造船行业的鳌头！

30年前，邓小平"赶船下海"，在发出"中国船舶要打进国际市场，一定要竞争过日本"的号令时，还被人质疑和讥消为"乌托邦似的空想"、"只是振奋人心的口号"；而今这位老人的预言和夙愿，已经提前实现，中国人近百年来在世界造船界的辛酸和屈辱，从此将洗刷得荡然无存！

中国有句古语说得好：燕雀焉知鸿鹄之志哉！

一个伟人之所以伟大，就在于在纷繁复杂的世事乱象中，他的目光能够穿越历史和现实，能够透过表象看到事物的本质，能够独树一帜、独辟蹊径，实事求是地作出科学的决断和决策来——邓小平就是这样的伟人。

中国造船业在世界船舶市场衰落萧条的大背景下，邓小平同志高瞻远瞩、运筹帷幄，果断"赶船下海"；由于以柴树藩为代表的船舶工业几十万职工卧薪尝胆、浴血苦战，敢于与世界强手竞争，一枝独秀地实现了船舶出口，从而使自己的技术水平和管理能力也得到极大提高，如同春蚕破茧而出，终于见到了大自然明媚的春光。

20 世纪 90 年代，时任国务院副总理的朱镕基曾深有感慨地说过："过去认为船舶出口那是想都不可能想的事，现在真正出口比较好的，还是船舶工业。"主管外贸出口的副总理李岚清也曾郑重地在会上讲道："现在，我们国家唯一能够称得上出口型产业的，就是造船！"

牵一发而动全身。改革开放以来，由于船舶工业的崛起，特别是大规模的船舶出口，也给国内其他产业带来福音，带动了其他产业的发展，形成产业良性循环的态势。

中国船舶大批量的出口，消耗了大量的中厚钢板，拉高了中国钢铁企业的产能和质量。如此，钢厂不约而同地要从国外进口铁矿砂，到 20 世纪末，进口的铁矿砂已超过 2 亿吨，光运铁矿砂就需要 7—8 万吨的矿砂船 800 艘左右。这样一来，不光逼升了运费，同时又提高了矿砂船的需求量，最终船厂又能接到更多的订单。

造船产量增加的同时，需要大量的主机、辅机、电子产品，这些产品的数量和质量也得到大幅度提高。不光如此，造船业的勃然兴起，又能解决了大批的人员就业。

与此同时，随着我国进出口贸易日益增长，也需要大批海轮，特别是近几年习近平主席提出"一带一路"伟大的战略构想后，海上"丝绸之路"所需的远洋船舶将更大规模地增加。在全球造船业、航运业受惠于中国的繁荣和发展时，中国的船厂当然也乐在其中。

更为重要的是，随着中国造船业的崛起，大量民用商船的建造，中国造船人不但很好地完成了邓小平赋予的"军民结合，以民养军"这个神圣的历史使命，而且在建造民船的过程中，必然极大提高了军用舰艇的建造能力、建造质量和技术水平，为中国海军建设提供了强大的支持，为中国海军走向深蓝，驶向世界大洋提供了技术和能力保障——中国第一艘航母完美地建成下水，就是其中的代表作之一。

"令人不可思议的是，中国造船业似乎在不经意之间，就把一个身处大陆的中国，推向了海洋大国的地位。"2017 年年初，新加坡《联合早报》刊文惊叹道。

当代著名的军事文学作家宋宜昌先生谈道：从中国海军的壮大和崛起中，我们来反观俄罗斯，自 17 世纪彼得大帝在芬兰湾建起首都彼得堡后，一直都在寻找通向温水的海洋之路，一直都在攻城略地，希望既成为一个陆上强国，又成为一个海洋强国。在苏联最鼎盛的 1953 年到 1979 年（赫鲁晓夫和勃列日涅夫时期）的 26 年间，他们坐拥世界上最长的海岸线，拥有世界最高的钢产量，以及世界上训练有素的廉价工程师和工人，却一门心思建造核动力导弹潜艇、核动力攻击型潜艇、直升机航母、巡洋舰和驱逐舰，以及大量的导弹快艇和常规动力潜艇，甚至出了一位伟大的海军统帅戈尔什科夫元帅，他的成就足以和美国的马汉和德国的提尔匹茨媲美。但他们一门心思想与美国争锋，忽视了民船和世界市场，更没有想到造船技术和利润的关系。其结果，那些骄傲的军舰和潜艇，不是锈烂在新地岛和海参崴，就是卖给别国当娱乐设施。

今天的中国，这些年来在"稳住阵脚，韬光养晦"的战略策略下，在世界上非常低调，很少张扬和炫耀，可在不经意之间，离世界海洋强国之梦却越来越近。

历史就这样开着冷酷的玩笑。

更耐人寻味的是，那些曾经建造了世界一流商船和军舰的英格兰和美利坚大船坞，现在却长满青草，无人问津。美国自称统治着世界的海洋，拥有全球最庞大的海上舰队，却早已放弃了民船制造，因为造船人工费用太高，造船不如买船。只好将纳税人大把的钱，用来养活弗吉尼亚州纽波特纽斯的核动力航母船坞，养活缅因州巴恩钢铁公司的特种水面舰艇船坞等。

既要维持海上霸主的地位，又要拿出大把的美元来建造海军舰艇，难怪奥巴马在国内一片抗议声中，屡次砍掉海军建造核动力航母的计划。特朗普上台之后，尽管大呼大叫要重振美国的制造业，要增加多少多少海军军费，要再造多少艘航空母舰、多少艘核动力潜艇，但恐怕也会是雷声大雨点小，心有余而力不足。

他们要造 1 艘 DDG1000 型驱逐舰，洛克希德·马丁公司竟要价 40 亿美元，造 1 艘 1000 吨级的隐形舰，英格尔斯公司竟要价 10 亿美元，比得上几架 F—22 战斗机的价钱了。这么昂贵的价钱，美国这个海洋霸主的地位还能维持多久呢？

而反观中国，正如英国《简氏防务》周刊所评论的那样："中国从 1980 年承接 2.7 万吨散货船的破冰之举，到 1999 年承接 30 万吨超大型油轮（VLCC）初露锋芒；从在世界造船界名不见经传，到三大主要指标已连续多年保持世界排名第一位的优势；从 5 艘航天远洋测量船对'神舟七号'飞船进行海上接力测控，到中国海军舰队从浅蓝走向深蓝，纵横世界五大洲四大洋，仅仅用了 30 年时间。毋庸置疑，中国已名副其实成为世界第一造船大国——如果需要，以中国目前的造船能力，1 年之内就可以建造一支海上舰队，可以同时开工建造 4 艘航母！"

打住！我们绝不要陶醉在他人捧杀的炫耀光环之中。

树欲静而风不止。我们目前面临的周边国际环境，比任何时候都要复杂，特别是南海和东海的岛屿和海域争端，还将旷日持久纠缠不清；日、韩两个造船大国，也绝不会甘心于目前中国独家坐大的局面，激烈的市场竞争还会更加残酷和激烈——所以，现在我们最需要的是——冷静。

"审堂下之阴，而知日月之行，阴阳之变；见瓶底之冰，而知天下之寒，鱼鳖之藏也！尝一脔肉，而知一镬之味，一鼎之调。"我们的祖先，早就告诫我们要见微知著，谨言慎行，居安思危，未雨绸缪。

新时代已经到来，中国人民正在为实现"两个一百年"的奋斗目标，为实现中华民族伟大复兴的中国梦而奋力前行。21世纪的晨光，已在召唤着准备远航的船队。太平洋的西海岸，中国这艘巨轮，拭去历史的风尘，抖落远征的疲惫，再度鸣响了起航的汽笛，开始新的远航……

天也茫茫，地也茫茫，水也茫茫——沧海横流，方显英雄本色！

尾　声

一位研究古汉字的学者曾庄重地给我阐释过关于"海"字的含义。

"海"字左边是"水"，右上方"人"，右下方是"母"——我们民族的祖先，要他的子孙们永远记住：大海——是人类的母亲，更是中华民族的母亲！

今天，一位老人，走完了他不朽的人生旅程，按照他的遗愿，也将回到大海——母亲的怀抱。

公元 1997 年 3 月 2 日。

这是一个令整个中华民族乃至世界人民肃然起敬和心灵震颤的日子。

这一天，航行在长江、珠江、松花江和黄海、东海、南海，以及莱茵河、泰晤士河、苏伊士河和太平洋、大西洋、印度洋上飘扬着五星红旗的船只，都同时拉响了哀伤的汽笛，连太平洋彼岸的联合国大厦也为他降下半旗！

一架涂着五星红旗标志的飞机，从北京机场起飞，飞向祖国领海的上空。随即，五彩缤纷的花瓣，伴随着他的骨灰，从空中撒下大海——他将与大海同在，在大海中永生。

他一生迷恋大海，他一生热爱大海，他一生都关注着大海。在他半个多世纪的革命生涯中，他时时站在高山之巅，君临大海之畔，即使在北京城里的中南海，他也时时打开窗户，把深邃睿智的目光，投向大海——

中华民族的子孙，没有理由不耕耘好祖先留下的这片珍贵的蓝色疆土，没有理由不守护好中华民族赖以生存的这片海洋；有着 13 亿人民的中国，在世界浩瀚的海洋中，绝对应该占有一席之地；在不久的将来，一定能够重铸祖先们的辉煌，成就一个海洋大国和强国！

这是这位老人全部思想的一个重要组成部分，也是他半个多世纪以来，用心血和生命书写的邓小平理论的一个灿烂的篇章！

海天相接，碧波相连。

连天的波浪，将把这位老人的骨灰送往祖国的万里海疆——他开创的建设有中国特色社会主义的伟大事业，正气象万千，蒸蒸日上——如同中国人亲手建造的远洋巨轮，正意气风发地航行在世界的海洋上。

奔腾的浪花，将把这位老人的骨灰送往太平洋、印度洋、大西洋——无论在这个世界的哪一个航区，哪一个港口，都有中国人建造的舰船向他致以崇高的敬意！

他伟大的灵魂，应当笑慰。

一个人的生命是有限的，但他开创的事业却是永恒的，他伟大的思想却是不朽的。

乱石穿空，惊涛拍岸。

一个伟大而不朽的名字，震颤着海空。

邓——小——平！

飞机掠过蓝天和大海，渐渐消失在海天之中；矫健的海燕，正簇拥着改革开放的中国这艘航船，劈波斩浪、风驰电掣般地驶向世界，驶向未来——

30多万中国造船人，以自己的忠贞和赤诚，义无反顾、前赴后继，以非常的表现，回答了这位永生于大海的伟人。

2017 年 9 月 9 日
于重庆江津四面山中

后　记

秋雨淅沥，山色空蒙。

进山时，还是暮春，在键盘上敲下本书尾声时，已是冷风萧瑟的仲秋了。屈指一算，从酝酿到动笔写成这部书稿，已是两年时间了。

当年，受中国船舶工业总公司委托，为撰写中国核潜艇、导弹驱逐舰和航天测量船等诞生历程时，我几乎跑遍了全国大的造船厂和研究院，收集了一大箱资料，记下 10 余本采访日志。由于军工行业保密等原因，只是断断续续写出一些文字发表。2014 年写成《中国核潜艇诞生纪实》一书后，就将这些素材搁置至今。

今年 4 月，我国第一艘航母下水，并公开见诸电视与报端，又激起我的创作热情，欲了却多年来未曾了却的心愿：将中国船舶工业战略大转折时艰难曲折的历程，用文学的形式如实表现出来。

中国船舶工业战略大转折时期，主要是前 20 年。这个时期，中国船舶工业面临的处境，用四面楚歌、险象环生、跌宕起伏、惊心动魄、浴火重生这些词汇来描绘，一点也不为过。那一代中国造船人，用殚精竭虑、卧薪尝胆、前仆后继、浴血奋战、舍生忘死这些词汇来表述，也一点不为夸张——正因如此，而今当全国上下为船舶工业的高歌猛进而欢欣鼓舞时，我们绝不能忘却那些默默为中国船舶工业的生存、发展、壮大而付出青春、热血，乃至生命的老一辈造船人。

如骨梗喉，不吐不快——于是就有了这部书稿问世。

动笔之前，就确定了几条原则：一是必须尊重史实，对历史、对社会、对自己负责，不能有半点杜撰，力求让本书有较好的历史和社会价值；二是既是文学作品，就不能写成技术术语堆砌的专业书，或记成流水账，力求让船舶行业以外的读者，特别是普通读者和青少年适合阅读；三是材料的取舍需根据本书主旨和文体需要，去粗取精，开阖有度，不可能面面俱到，所以有许多颇有建树的单位和优秀的人物书中未能一一提及，还望见谅。

中国船舶工业战略大转折的过程，可以说是波澜壮阔，大开大阖，惊天动地，可歌可泣。由于时间跨度太大，涉及面广，以及作者水平不高、文体束缚等因素，难免挂一漏万，取舍失度，其中漏误难免，还望方家不吝指正。

感谢当年接受作者采访、提供资料的船舶工业战线、国防科工委和海军部队众多领导和朋友们的支持。

2017 年 9 月 9 日
于重庆江津